热血山河

粤军抗战

将领讲述

《热血山河丛书》编辑委员会 编

中国文史出版社
CHINA CULTURAL AND HISTORICAL PRESS

图书在版编目（CIP）数据

将领讲述. 粤军抗战 /《热血山河丛书》编辑委员会编. -- 北京 : 中国文史出版社, 2020.1

ISBN 978-7-5205-1435-4

Ⅰ. ①将… Ⅱ. ①热… Ⅲ. ①抗日战争—史料—广东 Ⅳ. ①K265.06

中国版本图书馆CIP数据核字（2019）第246593号

责任编辑：张春霞　牛梦岳

出版发行：中国文史出版社
社　　址：北京市海淀区西八里庄路69号院　　邮编：100142
电　　话：010-81136606　81136602　81136603（发行部）
传　　真：010-81136655
印　　装：北京温林源印刷有限公司
经　　销：全国新华书店
开　　本：787mm×1092mm　1/16
印　　张：25
字　　数：322千字
版　　次：2020年3月第1版
印　　次：2022年5月第2次印刷
定　　价：68.00元

编辑委员会

目 录

contents

黄　涛

李　振

林廷华

林伟俦

刘绍武

彭智芳

李济深

时至今日，要想救国、救家、救民族，从帝国主义的重围中冲开出路，非全民众起来共同奋斗，没有第二个办法。

- 1885年生，字任潮，原名李济琛，广西苍梧县大坡(今属梧州市龙圩区)人。
- 1925年，任国民革命军第四军军长。
- 1933年11月20日，李济深与陈铭枢、蒋光鼐、蔡廷锴等率领十九路军在福建发动反蒋军事政变，成立“中华共和国人民革命政府”，并与红军签订反蒋抗日军事协定。
- 1935年冬，与原十九路军将领在香港组织中华民族革命同盟，继续从事抗日反蒋活动。
- 1936年12月12日，西安事变后，李济深与李宗仁等12人通电全国，反对内战，主张建立抗日政府，一致抗日。
- 1937年7月，全面抗战爆发后，出任国民政府军事委员会委员，后又赴重庆出任战地党政委员会副主任委员。
- 1940年，出任军事委员会桂林办公厅主任，号召国民党高级将领坚持抗战，积极保护在桂林开展抗日宣传活动的民主力量。
- 1944年桂林沦陷后，在家乡广西苍梧组织抗日武装，开展敌后游击战。
- 1959年10月9日病逝于北京。

李济深先生略历

李济深　口述
张克明　整理

李济深先生生前曾断断续续谈到他自己的经历，由我记录下来。我在整理过程中，感到有的具体情况尤嫌过简，但李先生已逝世，无法补充，殊感遗憾。特别是自1947年以后，李先生的事迹并未记录下来，更是缺陷。这都有待熟悉李先生业绩的同志们予以补充。

本文为了叙述方便，按李先生口述方式，用第一人称写出，附此说明。

家庭出身及学历

我于1885年生于“亦耕亦读”的富农家庭中。根据家谱所载，我的先代是江苏人，大约于明朝时迁到广西，以后做官到梧州，就在梧州附近的思化洲落业。到我祖父一代，据所住的地方看来，估计已经是雇农了，以后慢慢有了田地，才由雇农变成中农、富农的。祖父是秀才，父亲是廪生，都教书为业。我年幼的时候，读书之外，亦参加过耕田的劳动，上山放牧。我有五兄弟、二姐妹，大兄夭折，实在可说是四兄弟、二姐妹。我的父亲是读书人，为人正直，颇得人心，远近争相延聘教学，对我们兄弟管教得很好，故我们兄弟后来都不至于堕落。当我六岁的时候，父亲就去世了。父亲去世后，我又随叔父读书；到十二三岁时，乡下有请有功名（指入过学）的老师教书的，名曰大馆，又读了几年。到16岁，我学做八股文，开始做“起讲”（八股文的做法中的名称）。那时清朝已经维新变法了，废八股，改策论。我族中有一位兄弟也是榜上有过名的人，教我做策论。兴学堂后，梧州设有一间中西学堂，一般人都认为那是与外国教会有关系的，所以都非常厌恶学堂，把入学堂的人名之曰“入教仔”。我的岳母就很不满意我在这间学堂读书。我曾考试过一次，是学堂送考的，未考取，从此就把科举废了。

两广总督岑春煊幕府里的庄蕴宽，先在广东做过武备学堂总办，后到梧州任知府，中西学堂就是他办的。当时清朝要兴办新军，在两广地方开办一个陆军中学，庄主持选送学生入军校读书，选了10名，我是选生之一。因此，18岁那年，我就去广东黄埔读陆军中学。在陆军中学读了两年，还没有毕业，因为照当时陆军部从新规定全国只设四间陆军中学，陆军部把两广陆军中学取消了，将我们一班学生改入陆军速成学堂（就是将武备学堂改办的）。那时陈铭枢和蒋光鼐都还在陆军小学读书。我在速成学堂毕业后在新军当见习官，有一个模范营，是准备训练军士干部的，后来改名叫作学兵营，我做学兵营排长，邓铿做连长，我与邓铿就是这时认识的。当见习官不到一年，我又入讲武学堂，继续读了一年。那时，设在保定的军咨府军官学校，即后来的陆大，要各省选人去深造，资格是要在军校毕业做过军官两年。我正合条件，于是我和张文、张国元、伍观淇、刘光、胡承祜（广东共送十名，考取了八名）等进入陆大。读了两年，就辛亥革命了。我虽未参加同盟会，但暗中参加活动。我记得有一次学校中教职员和学生拟把保定附近浏河地方的铁路桥破坏以阻碍清朝运兵南下。广东“光复”后组织北伐军，姚雨平做北伐军军长，我和张文到上海会到姚雨平，就参加到北伐军中做参谋工作。因为我是在陆大学高等军事学的，很得姚雨平的器重。我随军转战到固镇南宿州，进军徐州，前军已到山东韩庄一带。不久，南北停战议和，黎元洪做副总统通电解甲销兵，大家以为从此天下太平，都有解甲归田的想法，于是把北伐军第四军改编，送回广东，改成一个师，我做第四军二十二师参谋长。到 1913 年（民国 2 年）陆大移北京开学，我重返陆大再读一年就毕业了。毕业后，我留校当教官，教了五年书，所以陆大出身的许多大官，如徐永昌、郭松龄、黄旭初等都是我的学生。

参加护法之役的北伐

我在陆大服务时期，每年都要回南方省亲一次，但因晕船，往返很苦。1920 年我又南回省亲，想不到我这一次南返，就开始了新的生活。那时陈炯明已回粤，邓铿见了我，坚决留我在第一师服务，于是我就留在广东，任粤军第一师副官长。三个月以后，第一师参谋长陈可钰调到元帅府做警卫团团长，由我任参谋长。邓铿那时的处境，是很困难的。他很信仰孙中山先生，非常赞成孙中山先生的北伐主张，但他又是陈炯明的参谋长，陈炯明是反对孙中山先生北伐的。邓铿常常叹气，并曾将他十分为难的情形告诉我。那时孙中山先生要北伐，亲到广西去要李烈钧从广西出师北伐，邓铿暗中帮助饷械。陈炯明兄弟忌之，因此把邓铿暗杀了。中山先生得到消息，大怒，改道由广东出师北伐，免去陈炯明的总司令职务。中山先生到广州，对第一师官兵讲话。一师内部本来是很复杂的，结果被中山先生说服了，同意出师北伐。

我们打到赣州，正在准备攻打南昌，胡汉民跑到赣州来了，因为陈炯明勾结吴佩孚，于 6 月 16 日令叶举指挥炮轰观音山总统府，他赶来赣州要求粤军、滇军返粤靖难。粤军以第一师比较有战斗力，但政治基础不稳固，陈炯明的人很多。第一师师长梁鸿楷，是学兵营出身，作战很勇敢，但是没有政治见解，一个可东可西的人。第一师有四个团：第一团长谢毅，该团是梁鸿楷的底子；第二团团长徐汉臣，该团是陈炯明旧部；第三团团长陈修爵，是学兵出身，人很勇敢，该团亦是听信陈炯明话的；第四团长陈铭枢，该团是学生军，是模范团，较有革命意识。另外有个工兵营，营长是邓演达，亦有革命认识。第一师内部如此复杂，要打回广东去，无甚把握，因四分之三的力量是陈炯明的，只有第四团和邓演达的工兵营的力量可靠；说要继续北伐，兵士又不肯，怕造成兵变，只好听胡汉民的要求，回粤靖难。为了壮声势，我拟了一封电报给陈炯明，数他炮轰观音山的罪状，骂他和叶举一顿，并说我们北伐本来可以到达长江，现在事既至此，我们要从东江回广东，安定广东后方再行北伐。打这封电报的用意，是可以威胁陈炯明，他一定要派兵到惠州来阻挡，然后我们可派许崇智、朱培德等带兵从韶关回粤。我们第一师到了老隆（即龙川），陈修爵团被陈炯明调去打许崇智去了，第一第二两团亦被陈炯明调走了，只剩下陈铭枢一团和邓演达的工兵营。到了河源，陈炯明派人（苏慎初、黄居素）来运动陈铭枢，陈铭枢亦被拉走了，以后邓演达亦跟着走了。事既如此，我非常愤慨，辞职返广州。路经惠州，我找陈炯明说话。他一见我，脸色都变了。我未说话，他就连说："不关我事，不关我事，是叶举干的。"

重整第一师

我回到广州，中山先生在中山舰上，叶举军队在白云山脚。因为许崇智在韶关方面失败了，中山先生只得出走香港，后来又去上海。这时陈炯明重返广州，他们因为打了胜仗，好像很得势的样子，天天在八旗会馆打麻将，叫娼妓，无法无天。我看不顺眼，情绪消极。中山先生在上海向陈可钰问起第一师的情况，觉得第一师还有相当作用，因此叫陈可钰回广州来，叫我千万不要离开第一师，千万不要消极。当时我觉得陈铭枢都变了，第一师哪里还有可为，心里着实很不痛快，但我还是再返第一师当参谋长。陈铭枢以后也回来了，他心中惭愧，就辞了团长职务，改名真如，到南京学佛去了。他那一团人交给陈济棠指挥。

1922年（民国11年）11月，孙中山先生叫许崇智、黄大伟、李福林等由闽攻潮汕，以滇桂军取道梧州入粤攻陈炯明，刘震寰为桂军总司令，杨希闵为滇军总司令。滇军到广西与桂军会合。当时，粤军据守梧州，以洪略一旅为主力，以后又调第一师来协助。我知道滇桂军是奉中山先生之命来的，我暗中与其联络，订定条件，并接济其军饷。中山先生叫我埋伏在第一师，原来就是要我在必要时内应的。

这时第一师人马又多起来了。张发奎随许崇智在韶关被陈炯明战败后，入山为匪，后来带了人来投降第一师，任营长职务。此外，陈修爵亦收集一团人来第一师，中山县人卓仁机亦来归第一师，陈济棠、邓演达亦在第一师，我们又掌握了第一师了。第一师当时任务就是在后方做内应工作。陈炯明为抗御滇桂军，以叶举为总司令，去梧州指挥。叶举见第一师布防在肇庆一带，有点心慌，约我们饮鸡血酒，发誓，表明同心打滇桂军。席间，邓演达毫不犹疑，举起鸡血酒一饮而尽。等到叶举一出门，就放枪，张发奎、陈济棠、卓仁机等一齐发动兵变。滇桂军合力进攻，占肇庆、三水，夹击广州，陈炯明遂收军退回惠州。

许崇智与杨希闵、刘震寰不睦，杨、刘两人将胡汉民、魏邦平拘捕了。魏邦平有第三师，力量不大，连我们第一师以魏邦平为总司令。第一师本来每月200元，平均每人一毫钱的伙食。魏邦平被捕后，饷无处领，变成无政府状态，不免照当时坏习例，开赌筹饷。张发奎说，这回对不起广东，我们竟引狼入室了。我们的力量，是邓演达、陈济棠两个旅，张发奎100多人，总起来不够2000人。我们没有了主脑，地方又被占了，又无伙食，因此设法逃去滇桂军的势力范围，因又怕滇桂军很野蛮，随时会缴人枪的，所以趁滇桂军还未到达新会、江门，我就决定带第一师偷渡黄埔到江门去。

江门原有一个善后处，处长陈德春，是陈炯明派去当处长的。那里的驻军原是粤军，士兵出发了，只有司令部，有300兵左右。我们一到江门，找商会长来，叫他筹饷；不久我们把陈德春的枪缴了，占了善后处。在江门大约住了半年，因为粮饷问题解决了，就积极整顿内部，训练军队，以后又占了台山，又征了一些新兵。

为统一广东而征战

1923年2月中山先生返广州，设大本营。中山先生未返前，是胡汉民代帅，大本营设有驻西江办事处，我是办事处处长。大本营也是没有经费的，财政部部长古勷勤还要我们筹饷支持大本营。

第一师的势力以后向西江发展到肇庆，沈鸿英部下有一旅人在肇庆。时沈鸿英已有动作，大本营要解决他。我带兵去围肇庆城，工兵营营长邓演达和陈济棠、张发奎、陈诚都一齐去，围城攻打不下，由工兵营挖城埋药，爆破10余大缺口，冲进城去，沈部逃跑的不多，都缴了械。我们溯江而上，占了西江。发展如此，梁鸿楷升为第一军长，我升为第一师师长兼军参谋长，并兼任西江善后督办。

我们在西江时，办了一个讲武堂，戴戟为堂长。黄琪翔、钱大钧等都来讲武堂训练军队。中山先生返广州后，一切经费，大部靠西江收入来支持。他想办黄埔军校，叫我和廖仲恺筹备。那时，蒋介石从上海跑来看我，并参观讲武堂。我找一些干部去办黄埔，邓演达、严重（邓的团附，人很好）、林伯渠、钱大钧、陈诚等都在那里工作。我因为在西江也要练兵，不能做校长，只做副校长，兼训练处主任，副主任是邓演达。

刘震寰、杨希闵等占了广州，天天开赌，不听命令，中山先生在广州很受气。商团事变时，滇桂军还包庇陈廉伯。我主张立即缴商团的械，请中山先生下命令给我去负责。商团事变解决后，刘、杨还是很跋扈。我带了一两团兵（其中有黄埔学生，北江调来的湘军和我从西江带来的兵）在小北江绕过粤汉路南下来攻广州，才把刘、杨的滇桂军解决了。广州统一了，然后大本营才有点权力，设元帅府，胡汉民为秘书长，廖仲恺为财政部部长，革命政府才像点样子。

那时，大元帅府的权力仅在广州和四邑，东江和南路仍未得手，我奉命去打梧州沈鸿英部，黄绍竑、白崇禧倾向我们，派陈雄来见廖仲恺，又来西江见我，跟我一齐出发，愿为内应。梧州守军旅长陆某投降，我被派兼梧州善后督办，黄绍竑为西江总指挥。我派徐景唐、陈济棠等帮白崇禧打八步，解决了沈鸿英、陆荣廷的军队，统一了广西。这完全是第一师帮他们统一的。

国民党第一次全国代表大会，我没有参加，因为我不在广州。当时革命力量，还仅及广州及附近各县。北江都解决了，南路是邓本殷、吕春荣的势力，东江是陈炯明的老巢。第一次东征我只派了陈铭枢一旅去参加，收复了惠州，第二次东征是带陈济棠、张发奎去的。

国民党改组时，右派的人很不同意，如胡汉民、许崇智等，因此孙中山先生死后不久，我在西江得到急报，知道廖仲恺先生被人暗杀了。因为廖案，把胡汉民、许崇智赶走了。我回广州，把许崇智的兵缴了械，扣留梁鸿楷等，我接其军长职位。

广东国民政府将各军改为国民革命军，共编为六个军，我原在第六军，许崇智走后，我调任第四军。这时是汪精卫为国民政府主席兼军事委员会主席。

第一次东征时，第一路打海陆丰，我打第二路，从惠州直趋潮汕，程潜任第三路经老隆到五华。时陈炯明在潮汕，林虎在兴梅一带，林虎想断我们后路，派兵由紫金南下。我得到情报，中途转兵北上与林虎兵遭遇于热汤圩，打得非常激烈，终将林虎主力击溃，因为在山地隘路，大军退却不易，主力就被我们歼灭，于是我率部进驻紫金。蒋介石由另路冒险猛进，遇敌反攻，行李尽失，狼狈不堪，由我派兵救援，将敌击溃，来会紫金。

在第二次东征前，我派陈铭枢去打南路，但是失败了，陈铭枢与朱培德由阳江退到四邑。我被命为南路总指挥，带张发奎的兵并指挥陈铭枢。我们另外又叫广西方面向钦廉方面策应，广西亦派兵帮助。时张发奎为副师长，黄琪翔为团长，都很勇敢。我们士气旺盛，一直打到阳江、雷州、琼州。钦廉方面由陈铭枢整顿，张发奎入琼州。在国民党第二次全国代表大会时，我仍在琼州，因为我在广东的东江、西江、南路方面以及广西方面都有战功，被选为国民党中央执行委员。当我回到广州时，国民政府开了一个盛大欢迎会，苏联代表团还送了我许多纪念品。

北伐前后

当时，苏联送了许多枪来，军事委员会主席汪精卫想给大家分一分，但是蒋介石想将苏联的枪自己独吞。我本来收编了很多队伍，照实力可以编六个师，后来只编陈铭枢、张发奎、徐景唐、陈济棠四个师。蒋介石独裁气氛渐长，组织孙文主义学会与中共相争。他当时兼任广州警备司令，忽然发动3月20日事变，将各机关监视起来，连俄国顾问也牵连在内。我当时任参谋部部长，事前一点都不知道，跑去黄埔问邓演达（他是教育长），他也不知道。汪精卫请我和朱培德各军长谈话，说蒋介石造反，希望大家把军队撤出广州，以表示不同意蒋介石的搞法。但我们当时以为团结要紧，要请蒋介石来商量，因而不欢而散。第二天汪精卫就潜逃了。蒋介石躲在广州市小北钱局碉堡处，怕人打他。我去找蒋，蒋问我事既如此，应如何处理，我说只有向政府及党自请处分，他答应可以。谁知陈独秀却与蒋介石妥协，蒋介石遂提出整理党务案，要求国民党组织部、工会不能由中共人员负责，其他什么会中共亦不能参加。我极力反对无效，因为他与陈独秀已经暗中商量妥协定了。汪精卫走了，要推人做军事委员会和国民政府主席，开了一次中央全会。我问限不限于在广州的人，他们说不限，结果我仍举汪精卫，其他一概举蒋介石。这样，大权就落在蒋介石手中去了。

北伐时，蒋介石领第一军，谭延闿领第二军，朱培德领第三军，我领第四军，李福林领第五军（那是李福林从福建回来赶走胡汉民后，收编了跑到海丰的许崇智残部，实际是在后方保护兵站），程潜领第六军（实力一师人左右），第七军是广西的李宗仁一军，第八军是唐生智。唐生智与陈铭枢同学，唐派代表到广州来要求加入革命军。这些军队中，以我领的第四军力量最大，内有第十师陈铭枢，十一师陈济棠，十二师张发奎，十三师徐景唐，独立团叶挺。

在这几个军的政治部里面，都有中共党员参加。在军队里，也有中共党员。我军里的叶挺，就是一个很出色的中共党员。

我是北伐军总参谋长，不能出发前方，而留守大本营，在后方代行总司令职权。我因要留守广州，即由陈可钰副军长带两个师即陈铭枢和张发奎及独立团叶挺北伐。北伐军很努力，一出师即占领湖南，随即在汀泗桥、贺胜桥击败吴佩孚军，直指武昌。第四军威名烜赫，有铁军之称。邓演达为围攻武昌城的司令，陷武昌后，带回许多胜利品给我。

蒋介石自己带军队入江西。这时孙传芳加入吴佩孚方面，第四军因又转入江西打孙传芳。蒋介石的军队是最无战斗力的，他带王伯龄并指挥程潜军队打南昌，被反攻失败，王伯龄因此被撤去师长职。后来白崇禧带兵赶到，助一臂力，才占领了江西。

蒋介石到了南昌，不肯去武汉，收编了很多军队。后白崇禧被任命为东路军总指挥，收复了上海、南京。蒋介石自派各省军政长官，完全无视国民党中央和国民政府。蒋介石想将国民政府迁到南昌来，但是在武汉的军队是唐生智和第四军的军队，不是蒋介石的军队，不肯将国民政府迁去南昌。邓演达有一篇文章批评蒋介石，说蒋介石应受国民党中央和国民政府的指挥，因此就造成了以后宁汉分裂的局面。

国共分裂

蒋介石因白崇禧军队收复了上海、南京，就到了上海，打电报给我要我到上海去商量局势。其实蒋介石在当时是束手无策的，才要我到上海去。可恨我当时认识不够，听从吴稚晖、李石曾、蔡孑民、张静江等怂恿赞成了“清党”主张，及在南京成立另一政府，造成了宁汉分裂之势，应负担很大的反革命的责任。因为我当时的地位是总参谋长、后方留守总司令、第四军军长，又以人事历史关系，除少数蒋介石私人干部外，多数都与我有关系，都是我的旧部，有举足轻重之势。

国共分裂时，我在广东。“清党”时，用国民党监察委员会名义，命令各个部队清除中共，两广亦开始“清党”。这时武汉的军队，各行其是，谁也指挥不了谁。后来蒋介石与冯玉祥在徐州开过一次会，冯玉祥态度好些，说把俄国顾问送回俄国去算了。上海杨树浦、两广、江浙杀了不少中共党员。湖南马日事变起，取消农民协会，大杀中共党员。武汉内部亦有问题，因为内部本来就有左右派之分。我的第四军内部亦分开了，分为三支：我自己一部分，陈铭枢和蔡廷锴到福建一部分，张发奎一部分。当时武汉内部动摇，唐生智亦不可靠。中共似乎是提出成立10万农民军，汪精卫不赞成。不久，汪精卫亦与中共分裂，汪亦清党，并到南京与蒋介石合作去了。汪精卫到了南京，觉得在南京无权，离开南京跑到广东，在广东反对南京的国民党特别委员会。张发奎军队内部亦清党，叶挺、贺龙都是张发奎部下，跑到南昌，发动“八一”起义。

叶剑英是张发奎的特务团团长，为了保存实力，仍潜伏下来跟张发奎、黄琪翔回广州。汪精卫找我反对南京，但我的军队陈济棠、钱大钧派到潮汕去打叶挺、贺龙去了，而蔡廷锴的军队又在福建，那时我是不主张反对南京的。

这时，南京发生变化，孙传芳由山东反攻，前线失利。原来武汉方面派张发奎为右翼、唐生智为左翼预备夹攻南京的。南京的军队本来出发到徐州，主力在白崇禧手上，白崇禧势力在安徽，是南京的支持者。因为南京两面受攻，蒋介石指挥的军队退却了，蒋要白崇禧分两路出击，白却主张与唐生智妥协，以专对孙传芳。唐生智要求蒋介石下野，蒋本身没有力量，毫无办法，只好下野跑到日本去。我本来不赞成蒋介石下野的，后来派刘裁甫叫蒋回来，当时刘裁甫是广东民政厅厅长。

1927 年冬，蒋介石自日本回来，在上海召开党务会议，我亦参加，因为汪精卫和蒋介石都失败了，两人又勾结起来。我离开广东以后，就发生了广州事变，即黄琪翔在广州将政权夺过来。

广州事变时，黄绍竑在广州留守，兵很少。黄琪翔在广州发动兵变，口号是反对清党，反对南京的特别委员会，不是反对我，这是我在船中得到的电报。南昌“八一”起义以后，叶挺、贺龙的军队在潮汕几乎被消灭了，朱德的军队则折回江西。黄琪翔在事变后，分兵出击东江、西江和南路，广州内部空虚，叶剑英遂在广州起义，成立苏维埃。李福林在广州市河南出兵打叶剑英，叶剑英失败了。后来我调陈铭枢、钱大钧、蔡廷锴军队从东江打回广州，徐景唐又从西江打来，黄琪翔不能立足，从东江向江西走。因为汪蒋合作，蒋介石要黄琪翔去南京，又收容了黄琪翔的兵。蒋介石一向就是利用别人内部自相残杀的。陈铭枢、陈济棠、钱大钧在东江截住打黄琪翔，在东江老隆一带打得非常激烈。许志锐是黄琪翔的师长，在是役阵亡。张发奎带着剩下的 2000 人，跑到江西，以后跑到徐州，成立了一个师。

被扣留在汤山

在上海党务会议开后，汪精卫未得势。蒋介石一方面调动军队，另一方面叫杜月笙暗杀汪精卫。汪出国，胡汉民回国，蒋介石就是这样利用汪赶胡，又利用胡赶汪，他们两人都受蒋的利用。

第二次北伐，主要是李宗仁、白崇禧、冯玉祥的力量。我的军队只有钱大钧一部分参加，1928 年（民国 17 年）到北平，蒋、阎、冯等在北平开会，我主张在北平建都，南京是六朝金粉之地，且接近上海，是亡国之都，享乐之地，但蒋为自己打算，在南京建都。

1929 年，蒋在南京召开编遣会议，各路军队要缩编。这时，蒋介石已与李、白两人有隙。因为清党后，他们要蒋介石下野一次。再则，李、白势力大，李宗仁在武汉，白崇禧在北京，我在广东，被人称为桂系，其实我与桂系是没有什么关系的。那时，政治分会的权力很大，广州有分会，武汉有分会，北平亦在设分会，三个地方都是所谓桂系掌握的，蒋介石曾对我说，他的权力，只及浙江、江苏、江西、安徽、福建五省。我对他说："你能搞好这五省就算不错了。"编遣会议时，冯玉祥军队最多，而地盘最少，只有陕西、河南、山东几省，所以要求增加军饷。蒋介石要裁别人的兵，自己的兵又不肯裁。我对蒋介石说："你是总司令，军队都是你的军队，不必自己争兵多。"编遣结果，第一集团军是蒋介石，第二集团军是冯玉祥，第三集团军是阎锡山，第四集团军是李宗仁，我的军队是第八路，不属于集团军。

裁兵结果，种不好之因。编遣会议开得很不好。因为各地有政治会议分会，有很大权力，蒋介石又怕别人有兵占地方，又怕地方反对他独裁。我回到广东后，在报纸上看见蒋介石到处去阅兵，看情形，蒋介石是向别人示威。那时蒋介石是国民政府主席，我是国府委员兼军事委员会参谋总长。蒋介石打电报要我去南京，我回了一个电报骂蒋介石，说国家已经统一了，内战亦结束了，应该从事建设，然看你的举动，似乎不妥，周围阅兵，是示威之意，如此做法，我不单不去南京，连广州政治分会主席、广东省主席都要辞去，我不愿看到国内再有内战。蒋介石又来一个电报，说并无此意，只是想请你来南京谈一下。

不久，武汉政治分会李宗仁将湖南省主席鲁涤平免职，又免了一个师长的职。我在广州打电报骂李宗仁说他不应如此做法。李宗仁来电报说，是蒋介石要来搞他，蒋收买鲁涤平，偷运枪械和金钱接济鲁涤平；并说蒋介石勾结李的部下，为李发觉，将东西没收了，故发生此次事件云云。这是由于蒋介石听信杨永泰的“削藩论”，故在动手搞湖北之时，先收买湖南军队。蒋介石在事件发生后，大怒，在中央党部政治会议上说要讨伐李宗仁。我作为调停人到了上海，李宗仁劝我勿去南京。我看当时情形不佳，心中犹疑。蒋介石要吴稚晖、张静江、蔡元培、李石曾四人找我，并作保证，说是南京开会查办武汉事件，说武汉政治分会违犯法度，叫我去做调停人，并叫我去查办。实在我与武汉没有什么关系，既有蔡元培等四人保证，我问心无他，不但不反蒋，而且反对别人与蒋生事，为挽救内战我决心入南京。

到南京开会时，刘文岛报告说，李宗仁在武汉如何如何，要下令讨伐，说要取消政治分会。我起来反对讨伐，会场空气非常紧张。蒋介石在夜间11时，派人来缴枪，把我扣留在汤山，这也是蒋介石实行杨永泰的“削藩论”。

我在广东时，广东治安是比较好的。当时陈铭枢第十一军在南路，陈济棠第四军在西江，徐景唐的第五军在东江，黄应如在北江。但是陈济棠却被蒋介石收买了。我辞广东省主席，交代给陈铭枢时，在大会上讲了一次话。我知道陈铭枢为人浮躁，我教训他一番，梁漱溟当时听了，亦激动到流泪，说我讲出一番心腹话。我被扣留以后，第八路总指挥归陈济棠。做收买陈济棠的拉线工作的是古勷勤，胡汉民亦参与其事。古勷勤、胡汉民都是右派，因此一起帮蒋介石的忙。

古勷勤做过财政厅厅长，有几个手下人贪污，就是多发印花税，进行舞弊。我与邓世增、薛岳、李民欣等商量，将捐税处处长及其他几人扣留起来。古勷勤虽走了，但与胡汉民联络，收买陈济棠来反对我。蒋介石扣留我时，拿电报给我看，说我因财政问题反对中央。其实，中央要统一收印花税是可以的，但是要统一支出，这事我和蒋介石曾争论过。蒋介石扣留了我，四位保证人和蒋介石争得很厉害。吴稚晖因此和我搬到汤山一齐住一个房间，蔡元培、张静江因此亦与蒋不和。有人说，他们四个人是与蒋介石勾结起来做的，我想不会，蔡元培是个好人，是不会这样的。我在汤山期间，武汉打得很激烈。据当时人估计，如果蒋打败了，我性命难保；如果蒋胜了，蒋还不至于杀我。

“九一八”之后

我在汤山住了七八个月，就搬到鼓楼家里住，在南京市内可以自由，但不许离开南京。九一八事变时，蒋介石找人问我如何处理。我主张要蒋介石发布“罪己诏”，召集全国政治人物商量国是。吴稚晖、张静江等说，这个“罪己诏”最好由政府发出。他们去找蒋介石谈，蒋介石不肯发布，我当然没有办法。九一八事变后，蒋介石受到各方面责难，被迫与各方面讲和，在上海开和平会议。他将十九路军调到上海来警卫，陈铭枢为京沪警备司令。这时，蒋介石下野，放了胡汉民，我和方振武亦一起被释放。我自由了，由上海到香港走了一趟。胡汉民亦到香港。蒋下野后，由孙科任行政院院长，要我当训练总监。我推荐冯玉祥，陈铭枢不同意，说中共少一位领袖，将来中共会推冯玉祥做领袖。于是我就做了训练总监，陈友仁做了外交部部长。蒋介石虽然下野，但他的军队仍然占据各地，自己收税，不给孙科，孙科没有钱，跑到上海来找我和冯玉祥，说他无办法，无所依靠，中央政治会议不支持他，他就不回南京去。我主张在中央党部组织一个会议来支持孙。蒋介石在宁波听到这一决定后，怕起来，即刻找汪精卫，他们两人在杭州开会。陈铭枢当时是有兵权的，他不坚持我的主张，反而和蒋汪妥协了，请蒋汪出来主持党政。孙科和陈友仁只得辞职，陈铭枢兼行政院院长。

上海抗战时，蒋介石派第五军张治中去监视十九路军，但结果第五军和十九路军一起抗日，这是蒋介石不曾想到的。十九路军孤军作战一个多月，退出上海，撤到苏州，南京政府亦迁都洛阳。当时军事委员会本无委员长制，我是常务委员兼办公厅主任，蒋介石还不能为所欲为。到洛阳后，国民党又开会，汪精卫又回来做行政院院长，军事委员会设委员长，蒋介石为委员长。我眼见他们这样分赃，非常生气，我和冯玉祥就一怒离开洛阳。后来，英国出来调停中日事件，中国妥协了，政府从洛阳迁回南京。蒋介石因为不满十九路军不听命令，便把十九路军调去福建。上海是蒋介石的命根，十九路军不是他的心腹，对他当然不方便。我反对蒋这样做法，便离开南京去香港。

在上海抗战期间，政府迁都洛阳，在火车上我和蒋介石、汪精卫、冯玉祥等一起。我和冯玉祥建议，因为十九路军不多，曾要求将东北义勇军调进关来助战，应该答应十九路军要求将装备不好而人数很多的义勇军调进关来。同时冯玉祥所部退入晋南的宋哲元军队，阎锡山奈何他不得，又讨厌这些军队，不如将这些军队调到热河帮助汤玉麟，支持他抗日。后来我在军事委员会提议，通过了，派我为特使，与陈公博同行，到北方来执行命令。时张学良失了东北，住在北平，我要张学良接受命令。张学良对我，因为过去有过联系，我有一位同学刘光亦在他处，我有些学生亦在他处，同时张本来亦想帮助义勇军的。他看到我来，非常高兴，商量得很好，进行计划。不料四五日后，忽然没有声息，问题拖在那里，我很急。时李石曾在北方，我问李石曾为何张学良不执行命令，李石曾说：“初时，张学良很高兴，阎锡山亦非常愿意，但忽然蒋介石另派一人携私信给张，叫张不要接受命令。”张学良失了东北，只有靠蒋，今蒋不赞成，他就不敢执行了。蒋介石真混蛋，当面不反对，暗中又另派人去捣鬼。蒋介石的做法，一贯就是这样的。

福建人民政府

早先，十九路军曾与中共打过仗，后来觉得不对，于是便与中共联络合作反蒋。1933 年冬，福建成立人民政府，改国旗，另组政党，各方反蒋人士，纷纷前来。最初，我本想先打回广东去，赶走了陈济棠，再成立政府。蒋介石稍闻其事，派飞机来接陈铭枢去南京，我们把飞机扣起来，即行发动。广西是反蒋的，但事先我们没有联络好，他们没有动作。广东也在观望。胡汉民事先不知有这回事，也在观望。我们发动后，在军事方面，西北是江西红军根据地，是可靠的。我们本想出兵浙江，但是军队基础不好，缓缓其行；加之，张炎受了杨永泰的运动，毛维寿军长也被收买了，这两部分军队借口无粮，故意诸多留难。参谋处处长范汉杰是内奸，他将内部情形密报蒋介石。我们在福建进行了分田，有的办得还好。一分田，人民当然拥护政府。但是军队教育不够，不肯出发。蒋介石的军队忽然从延平（即南平）来，我们向北走，想不到蒋军忽然从红军地区的北边来，很快到了水口。我们撤退时，毛维寿变了，不走了，剩下一旅兵跟我走。闽南有张炎的很少一部分军队，各走各的路。福建人民政府成立时，我们派尹时中当代表去与中共联络，后来中共亦派张云逸、吴明、潘汉年为代表到福建来，但那时军事快要失败了。撤退时，我从汕头到香港。张瑞贵在汕头，他是我的部下，不会扣留我。政治部主任徐名鸿在途中被俘，被陈济棠枪毙了。十九路军有一团长留下来，以后加入了中共。毛维寿带了兵跑到南京，又调去西北，不久就被解散了。

当时参加人民政府的，除十九路军的领导人外，有陈友仁、徐谦、黄琪翔、章伯钧、梅龚彬等。冯玉祥、方振武亦派有代表。彭泽湘与中共有联系，他做省府秘书长。詹显哲、万灿为科长。张文为参谋长。吴迈亦参加，他胆子很大，很会说话，失败后到香港，被蒋介石用美人计暗杀了。我们事先曾派徐景唐去广西，派方鼎英去湖南联络。如果广西和湖南能一齐动作，打倒蒋介石是比较容易的，但是没有动起来，蒋介石各个击破的办法是很厉害的。从前蒋打桂系时，冯玉祥得了钱，守中立，桂系失败了。蒋打冯玉祥时，阎锡山得了钱守中立，冯失败了。十九路军呢，帮蒋介石打冯玉祥，打阎锡山，结果被蒋介石弄垮了。

组织民族革命同盟

福建人民政府失败后，我和一帮人到香港组织民族革命同盟，反蒋抗日，并出版《大众日报》进行宣传。

陈铭枢那时出国，先到欧洲，后到苏联。当时王明领导中共，我身边有位秘书，代我写文章的，也是共产党员，以后派去西北联络，被胡宗南枪毙了。

1936年陈济棠失败，广西孤立，广西找我和蔡廷锴去组织政府，翁照垣、区寿年去组织军队，各组织一个师，香港有一批人亦到了广西。蒋介石派程潜、居正两人为代表与广西谈判，广西以抗日为要求，蒋介石答应了，这样就妥协了。我在广西时，各方面有代表来找我，张澜、刘湘、张学良都派人来联络。

西安事变时，我不主张放蒋介石，我曾对张澜的代表说，你们太没有勇气，手中有几十万兵还不发动，更待何时。我发了一封通电，责备蒋介石。我主张两广、四川支持张学良，如此则南京孤立，如果何应钦去打张学良，我们可以出兵南京。但是张学良发动后，两广不动，四川不动，阎锡山亦观望。在互相观望中，忽得蒋介石释放消息，我们真似被泼了一盆冷水。

七七事变以后参加全国抗日战争任战地党政委员会副主任

七七事变时，我正在梧州。这时全国一致抗日，我偕徐谦、方振武、蒋光鼐、张文、云应霖等从桂林，经长沙、武汉到南京。民族革命同盟有一部分同志，特别是陈铭枢主张解散同盟，我反对解散，但结果还是解散了。“八一三”后，全国震动，要求全面抗战。上海是我们先发动的，打得很激烈，但打得很不好，军队伤亡很大，我们没有飞机，无经验，专靠勇气打仗，把很好的军队消耗尽了。

第二战区，由刘峙指挥，一败涂地，一退退到石家庄。我在军事委员会建议，把主要军队退入山西，因为山西形势险要，敌人难以攻坚，牵制日本不能南下。军事委员会同意了我的建议，并要我带命令去见阎锡山。在途中见到程潜，程亦赞成这样做法。但阎锡山对我很怀疑，怕我去接替他，因为他对日本有点支持不住了。我说明来意，是将军队调给他，调黄绍竑、孙连仲去帮助他，他才冰释。此事完后，我经潼关返南京。

南京沦陷后，我们到了武昌，我介绍了很多朋友当参政员。蒋介石还是不放手，怕民众运动。行政院院长由孔祥熙担任，其他重要职位，也是由亲日分子担任。我很反对，住在东湖，写了一封长信给蒋介石，大意说，现在采取抗战政策，而所任用的人如汪精卫、何应钦等，都是不主张抗战的人，这是不行的。我提出必须坚持抗战和实行民主的两大主张，并主张请毛泽东、周恩来、白崇禧、冯玉祥诸位，凡是主张抗战的，组织最高国防委员会，商量国家大计。如果以个人喜怒好恶决定国家大计，抗战是无胜利把握的。我的信给冯玉祥看过。蒋介石收到我的信后，请我去吃饭，但毫无表示。我看蒋介石如此做法，非常不满，便返桂林，想到香港去发表我的主张。我到桂林后，广州失守，我的家眷到了广州湾，我无办法去香港，仍住在广西。不久，蒋介石、吴稚晖等一班人打电报给我，说要请叶剑英、冯玉祥等组织政治局，要我到重庆去主持。我到了重庆才知道原来要组织党政委员会，我说可以负责，但有条件，一是凡主张抗日的，不分党派，都要用；一是凡是闹小宗派的、党派成见深的人就不能用。蒋介石勉强答应，他做主任委员，我为副主任委员，代拆代行。当时周恩来也是委员，张友渔、高崇民、梅龚彬、刘一峰等都在党政委员会内。王葆真为华北分会主任委员。这个党政委员会，时时受到行政院的牵制，在消极帮助方面起到一些作用，不能起更积极作用。蒋介石怕我以党政委员会来搞他，又怕中共，又要防我，所以在1940年，调程潜来接替我，要我到桂林做办公厅主任。我觉得党政委员会既没有多大作用，而且在重庆不太自由，派到桂林去，真是得其所哉。

在广西时期

桂林原有行营，由白崇禧负责。以后取消行营，改为桂林办公厅，里面人事还是行营的底子。当初，我与程潜反对蒋介石时，程到过香港，以后他做第一、第二战区司令长官，又调到党政委员会来接替我，那时他的态度是模糊的。

桂林办公厅设四处，即作战、情报、总务、军法四处。第二处处长是舒宗鎏，第三处副处长黎民任是我带去的人。

桂林办公厅，在作战上，没有指挥权。对于第三战区浙江，第四战区广东，第九战区湖南这几个战区的长官如张发奎、薛岳、顾祝同等，都是我的部下，在行政上可以指挥，虽然军事指挥我不能管，我们原来党政委员会的人也可以帮他们一点忙。

我在桂林掩护一部分民主人士，对于一些压榨老百姓如索钱等不法官兵，我叫军法处认真检查，有的我要提来亲自审问处理。冯玉祥办的一间“三户书店”，我极力掩护，并通知有关方面不能去搜查。那时，民主人士在桂林的很多，陶行知的育才学校也在桂林，蒋介石特务想去捣乱，我反对并且骂他们，因为军政部的军法处在桂林虽然有办事处，但仍归我节制。邹韬奋、梁漱溟都是我放他们走的。香港沦陷后民主人士都回来内地，蒋介石派人来接他们到重庆去，因为在桂林有掩护，他们都不肯去。新四军事变后，叶挺被捕了，军队交给张发奎管，叶挺软禁在桂林，他不愿去张发奎处。时廖承志亦被捕，住在江西，我派人去叫顾祝同好好看待廖承志，并帮廖夫人派人送衣服等给廖承志。在桂林，民盟很活跃，我亦参加了民盟的活动。后来派朱蕴山到重庆做民主政团同盟改为民主同盟的工作。

因为我参加了民主运动，而且张发奎、余汉谋、薛岳都是我的旧部下，蒋介石怕发生类似“二二六”事变的情况，怕我暗中指挥这些旧部下，于是撤销了办公厅，派我当军事参议院院长，位置高而无实权（日本的军事参议院却是有大权的）。我已经逃出虎口了，不再入笼，电辞不就。蒋介石的特务只是暗中作恶，对我还不敢公开捣乱、干涉。虽然取消了办公厅，我仍然住在桂林，作为一个前辈去影响后辈，还是起作用的。

日本攻陷长沙、进攻衡阳时，军事很紧急，我认为守衡阳是很重要的，因此我组织了劳军运动，以鼓励士气，亲自主持其事。我在火车上、街道上、店铺里去进行募捐，有的是带着勉强性要他们捐的，如中国银行、农民银行、各企业公司，都是我自己出面去捐的。捐的东西和钱不少，由田汉带慰劳队出去，支持衡阳抗战，这工作起了相当作用。

当时，美国有一位领事和一位美国少将颇同情民主运动，他们对我说，史迪威将军主张将美国物资分给中国能够打仗的抗日军队，不管是属于哪一派系的军队；并说，史迪威对蒋介石有些不满，英国总领事对蒋介石也不信任，美国方面态度亦如此，而且史迪威对于分配物资问题，有主张，有办法。我说，蒋介石有私心，不肯发动民众，如此抗战，断无取胜之道。后来我派李卓贤到重庆去见史迪威，告诉他我在广西可以负责组织民兵，要史迪威给予装备，史迪威答应可以。这是因为美国最初计划想在中国登陆，我组织民兵，当然对登陆是有帮助的。蒋介石怕人民有武装，反对史迪威，要求罗斯福撤换史迪威。蒋介石是统帅，罗斯福只好答应了。

同一时期，我又派人去与薛岳联络，薛岳那时也与美国接上了头。我又派人与余汉谋联络，准备万一衡阳失守后，把军队向广西方面撤退，但是这些计划没有成功，这是和史迪威撤职有关的。

衡阳失守后，军事迫近桂林，在一次欢迎美国一位少将的宴会上，我讲了话，大意说，军事不胜，在于没有发动群众，因之士气不旺，我愿意在敌后做发动民众的工作，只有这样，抗战才有前途。美国军官大为赞成。因此，我决心做留在敌后的工作计划。我以为在敌后有湖南、江西、江苏、浙江、福建、广东、广西，地方相当大，敌人只占几条线，还不能占面，我们在敌后是有工作可做的。

在敌后工作

桂林沦陷之后，一部分民主人士，如廖夫人、欧阳予倩、田汉等搬到八步，我返梧州去做发动民众工作。梧州沦陷后，我返乡间，入大山里去住，并派人到八步、贺县，请一部分民主人士到我乡下来。当时胡希明、舒宗鎏跟我一起，并派人去郁林、北流、榕县、高州、罗定等县联络，在两广之南，即西江之南部发动民众武装。这时蔡廷锴已到罗定与张炎等发动起来了。本来张发奎派张炎为高级参谋，叫张炎发动，但邓龙光之弟邓岳和朱晖日等说张炎造反，把张炎解决了。张炎失败后，张发奎叫他到百色去（时广西省府在百色），张炎到了郁林，被梁肇基扣留了。我在陆川去高州途中，想去制止邓岳、朱晖日，但张炎已经走了。张炎被捕后，我在茂名打电报营救，但已来不及，蒋介石电令将张炎在郁林枪决了。

张炎失败之后，蒋介石特务对我防备更严。我跑到罗定去，那里蔡廷锴有游击队，谭启秀为游击队总指挥。蒋介石对我没有办法，写了亲笔信，叫彭泽湘带来要我到重庆去。彭泽湘到了罗定对我说，他自己不是来要我去重庆的，不过是来看看我而已。我利用彭泽湘打了个很长的电报给蒋介石，说你现在这样抗战不行，无民主，无人民拥护。现在只有实行民主，发动人民，抗战才有前途，同时，我又主张，民众要自卫自治，如果能够这样做，我可去重庆，否则我还是留在敌后做民众工作。当时，蒋介石亦有信给蔡廷锴和李扬敬，信内也无非说些好听的话而已。

李镇静和云应霖都到过我的乡下，并且以后亦到蔡廷锴处。李镇静有一部分游击队，也曾参加张炎的发动工作的。云应霖在阳江曾策动了二三百人的盐警队过来，把他们带到谭启秀处。谭启秀不敢收留，我说把他们交给我卫队好了。我把他们整理一下，并将他们带来的枪支给李镇静。我曾将此事电知军政部部长陈诚，到后来日本投降后，我把这些卫队交回广州，结果他们被缴了枪，解散了。

当我在蔡廷锴处时，中共曾派李嘉文、狄超白来联络，东江游击队方面也曾托李伯球带十两黄金来补助活动用费。我已找到与延安电台联络的电码，谭启秀有电台本来可以发电联络的，但那台长是蒋介石的人，他一问电台地点，延安不回答，因此没办法再联络了。

因为我的活动，蒋介石派特务来杀害我了。有一次我到墟镇附近长谷村的朋友家里，事先是没有人知道的。那日正值墟日，我骑马经过墟口，我的卫兵发觉一人拿有手榴弹来炸我，马上把他捉到了。我打电报质问黄旭初，并责备他。事后我猜想一定是欧仰希干的。欧仰希本是我的部下，由我提拔做了梧州专员。刺客被解专员公署，大概以后被释放了。

日本投降以后

在日本将投降以前，廖夫人、陈劭先、梁漱溟、李泽霖等都和我谈过组织政党的问题。廖夫人表示不要离开中国国民党这个名义，她才肯签名。因此我和廖夫人、李泽霖签名组织了中国国民党民主促进会。日本投降后，广西省政府搬回桂林，我想邀李宗仁、白崇禧、黄旭初参加，但他们不愿签名参加，仅是表示同情，并愿意支持，由陈劭先、陈良佐、陈雄参加组织，并由广西拨出一些钱，由陈劭先带到广州去办《现代日报》。

日本投降后，我本想去香港，不想去重庆的。张发奎请我去广州一行，因此我由广西到广州住了半个月。在广州期间，我叫李章达、蔡廷锴、蒋光鼐、梅龚彬等支持《现代日报》。不久，政协成功了，孙科来到广州，大家很高兴，以为中国民主有希望了。蒋介石要召开国民党第六届三中全会，我是中央监察委员，我决定去重庆，把民促的责任交给蔡廷锴，并请蒋光鼐、李泽霖、梅龚彬等多负民促的工作。

谁知到了重庆，蒋介石对民主反悔，他在国民参政会上已讲得很不好，在三中全会上讲得更露骨，声色俱厉。周恩来和民主党派的人士开过一次会，欢迎我和叶挺、黄琪翔、张东荪等人，张澜已把时局说透了，说是大骗小骗，大打小打。我讲了一席话，都是很有情感的话，我说见了许多老朋友，好像回到家里一样。

白崇禧在他公馆里，有一次请我吃饭，我因事迟到一些，但他们对时局已谈过了。刘斐是军令部次长，他和白崇禧是主张内战的。我是老将军，他们想听听我的意见，我泼了他们一盆冷水。我说：“不要说内战应该不应该打，就利害来说，打起来，你们一定失败。我曾派人到过华北，他回来说，中共在华北有军队60多万人，民兵亦有60多万人，他们的战斗力一师可抵你们三师。初时中共才有多少人，后来越打越大，现在华北有百余万人，你们如何能打。”他们听了我的话，很不高兴。其实那时，美国是支持蒋介石打的，以后马歇尔七上庐山，名为和事佬，实在是帮助蒋介石的，他哪里会中立？

我看清蒋介石是要发动内战的，我们民主人士如黄炎培、冯玉祥、梁漱溟、刘文辉、龙云等接触更频繁，反对蒋介石内战。我到重庆时，民盟已有组织。陈铭枢曾想把民促和民盟合在一起，以后大家都认为不合起来好。当时国民党有党内民主运动的发动，我和孙科、陈铭枢、冯玉祥为主人，请国民党党内民主人士吃一顿饭，当时想推孙科出头，但孙科反而将事情告诉蒋介石，这事没有弄成功。

我们想搞活动，必须弄些钱来，初想组织新闻公司，由刘文辉拿出5000万来，但陈铭枢拿来办一间生意店，后来又亏本。我看不是路，赶快叫朱蕴山提回三四千万来交还给刘文辉，陈铭枢搞了一笔钱去。

邹鲁、于右任是反蒋的，与我常有往来，但他们不坚决。

出川时，我和冯玉祥、徐悲鸿、王宠惠等许多民主人士，同坐一船，那船名正好叫作“民联”，我们在船上开了座谈会。在途中覃异之看到我，他带有一军人的部队，我叫他不要参加内战。

来到南京

我在南京时，正是马歇尔七上庐山的时候，蒋介石和中共是边谈边打，一方面是缓兵之计，和谈，另一方面向东北进军。关于政府组织亦谈不下去而破裂了。人数比例，要求中共与各民主党派合起来人数比国民党多几个人，以免国民党专权，这本来是公道合理的，争论之点在此，破裂之点亦在此。

当时，董必武给了我们700万元，王葆真带了500万元，余心清带了100万元到北方来策反。我自己亦想来北方一行，我有一位朋友叫刘子衡的，很会讲学，是山东人，是黄埔学生，他对我说，北方军人中，有许多人愿意听他讲学，他可从中做游说工作，邀我一齐去北方走走，去联络一些军人反对内战。我那时是军事参议院院长、军事委员会委员、国民党中央委员，行动不容易，随便出去，怕人怀疑。陈诚是参谋长，很有权势，我向他表示想去北方走走，但那时，蒋介石已打了三封电报要我去庐山了。陈诚说，不如先上庐山，现在正是调兵遣将之时，去北方不方便，先在庐山避暑，可与蒋多多商谈，到秋凉再去北方不迟。

到了庐山，想与蒋介石详细谈一下，但只见了两次面，要见他的人又很多，谈的时间很短。结果，我写了一封19页的长信批评他，说他的政策，是违背中山先生的政策的，所谓训政，就是训练特务。这时我写了两首诗，表示我的心情，诗云：

（一）

万方多难上庐山，为报隆情一往还。
纵使上清无限好，难忘忧患在人间。

（二）

庐山高处最清凉，却恐消磨半热肠。
自是人间庸俗骨，从来不惯住仙乡。

蒋介石是用飞机接我到庐山去的，我初时住在招待所，后来蒋介石又叫另找公馆给我住。我看到蒋介石并无诚意实行民主，便以我的孩子沛金想出国，我要送他到上海为借口离开了庐山。

我回到南京，中共派人和我经常联络。我那时手中无钱，想将房子出租，时中共亦要找租房子，我想把房子租给中共做办事处。但是，国民党要抵制中共，不愿中共租到房子，国民党拿一亿元来租了我的房子去。那时一亿元等于港币20万元，以后我就是靠这笔钱来做活动费用的。

时冯玉祥准备出国，带张克侠和吴化文来见我，并面告他们以后一切行动，要听我的指挥。我问他们为什么和中共打得这么凶，他们说因为中共打他。我告诉他以后不要打中共，遇到中共可把军队撤到别的地方去。

那时，余心清、王葆真、曹天铎在北方做策反工作。我派人去徐州一带找张岚峰，叫他起义，董必武亦派人一齐去。不久被派的人回来说，前面有战情，有摩擦，没有找到张岚峰。后来张岚峰被解放军俘虏过来了。

不久我就离南京，到上海去了，住在上海愚园路。

陈铭枢

日本侵略我们，我们就得反抗，意义很简单，反侵略战！

● 1888年生，字真如，广东合浦县曲樟乡（今为广西合浦县曲樟乡）人。

● 1931年冬，十九路军被调至上海负责警卫，陈铭枢任京沪卫戍司令长官兼代淞沪警备司令。

● 1932年“一·二八”事变时，陈铭枢与十九路军总指挥蒋光鼐、军长蔡廷锴、淞沪警备司令戴戟联合发出《告十九路军全体官兵书》，反对妥协政策，积极配合，抗击日本侵略军。

● 1933年秋，与李济深等人发动反蒋军事政变，在福建组织成立“中华共和国人民革命政府”，号召抗日反蒋。福建人民政府历时2个月，最终被蒋介石镇压，陈铭枢等转移至香港。

● 1937年全面抗战爆发后，返回内地参加抗战，任国民政府军事委员会高级参议、国际反侵略大会中国分会主席等职，在武汉、重庆等地从事抗日民主运动。

● 1965年5月15日，病逝于北京。

淞沪抗战的政治背景

陈铭枢

十九路军驻防上海时，总指挥蒋光鼐虽然淡泊夷逸，对政治不热心，唯对抗日救亡则无比积极；蔡廷锴富于民族感情，也有强烈的爱国主义思想。马占山在黑龙江奋起抗战，博得社会舆论一致的赞誉，全军将士闻讯都跃跃欲试。蔡廷锴决心选拔一旅人，改为佩戴义勇军符号，北上赴援。这事至今我还记得很清楚。有一天我到上海，在我寓所与蒋、蔡两人一起回述往事，蔡廷锴说："我军虽然在国内打败过一些精锐队伍，但还不曾和外国敌军作过一次战，现在想起来都是罪过。我们过去苦是白受了，精力是白费了。"在言谈话语之间，我们都流露出对过去的极大不满。当时，我们三人经过协议，决定调一部分队伍北上，同义勇军并肩作战，并准备于出发之际，发出抗日通电，电稿我要王礼锡草拟。当组织义勇军正在进行之际，上海已处于暴风雨的前夕。1月中旬，十九路军同仇敌忾，坚定军人守土有责的决心，积极备战。蒋光鼐、蔡廷锴和戴戟联名来电报告，将在上海召开军事秘密会议，以确定军事行动。我即派京沪卫戍司令长官公署参谋长樊宗迟持我的三项指示前去参加。其中主要的一项，即"如日军向我防地进攻时，即在原地抵抗消灭之"。事后，十九路军总指挥部参谋蒋达文对我说："一·二八之夜，龙华警备司令室内，有三位长官，蒋光鼐、蔡廷锴、戴戟，连余共四人。1时15分，[1]余在司令室内接《大陆报》记者西人Georg紧急电话说：‘日寇现正由北四川路向闸北火车站方向前进。’立即报告三位长官，着余转知守军注意。20分钟后，守军张君嵩团来电话说：‘来犯北火车站之敌，已予以击溃，现正继续迎击中。’流血序幕正式开始。”

1932年1月28日深夜23点30分，日军在闸北通天庵路，向我军翁照垣部不宣而战地发起袭击，十九路军迎头痛击，在激烈的巷战中揭开了“一·二八”抗战的战幕。当时蒋、蔡、戴三人立即电告军政部部长何应钦，哪知得到的回电却是责难我军“违抗命令”。总指挥部即派蒋达文赶来南京向我汇报军事态势，他在汇报中说：“三位长官接到电报后，气得一言不发。”因我业已收到他们三人发来的急电，听他说完，即发回电。我记得回电的大意是：把我们十九路军将士的鲜血洒在黄浦江头，结束我们的光荣历史，我即来沪与袍泽共同赴难，云云。

原来前几天，蒋介石与汪精卫相继回到南京，就在抗战爆发前的数小时，蒋介石主持召开了国民党中央常委会，会上议决，汪精卫继孙科任行政院院长，孙科改任立法院院长，这便是史称的“蒋汪合流”。我借口战事紧急，愤而退席，连夜赶回上海，与十九路军同赴国难。

淞沪抗战发生后，南京中央政府异常混乱。蒋介石曾发过一个通电，被迫承认十九路军奋起抵抗是“忠勇自为”的行动，并说他“今身虽在野，犹愿与诸将士誓同生死，尽我天职”等一派鬼话。第二天下午，在蒋、汪共同主持下，又召开了一次中常会，匆匆作出两个决议案：1. 政府迁都洛阳；2. 在国民政府下设立军事委员会，推荐蒋中正、冯玉祥、阎锡山、张学良、李宗仁、陈铭枢为委员，行政院院长、参谋总长、军政部部长和训练总监为军事委员会当然委员；并指定蒋中正、冯玉祥、何应钦、

① 此系蒋达文1951年回忆稿所述时间，似为11时15分之误。——编者注

朱培德、陈济棠为常务委员；李济深以训练总监为当然委员兼军委会办公厅主任。一个多月后，在洛阳召开的国民党中央政治会议上，经汪精卫提议，推荐蒋中正为军事委员会委员长，推荐冯玉祥、阎锡山、张学良、李宗仁、陈铭枢、李烈钧、陈济棠为常务委员（这次会议我没有参加）。同时决定，何应钦、罗文干（外交部部长）同我留守南京，负责对日本的军事、外交及首都治安事宜。

设立京沪卫戍长官公署，原系作为粤方代表入京开会的条件和保证，孙科在“宁粤合作”时出任行政院院长后，本已失去存在意义，蒋、汪回到南京后，眼看就要被裁撤了，只因十九路军已在上海同日军开了战，才被蒋、汪保留下来。按规定，南京所有的宪、警都归我节制，可实际上并不听从我的指挥。如当时平津南下请愿抗战的学生大部分被押送过江，少数学生被首都宪兵司令部扣留关押，有人向我反映时我才知道，我马上派员持公署的公函前往交涉，才将学生释放出来。

烟霞洞会议后，蒋介石入京的那一天，我到中央军校去见他，他装模作样而又十分阴险地说：“陈长官，我是在野之身，只有听你的了，你怎样处置我呢？”我听出了他的话中之话，意思是：我现在就要上台了，你能把我怎样？我就要对你不起。于是我急忙回答说：“你还是中央三常委之一，我仍是听你指挥的。”说完，彼此沉默下来，无法继续谈下去，我只好告退。

在那几天，中央党部和政府（行政院）的各项会议，我虽然照常出席，显然没有前一个时期活跃，担子也轻了许多，不必再为孙科政府去自找麻烦了。会外的活动是常与冯玉祥、李济深接触，每当谈起救亡大计时，彼此的意见都基本一致，为后来的合作反蒋、坚持抗战奠定了友谊和基础。

蒋汪合流后，我的心情是极其沉重的。政治环境对我来说更是十分恶劣，要不是有十九路军三万余将士掌握在我的手中，我随时都会步邓演达的后尘。我之所以能保住一条命，还由于淞沪抗战打乱了蒋介石重新上台的内外政策部署。在政府决定迁都洛阳时，蒋介石乘机重新控制了国民党中央，我因此也辞去了行政院副院长一职。

我当时的沉重心情，绝不是一种多余的担心。“一·二八”事变发生的前四天，表面上业已下野的蒋介石，委派杜月笙和史量才通过张静江对蔡廷锴说：“上海日军处处挑衅，若不善于应付，战争大有一触即发之势。望你体谅中央意旨，最好将部队撤退到后方南翔一带，以免与日军发生冲突。倘能撤退，我可报告蒋总司令（对蒋的旧称）。”蔡廷锴当即予以严词拒绝。蒋介石获悉后，立即密令南京宪兵第十六团于1月28日赶到上海，接替闸北翁照垣部的防务。蔡廷锴严令翁照垣拒绝交防。当蒋介石随同政府在逃往洛阳之前，又特别把何应钦留在南京执行其军事上的不抵抗政策，留下罗文干来办理其投降外交。当十九路军奋力抵抗日军坦克、装甲车和飞机的连续进攻，迫切需要平射炮和高射炮的支援时，虽经一再呼吁请领，可军政部始终不发一枪一弹，甚至还通令各部队说：“十九路军有3师16团，无须援兵尽可支持。各军将士非得军政部命令而自由行动者，虽意出爱国，亦须受抗命处分。”因而当时驻在淞沪战地周围的蒋介石控制下的60个师的兵力，皆按兵不动，坐视我军孤军苦斗，不予支援。更令人痛恨的是，留驻上海的国民党海军，不但不给十九路军以任何援助，反而与日本海军当局达成协议：“此次行动，并非交战，如中国海军不攻击日舰，日本舰队也不攻击中国舰队，以维友谊。”真是既可卑又可恨！

淞沪抗战中两个较突出的人物

陈铭枢

翁照垣在淞沪抗战中，因固守吴淞、闸北之线，开战最早，战绩也较突出，一时声名鹊起，仅次于蒋、蔡两人而驾于其他师旅长之上。徐名鸿在淞沪抗战初仅任七十八师秘书，后调总部任秘书长，其声名虽不及一般带兵官，但在职责范围内的一切工作，是做得很出色的。两人后来在福建人民政府成立时，亦为关键性的人物之一。故在此介绍其生平概况，以及他们与我的关系。

翁照垣为广东惠来人，行伍出身，曾是陈炯明部下的一路司令。革命军东征时，惠州之役，他为敌对一方。失败后进入日本士官学校，毕业后到南京求见蒋介石，想谋一差事。蒋记前仇，拒不见。那天，适我也到总司令部见蒋，在会客室见一操广东口音的壮年男子同接待人员争吵。我上前问明原委，知其遭遇，不禁产生同情之心，乃赠送 5000 元，并嘱其再出国深造，勉以将来为国效力。此后，他到法国学习航空。学成归国后，适我任广东省主席，正在成立省保安团，我即委他为第四团团长，部队驻扎在黄埔。1931 年我被逼出走，翁到香港来见，他说他要带一帮人进广州去把陈济棠干掉。我没有答应，叫他回去看看情形。他临走时说："如陈济棠不来侵犯则罢，否则就同他拼到底。"当时省保安团有四个团，分驻各地。黄固、樊宗迟、符岸坛各团，均不发一枪即被陈济棠缴械。唯翁照垣坚守原防，在陈济棠的陆海空军联合进攻下，至弹尽粮绝，始只身泅水搭上轮船赴港。至此，蒋介石发现了他的骁勇，任命他为警卫师的旅长。不久，十九路军在江西新成立七十八师，我又把他要回来任一五六旅旅长。翁早年参加过国家主义派，但以后并没有组织关系，也没有在军中搞组织活动。淞沪抗战后，十九路军在全国人民的支持下，有了一点声名，而青年党曾琦、李璜之流居然大言不惭地说："淞沪抗战是青年党领导的。"我记得我同十九路军几位负责人曾公开予以驳斥。

十九路军调闽后不久，翁照垣便辞去军职，代表十九路军到南洋各地慰问华侨，感谢他们的慷慨支援。不久，日军入侵热河，他又只身北上，出任东北军张学良部的师长，曾在长城一带转战。当我由欧洲回到香港后，在酝酿福建人民政府阶段，他立即回闽，出任福州城防司令。福建人民政府成立那天，他任成立大会的会场总指挥，第一面国旗由他捧出，因而有人说："这面国旗是国家主义派的标记。"这真是令人不可理解。后来，他任泉州兴、泉、永民兵总司令，做收编地方武装的工作。我到泉州时，他对十九路军不战而退出福州，深为不满，同我大闹了一场。1936 年李宗仁、白崇禧发动反蒋运动时，蔡廷锴到了南宁，并着手招致旧部，重新组织十九路军，翁任六十师师长。1937 年全面抗战爆发，翁亦随之而来，并带有他以前的部下多人前来，并曾见蒋介石，要求派到前线作战。蒋对他真是旧恨新仇，念念不忘，故拒绝录用。最后还是我同白崇禧向程潜推荐，由程带到河北保定行营任战地督战官。后来他在巨鹿督战时负伤，从此南归，脱离军籍。中华人民共和国成立后闻在香港经营农场。

徐名鸿，广东丰顺人，早年在北京高等师范学校读书时，曾受无政府主义思想影响，对古典文学有基础。毕业时因成绩优异，留校任讲师，教《元曲》。其时，梁漱溟任北京大学教授，曾以“勉仁斋”组织讲学，专讲“东方文化哲学”，徐参加听讲，不久就成了梁的高足。梁在山东筹办曲阜大学时，徐应师命前往筹备。我在南京内学院从欧阳竟无学佛时，虽耽禅悦，而实未忘情政治。因早闻冯玉祥以基督教练兵，颇有成效，心想我也可以用佛教来练兵，故决到北京南苑冯的兵营参观。行前熊十力（内学院同学）为我介绍梁漱溟。到北京后，我在梁寓见徐在听讲，印象甚佳。此后，我重返粤军，革命高潮到来，顿感军中缺乏文化政治人才。于是我想起了北京的梁漱溟。我便找李济深、张难先商量（张时任李济深梧州商埠督办公署的榷运局长，他在北京任陆军部录事时，同梁就有交谊），即由我们三人联名函请梁到广东参加革命。后梁本人以学校工作不能来，乃介绍他的学生徐名鸿、黄艮庸等来粤。时我师已平定南路，正处于北伐战争前夕。我又奉国民政府命令，偕白崇禧到湖南与唐生智联络，与白同行的是刘斐，徐名鸿等即作我的随员同去。任务完成后回广东，即出师北伐，我以黄艮庸为师部秘书，徐名鸿为政治部秘书。师政治部主任为戴笠农，副主任为钟喜焯，戴、钟两人不久均离去，徐遂升为主任。在北伐战争中，徐的工作表现甚好，深得总政治部主任邓演达的欣赏。因邓在汀泗桥战役时，随我师前进，故对徐甚了解。第十师到武汉后扩编为十一军，徐升任军政治部主任。在我脱离武汉政府后，徐同蔡廷锴的关系搞得很好，并深受邓演达的政治思想影响。十一军参加第一次北伐回到武汉时，武汉政府已为国民党右派把持。蔡廷锴在南昌起义后将军队开入福建，而徐名鸿则随叶挺、贺龙到了广东。叶、贺失败后，徐逃回他的家乡躲避，后到广州，又为李济深的第八路军总部逮捕入狱。时李已到上海，总部由参谋长兼广州城防司令邓世增主持。后经梁漱溟保出（时梁任广州政治分会委员），即任梁主办的第一中学教务主任。当我在江西任“剿赤”右翼军司令长官时，徐曾来我军中，为我同邓演达进行秘密联系工作。在淞沪抗战发生前，蔡廷锴任命他为七十八师秘书，后又调任总部秘书长。凡关于十九路军的对外宣传、组织民众、征集物资、分配慰问品，以及接待中外记者等工作，均由他主持。他成了蔡廷锴的得力助手。到闽后，他又协助蔡廷锴主持闽西善后处、闽西善后委员会，任秘书长。在他主持下，草拟了一个闽西善后委员会的组织大纲，在大纲中提到：政权属于全体生产人民，并实行“耕者有其田”和“计口授田”的办法。我从欧洲回来后，曾多次同他交换意见。最后实施前，我曾叫他到香港来详细讨论过。福建人民政府成立后，我兼任军事委员会总政治部主任，并任他为副主任兼十九路军总政治部主任。失败后，他逃入广东，在沙河坝被捕。旋被陈济棠杀害，时年仅38岁。

张发奎

如果这次再不能对日作战，我决定入山为僧，今后永不问世事。

● 1896年生，字向华，广东始兴人。

● 1926年，国民政府誓师北伐，任国民革命军第四军第十二师师长，率部进军湖南湖北，一路势如破竹，因功升任第四军军长。

● 1937年，“八一三”淞沪会战时张发奎任右翼军总司令兼第八集团军总司令，负责浦东至杭州湾北岸守备。率部在浦东击败日军数十次进攻，并亲自指挥位于浦东的炮兵轰击日军司令部和日军旗舰“出云”号，给敌以重大威胁，浦东炮兵被誉为“神炮”。

● 1938年，任第二兵团总司令兼第八集团军总司令，率部参加武汉保卫战。

● 1939年，以第四战区司令长官身份负责两广军事，指挥第一次粤北会战、桂南会战等，取得昆仑关战役等胜利。

● 1940年底，率军相继收复南宁、龙州、廉州。

● 1944年9—11月，参加指挥桂柳会战。

● 1945年5月，任第二方面军司令官，组织对日军反攻，指挥所部收复失地。

● 1980年3月10日，病逝于香港。

英勇战士，血肉长城 *

张发奎

浦东的“神炮”

淞沪战争的征候，到了 8 月 9 日才开始发现。当时敌人的兵舰集中于黄浦江和长江的江面，并运到陆战队万余人在上海登陆，随即令武装士兵闯入我虹桥机场滋生事端，同时更要求我方撤退驻沪的保安队。这一要求，经我方严词拒绝，敌方遂于 10 日正式揭开了淞沪大战的序幕。

在这次战役的前夜，最高统帅部适时下达了淞沪方面军队的战斗序列：张治中将军担任指挥左翼部队，我担任右翼军总司令；另以李崧山、阮肇昌、刘尚志各师，张銮基的独立旅及炮兵第二旅第一团编为第八集团军，集团军的总司令也由我兼任。同时，刘建绪将军的第十集团军，亦奉命加入右翼军的序列。

我奉命后，即令张銮基旅推进浦东，接替李崧山师的防务；命李师移动于上海方面，策应左翼军作战，并令刘尚志推进至松江附近，以为集团军的预备队；刘建绪集团军则由衢州附近向杭州推进，为右翼军的

---

* 本文原载香港《大城》杂志 1976 年第 9 期，本书采用时略有删节，小标题为编者加。

第二线兵团。

13日，敌我在上海的警戒部队发生战斗。我左翼军按照原定计划，即开始攻击行动。经过数日的战斗，因为没有摧毁坚固防御工事的火器，同时，又缺乏街市战的熟练经验，我左翼军的部队虽曾一度进出于汇山码头，但终不能摧破敌人的整个防卫组织。

我所指挥的右翼军方面的情况，是比较沉寂的。因为在南市方面，隔离着一个租界地区，浦东方面，又隔离着一条黄浦江，所以就没有成为作战的重点。但左翼方面军却不同了，战况是紧张的，因此，我必须用各种方法给予策应和支援。我除将阮肇昌师增援左翼军外，也不断地以炮兵在浦东的洋泾附近，袭击敌人的侧背，来策应左翼军方面的作战。

我浦东方面的炮兵对敌人的袭击，也确曾发挥过相当的威力。因此，在当时就被一般人过誉为“神炮”。它不断打击敌人的“出云”旗舰，轰击虹口的日军司令部，使敌人不断感受着威胁。敌人为谋消除这威胁，曾采取了种种侦察手段，不间断出动飞机，企图搜寻我炮兵阵地，毁灭我炮兵的力量。但他们始终无法找到我们的炮兵阵地，更无法制止我炮兵每大黄昏和夜间的袭击。

炮兵阵地的位置，是在浦东洋泾附近。为尽量发挥威力及避免敌方空军的威胁计，当时就在对岸设了一个秘密的观测所，利用海底电线的通信，协助我们指挥炮兵的射击和修正弹着点的偏差。同时，炮兵的活动时间，常在黄昏和夜间，白昼我们就把各阵地巧妙地伪装起来，或将各炮移动藏于沟渠和竹林的深处。因此，在这战役的全部经过中，敌人始终没有发觉我们阵地的位置。我对这几门炮，当时是非常爱护，不但常常亲自去指挥射击，并且在这次会战终了的最困难的时候，也还用尽了方法，把它全部安全地转移到后方去。

我们的炮兵阵地也曾有过一次几乎被敌机摧毁的教训。当时有几位新闻记者到战地访问，他们要求去看一看“神炮”的雄姿，经过炮兵营长的许可，同到竹林隐秘的炮兵阵地里，并在那里拍摄了一些照片。次晨，他们将访问战地的详情披露于报上，并且连炮兵阵地的照片，也一并刊登了出来。当天早上，我在《时事新报》上看见了这详尽的报道，即认为这是一个不应该泄露的军事消息，并且认为这消息是我们的炮兵阵地，将会发生不可测的后果，因此便立即命令该营长迅速变换各炮隐秘的位置。到中午，果不出预料，敌方便出动了空军，把所有洋泾附近的竹林都炸光了，致令附近的居民也无辜遭受很惨重的损失。但侥幸的是各炮依然无恙。事后那位炮兵营长即被撤差，那负责的新闻记者也受了处分。这事，对战地新闻不慎的报道是一个教训，同时也说明了一个军事指挥官对细微的事，也须时时刻刻作密切的注意。

所谓“神炮”，说来也许一般人不会相信，我们所有的只是六门“卜福斯”山炮而已。假如能够有较多的炮量和较大口径的炮种，我深信对这次会战将有更大的帮助。因此，我最初便建议统帅部，主张由乍浦附近海岸赶筑一条可以运输重炮兵的临时公路，直达浦东，效法海岸游动炮兵的使用方法，调集一部重炮兵使用于浦东方面，但统帅部却没有采纳这个建议。

不惜牺牲　保全上海

到 8 月 22 日，战事即开始转入更猛烈的阶段。敌军增援部队第三师团、第十一师团，以及第一师团、第八师团之各一旅团，当天即在宝山狮子林登陆，并即向我左翼军方面宝山、罗店、浏河线进攻；同时对我右翼军方面之川沙及浦东各地，也采取积极的行动。我方亦同样以京沪、沪杭两铁道输送增援部队，投入左翼军方面，双方均以猛烈火力作阵地的战斗，情况特别紧张。是以我方对原来预期以攻击的作战手段指导会战的计划，不得不加以修正，而转入以纯粹防御战的阶段。

那时，最高统帅部坚决地企图确保这个远东最大的都市，便尽量挹注兵力于淞沪方面。京沪、沪杭两铁路的军车日夜不间断地奔驰，把一师一师的部队送来，加入填补火线，其情况好像1916年法军为挽救凡尔登要塞的危急，从巴黎运送增援部队的状况相似。但敌人的装备和战术及战斗力各方面，俱达到相当的高度。他们的空军力量更占了绝对的优势，他们大量的野战炮兵配合着海军的长射程炮也发挥了很大的火力。而我方仅有临时构筑的野战工事，一切器械也比不上敌人，战斗的不利是可以想象的。为着企图避免过巨的牺牲和改变不利的状况，我常常竭尽智虑去搜求战斗的真相，推断未来的状况，研究歼灭敌人的策略。我不断考虑，如果没有可以改变这不利的形势的策略，如果以大量的战斗力投入这方面的决战，而没有胜利的把握，则我们纯粹的防御计划，应否考虑加以修正？经过了二旬的战斗，我的结论是：在我军的现有条件下，欲把敌人歼灭，或遏止他们的攻势，确实是非常困难的。

这时，我和张治中将军即建议于最高统帅部，主张对上海作战使用兵力的最高点，应作一个精密的数字计算，并建议如果超过了这个限度仍不能压制当面的敌人时，则我们的战略应转变为持久消耗战。须先以10个师的兵力预先占领苏嘉、吴福线之既设阵地，以为第二抵抗线，此10个师的兵力除非在扩张战果方面，不得为其他状况而使用。我们二人并明白表示，愿自接受敌人攻击之日起，负责固守此既设阵地三个月时间的责任。但最高统帅部不赞成这建议，他的意见认为上海是必争之地，应不惜一切牺牲来确保这个地区。又因当时敌人的增援部队尚未全部到达，战况亦有时稍为沉寂，于是有些将领们便为此种情况所惑，以为敌人的攻势已至极点。就是冯玉祥将军亦有“淞沪方面的战况已经稳定了”的判断。

可是到9月中旬以后，情况有变化，敌人大量增援，我们发现其第一、第三、第六、第八、第十一、第十六、第一〇二、第一〇六、第一〇七、第一一四、第一一六等师团的番号，估计其兵力约在20余万，炮300余门，战车200余辆，飞机200余架，其在淞沪与我决战的决心，也益加明显了。

此时，我方的部署亦有所变更，原左翼方面，改划成两个区分，以陈诚将军担任左翼，朱绍良将军担任中央，与我右翼相联结，左翼方面自9月上旬以来，战况已逐渐不利，阵地亦逐渐后移，虽后援部队逐次加入，亦仅能维持“寸土必争”的状况。

我右翼方面的战况尚没有若何变化。敌人虽迭次企图排除我浦东对他侧背的威胁，但在我将领严密戒备之下，敌人几十次的登陆行动都没有成功。不过，我常常顾虑敌人如在左翼军正面突破企图不能成功时，他们可能采取侧面的迂回行动，因此，我右侧的金山方面是一个最可注意的地区。当时我有一个直觉灵感和历史的回忆，就是戚继光于闽浙荡寇时代，日本曾在金山登陆而扰乱浙境，如果敌人以历史作依据，这段历史实有重演的可能。同时，在战术上判断，那里已是一个理想的登陆地点。那里海岸有40英尺以上的水位深度，又有利于登陆运动的沙滩及可作为滩头阵地的据点。

为了这个侧面的顾虑，我曾亲自实地侦察那里的地形，并在那里配置了一连炮兵和一营步兵，再三叮嘱他们对海面作特别戒备。同时，我又命令他们编组了一队渔船，远出海面从事广远的搜索。为欲彻底明了实地的情况，我亦常亲自或令幕僚至沿海地带和浦东方面巡视警戒部队和火线的战况，并把全线的防御组织严密起来。整个右翼方面虽无特别紧张的情况，但我必须在缜密戒备方面努力，使统帅部可以集中全力于左翼和中央方面的作战，免去了对右翼方面的忧虑。

张发奎

英勇战士　血肉长城

整个10月的作战重点，始终保持在左翼军方面。10月下旬，敌人以全力攻击我左翼军阵地，决战的时期已经到来了。战地悲惨的景况，亦一幕一幕地呈露在我眼前。我们的增援部队继续向前进发，他们由后方输送到战地后，没有一刻的停留和准备，就加入了火线。敌人的炮弹好像雨点一样散落在我们的阵地。我们的炮兵在数量与火力上都无法与敌对抗，只有英勇的战士们以血肉筑的长城，来抗拒敌人的犀利的火器。制空权也完全掌握在敌人手里，敌人的飞机一天到晚翱翔在战地的上空。我们的部队没有立体作战的经验，仅凭着血气之勇，不知讲求疏散与伪装，更招致许多无谓的损害。我们部队的行动白昼大受限制，一切部署的调整和兵力的转用，都在夜晚，这更使指挥与时间上蒙受很大影响。战地是一片平野，不能徒涉的川渠，纵横交错。这对于联络与地形的熟识，均感到不少困难。在这种种不利的条件下，各级指挥官当时都深深感到指导一个防御组织不健全的大兵团作战，确是一件不容易的事。而下级干部和士兵们，到这时候才认识了现代战斗的形式，才明白仅靠精神而忽略物质科学的战斗，已是落伍的思想了。

在战况的高度紧张中，最令人感动而安慰的是人民对作战的协助。他们不仅帮助军队的运输和救护，他们更自动地献出了他们仅有的粮食，一切好的东西他们都送给军队使用。学生们自动加入了战地宣传和通信的工作；妇女们自动看护我们的伤兵；慰劳队的歌声鼓舞了战士们的热血；工作队的热心服务消除了战士们的疲劳。在大军作战最感困难的后勤工作，人民都帮助我们解决了。军队为国家而流血，人民也贡献他们的一切给军队，这是民族战争的特点。

10月30日，左翼方面的战况已达到极度的不利。突击我大场阵地的敌军已在周家宅、姚家宅两处强渡苏州河，上海市区的我军侧背便感受到重大威胁。以当时的情况判断，敌人似有从大场以西向左右席卷的行动。朱绍良将军这时忽奉命调任甘肃省主席，所遗中央兵团的任务，最高统帅部即命令我去接任，并将右翼方面的指挥责任交给第十集团军总司令刘建绪将军接替。这时刘集团军的部队方从杭州向前推进，我一面担忧沿海地带的侧面和刘集团军能否确实接防，一面又感于上海方面的紧张状况，将如何去挽救这危殆的局面。我此时陷入了无限的焦虑，以沉重的决心，担当这残破而没有把握挽救的局面，这在我生命史中是最痛苦的记忆。

11月2日，我的指挥部由南桥移至龙华西侧的北干山，这是极接近火线的位置。当我到达那里时，情况已变化了，第一线的部队已陷于紊乱状态；同时，渡河的敌人予我们侧面的威胁，也正在日益扩大中。但第一线已经没有可以抽调的部队，后援的兵团又迟迟未能到达，我除了竭尽一切努力来调整这个紊乱的形势外，开始发生了悲观的心情。

11月5日，一件数月来日夜所焦虑的事终于发生了。敌人的第六、第八两个师团当日就在全公亭、金山嘴等地同时登陆了。我力量薄弱的警戒部队很迅速地被驱逐了，刘集团军以行动迟缓，未能实行夹击的行动，让敌人一直向松江前进，我吴克仁军集结尚未完成，仓促应战，又遭受各个击破的命运。

9日，松江被陷，我军腹背受敌，失败的战果已是注定了。

从整个战略上着眼，敌人强渡苏州河以后，退却已是无可置疑而不能再迟延的事。这虽需要最高统帅部作困难的决定，须当机立断地即下决心，但指导大军作战者，其最困难的条件也就在此。当时，前敌总指挥陈诚将军来到我的指挥部，他亦同意我的意见，可是最高统帅部却仍迟迟未决，等到情况已到了最危急之际，才于9日下达退却命令。但这时机已不适切了，当我接到命令时，部队已陷于极端紊乱状态，各级司令部亦已很难掌握其部队了，因而演成了最后一幕原可避免而终不能避免的大悲剧！

抗日战争回忆录 *

张发奎

调整第四战区的兵力部署

南岳会议后，我奉命任第四战区司令长官职务；当时蒋先生并征求我兼任广东省政府主席职，我认为我自己没有行政经验，不能兼任，而推荐李汉魂将军负责。虽然两广是我的故乡（我在广西有数年的军旅生活，所以我常称广西为我的第二故乡），对两广的社会情形、地方状况、军事地理均有相当的了解，对于指挥作战有很多的便利，因为战区责任益形繁重，我不但须争取军事上的胜利，而整个华南局势和社会秩序的维持，都落在我个人的双肩上。当时的军事颓势，社会动荡，以及所指挥之部队人事状况，又有悠久的封建关系，须特别慎重考虑，适当地加以调整，以免发生不必要的摩擦，而影响团结。

1939年元旦，我在华南抗战中心的曲江，宣告就任第四战区司令长官职。当即召集战区副司令长官余汉谋，广东省主席李汉魂将军等会

* 本文选自台湾蔡国桢发展有限公司出版的《张发奎将军抗日战争回忆记》，收入本书时作了少量的删节。

商，先听取他们报告，并研究及交换战术上的意见。当面之敌为日之第二十一军的第十八师团，第一〇四师团及海军陆战队之一部，约共四万人，敌人自从占领广州获得初期作战胜利之后，似乎企图扼守广州既得之成果，占领江门、三水、官窑、新街、新口、神岗、太平场、福和、增城、石龙、宝安等处外围据点，从事公路铁路交通的修筑。我战区所辖的部队，除在粤桂南区第十六集团军夏威所属的第三十一、第四十六两军的六个师外，在粤境的部队，计有第十二集团军余汉谋所属的第六十二、第六十三、第六十六之三个军共八个师和两个独立旅及战区直辖之第六十四军之三个师；如照编制的定额，应有约 20 万的兵员。但事实上，除夏威集团的兵员比较充足外，其余残缺不堪，如六十六军和六十四军是刚从武汉方面调回整补的，余汉谋集团亦刚经过广州的战斗，损失颇重的部队，故实际上的兵力，不足三分之一。

基于当前敌我态势和最高统帅部的战略指示，我只有从稳定第一线和整顿后方来着手工作。这就是说在作战计划方面，以确保粤北，占领英翁线既设阵地为守势作战方针，以加强阵地工事，调整部署，训练部队和整理其他地方上与后方诸业务，为作战准备的工作。

这时期，我按照最高统帅部的规定，在南雄一个幽美僻静的乡村——修仁，成立了第四战区干部训练团，其团长由蒋先生兼任，实际上，我以副团长名义负责主持，余汉谋将军及广东省政府主席李汉魂则兼任团附。一方面将党政军各级干部轮流调训；另一方面挑选各部队的优秀军士施以士官训练，作为各部队初级干部之补充或储备，另外还成立一个政治干部训练班，招收了许多青年学生，施以军事政治训练，以备在战地组训民众及协助部队作战的政工工作。希望军政各单位能注入新细胞，发挥华南总体作战的力量，以发扬两广传统的艰苦卓绝、勇敢善战的精神，为国效劳。干训团经过了 7 个月的严格教育，合计先后毕业的人数有 4000 余人，分别遣派各部队服务，无论在平时战时，均收得了不少的效果。在训练期间，我常常由曲江驱车前往对各班做精神讲话及个别谈话，或在团上小住，和他们共同起居饮食，如年轻时在家庭一样地过着天真、活泼、整洁、规律、蓬蓬勃勃的生活，回想起来，不胜依依！

调整部队的部署，是一件很困难的工作，战区的正面，西自桂越边境起，东至闽粤边境止，是一条漫长辽阔的战场，海岸线的弯曲处很多，到处均可能是敌登陆的地点，在交通情形不良，而且所有的公路和电讯交通网都和正面成平行状态，要求统一机动运用兵力至感困难，同时当日的指挥系统亦相当混乱。第九集团军总司令吴奇伟，仅有一个空衔的机构，没有明确的任务和兵力，第六十四军和几个保安团及税警总团担任西江的防务，各不统属，形成各自为战的状态。这些问题都必须解决。我平素对于作战指挥，是一贯采取确定职权和分层负责的。我过去任第四军长时指挥作战，任何一个部下，必有一个明确的任务和授予统一指挥之权力。我以为混乱的系统或双重的责任，以及拘泥呆钝被动都不合作战指挥的条件。英首相劳合·乔治说：“这不是一个将军比另一个将军好，而是一个将军比两个将军好。”这实在是说明统一指挥的真谛。因此我向最高统帅部建议调整本战区军事的意见：

甲、作战地区就原有区域划分为东南西北四区，每区以一个集团军任之。

一、东区——第九集团军吴奇伟指挥第六十五军预备第六师及独立第九旅。

二、南区——第十六集团军夏威指挥原第三十一、第四十六两军。

三、西区——将粤省保安团抽出八个团编为一军，加以第六十四军邓龙光部合编为一个集团，以李汉魂兼任总司令，邓龙光副之。

四、北区——由余副长官指挥十二集团军之第六十二、第六十三、第六十六军及独立第二十旅。

乙、由中央增援一个军控置于韶关附近为总预备队。

丙、粤省保安队，除拨出八个团，编成一个军，以保安处处长邹洪任军长外，所余五个保安团，以吴乃宪任保安处处长。

丁、粤省税警总团，除留四个营仍任缉私工作外，其余三个团及一个营编为一个师，归西江方面之集团军总司令指挥。

这一个建议，虽蒙最高统帅部大致同意，并颁布人事和区分的命令，但当时有一部军人却有一种不良批评，他们以为我有意分割广东部队的统一，树立原第四军系统的势力，因为吴奇伟、李汉魂、邓龙光都是第四军中的将领。由于有这一种偏见和传闻失实的扩大，结果竟造成以后广东军人派别上的分歧，及余（汉谋）、李（汉魂）间发生许多意见和相互摩擦的不幸。

同时让我特别叙述一点，有关当时两广军队的情形，这对于国家将来建军的工作，是值得注意的一件事，而我当时在指挥上亦常因顾虑这种关系，受了许多牵制，发生很多头痛的问题。自陈济棠将军于战前下台，广东的军政权力已落到余汉谋将军的手上。抗战开始，余将军的部队镇守华南，他的直辖部队由一个军扩充为四个军及两个独立旅。抗战初期，李汉魂、邓龙光和叶肇的部队在京沪作战，广州的镇守任务，完全由第十二集团军的部队担任，于是余汉谋将军便成为广东权力的中心。自广州失陷后，邓龙光和陈烈各军相继开入粤境，从封建意识来看，被人们视为分割了十二集团军的势力，所以在李汉魂的第三十五集团军成立后，由于封建意识的影响，使余、李两人和十二集团军与三十五集团军的关系，都好像有一种无形歧见存在，而我每于作战指挥上，因为有顾虑，不是特别加以协调，便是只得听他们自己去调度，而不加以过多的干涉，形成了一种尾大不掉的情势。余将军本是一个老成浑厚的人，但亦常因这种封建势力所左右，而无法摆脱这种羁绊。

同样的，夏威所部的第十六集团军，更纯粹是广西的财产。广西过去有过七八年独立运动的历史，和中央的距离更大，一切的军政权力，都掌握在李、白、黄三人的手上，广西是他们的家乡，十六集团军恰担任守备广西大门的任务，这自然与他们的痛痒有关。自己家里的事，只有让自己来解决，旁人的干预是不合理的。因此十六集团军的指挥和以后广西境内一切军事调动处置，都是由白崇禧将军一手包办。广西之所以划入战区和十六集团军编入战区序列，仅是一个指挥系统内的名词而已。中央亦顾虑及此，所以另外成立了桂林行营，统制西南一切的军政事宜，并将广西的一部特别划入桂林行营直接指挥，这就是说我的战区辖境，只及于广东的方面，广西不过是战区作战地境的点缀而已。幸而我和李、白、黄诸将军以往有过革命历史上密切的友谊，彼此尚能推诚相见，遇事相互商讨，否则我这个司令长官不仅无事可做，而且实不能做。

敌人钦州登陆

自战区成立后 1—10 月，度过了一个平静的时期，除了孤悬海外的琼岛于 2 月被敌占据和鞭长莫及的潮汕于 8 月失守外，主要的正面，仍保持着对峙状态，这于我未完成战备的工作是有利的。

11 月 15 日钦州湾敌人登陆，掀动了这沉寂的空气，并撼动了华南的局势，而演进了南宁的会战。敌之企图是远大的，当初我们的判断，还以为敌之行动，不过是想夺取南宁，切断我国际交通线，再进而攻取柳州，威胁黔境，摇动川、滇，以深长战略迂回的行动，来打破我们第二期作战的基地，但事后才明了，他想从南宁向越南伸手，做他南进的跳板。

侵桂南敌人的兵力：第五师团、台湾旅团台湾守备队及佐世保陆战队，配合第四舰队主力和台湾舰队之一部，飞机 100 余架，由高须四郎今村均指挥[①]；先集中于琼岛海面，并占领涠洲岛为首哨，11月15日自黎明，敌炮舰向企沙、龙门、钦州湾我沿海阵地射击，敌机亦低空轰炸，敌集团舰队在海空掩护下逐次迫近，同日下午强行登陆，即陷防城。19日陷钦县，此后即以其主力沿钦邕公路北进，23日强渡邕江。24日桂南重镇——南宁遂告失陷。嗣后桂林行营曾调集了后续部队，并以战车队一部和少数空军，于12月中旬转移攻势，在昆仑关附近进行剧烈的争夺战，但没有获得决定性的战果，仅迫使敌人放弃了昆仑关的高地，和敌第五师团之第二十一旅遭受到较大的伤亡而已，这次战斗持续到民国29年2月初，才起了变化。

对广州附近之敌采取机动攻势

当敌人在钦州登陆的时候，该方面的责任不属于我，但我顾虑着西江方面第三十五集团军和第十六集团军的接合部空隙，并为防止广州湾方面被袭及西江方面侧背的安全，我曾亲自巡察西江防务，但在我巡察期间，广州方面的敌人又在蠢动了。

广州附近的敌人，为策应桂南的作战，对我粤北方面出击。从11月下旬以来，敌联合各兵种部队四万余人集中广州近郊和原驻新街、龙口附近的敌人，沿粤汉铁路向军田、银盏坳进犯的征候，都足供我一个正确的判断。我立即决心以主动制敌的战术行动，对敌施行机动的攻击。我即各以一部在铁路正面，另以一部进出广、花、增、从间地区，先行向敌方袭击，以摧破他的攻击准备，主力即集结于英翁线之山岳地带机动使用，并巩固曲江的基地，粉碎敌人北犯之企图。

① 据日本防卫厅防卫研修所战史部编《中国事变陆军作战》记载，侵桂日军为第五师团（师团长今村均中将）、台湾混成旅、第五舰队（司令官高须四郎海军中将）、海军第三联合航空队，由第二十一集团军司令官安藤利吉中将指挥。

11月27日我铁路正面的部队第一五二师第四五四旅及第一五一师之一部，开始向铁路正面和增城方面之敌攻击。经过两旬之激烈战斗，虽然未得到重大战果，但敌人的死伤和他企图攻击之准备受挫，已蒙受相当之打击。12月15日，我得到了更确切的情报，敌之第十八师团在从化河以东，广、增、东、宝间地区，第一〇四师团一部在兰水西南之江、新间地区，主力在江村、新街、军田、银盏坳、龙口间地区。近卫混成旅团由敌国调来，已于12月9日到达广州，续向从化北进。根据这些情报，敌人已开始以主力对我攻击了。我决心以攻势来摧破敌人的企图，即令第十二集团军主力附第六十五军缪培南部向银盏坳、军田之敌攻击，第三十五集团军以一部向江、新之敌袭击，另一部进出白泥对官窑之敌攻击，以掩护我主攻部队之侧背；东江游击队向深圳、石龙之敌突击，以切断其后方交通。自18日起，战斗之惨烈，与日俱增。敌之后续部队亦源源增加，形成了全面的预期遭遇战：敌之骑兵利用空隙钻营，顽强异常，我备受威胁。12月25日，情况有了重大变化，我左纵队之广韶公路方面，受了敌人主力的压迫，我第一五一师在军田附近与敌苦战中，左潭敌与我独二十旅及第一五三师激战后，敌之一股千余已窜至梅坑，并发现敌骑于官渡、翁源附近出没。广韶铁路正面之敌人5000余，将进犯英德，这一切情况发生，需要我作更大而适当的处置。

我不能令部队以守势逐次抵抗，因曲江是战区的基地，距第一线不及100公里，再没有深广的地区可以逐次抵抗，必须以主动的攻击手段，把握时机，乘敌人突进分离的时候，予以各个击破。因此我立即令增援之第五十四军，由曲江向大坑口、新江墟、翁源方向急进，向敌攻击，右纵队除第六十五军之一部扼守主阵地要点外，集结主力于佛岗、水头附近策应各方面之作战，第六十二军所部克日向从化、良口间钻隙迂回截击敌后，攻占从化、增城以北地区。左纵队以一部固守沙田、梅坑、新丰之线，以有力之一部尾击敌寇而歼灭之。东江指挥所主力由惠州向龙门、左潭、铁岗截击敌后，第二游击纵队积极袭击新街、龙口、江村之敌。第三十五集团军之暂二军，即由四会向清远沿北江西岸夹击敌人。第六十四军进出北江东岸，截击粤汉路及广、佛间敌后之交通。我下达这命令后，抱了莫大的希望：如果我铁路正面能拒止敌人，则敌必将陷于分离状态，广韶公路方面之敌，必将受我多方面之优势兵力压迫而崩溃。

1940 年元旦，连续有利的捷报，与庆祝新年的喜讯同时来临，新江、翁源公路方面的敌人，仅经我第五十四军之攻击，已在开始退却了。英德附近铁路正面的敌人，亦呈动摇状态。此次敌人退却的动机，我不敢说是被我们强攻压迫而退却，但我很自慰的，就是在敌人退却前之适当处置，且预料这一个处置，将使敌人的退却行动受到莫大的威胁。我和我的幕僚们大家都同样充满了信心，我们虽然没有像俄军在罗基会战，准备列车以备送德军俘虏一样的奢望，但我们确信这一次可高奏一曲凯旋之歌。

这一次战斗的价值，虽然因评判的角度不同而有所差异，假如我能以一个光辉的成功，来结束这次作战的话，那就是 1 月 7 日这一天，我们除恢复了 1939 年 11 月 20 日前原来的态势外，1000 余敌寇之骸骨埋葬在北江的草莽中，数十辆汽车之战利品进入我们的仓库，以及倭寇军官数人和士兵 58 人，以颓丧之面色，屈膝于我们的面前。我们虽然因力量不足，未能一鼓作气，直捣广州，但敌之出击企图，确已为我们所粉碎，粤北的形势亦趋于安定了。

当我们在粤北作战感觉满意的时候，桂南方面，却带来了一个痛苦，邕宾公路方面作战不利，震动了黔桂枢纽的柳州。当我军于一个月前克复昆仑关时，大家都以为敌人受了此次打击后，暂时不会有何行动。

桂南战役

1940年1月下旬，敌人由粤转用近卫第一旅团和第十八师团之一部，乘我后续兵团尚未到达之际，以约一个师团之兵力，沿邕宾路以北地区，向我阵地攻击；其近卫旅团，则沿良庆津浦道占我永淳，北渡邕江，迂回昆仑关直指宾阳。我左翼兵力薄弱，由粤调来之第六十六军叶肇部，又以行动迟缓，不能依限到达，故宾阳、思陇于2月2日相继失陷。3日敌一部后窜邵墟，隔清水河与我对峙。此时我后方之柳州、宜山一带均极空虚，如果敌人续渡清水河向柳州、宜山北进，不需若干兵力，就可以使我们束手无策了。柳州方面既发生如此惊险，人民已作逃难之准备，凡可以使用的后方部队，乃至于尚在训练中的军校学生，都已准备开赴前线，整个的桂南，都陷于慌乱中。

当桂南战况紧张时，最高统帅部蒋先生迭次电令，敦促我前往桂南指挥。我当时十分踌躇，并不是因为战况不利，而想逃避这个失败的责任，也不是对桂南战事抱悲观绝望的心理，乃是一个指挥职责和效力问题。我前面已经说过，广西境内的军事，是桂林行营直接指挥的。我认为在战况不利的时候，来更调指挥官是不合时机的。我深深地考虑，我应单独来负起指挥的责任，抑或与桂林行营共同负起双重指挥的责任呢？如果我单独负起责任，则对于前期指挥人员，将会发生什么感想？而我又是否能在这种条件下发挥什么力量？如果双重负责的指挥，则我除将居于傀儡或幕僚地位之外，我还能发生什么作用呢？这都是我不能前往的问题，然而我终于不计困难成败，毅然而行。

1月27日，我仓促地带了一个幕僚，到达迁江桂林行营指挥所。在我一切情况未明了之前，我第一件事，就签署下达了一个正面部队退却的命令。这个命令已经行营指挥所的人员预先拟定，好像是专待我来签署下达。白崇禧将军和林参谋长告诉我，当晚的情况已到了不容丝毫考虑片刻，否则昆仑关附近的部队有被敌包围歼灭的可能。我无可奈何，只好忍痛负起这个失败的责任。

敌人的战略，确实相当的巧妙。他自2日起，一周间如狂风扫落叶似的陷我宾阳、上林，侵入武鸣、黄墟，窜扰邹墟和清水河流域一带，震撼我整个黔桂后方。2月10日便扬长而去。除一部仍据守南宁和附近的主要据点外，主力则纷纷南下，于钦州湾安全登船远扬了。这完全是撤退前逆袭的行动，而我们却被这一个佯动所眩惑而惊慌起来，可见敌情收集及情况判断之重要了。

这次战役失败的责任，是应由高级指挥官负责的。虽然叶肇军的行动和他不听命令的态度，贻误了重大戎机，但如果我们对于一切的状况和敌人的企图，能判断正确时，绝不至于这样手忙脚乱，几至影响全局。我为这次的失败感到非常的难堪，纵然实际上不是我的责任，我觉得一个指挥官，不能用冷静的头脑来思考纷乱的战况和以毅然决然的处置来挽回这千钧一发的局势，总有失于高级指挥官的条件。尝读日俄战史，每对于克鲁巴特金之迟疑不为，软弱寡断作诟病的批评。这一次我们所得教训，却犯了同样的毛病。

这次失败在名义上，我不能不分担责任，我曾向最高统帅部自请处分。当我们在柳州召开一个会议时，蒋先生亲自主持，来检讨这一次作战的得失和功过。一致认为失败的原因，在于上级指挥官的判断错误和处置失当，而第六十六军更犯了行动迟缓与不听命令之罪过。陈辞修和白崇禧两将军均受了降级的处分，我虽蒙上级谅解，亦被记了一次大过，叶肇将军则被撤职扣办。

调整部署

这一次权责不明，双重指挥的紊乱的系统，在这次作战中得了教训，我不能再为这个紊乱的系统而牺牲自己的责任，必须有个合理的解决，而且对于两广地形和交通隔离的状态，与原战区地境的划分，亦有调整的必要。否则顾此失彼，牵制丛脞，增加指挥上的困难。基于这个理由，我向上级提出特别建议：依两广的形势划分为两个战区。我并顾虑地方部队的封建观念，建议广东的战区，由余汉谋将军负责。我自己则专负广西方面。当这个建议提出之前，我的部下和幕僚多加以反对。他们认为这样无异削减自己的权力，同时也是一种逃避责任的表示，然而我认为在国家生死存亡的时候，一个军人只有自忖自己的能力，去做可能担当的事，醉心权力的观念是一个英雄思想或军阀的野心。历史上许多庸才揽权的人，都做了祸国殃民的事，所以我不顾他们的反对而向上级提出划分战区的方案。最高统帅部最初亦未加允许，但基于我迭次的申述和请求，终于 1940 年 9 月，将广东另外划为第七战区，以余汉谋将军为司令长官，我自己则专负广西方面第四战区的责任。

回顾我担任第四战区司令长官这一段时间的事情，我以为最值得检讨的仍是最高统帅部任意分割建制，混乱权责，破坏战斗区分的问题。

检讨起来，当时实犯有两次严重错误——第一次是根本不该把桂南地区的指挥权由第四战区拨交给桂林行营；第二次是根本不该把第四战区司令长官对广东省西江、东江、北江地区的指挥权移交余汉谋将军。

我这样指摘最高统帅部的这些过失，当然不是从个人权力出发，换言之，当然不是任何私人权力意气之争，相反，都是从整个抗日作战的体制及利益来着眼的。

以第一次错误来说，当时最高统帅部既已将全国划分为若干战区，广东、广西两省又既已划为第四战区之辖境，则该两省之内任何战斗，自应由第四战区司令长官指挥。无论谁作司令长官，其体制皆应如此，始能收统一与协同作战之效。同时亦庶合兵力编组及分层负责之原理。但最高统帅部却命令第四战区长官部将桂南地区之指挥权拨交桂林行营，故首先就破坏了第四战区之编组及权责。

由于最高统帅部将全国划分成十个左右的战区，且各战区的辖境都相当辽阔，而战术原则又昭示我们，各单位间之协同作战至关重要；战区与战区间之接合部尤易形成弱点，为敌人所乘。所以，远在重庆大后方的最高统帅部在桂林设置一个行营，就近指挥华东、华中、华南之第三、第四、第九战区，使之行动协调，这原本合理而有必要。但桂林行营之指挥权亦应以此为限，若将第四战区所属地区，无论是桂南地区，抑或其他地区拨交桂林行营直接指挥，那就是失当了。

第四战区既受桂林行营监督指挥，如桂林行营对第四战区辖境内任何地区，无论是桂南地区，抑或其他地区，在战斗指挥方面有任何意见的话，桂林行营则可按照指挥系统直接命令或通知第四战区，但最高统帅部反将桂南地区直接拨交桂林行营。这样一来，不但第四战区的指挥系统被破坏，辖境被割裂，而且第四战区的辖境也起了实质的变更。换言之，在名义上虽然仍是统辖广东、广西两省的第四战区司令长官，实际指挥的则不过只有广东一省罢了。这是民国29年1月7日以前的事实。这种权责不一、名不副实的不正常情形，不消说，使我常常在人事职权上发生尴尬尚在其次，更重要的还是在对第四战区的作战影响，从此无法收统一与协同之效。假如第四战区之建制完整，我自可随时根据任务、敌情及地形拟订作战方针，或攻、或守、或相机收复沦陷区，或以广东策应桂南，或以桂南策应广东，皆可作适时适当之配合。但桂南地区一被分割，所有协同配合均不易收效。所以我认为将桂南地区从第四战区拨交桂林行营指挥，是最高统帅部的一次严重错误。

对于协同作战，我本来极重视。为此，我也常常尽力以求之。犹忆民国28年冬，那时桂南已由桂林行营指挥，只因桂林行营主任白崇禧将军一再电促我前往桂林开会，我曾经于12月6日驱车去衡阳转赴桂边之桂林行营迁江指挥所，而于12月8日到达，并参加了党政军高级会议。当时桂南地区虽已属桂林行营指挥，但因广东省之西江，南路与桂南邻接，所以我为了配合以后之作战，乃于会议后经柳州、平乐、梧州往西江视察。我在封川、都城、德庆等地，均曾召集各界举行座谈会，随后并拟再赴南路视察；适因粤北吃紧，始中止南路之行，而于12月27日返回曲江。

迄民国29年1月7日，蒋先生又命我将广东省西江、东江、北江地区的指挥权交余汉谋将军；我则转而指挥桂南。这就是使我更感困惑和愤懑。因为广东所属西江、东江、北江地区既属我第四战区指挥范围，余汉谋将军所辖第十二集团军又归我节制，我为什么不可以指挥广东省西江、东江、北江地区的战斗，又转而去指挥桂南之战斗呢？在此之前又为什么只能指挥广东所属西江、东江、北江地区而不能指挥广西之桂南地区呢？真令我百思不解。

所以说来说去，都好像是一个笑话。我这个第四战区司令长官，名义上和责任上虽然指挥两广地区对日作战，实际上，蒋先生赋予我所指挥的则始终只是两广地区之一隅。在民国29年1月7日前，命我将桂南拨交桂林行营指挥，我所指挥的就只广东地区之一隅；民国29年1月7日后，又命我将广东之西江、东江、北江地区交余汉谋将军，而再把桂南地区交回我，故我所指挥的又只是广西地区及广东省南路地区之一隅了。我身任这样一个名不副实的职务，在敌人异常凶猛狡黠之情况下，任何人都不难想到，要如何运用本战区之全部力量，才能应付当面之敌人，实乃极伤脑筋而感觉难堪之事。

张发奎

当民国29年1月7日我接到蒋先生命令，叫我将西江、东江、北江之指挥权移交余汉谋将军，并令我转而指挥桂南方面的时候，我深感任务之困难，乃于1月10日遵命将西江、东江、北江之指挥权移交后，即于11日回始兴老家休息，决不愿再作冯妇前往桂南。

当我回家乡后，陈辞修将军、白崇禧将军和当时蒋先生的侍从室之张治中主任等相继不断地以电话或电报来规劝，本不想前往，但我当时目睹国家的危难和抗战的艰苦，而我又是一向主张坚决抗战的军人，觉得个人的任何困难都必须忍受。所以我在始兴家里休息不到10日，便又摒除成见，抱着为国家民族牺牲之决心，委曲求全地再干。乃于1月20日离开家乡，然后经衡阳往桂林，而于1月26日随同陈辞修将军及李济深将军等到柳州。翌日即到达迁江桂林行营指挥所。

但我到达迁江指挥所后，桂南之战，实际非我指挥，因为此时的桂南战事已失利，其所预拟之撤退命令已草就。正如前面所说，我只有忍痛地和他们同负这一责任而签署我的名字而已。

回忆我在淞沪会战初期，原任右翼军总司令。但濒临该会战之末期，最高统帅部决定撤退时，我即被调为淞沪会战之中央地区队之总司令，负担了淞沪会战的战败和撤退责任。这一次桂南之会战，历史重演，我又被安排担任了这一签署撤退命令的角色。事后我蒙受桂南失败的处分。我对此次处分并不惭愧，因为我实在并没有指挥过这一场战争。所以在我担任第四战区司令长官职务期间，最令我感慨的还是最高统帅部任意分割建制和随便破坏战斗区分的事情，相信那不只是我个人的尴尬。盖个人事小，像那种世界战史上绝无前例的做法，对第四战区的整个作战带来的不利才真正关系重大，而难以估计啊。

战况沉寂时期

（1）日寇侵略越南

日本乘法国战败之危，于1940年冬侵略法属越南。桂南的敌人为策应其海上进兵行动，自9月即将龙州、南宁的部队陆续抽调入越。到11月末，南宁的敌人，则弃城全部由钦州湾登舰而去。在敌之铁蹄下将近一年的桂南平野，又回到了祖国的怀抱。我们除了仍须扼守越桂边区的几处国境门户之外，此时战区辖境已无敌人的踪迹。因此，我们有过一段平静的时期。这段平静时期，一直延至民国33年秋方为桂柳会战的炮声所打破。

（2）越边布防及沿海戒备

在这个平静时期，我们也做了许多平静的工作，但所有工作的进行，都是基于远大的着眼，为当时情势所需要的。

第一件工作，当然仍是顾虑越边的安全和沿海的戒备。其时，我们决不能断定敌人不会卷土重来；尤其要注意当敌第二次来犯的时候，其凶残当更为加倍。桂越边境的平孟隘、龙邦、水口、平而关、镇南关、爱店和粤越交界处滨海的东兴，都是我们必须加强守备的国境要点。清代苏元春镇守桂西时，曾于镇南关玉龙州一带设立炮垒数十座，并置有旧式大口径炮，每一座可以瞰制越边的高地，至今仍保存完整。当然这大炮与设备，已不适合于今日战争的要求，但亦可见当时清廷对于边区国防也曾特别重视。我当时曾向中枢建议，划此地为要塞区域，设官专司其事，奈未为其重视。随后仍是门户洞开，无国境设防的迹象，任令边区的匪类，借此作为逃逋地带，自由出入其间。

在法国人统治越南时，我们在龙州设有巡警数百人分布于各重要关隘，以办理人民商贾出入国境事务。法国人亦在龙州设有领事馆。数十年来法国人尚无野心滋事，我们的西陲得以相安无事。但后来就不同了，法国人已寄存于敌人卵翼之下，完全丧失了统治权力。敌人的行动，随时都有可能窜入国境，以威胁我们。因此，此时虽被人喻为三代单传（在南宁光复后，各部队均调离他处，此时战区仅辖有一个第十六集团军司令部和该集团军所辖的第三十一军），我虽仅有一个军，也不能不把他的主力配置于国境线上。

（3）战史旅行

南宁克复后，大部分的部队均先后离开战区，调赴他区作战。在他们离开之前，我举行一次战史旅行。在昆仑关、南宁各处，考察敌人遗在战场上的遗迹。这是极需要而有价值的事，敌人以少数兵力据守南宁将近一年，我们用10倍以上的兵力对他攻击不下，这原因何在？我们必须研究。其他如敌人防御的配备、阵地的位置，以及筑城方法等都有考察的必要。

从战史旅行的考察，我们明了了敌人防御配备的情形。敌人的阵地，是一个圆状据点式的构筑，每一个据点的周围环绕着许多卫星式的小据点，形成了要塞复廓式的形状。每一个小据点都能独立作战，而且各据点之间的火力都有互相的联系。其指挥的中枢在据点的中间，亦有其防卫战斗的设备：各据点的位置很巧妙地利用地形，而不一定有整齐的前缘和开阔的前地。有时一个射界短狭而很隐蔽地形，也被他们利用作为一个秘密的阵地。这和我们通常采取一个有广阔的前地和射界而比较整齐的地形，连接步兵抵抗地带而成的阵地大为不同。所以我们从一个正面去攻击，常常不会成功，即令深入其阵地内部，亦不能撼动其阵地的连锁。除非把每一个据点逐一予以摧毁，否则不易收到决定性的效果。

敌人的防御战术，亦不是专靠固守据点的战法，它在据点中央与外围还控制有相当机动的部队。对于攻者随时予以适当的逆袭行动。如南宁东侧的四塘和北侧的三塘，都各集中有约一个联队的兵力，随时策应昆仑关和高峰坳的战斗。

南宁的核心工事，并不如何坚强，但它外围的高峰坳、石埠墟都做了它坚固的卫星据点；而昆仑关和武鸣更形成了它前进的据点。它并利用邕宾和邕田两条公路的交通线来机动使用它的兵力。

对于工事的位置，多构筑于较高而暴露的防界线上，与我们抗战中期力求低下隐蔽的主义迥然不同；这或许是它对于空袭顾虑较少与节约兵力的原因。但它有个补救缺点的方法，即对于工事的强度特别讲求。它的胸墙和掩盖，用了水成岩的小石块凝结士敏土，有极度坚强的抗击力。

这些都是我们举行战史旅行的收获，也是当时筑城一个新的趋势。据我们战后的调查，广州的敌人也是用这个同样的方法，来编成广州防御阵地的。不过因为战事的迅速结束，使敌人在广州的阵地，没有全部完成罢了。

（4）参谋旅行

民国33年春，战区复举行一次形式与战史旅行相同，而性质不同的越边参谋旅行演习。这是根据战区实际作战计划而施行的。在太平洋战争爆发以后，我们始终以为南进的敌人终有一天将会覆灭。自英美海军在印度洋和南太平洋转移攻势后，这个判断就益为接近事实。民国32年冬最高统帅部给战区一个训令，令我们拟具一个入越计划和着手准备其一切工作。基于这个训令的指示，我曾拟具一个以三个军为基干的入越作战计划。此时敌人对于湘桂的中原攻势，尚无迹象可寻。为配合盟军及滇境部队入越作战，诚大有可能。

越边参谋旅行，是基于这个计划作成的想法。其内容以一个军为基干的主力，由靖西方面向高平推进进攻河内，并预期与滇境入越的部队齐头并进；另一个军由龙州方面向谅山前进，形成两翼钳形攻势；另一个军为第二线兵团，依状况加入左翼方面，由谅山北侧而向河内攻击前进。另一方面积极策动越南革命党人散布恐怖宣传，扰乱其内部秩序，并充分供给其军火，以为内应之力量。关于策动越南革命力量，是当时一个极重大的计划。其事实的经过，容次段详述之。

参谋旅行，约费了一个月的时间，所有预期参加入越作战的部队指挥官及主要幕僚和后方勤务人员都已参加演习。我们演习和研究的题目，包括集中、机动、展开、战斗前进，高平、谅山坚固据点之攻击，炮兵战车使用，步炮协同，陆空联络，与后方勤务等10余问题。并为预防敌人之转移攻势，在邕龙路曾演习了防御的战斗与追击的行动，这是一个作战准备实际工作，也是一种现场的教育，使所有以后有关参加作战的人员，充分了解越边的地形和应有的作战准备，并将演习后所有的优劣点，加以讲评和纠正。

（5）政治开始腐败

我国在长期抗战中，人民对于国家可能尽的力量逐渐趋于枯竭。贫困、饥馑蹂躏了整个后方人民。疾病与死亡对农村作了普遍的袭击。通货膨胀非常可怕，物价高涨的速度，有如飞机上升。所有的公务人员，都受着生活的威胁，连最低生活都无法维持。政府虽仍继续努力争取战争的胜利，但对于社会不安的一切现象，好像不太重视而且有许多可以改善或避免的事，都没有人去做。

罪恶的增加在许多特殊阶级的身上，眼见当时把握特权的政府官吏、豪门显要勾结巨商大贾，运用了官僚资本及其职权的地位，大发其国难财。他们囤积操纵，走私漏税，无所不为。飞机、铁路、汽车、轮船，变成了特殊阶级发财的交通工具。大官的生活特别腐化，骄奢淫逸，较战前有过之而无不及。当时，有“前方流血，后方流油”“前方吃紧，后方紧吃”的流行讥嘲，但他们说起话来，仍是满口仁义道德。

当时政府的行政效率，异常低微，表现十足的官僚作风。卖官鬻爵，贿赂公行，大官要送礼，小官要请酒，接洽公务，都要讲交情。金钱是当时行政和法律的基准。我想当时政治之腐败，是中国有史以来所仅见。

走私漏税，成了大部分人民唯一的生计。昆明、广州湾和广东之西江的芦苞、三水等地，都是商人走私汇集地点。外货可以从这些地方偷运进来，内地的产品，也可以从这些地方偷运出去。不过附带有个条件，大量的走私营谋，必须有权势作背景才行。政府宣布经济统制，并设立检查机构，但是犯法的人，大多是执行的人或政府大员。

原本就不健全的征兵制度，后来都愈弄愈坏了。应征的壮丁，有如囚徒，需用绳绑索捆，押赴前方。政府规定的士兵待遇，既已少得可怜，但还要经过办理兵役人员层层剥削，所征来的新兵，根本没有当作人看待。重庆有一个兵役机关，为防止应征新兵的逃亡，把士兵的头发，剃得仅留有顶上的一小束。这样在消极上可以作为逃兵的标志而便于捕获，在积极上可以防止新兵不敢作轻易逃亡的尝试。这确是一个妙不可言的方法。但我想创造这个方法的人，一定是个毫无人性的家伙。因此人民对于兵役，视同赴十八层地狱。穷苦者逃避，富豪者则用金钱买人顶替。

士兵的生活，苦不堪言，除了每日可得到25两的食米外（有时还要短缺），副食费甚少，营养不足，病患没有药品（当时每人每月的医药费仅有两元，但一颗奎宁丸的价格就需要近百元），草鞋费每人六元，买不到一束稻草。服装鞋袜缺乏，到了严冬，不能及时发下棉衣。时序初夏，他们只能穿到补发往年的棉衣。好的部队长官有时会顾虑上兵的生活，种菜、养猪、砍柴，以驮马车辆代运货物，利用士兵的劳力去工作，来换取副食津贴。这固然可以补助士兵生活之不足，但还能谈到作战与训练吗？我的特务团就陷入这个状态。我责备他们：“特务团可改作生产团了。”但又有什么办法来维持他们的生活呢？饥饿、疾病、死亡普遍地成了当时部队最大的威胁。

这一切现象，都在抗战期间暴露了。史迪威将军视察后，曾有如下的结论："腐化、玩忽、混乱、爱钱、重征暴敛，囤积居奇，进行黑市，与敌人通商。"我不过是一个军事大员，除了伤感之外，还能说什么？做什么事呢？

桂柳会战

桂柳会战是我在八年抗战中最值得回忆的战役。它是日军侵华战争中，在华南的最后一次强大攻势；也是我在伟大抗战中，于指挥业务上一件极富战术意味的事。此役特别包含了一个内线作战指挥运动的典型，一切的态势和地形交通，都好像为演习内线作战而特别选定的条件。会战虽然是失败了，但我自认亘全会战的作战指导来说，无论敌情判断、决心、处置，都吻合了战术的原则，如果在学校里练习应用战术的话，则我这样的答案，必能与教官的原案完全相符。

本会战开始时间，是在民国33年9月初旬，这是敌人次于长沙会战后的一个行动，亦即所谓在敌人中原攻势中的一个会战。敌人发动中原攻势的动机，是由于美军在太平洋攻势的猛烈和缅北盟军攻势的顺利，同时美驻华空军已在中国各战区普遍建立了空军基地，对于敌人的海上交通与本土的安全，均造成莫大的威胁；复以敌之重工业资源枯竭，无法取得海空军的优势，且陷于南侵部队孤悬海外联络中断的情势，因此乃梦想由我东北至华中、华南亘印度支那半岛打通一条大陆联络线，并进而占领我邻近海洋各地的空军基地，以减少其海上交通及本土的威胁。因此粤汉铁路和湘桂、黔桂路，都是它必须占领的路线；而桂柳的空军基地，更成了敌人眼中之钉。这一个攻势，在敌人侵华的整个战略上说是被动的，但它的行动计划，作用兵力的强大和攻势之彻底，可说是它侵华以来规模最大的一次。

8月初衡阳失陷，敌沿湘桂路西犯本战区之企图日益明显。最高统帅部给予战区的任务，是确保桂柳。但完成这任务是相当困难的。战区当时仅有第三十一和第四十六两个军，每个军仅有两个正规编制师和一个没有装备的后调师。我当时计算，为固守桂林柳州两个城市及其附近的机场，亦须七个师的兵力。如欲拒敌人于战区辖境外，以黄沙河附近地带为对北之正面，加以西江和广州湾及对越边各方面，其正面达 1500 余公里，而且年来战区原以对越攻击为一切作战准备的基准，现则须把重点转移到北方的正面。亦增加了许多作战准备上的困难。我急促赶筑桂柳的城防工事和黄沙河、全县的前进阵地。同时我向最高统帅部申述，如果没有兵力增加，则我的一切的防守计划，均将难以实施。

第九十三军新调来桂，这是生力军，使我迅速地决定了初期的部署。我以主阵地带置于湘桂路的正面，以第九十三军担任全县及黄沙河的守备，第三十一军守桂林，并以第十六集团军副总司令韦云淞将军为桂林守备司令，以参加衡阳会战后之第四十六军的第一七五师集结于柳州附近为机动部队。西江和桂南方面，虽然空虚，但我此时的着眼，仅为确保桂柳两个大据点；同时我判断西江和越边的敌人可能与北面行动的敌人相呼应，但绝不是主攻击方面。如果我第九十三军能在全县迟滞敌人争取较久的时间，则西江越边的敌人或不致有蠢动，万一这两面之敌人先动手，而我在兵力不足与任务严重的条件下，亦只有忍痛放弃了。

衡阳外围的野战军于 9 月初旬被敌突破，战区北面的情况立即紧张起来。9 月 5 日，我由柳州飞桂林，并带了少数幕僚组织指挥所。8 月我到全县，视察第九十三军防务，并对陈军长说明我命令的意旨。我对他说："委员长给你的命令是死守全县，我却不同意这个命令。如果我照样给你这个命令，我十分为你担忧。我一向反对'死守'这两个字。我以为在军语上或战术上都不应该有这个'死守'的名词。防御的意义在消极上是以空间换取时间，在积极上它是攻击前的一种手段；死守有什么意义呢？死了人如果无补于事，则这种牺牲是没有价值的。所以我改变你的任务为迟滞敌人行动，但我希望你能在这里作一个坚强的抵抗，时间愈长久愈好。你应特别记着，撤退的时机应待我的命令。”然而他却于10日晚至12日夜之48小时内，未经激烈的战斗，也没有我的命令，就轻易地把这个战区的门户开放了。后来他受到军法的制裁。

从12日起，我在桂林的一周间，感觉异常痛苦。全县的失陷是这样的突然，同时粤方之敌第十九旅团，亦乘虚窜扰怀集、信都。雷湾之敌第三十三旅团又同时蠢动，从粤桂边境窜容县，企图与怀集之敌合击梧州。而桂林城市亦于此时被不肖奸人放火焚烧，陷于极度纷乱状态。这好像暴风雨降临前的一切恐怖情况，使我感受到一种令人胆寒的心境。虽然从第九战区转进的杨森集团（指挥第二十军、第二十六军、第三十七军共五个师）及第六十二军、第七十九军与由七战区转进之第六十四军，统归本战区指挥运用。但如果桂林以北的战况不能稳定，则这些部队的进出路，均受影响。当时我即令第九十三军应于兴安、大小溶江、灵川间利用隘路行逐次抵抗，迟滞敌之南侵行动，于9月28日以前不得令敌人通过大小溶江东西之线的严厉命令，这是最紧急而重要的关键。

如果杨集团与第六十四军，能够变换行进方向，以杨集团向全县兴安之线进击，第六十四军向信都梧州前进，各以侧击态势袭击向南北分进敌人的侧背的话，这是于我最有利的行动。我当初曾作过此种考察，但转念这些部队皆连月苦战，疲惫不堪，其兵力不及编制四分之一，不但难以完成这个任务，恐反使战区兵力分散，反为敌各个击破，乃决心先行集中兵力，以实行纯粹的内线作战。

9月下旬我在荔浦指挥所明了了下述的各种情况：

一、敌人分三路向我战区前进，企图以分进合击态势，略取我桂柳。

二、湘桂路方面之敌为第四〇师团与第一一六师团，刻在兴安以南与我第九十三军对战中。

三、龙虎关方面之敌为第三、第十三师团，已占领我龙虎关。

四、西江方面之敌为第一〇四师团第二十二师团，独立第十九旅团、第二十三旅团已陷我丹竹、平南。

五、我杨森集团和第六十四军大部已到达平乐、荔浦附近集中。

六、我第九十三军仍在大溶江东西之线阻止敌人前进。

七、我军校第六分校之一部武装学生配合钟山、富川的民团在龙虎关附近阻敌前进。

八、第一三五师和第一五五师已到达桂平、平南占领阵地，拒止西江之敌前进。

九、桂林城防工事已大致完成，柳州工事正在赶筑中。

敌人的兵力相当的庞大，如果全面采取守势，则我们任何一方面都没有足够的兵力，只有绝对处于劣势的地位。反之，如果攻击敌人，虽然也是一件异常困难的事，但此决心基于内线作战的战法和根据任务与有利的地形交通的条件而正确创立了。

10月上旬，副参谋总长白崇禧将军偕军令部的作战厅厅长张秉钧到了桂林。我们决定以内线作战的战法对敌人发动进攻。

我们由武宣经荔浦至桂林划一弧形，作为战略上的利害转换线，希望在这一个线上各个击破陷于分离状态的敌人。夏威将军指挥第三十一、第九十三、第七十九三个军担任桂林正面的作战。杨森将军指挥第二十、第二十六、第三十七三个军，担任荔浦方面的作战。邓龙光将军指挥第一三五和第一五五师，担任西江正面的作战。以比较精锐的第四十六、第六十四两个军集结于荔浦附近，为机动部队，待机适当投入攻击方面，作为对敌攻击之主力。这里让我特别附带说明一点：桂平以北荔浦以南，和荔浦以北桂林以南，有两个瑶山地带，虽非不易通过，但均在1000米以上的标高，山内都是瑶民，语言、风俗、习惯不同，且少与外界往来，形同另一个世界；在兵团的运动上，成为一个天然的屏障。

因这两个瑶山的隔离，使西江荔浦和桂林各方面的敌人，自然处于分离的状态。战场内部，我们有一条自桂林至来宾南北贯通的铁道，和与铁道成直角自柳州至荔浦的公路。柳江水道有相当的运输能力，对于内线作战转运兵力和军需品供应，均称便利。

计划的决定，以桂林为守势方面，西江和荔浦方面，则依情况而转移攻势。桂林有一个特别利于防守的地形，周围矗立的水成岩，紧密地环绕着这一座美丽的城市，形成一道坚不易破的天然屏障。岩石下洞穴甚多，可以作战斗的掩体，亦可以作人员弹药的掩蔽所，其于防空尤有绝对的效力。当桂林防御计划确定的时候，史迪威将军到了桂林，白副参谋总长拍拍自己的胸膛对他说："如果我们得到更多新式的美国兵器，我保证桂林可固守三个月的时间。"他复强调如果敌人进犯桂林，桂林将在战史上成为远东的列日要塞。美国副总统华莱士到桂林时，白也曾这样说过。史迪威将军为了白将军的一席话，把许多美国新式步兵火器和弹药由飞机运来，配给守城的广西部队。

内线作战的战法，我令杨集团于荔浦、平乐间利用山地隘路作巧妙的部署，诱致敌人渡过漓江后而歼灭之。我和白副参谋总长曾亲自去侦察这个预想的战场，他还回忆起过去内战时的一段历史，说是在这同一个地点，他亲自击溃了广东的军队。并将当时的战斗经过，如数家珍地讲得津津有味。我们相互大笑，希望这次是未来战胜之预兆。

可是这一个计划没有实施，原因是龙虎关和兴安方面的敌人截至10月中旬，都没有积极前进的行动，而西江方面的敌人，以其水道交通的便利和绝对优势的兵力，渡过邕江，连续陷我平南、桂平，有向武宣、来宾直趋柳州以拊我侧背的模样。这是一个最感痛苦的威胁。如果敌人越过我武宣、来宾，其危害的程度，立刻可以波及柳州和黔桂路后方之安全。那时，我纵能在荔浦方面取得胜利，亦无补于大局了。我立即决心将第四十六、第六十四两军转用于桂平方面，先期击破桂平之敌，以排除柳州侧背的威胁。一个守势方面不能得到预期的时间，是内线作战不易成功的弱点，在战史上亦为内线作战易招致失败的教训。

当时史迪威将军亦来到柳州。这个老头子（他能说中国话，在印缅作战的时候，他常到中国部队去和我们的士兵谈话。他的音容和态度，像老人一样的诚恳。他的一双锐利而闪闪发光的眼睛，并不掩盖他整个面部和蔼可亲的神色。士兵都很喜欢和他交谈并称他为老头子）非常关心这个会战，且同意我的决心，并答应可经常保持50架以上的飞机，来协助我对桂平之敌攻击。我们以全副精神来完成这个攻击准备，并精密地来计算攻击时使用的弹药数量及通信与补给、卫生所有后方一切设施。

桂平攻击战斗是一个很精彩的镜头。在战术上亦有很多值得研究和回忆的价值。战斗虽没有得到预期的效果，因受桂林方面的影响而中止攻击行动。但在这次战斗中陆空配合作战，乃我在八年抗战中的头一次。战场上的直接指挥人员，没有从前一样的提心吊胆的惊惶及侧翼和背后的顾虑，后方补给不虞匮乏，伤患可得适当的治疗和安全的转移。他们常在第一线的高地上，目击或利用望远镜去观察部队的行动。第一线的官兵们奋勇地向前运动和射击，敌人的抵抗虽然顽强，但敌寇伤亡亦十分凄惨。从我们头上超越敌人阵地的断断续续的隆隆炮声和天空中我们飞机向敌阵地所投下一颗颗的炸弹爆炸声，士气为之大振，一切的疲劳恐怖随之消失，其同仇敌忾之精神和杀敌致果的观念，支配了将士全部的思想，只有杀敌第一、胜利第一，主宰了整个战场。

第六十四军的三个师和第四十六军的两个师，都使用于主攻方面。桂平敌人为第二十二师团约一个旅团的兵力，在兵力对比的计算上，我将两个军重叠使用，以第六十四军三个师展开攻击，以第四十六军作为战术兼战略的预备队。如果第六十四军攻击得手时，我即使用第四十六军于邕江右岸向平南、藤县间进击，作深远的超越追击。但我的一部分参谋幕僚，则以为我不将两军同时使用，以泰山压卵之势对敌发动攻击为失当，致而迁延时日，不能得到预期的成果。这虽然不能以成败作为定评，但见仁见智，在战术上确有耐人寻味之处。

桂平攻击战斗于10月21日开始，我原期于三日内攻略他的外围蒙墟据点，五日内攻略桂平城，但攻击开始后三日，想不到在这秋季会出现淫雨天气，使我们的空军与步兵运动，遭受意外的限制。因此我们对于外围的攻略，就超出了三日的时间。27日当我们扫荡了敌人外围的据点，继续向桂平城扩张战果的时候，一个致命的噩耗又传来了。桂林方面的战况陷于极度的不利，我桂林外围的野战军，受了敌主力第五十八师团、第三师团、第一一六师团、第四〇师团的压迫，突破了我桂林外围阵地，已到达了桂林东郊及平乐、阳朔、永福附近。夏威集团所部已呈不支状态，同时桂平左翼守势方面的第一三五师又以脆弱无能，使敌人神奇地越过了石狗岭的天险，我还能期望这次攻击的成功来挽回大局吗？柳州已受了直接威胁，空军基地的活动距离，已缩短到不及150公里，确保桂柳的任务，已迫使我不能不放弃这个攻击的决心，原拟于外围山岳地带以内线作战的战法，达到各个击破敌人的美梦，终于消失了。

11月初旬，兵团向柳州近郊转进，这是基于我对桂柳两据点防御命令的行动。部队由积极的攻击，一变而为消极的防御，士气十分低落。何况他们连月苦战十分疲劳，我向最高统帅部请求，如能将到达南丹附近的第九十七军推进于柳州，增加防御的力量，则对于确保柳州的安全，仍有相当的把握，否则只有在时间上努力，来拖延这次会战的，但统帅部却给我一个绝望的答复。

我重新考虑如何指挥桂柳两据点的防御，根据一切战史和最近据守衡阳48日而终于失陷的教训，我大胆地变更了统帅部的指示。我把柳州的防御寄托于时间的争取，而不把数十万生灵关闭于死城之内作无谓的牺牲。我以为对桂柳的防御，固应竭尽我们最后的血汗，但到了绝望的关头，亦只有忍痛地放弃。“不成功，便成仁”的哲学，不过是强调做人的道理，并不是防御战术的原则。凡尔登的要塞争夺战是成功的，斯大林格勒的防御战也是成功的，但他们成功的条件，绝不是在于成仁的消极决心，而是有新血液的注入和攻势转移的行动；但是他们一切都是消极的，新血液的输入是无望的，攻势转移更是不可能的事。那么我死守一个城市等待死神的降临又有什么意义呢！

最堪顾虑的是桂林方面，它自10月28日起即接受了敌人的攻击。自我外围的野战军被敌击溃后，它已陷入孤立战斗状态中。他们固然有三个月作战准备，但三个月以后又怎样呢？我曾向白将军提出这个问题，他没有答复。桂林孤立的战斗，虽然限于最高统帅部严格的命令和白将军亲自的指挥，但我身为战区司令长官，眼见这个防御不会得到成果，而白白地将数万守军拖入死亡的坟墓，在战术上与人道上都令我感觉难忘的痛苦。

柳州的防御部署，当时是一个河川决战防御的计划。邓集团占领迁江至象县，红水河北岸，柳江两岸之阵地。杨集团以一部联系邓集团于象县、鹿寨，沿河西岸占领阵地，并以主力固守柳州。夏集团联系杨集团沿永福河西岸，由黄冕至百寿间占领阵地掩护侧翼。第四十六军为总预备队控制于柳州西侧，乘敌攻击柳州据点时，协同守备兵团转移攻势。这一个计划没有彻底实施。因为在各兵团尚未完成部署时，夏威集团即被敌击溃了。11月5日夏威将军和他的参谋长韩练成很狼狈地来到我柳州司令部，报告部队已脱离前线，敌人已由黄冕渡河向中渡柳城移动，有迂回柳州左侧背的模样，这使我乘敌渡河施行决战的计划又告失败了。

11月6日红水河、柳江及柳州、柳城各方面全线展开了激烈的战斗。所有部队的战力，已到了最后的阶段，而无法再作长久的支持了。柳州的固守动摇了，如果我不迅速命令脱离，则杨、邓两集团恐将难逃脱敌人包围歼灭的命运。11月7日我命令开始破坏柳州的机场和柳州附近的铁道，我很感谢美国的空军，他们努力工作至最后一刻。美空军司令蕴索将军对我说："在我的柳州指挥所没有移动以前，一小部的飞机仍继续不断翱翔于柳州的上空。"同时他本人决不先我向后方移动，这一种责任感和战斗的友情，令我感动而惭愧。

物资的移动和难民的迁徙，造成交通紊乱和拥塞，同时使兵团的运动受了莫大的羁绊。我命令毁灭一部分不需要的物资和指导难民从旁侧的小道疏散行动。千百辆的破旧车辆和千百万如潮水似的群众，一切都是极端的紊乱，指导疏散的工作比一切都困难，这是战争所赐予的惨状和战败难堪的悲哀。

11 月 11 日，柳州据点被敌突破，守军两团被围，蒙受重大的损失。同日，我桂林据点的守军发出了悲惨的呼声，敌人已由漓江的东岸渡河，突破了核心工事。第一三一师长阚维雍将军自杀。东岸各独立据点的守军，成百成千的被敌人的毒气窒息于岩石的洞内。城防司令韦云淞在电话中同我说了一句："桂林已无法支持了。"之后，一切电讯已经中断，事后才知道这远东的列日要塞已变为第二次世界大战的埃本·埃马尔本要塞一样，不到两周的时间就被敌人的铁蹄踏破了。这是守军战力的关系呢？还是要塞在现代兵器威力下，失却了它本身价值呢？也是值得我们研究的问题。

11 月 11 日，我将各兵团的主力撤退于黔桂铁路的宜山正面，并于怀远、南丹部署数道抵抗线，以迟滞敌人之行动，高度发挥这些疲惫部队最后的战力。这几次抵抗战斗经过都十分激烈，真是一寸山河一寸血。战术上的运用，虽是在交换掩护退却行动，但由于有计划有步骤来实施，在 200 公里的距离，换取敌人三周的时间，而疲惫不堪的部队，亦没有陷于紊乱溃败之景象，稍堪告慰！

12 月 1 日，汤恩伯集团在黔境的独山开始与敌展开激战，贵阳的市面如同柳州撤退时一样惊乱。最高统帅部已准备放弃贵阳退守乌江，而且后方的一切部署都在忙乱中。我当时对于最高统帅部的指导，产生了异常的疑虑。为什么对桂柳会战不注入生力军，而取被动挨打的态度呢？为什么不从争取时间空间上着眼，而将汤集团和第九十七军停留黔境达月余之久，而不允我的请求推进柳州方面呢？又为什么在桂柳会战达三个月之久，而后方尚无周全的准备呢？更使我愤怒的，当战区在黔桂路上逐次抵抗，而地域即将沦陷的时候，最高统帅部对战区以后的行动，竟没有一个明了的指示，使我如战败国的军队退入邻国境内一样的待遇。

这里穿插着两个悲惨的遭遇，在我生命史上是一种创伤，我现在作这个回忆，内心仍不免辛酸万分。

大概是 11 月 17 日，怀远敌我的炮战正在激烈地进行。我亲自在怀远的桥头，在炮兵阵地观察战况。逃避战祸的难民络绎不绝地向后方逃亡，时间与他们的负累限制了他们的行动。当太阳西沉的时候，他们不顾空中飞奔的炮弹，一群群的在公路两旁躺下来，准备露宿以恢复他们一日的疲劳。痛哭、惨叫、离散和人世间一切的悲哀景象，活生生地映入我的眼帘，使我坐在车中如看一部悲剧电影，一幕一幕地过去。在一处凄凉的弯曲路上，一团蠕动的黑影绊住了我的汽车，俄而发出了“妈妈”的叫声。我叫司机紧急刹车，当我下车来查看的时候，原来是一个被母亲遗弃下的三四岁的女孩。她不知道她的家乡和姓名，她只知道不见了母亲。战争的灾难，波及了这无知的小孩，而她的父母家人竟为了逃生而忍痛抛弃了她亲爱的女儿。一个战争失败者的罪过，使我感受异常的痛楚。我把这个女孩带回交与我的妻子抚养，并即取名“怀远”，以纪念我在怀远心情的创伤，但不幸在数月后，这个怀远的小生命与那个怀远的清风明月都一齐消逝了。

六寨是黔桂公路上一个市镇，数万难民和很多后方机关的人员，麇集在这个不及三公里的街市。为指挥南丹部队作战，我的指挥所亦设立于此。11 月 27 日，两翼上有明显五角星徽的盟机 17 架，低飞掠过市空散发传单，大家都以近来盟国的优势空军，并认明是自己的飞机，而毫无空袭的顾虑，一齐挤在水泄不通的市街和马尾的铁路车站，目击着盟机的翱翔。但奇怪的，这些飞机突向我们投掷下大量炸弹，顿时烟火弥天，血肉横飞，哀声遍野。未死伤的人像疯狂似的向四郊狂奔。事后调查据说是由于无线电译音中“六甲”被译为“六寨”之误。但这个误会造成了战争以来最大的悲剧，其死亡人数当时无法统计，所有一切后方的物资，都毁于火海中。我自己历年来所有的日记和在战争期间的一切资料亦在这里毁灭了。这是我一生最难忘的往事，对于盟机的作战史上亦是荒唐愚昧的一幕。部队里的一个中将、两个少将、八个上校和200多员官长、800多名士兵都葬身于盟机的炸弹下。民众的死亡最少在5000以上。当每个部下死亡的噩耗传来的时候，我悲痛得泪流满面，伤感不已。这些久经征战的官兵和义民没有战死沙场，谁想到会被盟机夺去他们的生命，能不为之哀悼吗?

这一次会战，经历了三个月的时间，是我在军人生活中最难忘的一战，我为了它而兴奋、忧虑、悲痛和愤恨。

百色整军

安顺的严冬特别寒冷。人民因战事的接近，也呈现些微不安之状。我们到这里停留两周的时间，调整司令部的内部，收容落伍离散和因任务派遣而须返部复命的官兵。而最高统帅部对战区今后的任务，亦必须在这里等待指示。

眷属是一个累赘的问题。许多官员在动乱与灾难中，都须兼顾自己眷属的安全，无形中减低了工作效率，甚至有人放弃了本身的职责。他们为眷属去处理一切琐事：如寻觅交通工具、捆绑行装、护送至安全地区等。我虽极力设法解决他们的生活和安全的问题，但这群无纪律的妇孺，却不能如部队一样接受一个命令，而作统一的行动。

虽有少数幕僚，发生自私的念头，而呈动摇的心理。他们以为战区可能解体，或将留在敌后过那游击辛苦的生活，或想脱离而另觅出路。我认为一个人不能于危难之中过着共同患难的生活，是没有气节和道义的表现。我除了保留我的大部忠贞干部之外，对那些意志不坚而动摇的人，都把他们淘汰了。

敌人在独山中止了攻击行动，并撤退至河池附近据守。因之，黔境的部队获得暂时的喘息和整理之机会。最高统帅部这时给了我今后的任务，要我向桂西的百色前进，命令中规定杨集团改归汤恩伯指挥外，夏集团的第三十一、第四十六军，邓集团的第六十二、第六十四军均将转入桂西，受本战区的指挥整编。民国33年行将过去了，对于来年我的工作计划，应即预为策定。桂西是偏僻山区，须激励部属以卧薪尝胆的意志，来奋发图强，扭转这个西南边陲的局势。

美军派博文上校来到我的司令部。他对我说："我已奉到命令组成一个美军战地联络团跟随战区行动，担任盟军的联络，并协助国军作战，请示行动日期。"并说："麦克鲁将军原想派我去担任汤恩伯集团方面的联络主任，但我拒绝了。"他表示能够和我一块儿共事，感觉是一件光荣而快慰的事。这一个性情有点怪癖和面部总是铁一样冰冷的美国军人，对他诚恳、热心和特别高超的思想，我表示十分欢迎与他共事。但我对他说："我将暂以百色为我司令部的地点。那是一个偏僻荒凉的重镇，恐怕会委屈你过着很苦的生活。"他很幽默地答复我说："我想百色的飞鸟的歌唱会比都市舞厅的爵士音乐来得幽雅，百色的月亮会比都市的电灯来得明洁而光亮。我想从百色去发现一个奇迹，这个奇迹好像如一颗石子投在水里。它的小小的波浪会掀起太平洋的汹涛，把我俩的相片刊在全世界的报纸上受着人们的崇拜。"我们握手大笑，并订了出发的日期。

恢复由百色经安龙、兴仁至沙子岭与黔滇公路衔接的黔桂公路，是我们向百色前进的首先应解决的工作。这一条路，关系我们的前进和一切车辆物资的输送，而且将来战区与昆明、贵阳后方的联络及所有军需品的供应，亦必须靠这条公路来完成。在战前这条路原已颇具规模，只因所经过的地区都是崇山峻岭，人烟稀少，对于旅客的往来与商业贸易所需价值不大，以致年久失修，地图上已失了它的记载，谁知今日又将负担起大时代的任务呢？不过听说现在它又埋藏在萋萋的草莽中了，它与过去的战争一样被人遗忘了。想起了铜驼荆棘石虎荒芜的故事，真令人有点兴亡盛衰之感。我过去在广西的时候，曾经历过这个地区，对于它的面貌和环境都有相当的印象，现在正好能帮助我省略一部分的地形侦察工作和决定这条路的价值。

我很感谢兴仁的专员徐实甫先生和安龙、册亨两县政府和人民。他们对这条路尽了最大的努力。当我通知他们我希望利用这条路前去百色之后，他们竟然能于两周短促的时间，使我们的车辆安全通过了。册亨有四万多人口，大部都是苗民，散居在深山幽涧之中，过着前一世纪人民的生活。据说：为这条路应征的工人，就两万多，他们自己携带食粮，露宿路旁，胼手胝足，日夜不停地工作，故能使这条路很快地修复起来。我对他们表示十分的同情，我答应偿还他们一切劳力的代价。

12 月 22 日，我们离开了安顺，数十辆汽车在冰天雪地中沿着公路前进。第一日我们在南安宿营，这里是一个两条公路交接点的城市，也是一个苗民聚居的山城。据史册考据，汉代的鬼方，就是这个地区；现因为战时的交通要道，而繁荣起来了。为与黔滇后方的交通和军需品的转运，我留置了一部分后勤人员，在这里处理与转运后方物资的工作。

次日，我们由沙子岭折向南行。在荒僻的山巅上，遍地都是一片银白的雪条，树枝披上了皑皑的白雪，好像白珊瑚一样的可爱。芦苇闪出光辉，短草有如银丝罩地，电线杆上的电线，凝着冰雪，就好像一条玻璃的真空管悬在空中。这一幅雪景，任何画家都不易描画出来，也是我生平少见的大自然的图画。我们都下了车来欣赏这大自然的景色。博文上校说："这是我们南进的第一件的收获。"他用咖啡代酒，来欣赏这个雪地伟大的风光。

村落的稀少，有如晨星。茅瓦竹墙的房屋，人畜同居，其穷苦之生活，非在都市中坐在象牙塔里面的人可以想象。在这样寒风凛冽中，男女仅有一件单衣蔽体，小孩们则仍有赤身裸体，以抵御寒冷者，这是人类的生活吗？使我产生了很大的人类贫富悬殊之感。然而在这个偏僻荒野之处，他们仍手持着原始时代的武器，执行巡视守望的工作，来维持我们这一群人行动的安全。中国民族是可爱的，不过统治者大都摧残了他们的幸福。

当日我们到了安龙，在那里度了一个特别有趣味的圣诞节。圣诞节的晚上，安龙的人们开了一个盛大的晚会，来表示对我们的欢迎。苗女的歌舞，使美国的朋友们感到特别的兴趣，他们并分别送美国朋友每人一件礼物，有的是一张豹皮，有的是苗女们手制的刺绣品，都是本地的土产。美国朋友异常高兴，他认为这是在战争中特别珍贵的纪念品，每人都把这些礼物郑重地寄回祖国，以显耀他们在远东的光荣。

安龙是一个高原的盆地，文物较多，是一个有历史记载的城市。张之洞的父亲，曾在此做过县宰，他对于安龙的文化有极大的影响。又据一个老者对我说："明末桂王吴三桂流窜，由广西经过此地。勾留数日，复被清兵追蹑，始续向滇境逃亡，嗣于缅境被捕而卒。三幼王闻讯后殉难于此，葬于湖滨，复有烈士 17 人同时被害。至今尚有三王冢及烈士祠遗留，每年祭祀以纪念忠烈。"老者复喟然长叹说："这里是一个蛮荒之区，自桂王以后，就没有伟大人物足迹到此。今将军到来，实为 300 余年来安龙第一次的光荣。我们怎不箪食壶浆以迎王师呢？"

26 日，我们辞别安龙，继续南进，经过建立于半山上、其户口不及 500 人的册亨县城。全日我的汽车均在下坡行驶。公路是新筑成的，路幅狭小，路基不固，弯曲和崎岖、蜿蜒在山中，随时有可能陷入深渊的危险。我沿途留意两侧的地形，以作兵要地志之参考。我想这些地带，固然是不利于大兵团运动，但此时敌人妄图彻底以武力征服中国，如果以一部从这间道出黔滇，以配合由越境进击昆明的主力，其成效亦足以撼动整个中国西南之局势。

八渡是蜿蜒下坡公路的终点，也是黔桂两省的交界。一条约20米宽，其水深不可测的红水河，天然地划分了两省的地界。两省有一个很奇异的迹象，仅仅隔着20米的距离。河北岸的黔境是重山叠嶂，烟雾弥天，寒气迫人，一切都使人感到窒息；其河南岸的桂境，则一片平原，晴空如洗，和风拂面，一切使人感到舒畅。不知当时的地理家们，还是根据原有的疆域而确定的，抑或是基于这个迥异的地理迹象而划分的。我们是薄暮过此。广西地方政府已派人到此照料，并准备了渡河的船只。我以任务的紧迫，在此略事休息后，即乘夜色继续前往旧州宿营。一群善感的美国朋友，他们以在黔境一月未见天日，现在仰望皓月当空，欢喜若狂，就搭起帐篷决定在此过夜。无线电机播出的美国歌曲和热气腾腾的咖啡，有如诗人对酒高歌一样在那个明月照耀的河岸上歌舞起来。博文上校说：“我们从黑暗中找到光明了。”真是三月不知肉味，过屠门而大嚼啊。

12月27日，我们到了目的地百色。广西省政府亦同时搬迁到此。久别重逢，大家都有一种说不出的快感。百色是桂西最大的都市，平时的人口约有四万，为桂黔滇各边区的交通中心。因为地处边陲，政治的力量不能彻底普及，所以又成为桂西及黔滇烟毒之集散地。桂西原为一个人口稀少、文化落后的地区，但因百色为烟商的聚集处，却成了一个小型的繁华都市。它在桂西好像在荆棘丛中特别爆出的一朵鲜艳的玫瑰花。这里有现代建筑的街市，有新式的洋房住宅，有规模宏大的学校，有戏院、咖啡馆、西餐厅、电灯和女子理发院，还有三四百妓女聚居在河月之艇上的特察里（广西省府规定妓女集居处为特察里）。一切现代都市的条件，这里都初具规模，加以现在作为军政的战时中心地，人口激增至10余万人，更增加百色畸形的繁荣，也是百色的黄金时代。

民国33年的除夕，我们就在这桂西的山城平静地度过了。对于来年的展望，我将如何计划呢？盟军的海上战舰，已逐渐迫近到日本的海岸；史迪威公路的车辆也连续不断地向东行驶。这一切进展和支援，我们很敏锐地感觉到我们强烈的反攻战斗，必会在民国34年爆发。

虽然是民国34年的开始，我在这山城中过着孤寂冷静的生活。但对于未来的展望与可怖的现状，却使我心头上感到特别的凝重；在战争历史大转变的过程中，战争的重点已由欧洲移到远东。华南方面的战斗将起决定性的作用，而我就将负担着这重要的决定性的工作。但是我如何整编这少数的残破部队及怎样取得补充的军需供应，使我十分焦虑。

整军与作战，都是同样重要的工作。经过了一个大会战后，不论部队及所有各级指挥机构，对于装备、弹药、补给、交通、通信等须加以极大的整理和补充。现在战区的范围，纵深不及300公里，这狭小短浅的地域，是战区生命的最后寄托。如果我再不能保持这个弹丸之地和这些残破的部队，则我的军事生命恐将在抗战中中途停止。为完成整军的工作，我们实需要部队的集中与整训。但假如越南、南宁和河池各方面的敌人企图向我进犯，则我之希望就会破灭。所以在靖西方面的第六十二军，南宁方面的第六十四军和河池方面的第四十六军，都必须仍举起他们残破的武器，去监视敌人的行动，才能掩护后方整军工作的完成。因此我在这个状况中去完成两种矛盾的工作，确实感觉十分的艰苦。然而我不能因为有危险而犹豫不做，所以我当时以一半寄托在“人为”上，而另一半则在“天命”罢了。

我迅速地在百色召开了一个检讨会议。这是战后必须做的一件事。失败是教训，我们要从失败中去找出失败的原因，要从教训中去改正以前的过失。还有在战斗间，各级指挥官出于自私与畏怯的动机，而有意发生的罪恶，亦须做一个公正的军法裁判。还有对于今后调整部队与当前作战的指挥，可以使他们表达各自的意见。

会议得到了三个重要的结论：第一，我们拟定了一个对敌人山地作战的对策，我们效法敌人编组若干特别装备的突击队，完全以飘忽敏捷的行动来担任战斗。第二，我根据各军师长的现状报告，得到了一个减少番号充实单位的缩编方案。第三，桂林防守军长贺维珍及平南方面作战不力，至影响桂平攻击战斗的第一三五师师长严僧武和桂绥第二纵队司令唐纪，都公开判定了应有的处分。

缩编方案经最高统帅部批准，取消了第三十一、第三十七两个军的番号和第一三五、第一五五、第一七〇之三个师的番号。这是依据战绩和部队状况而核定的。对于桂林的防守，在战斗上第三十一军应负责任的，虽然白崇禧将军把他的建制第一八八师临时抽出改归第四十六军指挥，是一个含有偏颇的错误处置（第一八八师长海竞强是白的外甥），但该军长贺维珍懦弱无能，指挥错误与掌握不确实等罪行，都是应受处分的。当我授他防守桂林任务时，他就对我流着眼泪。如果不是白将军的意见，我当时就想更换他的职务。所以我认为这一个番号的历史是一种耻辱，没有保留的价值，但为纪念那忠勇殉国的师长阚维雍，我却保存了原属该军建制的第一三一师的番号。第三十七军，则以该军从九战区转入本战区序列时，仅有一个第九十五师的兵力，其余两个师仍为九战区所留置，军部实为一个多余的阶层。第一三五和第一七〇师原为第三十一、第四十六两军的后调师，当时以桂柳会战的需要临时装备参加作战，他没有表现什么战绩，兵员装备均缺额太多，应加以淘汰。第六十四军的一五五师，也一并列入裁撤之列。这时，战区仅有第四十六军（属以新一九、一七五、一八八三个师）、第六十二军（属以九十五、一五一、一五七三个师）、第六十四军（属以一三一、一五六、一五九三个师）三个军，所有编余的兵员及装备，都拨归上列三个军之缺额内补充。经过这次整编之后，在各军的编制上得到了划一的数字，实质上亦得到了战后补充的机会。虽然各军师的兵员缺额，仍未达到编制所定数字，但穷苦的战区，新兵补充困难，也只有做这个挖肉补疮的办法。

我以良心的保证，这个整编方案是公正的，我没存有丝毫异己及情感爱恶上的私见或封建的观念。相反地，我想乘这个机会来消除封建意识的存在，我认为一切都是根据战绩及现状而确定的。但当我确定这个方案的时候，确排除了许多将来如何的顾虑，和用了很大的毅力去破除一切情面的决心。因为这个方案的实施，在事实上我保留了第六十二军、第六十四两个广东军，而且增加了六十二军所属的一个师，而广西的部队则削减了一个军和两个绥署的纵队。我曾说过，广西部队是广西唯一的财产，如果站在广西人的利害上说，这是广西最大的损失。但我确定这个方案和处分这几个将领之前，都没有先向白将军征求意见，即直接向最高统帅部提出了建议，会不会因此而引起广西人士和白将军的不谅解呢？我没有作这个考虑。

突击营的编组，在当时的战术上和运用上都是成功的。这是交由美军直接编训的，因为所有的兵器器材，除步枪外，都是由美军总部装备的。我当时的计划是每一个师编组一个队，但因为经费和装备的关系，仅于两个集团军先各编成一队。突击营是由两个步兵连和一个输送连编成的。因为需要有强大的运输能力，特别增强了他的机动性和持久性。每个步兵连有四个排，三个战斗排，一个弹药排。据我们的计算，如果每一次突击战斗，需要三小时的猛烈射击，其携带的弹药至少可以维持七次的战斗；每一个战斗排配有三挺轻机枪，一具火战炮，六个掷弹筒，一挺战车防御枪和 18 支步枪，火力是相当强大，电气通信亦远比我们一般部队原有的灵敏。每营有一具无线电收发报机，并且可以对空通话。我常以 L-5 小型飞机和他们联络通话。营连间之通信，均配有 Walkie Talkie 短距离通话机，对于指挥增加了许多便利。他们的待遇也是不同的，除了有完备的装备之外，副食费增加了200%。这是我特别的给予。我以为要求他们发挥高度的战力，则对其体力必需的营养，应予以充分供给。若以当时每个士兵仅能购买半斤青菜的副食费，如何维持其体力，而驱他们去干出生入死的工作呢？这是建军首应解决的条件。

突击营属于战区直接使用的部队，但战斗的指导是由美军官协助的。据说，这些派来协助战斗的军官，有曾经在欧洲战场突击战斗之经验。两个月以后，由于他们体力增强和良好的训练，在邕龙路方面取得了五次辉煌的战绩，使敌人对于邕龙之交通感到莫大的威胁。这是物质条件与战力成正比的一个明证。

在百色我们遭遇了一个最艰苦而饥馑的时期。也可以说是战区处境苦尽甘来的一个象征。我们每日约需20万斤的粮秣供应，使我的后勤幕僚及兵站人员、省府田粮处人员，大家弄得焦头烂额；但这是唯一生存的需要，决不能使近20万的将士，饿着肚子去执行他们的任务。虽然每日所讨厌的粮食会议和幕僚们对于粮秣短缺的重复报告，使我感到十分头痛，但不能置之不理。大概总有两个月的时间，每日以大部的精神来应付这个粮秣问题。黔南和桂西尽是山地贫瘠之区，民众平时就需要以杂粮代替食米来维持生活。他们虽愿意帮助军队，但可能供应部队的食粮为数甚微。而南宁产米区业已沦陷，从敌后偷运的粮食又不多，粮食部和后勤部除答应给以代金外，对于严重的军粮恐慌，似乎不是他们的责任。因为这一个无米之炊，就难为我这个巧妇了。这是中国指挥官与外国指挥官不同之处。

部队在这个饥馑时期中，以稀粥度日的事常有发生。至于每日食米定量之不足，是普遍的现象。假如不是民族对外战争与中国士兵的刻苦忠勇的精神，恐怕早就会群起抗议或革起命来了。驻凌云县的中央陆军军官学校第六分校学生，他们要以两日的行程，成群结队地来往百色，挑运他们自己的口粮，以挑米的工作代替他们的军事训练。一个学生对我说：“我们的愿望是来学习如何使用武器来杀敌，可是现在是来学习挑扁担了。”

更不可以理喻的，粮食部和后勤部的人们，不但对于粮食不负直接运输的责任，而所发的代金不及当地市价的三分之一。我不明了他们的用意何在。

在我迭次的电文报告中，都告诉他们当地的市价和请求增加代金，但他们始终没有给我一次圆满的答复。更有一件怪事，当我向他们请求对于以前短发的食粮，应将欠发的数量偿还给部队的时候，他们竟以“往事不必追究”的幽默口吻来答复。给养额乃官兵规定的待遇，他们因上级短发而受饥饿，或向地方民众赊借而度日，这个损失理应补偿才对。我为了这一件事在重庆军事会议中曾作过激烈的抨击，并了解他们为了撙节国库开支，原来采用“到期不发，过期不补”的政策。

这个粮秣问题，直至我们于5月克复南宁后，才获得彻底的解决，总算度过了这个严重的危机。我首先应该感谢美国的朋友，他们帮助我们解决公路的运输，特别是恢复后方主要交通线的黔桂公路，他们尽了一切的力量，使这条路得以完好地运输。其次对于百色机场的恢复，增加了空中补给的力量。在一个最严重的时期，美军曾由昆明空运大批食粮来补给。

敌人也像是疲劳了，各正面除了斥候的活动外，都没有大的战斗行为，使我们安全地渡过了这个难关，并完成我们的整军工作。

第二方面军

第二方面军，在我个人是一个光荣的名词。在我过去的革命史中，第二方面军曾经威震中原，跃马豫鄂，有过赫赫战功的革命战斗集团。

自何应钦将军出任陆军总司令，建立总司令部于昆明后，美国为急谋解决远东的战争，应允以大量的装备和充分的炮火，来装备西南的30个步兵师，并计划于装备完毕之后，配合美海军，在西南沿海地带，转取攻势。为了适应战斗的需要，遂将含有消极作战意义的战区名称，改为比较含有积极作战意义的方面军。这是民国34年3月的计划。

当这个计划颁布之前，我曾到昆明，由何总司令告诉我这个计划内容的意旨，但对于各方面军的人事和区分却不明了。等到正式命令颁布，才知道卢汉、汤恩伯、王耀武分任第一、三、四各方面军的司令官，并规定滇越方面为第一方面军的作战区域，黔桂铁路方面为第三方面军的作战区域，湘西为第四方面军的作战区域，以我所指挥之战区地域为第二方面军。在兵力部署上，第三、第四两个方面军各指挥十五六个师之多；第一、二两方面军则各指挥八九个师，而据所得到的内幕消息，美国的装备，将优先装备第三、第四两方面军的部队。

各方面军的人事命令颁布后，许多人大为诧异，咸认为不很适当而有欠公允。他们以为我的资望最高，经历亦深，且是现役的上将，不应与资历尚浅而又无特殊战功的王耀武等同列。对我而言，在某一种观念上，确是一种藐视和羞辱。当时我内心上曾有片刻难以形容的感触，本想提出辞职，并推荐副司令官夏威将军出任该方面军司令官职位。但我转念军人只有服从，不应在地位上去争执，如果国家认为我应负这个职务，我只有从这个职务上去努力。所以我竭力控制我的情绪，平心静气地来显现沉默而超然的军人态度，并时常想到国难当头，应加紧努力克己自励去争取军事的胜利，才是军人本色，不应与之计较。盖个人之名位事小，而救国卫民事大也。

在我指挥下之两个集团军（第十六、第三十五两集团军）与方面军的建制同时撤销。夏威、邓龙光两位集团军总司令调任方面军副司令官。各军直属于方面军的指挥，其实我们只有三个军，在指挥上可以免去中间一层转折而较方便。同时司令部的组织也变更，原来参谋处总揽的人事、作战、情报、后勤等业务，则分为第一、第二、第三、第四处（美军称为G1，G2，G3，G4）。这个制度，据我的幕僚们的意见，认为业务上比较单纯而各有专责，但联系上没有以前那样密切。这或许是因为习惯的关系。

变更最大的是补给机构，兵站总监部的名称改换为补给区司令部。副司令和一部的经理人员，任用了美国军官。事实上整个的后勤业务，已由美军主持，昆明的后勤总司令亦已由美国人出任，似乎有点越俎代庖，但在工作上说，美国人亦确实比较负责。同时大部分的供应物资和交通运输工具，都是美国运来的。以我们过去后勤工作和军需物品分配之腐败黑暗，美国人自然会有点不大放心。他们不但想革除后勤工作的营私舞弊情事，而且认为每一种军需品应确实在前线上使用，并用于需要的方面。过去我们的军需品往往储藏在后方仓库而不发给部队，或有分配不公情形，他们亦很明了。他们的长处是比较认真负责，其短处有过分遵守硬性规定，而有呆板拘泥之弊。如金钱之支付，他们非得到部队的报表，就不肯预先发给。不知部队常因作战或驻地分散交通不便的原因，很不容易将报表按期送到。因此缺乏经费不能按时发饷的事也时有发生。不过他们对于整个的筹划与不推诿的精神，倒减轻了指挥官对补给问题顾虑的大部分精力，使我渡过了饥馑的难关。

自第二方面军成立后，我和美国朋友的接触特别多，尤其是博文上校的联络部，更和我有十分紧密的联系，不管是前线作战或后方勤务。因此，彼此间的幕僚的情感亦颇亲切，一切事务都能够顺利地进行。博文上校因为努力而有成绩，升了准将的阶级。昆明的美方人员对我们亦有相当的认识。魏德迈将军和麦克鲁将军，曾亲自来到百色。他们对我们都有一个好印象，且在多次接触中，与我们变成了很密切的朋友。

我想在这里对于魏德迈将军、麦克鲁将军和博文将军三位美国朋友，加入一段回忆性的插话，也可以说这是我对这些朋友一种怀念的表示。

魏德迈将军是一个比较聪明而富于理解力的人。他有魁梧奇伟的体格，而又带有绅士的风度和仪表，言谈、生活和行动，都比较沉默而严谨。他大概对于战争指导与军事组织有特别的修养，对政治亦有相当的见解。他对中国情形颇为明了，他接替史迪威将军出任驻中国战区参谋长、驻华美军司令后，就成为中美之间的风云人物。他以现实主义的态度来解决当前的问题，和史迪威将军的远视并过于理想迥然不同。他以正常、公正、近乎人情及保持镇静去对付问题，绝没有怪僻与偏颇的见解。我虽然没有和他共事或有过合作的生活，但从我们多次接触和他在战后来华任特使的工作上来观察，对于这个评价，或许不会有很大的错误。

麦克鲁将军和博文将军都是美国的典型军人。美国军人特有的性格就是天真和热情。前者我对他的认识较浅，不过从他的言行观察，可以判断他大概善于将兵和勇于作战。有一次他和我去巡视一个兵站医院，那里有几个年轻的女看护。他对一个伤兵说："有这样一个漂亮的女人在你旁边，应该可以使你的创伤早一点痊愈。"这对于伤病者，会感到很大的安慰。又有一次当方面军的作战方针决定了攻势作战之后，我们讨论攻击方向，是否向南指向越南的敌人？他却给我一个幽默的答复："或许向东更有价值吧。"我当时非常诧异，东边是汤恩伯将军的作战地境，而摆在我们正面的，却是南宁和越南的敌人，无论任何战略家，都不会把箭头指向东边的，然而他的答案却预示了三个月后的计划。他是西南方面美军的指挥官，在短短的几个月中，他使西南方面的中国部队，有了一个划时代的改观。

博文将军和麦克鲁将军的性情恰恰相反，他没有半点幽默感，沉默寡言。他固执而稍为迟钝，但有坚强的自信力。他脑中充满着希望，憧憬着一个伟大事业的成就。为达到这目的，他常常不顾事实而努力冒险，也常有感情用事并坚持己见。不过他和我相处一年多，他的感情和建议，都是为帮助我而出发的。他对于我真挚而热情，一切都为我的利益而计划。有一次他为了我的关系，对何应钦将军有过不利的批评，使他几乎受了降级的处分。经过我对上级解释后，他的一颗银白的星阶，才得免于从他的肩上掉下来。

克复南宁

4月以后，后方不断的补充，恢复了部队的元气，而且有一个远大的憧憬，使大家的心情逐渐振奋起来。这时陆军总部虽然尚未允许我们作积极的行动，但第一线的部队由于他们旺盛的战斗力，已在敌人的面前异常的活跃。小部队的出击，突击营的活动，越北革命党人的响应，以及不间断翱翔于百色上空的盟机，均足以使敌人感到万分的惶恐，并显示着一切的态势都转变了。当时我令情报人员以全力侦察南宁的敌情。由于他们的努力，使我得到了许多有价值的情报。从这些情报中得知：（一）南宁敌人第二十二师团的主力，奉令向越南秘密移动，仅留置不及两个团之兵力于南宁及其附近各据点；（二）从被我突击营所击毙的一个少佐军官身上搜获的文件，有第二十二师团长对南宁守军的训令，其中有“如受压迫，得向谅山撤退”的指示；（三）很详细地明了了南宁敌人防御配备的情形。因此我决心作克复南宁的尝试。我想如果敌人真的授予我良好的机会，我决不候上级的同意，而独断地向南宁攻击。自然我不能由于虚荣心的驱使，而冒昧从事，或妨害整个的作战计划，我不过仅想利用敌人的弱点，来一个反攻计划的提早实施而已。

5月初旬，我集中两个突击营于邕龙路的两侧地区，以切断敌人与越南的交通。5月中旬令第六十四军之一部潜过左江，在南宁侧后活动，并令该军主力推进于南宁近郊，以压迫的态势，严密监视敌人，伺机攻击南宁。同时先以一部便衣队，利用情报人员，潜入城内，伺机内应。复将第四十六军主力推进于上林宾阳附近，对邕宾路敌之各据点作游击式的攻扰。5 月 25 日，南宁之敌，果然不堪忍受我方的压迫，将城郊据点逐次放弃，并呈现动摇之模样。我第六十四军主力乃于 26 日拂晓向市区突击。经一日之战斗，卒将这个沦陷半载的名城，第二次重回祖国之怀抱，并从此展开了最后胜利的端绪。诚如博文将军所说："这一颗石子的波浪，掀起了太平洋的汹涛。"

惨败的敌人，分向邕宾、邕龙路逃窜。我以第六十四军之一部向越南边境追击。另以第四十六军切断向邕宾路逃窜之敌，并即乘势向柳州攻击。第四十六军之一部于 6 月 7 日克思乐，8 日克明江，7 月 3 日克龙州凭祥，驱逐了敌人于国境以外。第四十六军在邕宾路上到处截击了残余敌人，使他狼奔豕突地向柳州逃窜。我军于 6 月上旬以神速之行动，到达柳州近郊，会合第三方面军对柳州之攻击。

南宁克复后的第三日，我到了南宁，设立了指挥所。南宁即很迅速地为盟军所利用，虽然南宁已是残垣断壁，十室九空，令人感到凄凉与叹息，但胜利在望的兴奋情绪，决不会因南宁的光复而感到满足。

我自己认为对敌人来一个无情的追击，乘势向越北前进，是一个至当的行动；于是，我命令第六十二军和第六十四军的一部，由靖西与镇南关方面，向越北高平、谅山的敌人攻击前进，令第四十六军可不待第三方面军之到达，主动先对柳州施行攻击，并以一部迂回柳州向雒容附近进击，以切断柳州敌之退路。这个命令是 6 月 11 日在南宁下达的。我当时估计这命令的结果是这样的：柳州的克复仅是时间问题，因为敌人从桂柳撤退乃敌人的预定计划。但柳州敌人能否得到安全撤退，则和我第四十六军的行动能否迅速有绝大的关系；至于越北的行动，当然不能期望长驱直捣河内，但谅山、高平的占领却有可能。这个处置，我决不承认是轻举妄动，急于功利的冒险指导，但陆军总部却以命令制止我的行动。他命令第六十二和第六十四军的一部不能轻率行动，应暂停止于国境。第四十六军不能单独行动，并应撤回来宾、武宣、红水河地区，以掩护第三方面军对柳州之攻击。这个命令我和博文将军都表示不满。这个错误实由于陆军总部过分重视西江方面之敌人，而忽略了桂平、平南各附近的敌人亦正在以同样的企图退却。

6月下旬，柳州继续克复，华南一切情势，均已转变。陆军总部以为这个军事态势业已好转，对于预定的秋季攻势——华南发动攻击计划有提前实施之可能。于是南宁、柳州变为策划攻势的基地。

抗战八年的感想

抗战胜利后，我时常回忆抗战过程中的事，也时常联想到抗战结束以迄离开大陆后的许多事。总括起来，我觉得有三点值得特别提出来一谈：

第一，我国在抗战期间所表现的民心。

对于这个问题，一般人当然都早已认识到我国民心之可贵。但作为战地指挥官的我，由于我在各战场所目睹的一切现象，实使我对我国人民勇于牺牲的爱国热诚，有更深刻的认识。

我们知道，从抗战开始，直到抗战胜利，先后八年时间，而在这八年中，除战斗外，许多时间都在退却。因为我国当时的最高战略指导，就是以空间换取时间，使敌人愈深入，就愈把敌人陷在泥淖中。但这是指撤退军队而言，至于国民政府对于民众如何撤离，事前并无周详计划，更无妥善安排。而所有同胞又无不同仇敌忾，不愿在敌人铁蹄下生活。所以，每当一个会战结束，部队向后撤退之际，战地同胞亦无不争先恐后随军队撤退。他们扶老携幼，万里奔波，毫无怨言。我曾经多次探询他们，准备退到什么地方？他们总是回答不出他们究竟准备到何地。他们总是天真纯洁地表示，要随军队后撤。军队退到哪里，他们便到哪里。他们信任军队，热爱军队，他们决不肯接受敌人的统治。其爱国爱军之热诚，真是动天地而泣鬼神。我也常常为他们那种漫无目的地奔驰而感动。他们其中的许多人，当然因此而家庭离散，甚至因此而牺牲，其坚贞行为，充分地表现了中华民族的伟大。中华民族必不致被灭亡，中华民族必不致被任何残暴政权所长久统治，于此又多一证明。

第二，我国在八年抗战过程中所表现的军心。

谈到军心，当然不免联想到我国的军队。说到军队，当然就不能否认我军无论在装备与训练各方面都不如敌军的这一事实。然而，在极端艰苦的情势下，军队始终对敌人保持高昂的斗志，这便难能可贵，非常值得敬爱了。当然都是由于军队官员具有高度爱国心的缘故。但歉然于心的，则还是在征兵的弊病和未能真正对军属烈属加以优待与抚恤之过。

我们晓得，当时的征兵工作是有很多弊病的。征兵本是现代国家的一大要政，首先要公平与公允。凡属男子，达到一定年龄，而身体强健无疾病者，均有服兵役之义务。政府亦应基于公平与公允之原则予以征召，实行无贵贱之分，无贫富之别。但政府办理兵役不善，官家和有钱人的子弟极少被征，穷苦者则多被强迫征去。加以后勤补给及管理不好，于是，壮丁被虐待，捆绑者有之，饿毙者有之，冷冻疾病者有之。回顾起来，实为八年抗战中之一大憾事。而壮丁从军后，贫窘者应优待其家属，官兵阵亡后，理应抚恤其烈属。政府当时虽订有明文，均未能真正切实施行，这也是八年抗战中的另一大憾事。

第三，抗战胜利后，政府不但未能掌握复兴机运，继续苦于建国，且由于对内部问题，时和时战，举棋不定，终于撤离大陆。

记得抗战刚一结束，当局因马歇尔将军之调处，而议定国军与共军停火。

当我正担任广州行营主任的时候，军调部突派来一个三人小组。这三人小组是由政府人员一名，中共人员一名及美国人员一名组成的。他们要把中共在广东曾生的东江纵队及在海南岛的冯白驹纵队调到北方去。我当即向派来的这个三人小组表示：广东方面根本没有中共的军队。我断然拒绝三人小组的调处。因此，马歇尔将军便认为我破坏了他们的调处，而告知蒋先生。蒋先生还召我到重庆，面告我必须遵守调处，我当即询问蒋先生为什么本党要与共产党妥协举行政治协商会议？据蒋先生指示：（一）军队疲劳与空虚；（二）官兵精神松懈，士气消沉，纪纲废弛，漠视命令；（三）民众痛苦，经济凋零，社会动荡；（四）国际上，美国希望中国统一，希望现政府成为强有力的政府，但不希望一党专政。基上原因，所以不能不举行政治协商会议。这个会议可说是一种政策，吾人应当遵守。

其时，马歇尔将军告知张治中约我晤谈，准备劝我接受调处。但我因反对马歇尔将军之“调处”计划，便断然拒绝了与马歇尔将军会面。我想，当时正有许多人求见而不可得，像我那样断然拒绝马歇尔将军约会的人似乎不多。

在重庆，叶挺打电话给我，要来拜访我。叶挺本是我年轻时的同期同学，随后我当师长时，他又是在我手下做过团长。我到达重庆时，他刚从监狱释放出来，我们的私交一向很深，依理我应接见他，但我知道他是一个老共产党员，所谓要来拜访我，不过是想来和我谈广东方面调处的一个借口，所以我坚决拒绝了他的拜访。当夜，廖承志又打电话来，请我谈话，由于我和廖仲恺先生生前一向很好，承志一贯称呼我为张伯伯，他在电话中说他一定要来看我。我揣测廖承志也一定为广东共军曾生、冯白驹两个纵队调动之事而求见，所以，我当即在电话中拒绝和廖承志见面。

在曾生纵队2000多人全部撤出广东运往青岛后，驻粤国军也奉令北调。随后，我所主持的广州行营改为广州行辕，再改为广州绥靖公署，便奉令移交宋子文先生了。

抗战期间，大陆沿海省区大多沦陷于日军之手，但经我中华民族全民浴血抗战，终于光复了。

蒋光鼐

本弹尽卒尽之旨，不与暴日共戴一天！

● 1888年生，字憬然，广东东莞人。

● 1926年北伐战争，时任国民革命军第十师副师长，后升任第十一军副军长兼第十师师长。

● 1932年，"一·二八"抗战爆发时任第十九路军总指挥，率部英勇抵抗日军，予敌重创。

● 1933年11月，与李济深、陈铭枢、黄琪翔等策划发动"福建事变"，成立中华共和国人民革命政府，号召反蒋抗日，并与红军签订《抗日停战协定》，不久福建政府被镇压，避走香港。

● 1935年，与李济深等组织"中华民族革命同盟"，联合各党派，主张联共抗日。

● 1937年全面抗战爆发后，蒋光鼐返回内地任国民政府军事委员会参议，参加抗战。

● 1939年，任第四战区长官部参谋长。

● 1940年9月，任第七战区副司令长官。

● 1944年，以巨资资助中共东江纵队的抗日活动。

● 1967年6月8日，病逝于北京。

十九路军淞沪抗战

蒋光鼐　蔡廷锴　戴　戟*

淞沪战争的爆发

1931年九一八事变后，国民政府采取不抵抗政策，助长了日本侵略军得寸进尺，吞并整个中国的野心。日军侵占东北三省得手以后，从1931年11月起，先后在天津、青岛、汉口、福州、重庆、上海等地进行闹事挑衅活动。1932年1月中旬，日本帝国主义部署了以上海为中心的压制抗日运动和军事侵略的阴谋，派遣军舰30余艘和陆战队数千人登陆，通过驻华军唆使所谓“居留民”集会游行，捣毁了虹口北四川路的一些中国商店，闸北区还发生日僧五名和三友实业社工人殴打冲突事件。就在此时，日本领事村井向上海市政府提出了封闭上海市各界抗日救国会和封闭上海《民国日报》等的无理要求。当国民政府还没有作出答复以前，日方又在1月26日发出了“哀的美敦书”限令在48小时内（即1月28日下午6时前）对村井的要求作出“圆满”的答复，不然就要自由行动。上海市市长吴铁城秉承蒋介石的屈膝投降政策，接受了这个最

* 作者蒋光鼐当时系第十九路军总指挥；蔡廷锴当时系第十九路军军长兼右翼指挥；戴戟当时系淞沪警备司令。

后通牒，在限期前封闭了抗日救国会，以打击爱国力量的手法来谋求对日军的妥协。不意在村井表示满意之后，日舰队司令盐泽幸一又在当晚发出了另一个以护侨为名的通牒，限令我第十九路军立刻退出闸北让给日军进驻。盐泽没有等待中国政府答复，就下令开始军事行动。午夜11时余，日海军陆战队向闸北我军进行突袭，我军奋起自卫，向日军还击。淞沪抗战在日军不宣而战下爆发了。

十九路军的抗战准备

九一八事变后，在中国共产党的号召和影响下，抗战呼声，响遍全国。第十九路军驻扎江西时，在中国共产党和红军“中国人不打中国人”“枪口一致对外”的正义号召的推动下，全体官兵三万余人，曾在赣州宣誓反对内战和团结抗日；调防淞沪一带后，在上海人民抗日宣传的影响下，更下定了为中华民族图生存，为中国军人争人格的决心。当时我军有些部队的驻地，靠近日军的营房，彼此可以望见。我军官兵故意每天在日军面前举行野外演习，让日军知道，第十九路军是不怕日本帝国主义的！

我军广大官兵虽然早有抗战的决心，但我们在组织上的准备工作，是不够充分的，特别是跟处心积虑要侵略中国的日军比较，更相差很远。敌人在发动九一八、一·二八战争以前，是经过长时期的动员工作的。而我们呢，政府既坚持不抵抗主义，当然谈不到准备，第十九路军本身从九一八起，连官兵军饷都领不到，要做准备工作，也是心有余而力不足。而且当时调沪不久，情况生疏，对于日军的真正企图，看得也很不准确。国民政府没有给我军提供任何有关的情报，我们直到战争前两星期，才从自己所得到的情报中判断日军的侵略已不可避免，才积极进行应战部署。

我们的军事布置工作，是在1月15日以后开始的，距战争爆发还不到两星期。但在这段时间里，我们做了不少工作，这是我们能够有效地打击日军的关键所在。1 月 23 日，我军在龙华警备司令部召开了驻上海部队营长以上干部的紧急军事会议。参加这个会议的有蒋光鼐、蔡廷锴、戴戟、张襄、区寿年、翁照垣、黄固、林劲、丁荣光、樊宗迟、杜庆云、王燕、张君嵩、顾高地、徐义衡、杨富强、钟经瑞、李扩、钟桓、云应霖、黄曦、王贻锷等。蔡廷锴、蒋光鼐、戴戟等都在会上讲了话。蔡廷锴在会上说："日本人这几天处处都在向我们寻衅，处处都在压迫我们，商店被其捣毁，人民被其侮辱，并加派兵船及飞机母舰来沪，大有占据上海的企图。我最近同戴司令一再商量，觉得实在忍不下去，所以下了决心，就是决心去死。但死也要有死的方法，所以今天召集大家来研究。"戴戟在会上说："天下兴亡，匹夫有责。成败何足计，生死何足论。我辈只有尽军人守土御侮的天职，与倭奴一决死战。"蒋光鼐在散会前说："从物质方面说，我们当远不如敌。但我们有万众一心的精诚，就可以打开一条必胜之路。何况我们还有二三万人，真不能挽救中国吗？"

紧急会议讨论决定了一切必要的应变措施（包括准备军粮物资等在内）。所有参加会议的人，都表示决心保卫上海，矢志不渝。根据会议决定，在下午 7 时向我军各部发出如下密令：

（一）据报日方现派大批舰队来沪，有向我政府威逼取缔爱国运动并自由行动之企图。

（二）我军以守卫国土，克尽军人天职之目的，应严密戒备。如日本军队确实向我驻地部队攻击时，应以全力扑灭之。

（三）第七十八师第一五六旅担任京沪铁道以北至吴淞、宝山之线，扼要占领阵地。第一五五旅担任京沪铁道线（包括铁道）以南至虹桥、漕河泾之线（南市、龙华之团即在原地），扼要占领阵地。

吴淞要塞司令率原有部队固守该要塞，并且与附近要塞之友军，确取联络。

铁道炮队及北站之宪兵营归第七十八师第六团团长张君嵩指挥。

丹阳第六十师黄茂权团，限明日（24 日）开至南翔附近待命外，其余沈光汉师、毛维寿师为总预备队，在原地候命。

各区警察及保卫团受各该地军队高级指挥官指挥。

（四）总指挥部移驻真如。警备司令部仍暂驻龙华。

1 月 24 日，蔡廷锴与区寿年、谭启秀、黄固、翁照垣到达苏州，召集第十九路军驻苏高级将领沈光汉、李盛宗、邓志才等在花园饭店举行紧急会议。蔡廷锴在会上表明第十九路军抗战决心，并传达解释了 23 日发出的密令。参加的驻军将领，也一致表示反对不抵抗和拥护团结抗日。

两次会议以后，第十九路军各部基本上完成了战略战术的准备。全军动员起来了，有了充分决心，准备随时迎击来犯的敌军。

淞沪抗战的经过和我军的撤退

1932 年 1 月 28 日 23 点 30 分，日军在闸北天通庵路突然向第十九路军翁照垣部袭击。我驻军依照总部 23 日下达的密令第二项“如日本军队确实向我驻地部队攻击时，应以全力扑灭之”的规定，当即给予还击，发生猛烈巷战。此时日军就用铁甲车 20 余辆为前导，分兵五路从闸北各马路口进犯。总部接到报告后，蒋光鼐、蔡廷锴、戴戟三人星夜步行经北新泾到达真如车站，设立临时指挥部，依照原定计划，以电话命令后方部队迅速向上海推进。29 日天亮，日本飞机出动助战，在闸北、南市一带滥施轰炸，战火逐渐扩大，但在我军坚强抵抗下，敌军各路进攻均被击退。我军先后截获其铁甲车三辆，毙伤敌军甚众。

敌方因进攻没有得手，第二天晚上 8 点，通过英、法、美各国领事，向我提出停战要求。我们明知其为缓兵之计，但我军也要加强部署，所以接受了这个要求，命令前线停止战斗，严密戒备。指挥部同时即将原驻镇江以东的第六十师调到南翔、真如一带，并将第六十一师调运来沪，原在上海的第七十八师全部投入前线，加强防御。

29日上午1时，我军向全国各界发出通电，略谓：“暴日占我东三省，版图变色，国族垂亡！最近更在上海杀人放火，浪人四出，世界残暴之举动，无所不至。而炮舰纷来，陆战队全数登岸，竟于28日夜11时30分公然在上海闸北侵我防线，业已接火。光鼐等分属军人，唯知正当防卫，捍患守土，是其天职，尺地寸草，不能放弃……第十九路军总指挥蒋光鼐、军长蔡廷锴、淞沪警备司令戴戟。”

1月30日，日巡洋舰三艘、驱逐舰四艘、航空母舰两艘并随带陆战队5000人到沪。敌军增援后，对他们自己提出的停战要求，无耻抵赖，在31日23时，再度向我闸北防地猛攻，仍被我军奋勇击退。

战争的第一个星期，始终在闸北范围进行，敌军丝毫没有进展。2月4日，敌军开始第一次总攻，战火蔓延到江湾、吴淞一带，各线均展开了猛烈战斗。结果，在闸北方面向我青云路进攻的敌军被我击退，吴淞屹然无恙，江湾敌一联队（即一团）被我包围歼灭。我军乘胜反攻，各线激战达九小时之久，完全粉碎了敌军这次的总攻。敌司令盐泽幸一也因此被免职调回本国。

接替盐泽幸一的是海军第三舰队司令野村。野村到沪后，敌军续有增援，海陆空军已增加到万余人。2月11日野村对西方记者说：“日军渡过蕴藻浜之日，即为日军行动终止之时。”又说：“日军在吴淞踏平华军壕沟之日，为时不远。请诸君拭目相观，届时即可结束华东之抵抗。”野村的口气，虽然也很骄傲，但与盐泽在战前所说“一旦发生战事，四小时即可了事”的狂妄态度比较，却较为圆滑一些，也反映出日军指挥官在遭到坚决抵抗以后，不再敢那么趾高气扬了。

2月11日下午，日军一面出动飞机在闸北投下了大量烧夷弹，同时用大炮轰击；一面向蕴藻浜、曹家桥一带进攻，并不断增援。我守军猛烈抗击，最后展开肉搏战，毙敌数百人。战况的剧烈，为战事开始以来所仅见。至晚7时，我军将进犯蕴藻浜之敌，全部击退。

吴淞方面，当闸北战事重起时，日军曾分一部分海空军向吴淞炮台和吴淞镇进犯，另有一股进袭吴淞附近的张华浜。2月4日，敌集结大小战舰20余艘，飞机数十架，对准我吴淞炮台轮番轰炸。至2月7日，炮台全部被毁，但我步兵仍坚守阵地，浴血阻击，使敌无法登陆。在蕴藻浜南端淞沪铁路桥梁旁的敌军，也被我第七十八师守军击溃。2月13日，我驻守蕴藻浜北端纪家桥的第六十一师出击部队，也奋勇击退了强敌“久留米”师团的主力。敌原来企图从几面包抄我吴淞守军的计划，完全被我粉碎。

2月中旬，野村的职务已改由第九师团长植田谦吉接任。随植田开来上海的陆军达万余人。植田谦吉以总司令的身份，也发表了谈话。他说，他要迫使第十九路军撤退。2月18日，植田谦吉向蔡廷锴提出了如下的“哀的美敦书”一件：

本职基于欲以和平友好之手段达到任务，热烈希望，兹对贵军通告左开各件：

一、贵军应即从速终止战斗行为，于2月20日午前7时以前将现据之第一线撤退完了。于2月20日午后5时以前从黄浦江西岸由租界西北端联结曹家渡镇、周家桥镇及蒲松镇之线起算，黄浦江东岸由联结烂泥渡及张家桥之线起算，各从租界境界线向北20基罗米突之地域（包括狮子林炮台）内撤退完了，且在该地域内撤去炮台及其他之军事设施，并不新设之。

二、日军于贵军开始撤退后不行射击轰炸及追击动作，但用飞机之侦察，不在此限。又贵军撤退后，日本军队保持虹口附近之工部局道路地域（包含虹口公园之周围）。

三、贵军第一线撤退完了之后，日本军为确实实行起见，派遣有护卫之调查员于撤退地域。该项调查员带日本国旗，以资识别。

四、贵军对于该撤退地域外，上海附近之日本人生命财产应完全保护之。此项保证如不完全，日方当采用适当之手段。

五、关于上海附近（包含撤退区域）外国人之保护，容另商议。

六、关于禁止排日运动，1月28日吴市长（按：指吴铁城）对于村井总领事之约诺应严重实行，关于此项，当另由帝国外务官宪对贵国上海行政长官有所交涉。

如以上各项不能实行时，日本军将对贵军不得已采取自由行动。其结果所生之一切责任，应由贵军负之。

蔡廷锴接到植田这个荒谬绝伦的“哀的美敦书”后，即送蒋光鼐，决定召集高级官长会议。大家在会上看见这个文件都很气愤，指挥部立即下令前线部队集结炮火向日军阵地猛轰，作为对植田的复文。

这时，敌全部兵力约已有二三万人，野炮六七十门，并有陆战队分布次要战线，敌舰数十艘集中于吴淞口，飞机增加为60余架。

2月20日晨，敌发动又一次总攻。先以大炮分向我江湾、庙行镇等地猛轰。步兵协同坦克部队，一路进击张华浜一带；另一路由杨树浦进犯，来势甚凶。我军在装备上比敌人差得多，但与敌人接战了二十几天，取得了一些经验。当敌人倾巢来犯、战火猛烈时，我军隐伏战壕以逸待劳，候敌军接近时即以手榴弹还击，敌人攻势每为我击破。向我炮台进犯的敌军，被迫后撤。闸北敌军千余人和坦克10余辆，因触地雷，死伤枕藉，残余兵士向沈家湾溃逃。江湾、庙行间的战斗也激烈异常。这两处阵地位于闸北与吴淞之间，形势重要，是敌攻击的重点。21日起，在敌酋植田亲自指挥下，以步兵数千人配合飞机、大炮，向我冲击，敌我死伤均重。延至23日黎明，敌试图从江湾车站包抄我江湾镇，我军对敌冲锋多次，弹雨血花，杀声震野，敌不支溃退。我生俘敌营长空闲一名及士兵数百人，缴获步机枪数百支，江湾阵地始终确保。庙行镇方面，敌从22日起，向我竹围墩间的麦家宅阵地进攻，发炮数千发，飞机轰炸终日不停。我第八十八师第二六二、第二六四两旅奋力抗御，正在危急时，我第六十一师第一二二旅从右翼增援，第八十七师第二六一旅从左翼向敌包抄，庙行镇阵地终于转危为安。此役敌遭受重创，当晚敌第九师团有一部分散兵，逃到杨树浦汇山码头一带，企图觅船回日，其狼狈情况，可见一斑。

此后一连几天，敌方继续用飞机大炮向我阵地轰击。至25日，敌向庙行前线第八十七师第二五九旅、第六十一师第一二二旅和独立旅古鼎华团等新接防地进攻，炮火集中在金家码头一带，十几分钟内，落弹数百发。古团几乎支持不下，经第六十一师第一二一旅以预备队全部赶到增援，两部会合，拼命坚持。第七十八师第一五五旅生力军又从广肇山庄和何家宅一带向敌猛攻，反复冲杀；至晚又会同第一二二旅第五团向侵入小场庙的敌人反攻，最后展开肉搏，阵地终于收复。至是植田所布置的总攻计划也宣告破产。

此时，敌旗舰“出云号”被我敢死队潜水炸伤，日本国内震动，且因劳师动众，战事无法速决，引起了反战浪潮。但当权派骑虎难下，仍然进一步布置军事行动，改派前田中内阁陆军大臣白川大将接替植田，并加派菱刈隆为副司令官，增调三师兵力和飞机200多架来华，兵力已达六七万人。而我军防守的战线绵延百余里，战斗一个月，人员武器丧耗极多，且补给无望，所以当时处境极为困难。

3月29日起，敌人在白川部署下，再度开始新的总攻，闸北八字桥、天通庵等地都展开激战。天通庵附近，敌我相持八小时。我第六十师不断派敢死队跃出战壕，短兵相接，迫使敌军全部向狄思威路退却。其他各处战斗，也都极剧烈。闸北八字桥形成拉锯战，我方三失三得，伤亡不少。敌人死伤极大，遗尸累累，其联队长（团长）林崛大佐被击毙。

3月1日敌又开始新攻势，闸北战线，敌冲击未逞；江湾方面，敌向杨家楼方向扑攻，用重炮、钢炮、野炮和飞机连续猛轰，步兵乘势进袭，白刃相接，血肉横飞。第七十八师第一五五旅扼守广肇山庄附近，仅营连长即死伤12人之多，士兵死伤过半。庙行镇方面，敌从两路进犯，我军全力抵御，杀死敌军甚多。我又调浏河一团增援，终将一度失去的阵地夺回。但由于浏河守军大部已调到正面增援，兵力单薄，敌趁此机会，强行登陆，致浏河沦于敌手。浏河的危急情况第十九路军是知道的，所以请军政部速派两师驰援浏河，但军政部置之不理。浏河失陷后，我军侧面后方，均受严重威胁，不得已于3月1日晚全军退守第二道防线（即嘉定、黄渡之线）。我军苦战月余，官兵日夜不得休息，后援不继，休整无暇，但士气始终旺盛，当退守时，无不义愤填膺，声泪俱下，决心要雪此深仇巨恨！

3月2日，第十九路军向全国各界发出了退守待援的电文：

> （上略）我军抵抗暴日，苦战月余，以敌军械之犀利，运输之敏捷，赖我民众援助，士兵忠勇，肉搏奋战，伤亡枕藉，犹能屡挫敌锋。日寇猝增两师，而我以后援不继。自2月11日起，我军日有重大伤亡，以致力于正面战线，而日寇以数师之众，自浏河方面登陆，我无兵增援，侧面后方，均受危险，不得已于3月1日夜将全军撤退至第二道防线，从事抵御。本军决本弹尽卒尽之旨，不与暴日共戴一天。……

3月3日，国际联盟开会决定，要中日双方停止战争。到5月5日，国民政府与日军签订了丧权辱国的《淞沪停战协定》。从5月9日起，日军自浏河、嘉定、南翔等地撤兵。第十九路军也已调离原第二道线，开往福建。

各方面对十九路军抗日战争的支援

淞沪抗战爆发后，中国共产党在上海的地下组织，通过工会、学生会及其他群众组织，展开了对第十九路军的热烈支前工作。他们动员各界人民组织义勇军、敢死队、情报队、救护队、担架队、通信队、运输队等，有的在前线配合作战，有的担任后方勤务的任务，对作战、供应各方面，起了积极有效的作用。如前线冲锋时，需要大量手榴弹应用，我军请军政部发给被拒绝时，就由总工会动员募集了几万只空烟罐，赶制“土炸弹”运往前方供用。凡前线迫切需要的交通工具、通信器材、工事物资、医药用品等，均通过各社会组织募集和供应。连前线战士每天两顿伙食，也组织郊区人民分区炊制和输送。

1 月 30 日上午，宋庆龄、何香凝先生等在真如进行慰劳。在她们的主持和组织下，[illegible]天工夫筹设了几十个伤兵医院。何香凝先生到前线慰问时，天正下大雪，而官兵只穿单、夹衣各一套。她回沪立即发动捐制棉衣运动，五天内制就了全新棉衣裤三万多套，运送给全体官兵穿用。

上海市商会会长王晓籁于 2 月 5 日到真如指挥部，随来 200 多名童子军，交十九路军指挥。他们在我军作战期间，始终坚持工作，直到我军在苏州举行追悼会后，才解散回沪复学。其中数人在前线牺牲。

东北冯庸大学、上海复旦大学及华北各大学的几百名学生，还有苏北人民组织的大刀队等，都要求使用伤兵的枪上前线杀敌。指挥部因为他们没有经过训练，所以没有批准他们去前方，只把他们分配在长江南岸守备；一部分到青阳港第二线参加防御工事工作。

海内外人民知道第十九路军在上海发动抗战后，有的写信，有的打电报，有的寄钱，也有的寄衣物食品等慰劳我们。人民群众对于我军的热烈支援，鼓舞和激励了前线官兵舍身抗敌的决心和勇气，这是我军之所以能以少胜多、以劣势装备抵御全副现代化军队的关键所在。

国民政府对淞沪抗战的态度

（一）蒋介石阻挠第十九路军抗战的一些具体措施

蒋介石在宁粤和议后被迫下野，一·二八事件发生时，他正住在溪口，表面上不问政事，实际上仍然操纵南京政府一应重大政策。他在我军开始行动后，不断策划对日投降阴谋。一·二八前四天，杜月笙和史量才一同来找蔡廷锴，说张静江有事要和蔡廷锴面谈，要蔡到杜宅一谈。蔡到杜家时，张静江正在等候。午餐后，张静江对蔡廷锴说："第十九路军素来军纪严明，革命战争有功。上海日军处处挑衅，如果不善于应付，大有一触即发之势。望你体念中央的意旨，最好撤退到后方南翔一带，以免与日军冲突。上海华洋杂处，繁华之区，如果战端一开，损失极大。倘能撤退，我可报告蒋总司令。"蔡廷锴当即对张说："上海是我国领土，第十九路军是中国军队，有权驻兵上海，与日本帝国主义毫无关系。万一日军胆敢来犯，我军守土有责，决定迎头痛击。张先生也是中国人，应接纳我的意见，向蒋总司令报告。"张听了蔡的话，一时面红耳赤，无法下台。杜、史二人从中缓和，史量才说张先生和蔡先生双方都是爱国，只是方式不同云云。因此不欢而散。张静江的行动，显然是蒋介石所授意的。

蒋介石指使张静江破坏我军抗战不成，曾密令宪兵第六团于1月28日赶到上海，从北站下车，准备接替闸北翁照垣部的防务。经蔡廷锴指令翁照垣拒绝交防，蒋介石的这一阴谋未能得逞。

（二）军政部按兵不动，坐视不援

第十九路军在战争中所消耗的武器弹药和医药器材，国民政府一概不予补给。日军的坦克车、铁甲车、飞机，杀伤力大，我军迫切需要平射炮和高射炮，经向军政部一再呼吁请领，军政部始终不发一枪一弹。一个多月中间，日军不断有大量海陆空军增援；第十九路军函电请援，国民政府始终置之不理。军政部甚至丧心病狂地通令各部队说："第十九路军有三师十六团，无须援兵，尽可支持。各军将士非得军政部命令而自由行动者，虽意出爱国，亦须受抗命处分。"因此，当时驻无锡、苏州一带的上官云相一师，驻浙江的戴岳一旅，驻江北的梁冠英一路以及在杭州、赣东的蒋介石嫡系部队约60个师的兵力，皆按兵不动，坐视我军孤军苦斗，不予支援。国民政府这种事敌卖国的行径，真所谓极人类历史上"寡廉鲜耻"之尤！

（三）克扣军饷与截留捐款

第十九路军自1931年10月起，从未领到应得军饷分文。国民政府借口国难严重税收减少而停止发饷（实际上蒋介石的嫡系部队从未欠发）。截至1932年5月底，军政部欠发第十九路军的军饷达八个月600余万元之巨。淞沪抗战开始后，海内外同胞捐给第十九路军的款项，有700余万元之数（当时第十九路军曾编印《征信录》一种分发海内外捐献者）。我军向军政部请领欠饷时，军政部竟说捐款应归公有，欠饷应在捐款中扣除，所余之数应上缴。当时我军官兵因需款应用，只得勉强同意将捐款抵充欠饷（因为不如此，官兵将不知何时才能领到欠饷），但坚持将余款百余万留作残废官兵抚恤教养之需，军政部才不得不同意。本来，人民捐款是奖励抗战官兵和购买军需物资的，拿捐款充军饷，是没有理由的。后来全体官兵知道何应钦这种克扣捐款行为，无不切齿痛恨。

（四）海军当局的丑态

驻留在上海的我国海军，不但不给抗日军以任何援助，而且还与日本海军当局达成如下协议："此次行动，并非交战，如中国海军不攻击日舰，日本舰队也不攻击中国舰队，以维友谊。"

（五）王赓献地图

国民政府财政部直属税警团有两团原驻上海浦东靠黄浦江沿岸一带，战事发生后，该团撤退无路，经宋子文要求拨归第十九路军指挥。敌增加兵力后，我军召开军事会议。王赓以税警团旅长身份与会，散会后王取去第十九路军"部署地图"和"作战计划"各一份（当时在会场上散发的）。王当晚跑到租界舞厅跳舞，被日军侦知，将王"逮捕"（？），搜去该项军事文件。第二天，日本报纸吹嘘俘虏第十九路军旅长王赓云云。王赓是美国西点军校毕业的，与美帝特务有勾结，当晚被日方扣押数小时，即由美总领事具保释放。当时上海戏剧、文化界曾编排"王赓献地图"一剧公演，以揭露和谴责那些勾结敌人、出卖祖国的民族败类。

对十九路军与“福建事变”的补充

蒋光鼐

1933年11月20日发生的“福建事变”（简称“闽变”），我自始至终参与其事，也是主要策划人之一。

“闽变”成立“中华共和国”及“人民革命政府”，改元换旗，与蒋介石的南京卖国政府分庭抗礼。它的割据地区号称四省，实际上是由我领导的福建省区域分开来的，它的武装力量在福建境内虽有兵力约11万人，但实际听指挥的也只有丨九路军的六七万人。

陈铭枢、蒋光鼐、蔡廷锴等人，七八年来先后都指挥过十九路军这个部队；福建人民革命政府（简称人民政府），是靠十九路军来维持它的存在。所以我们三人在当时被人们称为所谓“核心人物”，原因即基于此。

人民政府从成立到瓦解，只有两个月的短促时间，它的失败也即是十九路军的消灭。其间有联共反蒋抗日的爱国意义，关于此次事变的酝酿与失败经过情况，已有蔡廷锴撰文详述，本人就回忆所及再作一些补充以供参考。

签订粤桂闽三省联防草约

1933年春间，我继方声涛任福建省主席，李章达任省府秘书长。是年夏，我约蔡廷锴、李章达等研究，在粤宁合作御侮的幌子下妥协，胡汉民释放出来了，广州国民政府虽然撤销了，但后来广州又成立国民党中央委员会西南执行部和国民政府西南政务委员会，形成半独立的割据局面。我们在福建反蒋，在战略上必须以广东为后方，因为福建外临滨海，内有闽江南北之隔，战略形势易攻难守。我们如和广东有了同盟，则进可攻，退可守，因此决定请李章达为福建军政代表赴粤。由于李是同盟会会员，早年随孙中山、廖仲恺、朱执信时，和西南政委们萧佛成、邓泽如、邹鲁、古应芬、林云陔等人早有认识，在军事上和广州陈济棠、广西李宗仁、白崇禧等也有来往。李抵广州之后，西南方面很想拉福建参加西南政务委员会的组织，我们不同意，几经磋商，才由李章达起草一个粤桂闽三省联防约章草案（当时江西有粤、桂军队之一部驻扎）。这个草案分军事、政治、经济几方面，它的内容记忆不详。主要精神是为了抗日反蒋，粤桂闽实行军事互助，任何一省被敌军侵犯，其他各省应全力援助。草约签订后，徒具形式，还是貌合神离，难于实施。由于陈济棠实权在手，以保持半独立为满足，和我们订约还是怕十九路军回粤占他的地盘。粤桂当局并无真正反蒋的决心，对于抗日也是作为口号喊喊了事。后来粤方利用这个草约，常派代表来闽联络，实际上是打听虚实，是年八九月间，他们发现十九路军有和红军妥协的可疑，很不放心。迨陈铭枢回国来闽后，更加防范。陈济棠私人对我比较有好感，对陈铭枢一向钩心斗角，互有戒心。广西方面因为没有直接利害冲突，对闽方的同盟，只是利用它壮壮声势，在军事上守望相助、在经济上互相支援是不可能的事。这一密约总的说来，在“闽变”中没有起过有效作用，而在“闽变”前却增加了蒋介石对福建方面的防范。

派代表三到苏区和红军联系

1933年春，江西红军发表宣言，向一切进攻革命根据地和红军的国民党军队提议，在三个条件下订立停战协定，联合抗日。即停止进攻革命根据地和红军；给予人民以自由权利；武装人民。我获悉之后，寄以新的希望。我和蔡廷锴商量过，蒋介石对十九路军采取两种手段，一是他亲手动员来歼灭我们；一是驱使该路军“剿共”，孤军深入，让红军来歼灭我们。如今红军敞开大门，我们迫切需要和中共建立密切的关系。是年7月，陈铭枢由欧洲回到香港，派陈公培来福州会我，才知陈和共产党的联络尚未搞好。于是我和陈公培商量，请他为代表，火速赴水口镇，到前方去直接和红军联络。陈答应后，我便秘密写了一封信给前方红军表示和谈愿望，主张共同抗日，双方先行停止战争行动。另由蔡秘密写了一张放行条，由谭师长派员护送至延平西南地区进入苏区。陈公培于8月见了彭德怀、袁国平等人于王台，带回了彭德怀一封信，从此闽北前线才缓和下来。

我们将这个消息电告香港陈铭枢，他十分高兴，来电希望我们再直接派代表到江西瑞金去会见中央红军领导人，他随即也由香港回到福州。蔡廷锴和我商量，派他的秘书长徐名鸿（当时在闽西善后委员会负责）就近前往。因为徐在大革命时期，曾任过十一军政治部主任，和中共可能联络便利些；以当时所担任的职务也较合条件。在取得徐的同意后，陈铭枢回来，仍要陈公培一同前往。约在9月到达瑞金，见到红军领导人，初步谈判了十九路军与红军的防线和福建政府与苏区政府划界事宜，取得了协定。我记得徐名鸿回来之后，苏维埃中央也派代表前来商谈进一步的同盟行动和协商物资交换之事。

第三次派代表进入苏区，是福建人民政府成立之后，蒋军全面进攻之下，由李济深和我们商量，派人民革命军一方面军总部参谋处处长尹时中前往，请红军大力支援。听说尹时中在瑞金曾见到了红军领导周恩来、刘伯承等人，但由于前方失败过于迅速，未能达到挽回战局的有效措施。

“闽变”前筹组人民革命政府的活动

“闽变”是以陈铭枢为首的。关于陈铭枢过去的政治路线，从1927年宁汉分裂起，迄1932年宁汉由分裂到合作，是拥蒋的。如果说“一·二八”抗日战役是十九路军从拥蒋到反蒋的分水岭的话，那么陈铭枢的分水岭也是如此。由于“一·二八”战役前后利用粤宁的矛盾，陈一度代理行政院院长，孙科组阁时，又任副院长兼交通部部长。他利用十九路军及结交一些进步文人作为政治资本，提出停止“剿共”、一致抗日的意见，多少有和蒋介石、汪精卫等争取权力的野心。因此不容于蒋、汪政权，被迫愤而出走。出国后受到苏联政府礼待，研究了苏联政治制度，懂得了一些劳动人民当家做主的道理，同时受到欧洲当时反法西斯的人民阵线运动的启发，1933年六七月间回到香港，就想联合第三党、国民党内反蒋派系的民主人士和神州国光社一批知识分子，组织反对独裁的人民阵线，企图推翻蒋介石的统治。

陈铭枢在出国前，原想推选宋庆龄先生出来领导这一次运动，宋不同意；回国后，又想推胡汉民出来在广州组织独立政府，由于陈济棠以保持广东半独立为满足，胡不愿出来；于是乃就商于李济深，通过李济深拉李宗仁、白崇禧和福建一道反蒋。7月，李济深曾派亲信幕僚尹时中为代表，携带政治纲要到南宁进行联系。据闻，李、白鉴于陈铭枢的做法过左，就以广东不愿合作没有后方为词，不愿参加。李济深和陈铭枢取得一致意见后，在香港利用西南政务委员会联络西南各省实力派，湖南何键、贵州王家烈、云南龙云、四川刘湘等派驻广州及香港的代表也挂上钩，对山东韩复榘、陕西杨虎城也直接有联系。至于在野同情反蒋的如泰安冯玉祥、天津方振武、上海方鼎英、李烈钧等也派有专人联系。第三党的领袖邓演达和陈铭枢私交颇好，邓被蒋杀害后，该党黄琪翔、章伯钧、彭泽湘等人和陈也有来往，并支持十九路军。1933 年春，就由该党介绍大批干部到福建搞农村工作，并帮助十九路军办军官训练班，取得一定成绩。是年 9 月间，李济深、陈铭枢等已邀该党负责人黄琪翔、章伯钧、麦朝枢等到香港商量反蒋之事，该党成为陈铭枢可靠的支持者。虽然各有各的一套，然而在反蒋抗日，对农村采用计口授田的纲领，基本上是一致的。

陈铭枢是以十九路军起家的，有了该路军才有福建这一块地盘。他认为政权有了我，军权有了蔡廷锴，当会事事如意，由他支配。其实还是矛盾重重，内部斗争是尖锐的。陈回国后，到过福建三次。一到福建，即以家长自居，直接插手到各机关部队去讲演、训话，俨然架在主席、总指挥之上。他的企图过早暴露出来，引起我们反感。蔡廷锴曾对我说："十九路军是中华民族的军队，不是私人军队呀！"陈到闽就表示已联合各党派反蒋，主张速即组织独立政府，我和蔡则认为抗日反蒋是我们的主张，但急于组织政府则不同意，应加忍耐，以待时机。当时蔡看到陈铭枢的作风，加诸军队内部未能整饬，处境困难，有挂印离部的思想。后来由我一再和蔡商量，非同心协力不可，十九路军靠两广不成，不打起反蒋旗子，也终为蒋介石收买利用，自行瓦解，我们军力、财力虽不足，但孙中山手无寸铁也敢干。以此相勉。经多次研究，我们才取得组织政府的统一意见。蔡廷锴分别在漳州、龙岩各地召各师长开会传达这个意见。十九路军参谋长黄强、福建绥署参谋长邓世增公开表示不同意联共，其他后勤、军需中坚人员如邓瑞人、曾蹇等人认为力量对比过于悬殊，不同意此时反蒋。据蔡廷锴当时谈及所属几个师长对联共反蒋问题，不表示态度，中下级人员一般讨厌打内战，想苟安于现状，反蒋作战思想基础很薄弱，谈不上同仇敌忾心理。8月，陈铭枢在闽取得初步公开讨蒋一致意见后，即匆匆回香港策划。当时粤方派何某来闽，邀我回广州协商闽粤联防事情，我回到广州，但仍未取得合作诚意。9月，我和蔡派员到闽北前线和红军接上了头后，陈铭枢又来闽和我们策划派员到江西瑞金和中共中央拟订协定，他认为时机成熟，即匆匆回香港筹备一次重要会议。地点在李济深的家中，参加人有冯玉祥的代表余心清、软墨林，第三党代表黄琪翔、章伯钧及徐谦、陈铭枢、李济深和李的老参谋长张文等多人，讨论即赴福州组织反蒋抗日的人民革命政府事情。陈铭枢在会上说明要图中华民族的生存，就非抗日不可，要抗日就非先打倒蒋的卖国政权不可，要打倒蒋政权非有革命精神不成，现在时机成熟，不能有所迟误。在会上有人主张不掀起人民革命招牌，以便聚集反蒋的力量；有人主张先埋头训练人才，从改造旧军队和革新福建政治起，以作长期斗争准备；有人却认为我们各党派联合阵线有号召力量，通电一出，蒋介石就会下野，不必顾虑，等等。此外讨论了一些军事、外交、政治、财政有关问题后，即匆匆决定在香港参加政府人员分批乘轮至福州筹备。当时我对香港会议的决定没有发表意见，但看到陈铭枢草率行事，急急发难，作孤注一掷的样子，颇为担心。

11月上旬，我和蔡廷锴根据香港会议的决定，分别通知省府及绥靖公署人员许锡清、邓世增等人，准备做接待工作。我的老朋友叶挺也来到福州，住在我家代为策划。由香港来到的首批人员我已记忆不全，其中有梅龚彬、程希孟、胡秋原、王礼锡、章伯钧、张文、张醁村、麦朝枢、舒宗鎏、尹时中、彭泽湘等。11月中旬，各方代表应陈铭枢之邀陆续来闽，有余心清、陈友仁、徐谦、陈铭枢、黄琪翔、李济深、李章达、何公敢等，筹备工作十分忙碌。当时凡属重要文件，陈铭枢多交他的智囊——神州国光社主要人物胡秋原、王礼锡执笔主稿。在11月10日左右，有关借民意召集全国临时代表大会办法及代表名单、各项宣言及政府组织纲要都有了定案（在香港时已拟了一个初稿），我虽草草看过，但未经审慎研究开会讨论过。有关组织新国家改换新国旗之事，当时意见纷纷，各省代表有些表示难于接受，未作决定。以上是事变前酝酿所谓“人民革命”的复杂过程。

与蒋政权决裂前夕的几件内幕

蒋介石对陈铭枢的回国和往来于香港福建之间，特别是在福建各地的活动已十分注意。蒋介石于11月中旬曾两次来电，由我译转陈铭枢。主要内容是劝陈勿受他人挑拨离间，为一时误会所隔阂；阐述今日中国非“剿共”不足以抗日，非先安内即无力御外，希望和衷共济，一本六七年来同甘苦共患难的宿望，盼即到南京中枢共负国家大事，云云。以此动摇陈的反将决心。陈铭枢则严词拒绝，电责蒋坚持反共惧日政策，当世自有公评，千秋当有定论，所见不同，唯各行其是，以尽国家兴亡匹夫有责之旨。约在事变前几天，蒋介石又来最后一电，责陈铭枢组织“社会民主党”，企图利用十九路军反叛中央的错误，陈则复以十九路军抗日功在国家，岂能厚诬。最后并促蒋在国人共怒之前，自决进退等语。自此之后，蒋、陈之间再无电报来往。

与此同时，约在11月中旬，蒋介石请国民政府主席林森来闽调停。由于陈铭枢和林森有私交，林以回闽探亲为名，约陈由香港来福州见面。林劝陈到中央供职，打消在福州发难计划，免遭自相残杀之苦。陈婉言拒绝，随即乘永安号兵舰离闽。林森来福州，并未邀我及蔡廷锴见面。我也佯作不知，未与往来。

蒋介石对我及蔡廷锴的手段和对付陈的阴谋诡计不一样，目的在分化利用，孤立陈铭枢，企图使酝酿中的“闽变”胎死腹中。自陈铭枢回国由香港来闽活动之后，当时宋子文派有亲信陆文澜常来福州联络。福建省府委员高登艇、郑贞文、林知渊、孙希文等都是蒋介石派来的耳目（“闽变”前夕均弃职投蒋）。关于福建事变前的种种情况，在特务如毛的福建地区（据破案了解，福建省党、军、政中已有复兴社活动），蒋介石了如指掌，在陈铭枢往返福州、漳州发表不满“中央”言论时，蒋已有函电相询。迨 11 月来电相劝，要我以十九路军光荣历史为重，勿以一二人反复无常而盲目附和，举已往出生入死所造之光荣勋绩随之毁灭相威胁，我对此置诸不复。在这期间，蒋以同样手段对待蔡廷锴，尤以蔡掌握兵权，蒋对其更为重视，曾迭次电蔡到江西庐山会晤，在九十月间曾派飞机来接，蔡托故不能行，随又要蔡派亲信代表去见，蔡乃派黄和春随宋子文前往庐山，询问福建真相，蒋想以重金收买未果，在闽变前两日，蒋又派自坐飞机携函来接蔡往南昌会晤，蔡在我相劝之下决定不自投罗网，随即将飞机及飞机师扣留，交由十九路军空军队长刘植炎处理。蒋介石收买利用我们的阴谋，宣告破产。

11 月 17 日左右，在发难通电的时间问题发生了矛盾。当时主要人员在福州鼓山开了一次会，我认为集中兵力很不容易，因而主张先行派兵在南平附近解决了刘和鼎部才行发动；蔡廷锴主张与蒋政权决裂时间应拖延一两个月，以便解决全省杂牌部队及调动十九路军兵力，来应付蒋介石陆、海、空军的进攻；陈铭枢等则坚持迅速发难，不能再有新变更。因我方人员已到齐，敌方对我方企图全部了解，不容许我们维持现状赢得余裕时间。在会上各抒所见，互相争持，直至午夜，最后才勉强取得一致意见，随于次日匆匆准备，即宣告成立人民政府。

关于改变国家名称问题，原来意见也很分歧，我认为中华民国是推翻清朝由孙中山一手缔造的，国民党人不应因蒋介石政府反动而加以废除。陈铭枢则认为中华民国已名不副实，国民党已变质，应取消国旗党旗。后来决定改名为中华共和国，取消青天白日满地红国旗，采用了国家主义派分子翁照垣设计的上红下蓝中嵌一颗五角黄星的新国旗。我是非常不满意的。11 月 20 日揭幕升旗时，我一看到就非常生气，由于事前没有讨论过，也没有见过这张旗的式样，这旗的式样从何而来，也不知道（翁是国旗设计人，是后来了解的）。

人民政府成立后的措施

鼓山会议决定于 11 月 20 日揭开反蒋旗子，召开中国人民临时代表大会。22 日成立人民革命政府，在政府领导下的各部会进行具体措施。主要国民党人宣布脱离党，第三党人宣布解散该党联合无党派人士组织新政党的活动经过。除有关公开宣布过的宣言政纲有案可查外，兹将当时点滴措施举要如次：

一、新政府的组成

中国人民临时代表大会是在福州南校场召开的，时间是 11 月 20 日上午 9 时左右，有各党派和我们私人所约来的各省代表百余人。19 日由福建省会公安局挨户通知福州市民参加，十九路军抽调驻福州卫戍部队七十八师也参加，当时党、政、军、机关、团体计两三万人，由蔡廷锴命十九路军驻福州的师长云应霖任会场总指挥。公安局局长邱兆琛、邱国珍等人维持秩序，防范特务破坏。因为事前筹备很不周到，开会前临时推选主席团 17 人，黄琪翔为大会主席，由黄致开会辞，随由李济深、陈友仁、冯玉祥的代表余心清，方振武的代表姚褆昌，东北代表王凤起，蔡廷锴、李章达、何公敢讲话，大都简简单单没有很好准备。演说后，即由大会主席宣读临代大会宣言，历述南京政府媚外残民的罪状，宣布中国为中华全国生产人民之民主共和国，中国最高权力属于生产的农工及共同支持社会结构的商、学、兵代表大会，在宣言中否认南京国民政府，号召全国反帝反独裁的革命势力组织人民革命政府，于最短期间召开第一次全国生产人民代表大会，制定宪法，解决国是等主张。宣读完毕，即讨论提案，议决12项纲领，全场通过之后，随由皖、闽两省代表提议建立人民革命政府，请主席团接受。经主席团会商同意后，由黄琪翔宣布大会决定接受，于是把原提案交付表决，大会又一致举手通过，最后升起中华共和国新国旗，全场向国旗致敬，大会完毕，游行示庆。这就是“闽变”第一日的景况。由于陈铭枢怕事情有变，匆匆假借民意来发动，我们都是军人，缺乏政治斗争经验，所以举行大会时，福建省府、福建绥署人员都筹备不及，关于制作新国旗之事，由于事前秘密不敢宣传，临时要市民开会，警局与市民之间有矛盾，也闹出了笑话。这场庄严的大会开得很马虎。尤以我个人对改元换国旗之事，认为陈等把国事视同儿戏的做法，的确有些惶惑。

是晚8时左右，临时代表大会主席团按程序，假原福州绥署蔡廷锴的指挥部召开主席团会议，计有黄琪翔、梅龚彬、彭泽湘、李章达、何公敢、程希孟、章伯钧、余心清、林植夫、关楚璞、刘剑米、陈耀焜、翁照垣、钟善焯、姚禔昌、徐名鸿等人参加，议决接受提案，成立人民政府，推定李济深、陈铭枢、陈友仁、冯玉祥、蒋光鼐、蔡廷锴、黄琪翔、徐谦、方振武、李章达、何公敢11人为委员，又推李济深为主席，决定11月22日成立人民政府。

人民政府委员会假原福建省府为办公地点，成立后即作如下措施：

（一）发表政府对内宣言：揭露蒋介石背叛革命，造成民族危亡以及“九一八”以来降日辱国，对内镇压人民的事实，并宣布五点使命：（1）求中华民族之解放，形成真正独立自主之国家；（2）消灭反革命之卖国政府，建立生产人民之政权；（3）实现国内各民族之平等权利；（4）保障一切生产人民之绝对自由平等权；（5）排除帝国主义在华势力，打倒军阀铲除封建残余制度，发展国民经济，解放工农劳苦群众等。

（二）发表对外宣言：反对今日中国一切亲日亲英美的卖国的陷民族不能独立自主的政策，为救中国及维护中国独立计，则非铲除蒋氏政权，刻不容缓，忠告各国万勿再予蒋氏南京以财政及军械之援助等语。

（三）发表人民政纲：废除不平等条约；没收危害民族利益的外营企业；整理新旧外债；实行外贸统制；厉行关税自主；开放政权；国内民族平等；确定人民人身、居住、言论等八项自由；废止苛捐杂税；实行耕者有其田，银行、交通为国营；以国家资本扶助农民生产；严禁高利贷；取缔奸商；制定农工法；改良农工生活；厉行教育普及；实行征兵制。

（四）制定人民政府组织大纲：组织大纲共有九条，规定政府职权与人民政府之下的部、会、院的组织法。

当时依据需要，在人民政府委员会之下设三会、两部、一院、一局。它的人选：军事委员会由李济深兼任主席，经济委员会由冯玉祥兼任主席，冯未到，由余心清代理，文化委员会由陈铭枢兼主席，外交部由陈友仁兼任部长，财政部由将光鼐兼任部长，最高法院由徐谦兼任院长，政治保卫局由李章达兼任局长，人民政府委员会另设秘书处，由彭泽湘任秘书长。

二、新政府的点滴措施

新政府成立后的头几天委员会开会忙，所属各会各部也为制定规章制度忙，后来由于沿海受到日、英、美各国兵舰以护侨为名不时威胁，蒋介石从杭州航空署派来飞机轰炸之后，工作受到严重影响，政府各部具体措施我了解不够全面，我个人所了解的只是一个片段。

军事方面：军事委员会由李济深负责，下设委员10余人，该会辖一个方面军，改名为人民革命军，由蔡廷锴任第一方面军总司令，将十九路军五个师改组为五个军。另辖一个政治部，由陈铭枢、徐名鸿任主任。

一个参谋团，由黄琪翔、徐景唐兼正、副主任（即等于军委的总参谋长）。另设一个办公厅，处理编制、装备、训练、运用等日常文电，由张文、张稣村、舒宗鎏、华振中等人负责。该会在事变后忙于事务，对于敌情估计不足，没有及时的紧急措施，定不出攻守计划。由于李济深等多是新到福建来的，对全盘形势和部队情况不明，处处疏于防范，原定人民自卫军的编组，由于基层发动不起来，基本上没有很大成效，面对当时的防空、防特的措施均没有良好对策，特别是遇到空袭就手忙足乱。

经济方面：经济委员会由余心清代理，设委员 10 余人，该会系管理全国人民经济设计，兼管不属于财政部之经济行政，大体属于实业、农工、建设均属之。该会内设秘书、统计两处处理会务，另设土地、商务、劳动三个委员会。我记得章伯钧当时是土委会主任，计口授田的大事由该会负责，由于各地地主捣乱却无法设施。余心清当时提倡冯玉祥式的艰苦作风，提倡实行厉行节约的运动，由李济深带头，凡属政府人员一律穿蓝布中山服，头戴工人帽，一时蔚为风气。该会对保护工商业案，特别是金融、粮食等力主与商人合作，但当时敌人造谣说我们是共产主义，商人对政策怀疑，奸商乘机投机倒把，尤其敌机轰炸后商店关门，李济深为保护商业事，一再召集商人代表解释，才稳定一下，至于劳动福利、劳资关系等问题，当时也没法进行解决。

文化方面：文化委员会由陈铭枢负责，设委员 10 余人，大都是陈铭枢自 1927 年任南京军委会政治部代理主任及主持神州国光社时期所结交的文人，有少部分是当年出国时在国外结交的。该会设教育行政委员会以程希孟担任主任，设民众训练处以梅龚彬担任主任，设文化宣传处以胡秋原担任主任（胡另兼人民日报社社长）。教育方针以政治、军事、劳动三点并重，陈铭枢在新政府成立初则重视发动群众工作，当时在福州、漳州、泉州各地相当活跃，但自 12 月各地遭受敌机轰炸后大都停止下来。

外交方面：外交部由陈友仁负责，他住在南台，该部徒有名义，实际上工作少，陈友仁同我研究过应联苏联，但苏联当时对“闽变”反应不良好，因而得不到支持；在与中共联系及派员入苏区问题上，该部曾与中共驻闽代表接触多次；对日本、英国、美国派兵舰在闽江口海面进行威胁的事，也曾向驻在各地的领事们交涉过，但在福州撤退时，陈友仁与徐谦却匆匆乘外国轮船先行走了。

财政方面：财政部由我负责，并以许锡清担任次长。财政工作我是外行，在当时乃是巧妇难为无米之炊，新成立即以十九路军经理财务人员分别接收税收机关，以邓瑞人管福建盐运使，麦韶接管福州统税局，麦英俊接管福州关，庄伟刚接管厦门关，叶少泉接管中央银行。最初估计福建军政费每月约计 360 万元，而福州、厦门关税每月不足 100 万元，统税收入亦不足 100 万元，过去每月靠粤省补充费 50 万元，因陈济棠背盟投蒋，即行停拨，因此相差甚巨。当时为了节流，对文职人员薪金曾作了相当减薪，一等一级 200 元，一等十级 110 元，二等一级 100 元，十五级 30 元。二等一级至一等一级属县市长、秘书、科长，各省市长、秘书长，各部会委员。人民政府主席、副主席、委员列为一等一级。至于二等二级至八级，则为各县市科员和中央级科员。二等九级至十五级为雇员。至于武职人员薪金，除士兵保留原饷略作提高外，由于十九路军薪饷过去过高，原来少将 320 元，少校 140 元，少尉 45 元，中将 500 元，中校 180 元，中尉 60 元，上将 800 元，上校 240 元，上尉 80 元。政府决定相应减低，将官不得超过 160 元，校官不得超过 100 元，尉官不得超过 40 元。

12 月份起财部库存空虚，为了开源，政府不采举外债或发公债办法，拟在煤油、火柴进口税项下增收，并决定向地方借款 100 万元，分配福州 20 万元，厦门 60 万元，龙岩、漳州各 10 万元，以资维持，但这些款尚未借到即告失败。福建财政困难为新政府生存的致命伤，比诸敌人军事进攻尤甚。有人建议仿效苏区的供给制，我们根本办不通，在举义前蔡廷锴曾注意于此，陈铭枢却叫苦反对，造成事变后面临这些难关，均无法解决。

此外，在对外援助之事，我曾派许锡清和中共代表面洽关于物资交换和苏区所缺乏之盐、布、西药等物品应如何支援问题，其中特别是运盐做出一些有效办法。

司法方面：最高法院由徐谦负责。福建省的最高法院则由十九路军选派军法处长陈权接收，该院在新政府成立不久即依据人民政府的大赦令，做了一宗快人心的事。凡属政治犯及普通刑事犯，除强盗、杀人、放火、掳人勒赎的罪犯外，一律赦免。当时福建各地监狱几乎为之一空。在法律上旧律与新政纲有抵触之处，由人民政府委员会会议决定推徐谦根据1927年武汉政府所颁之司法条例加以修改。新政府成立，南洋闽籍华侨胡文虎曾捐献20万元，作为改善福建监狱犯人待遇费。听说徐谦在撤退时私人将此款提出，乘外轮先走了。另外存在法院的押金六七万元，在闽局紧张时也被徐谦提出不知下落，这案是否属实，当时虽无法弄清，但后来失败回到香港也无法弄清真相，于是不了了之。此外福建省最高法院听说也办了几件镇压反革命间谍案件，破获经过，我则不知道。

保卫方面：国家保卫局由李章达负责，由于事变后粤桂两省不愿合作，我们特请李回粤商量善后对策，该局并未做出任何具体措施。

三、组织生产人民党

陈铭枢想脱离国民党，联合反蒋党派另组新政党的企图酝酿颇久，由于人民政府标榜消灭反革命的卖国政府，建立人民政权，于是决定新党的名称叫生产人民党（简称生产党），由陈铭枢担任总书记。其间经过，我所知不够详细，只是一些情况。

新政府委员兼保卫局长李章达，认为国民党已失尽人心，蒋介石宣称奉行孙中山的主张，也是欺骗，同时认为国民党内部汪精卫所组织的改组委员会（即改组派），胡汉民所组织的新国民党，也是一丘之貉，没有作用，建议我们应进行根本改革，立即脱离国民党。经过磋商，我们同意之后，即推李章达起草脱党宣言，由李章达领衔发出。记得当时一道脱离国民党的有李济深、陈铭枢、蒋光鼐、蔡廷锴和十九路军所属各军长沈光汉等人。在我们脱离国民党的同时，黄琪翔也宣布解散第三党，并以中国革命行动委员会中央干部名义发表宣言，说明该党1927年开始组织，1930年在邓演达领导下宣布的政纲，内容与中华共和国的基本原则之人权宣言根本相同，无独立组织之必要，故正式宣布解散一切组织，一致参加生产人民革命运动，与其他政治主张相同的革命势力，共同担负中国革命任务等语。于是由陈铭枢重新发起组织生产人民党。当时在福建地区，我们这些脱离国民党分子，已解散的第三党人，和神州国光社成员，部分脱离汪精卫的改组派分子，少数曾参加过共产党的脱党分子，以及十九路军中级以上军官大都参加了这个组织。这个党匆匆组成，迨人民政府败后随即转到香港，存在一个时期之后即行解体。至于生产党的党纲是由于文委会基于一、二次对内宣言的精神为依据而起草的，具体内容记忆不起。

在强敌压迫下惨痛的收场

中华共和国的出现，岁尾年头号称纪元二年，实际时间只有两个月就彻底失败了，除财政无来源、内部不团结等不利因素外，其中在政治上完全陷于孤立，在军事上兵力悬殊过甚，乃起决定性失败作用。

一、政治上的孤立无援

“闽变”揭幕由于取消党国旗放弃三民主义，蒋介石与我们势不两立是意料中，预想不到的是粤系党政人员，不论在“中央”与地方的都群起而攻。

首先是汪精卫在南京对我们的咒骂，说“闽变”是继袁世凯以来所谓洪宪、张勋复辟、苏维埃、伪满之后第五次变更国体制度的叛国行为，提倡最高权力属于农工的政策，乃是主张以一部分人对另一部分人的任意屠杀。孙科在南京叫嚣，对陈铭枢非用军事镇压不足以打击其野心。

两广原和我们是订有盟约的。在“闽变”次日，李济深、陈铭枢、蔡廷锴和我曾联名电西南政府胡汉民、邓泽如、萧佛成、陈济棠、李宗仁等人述明嬴秦无道陈涉发难于先，定国安邦沛公继起于后，望本历来主张一致行动。他们却复电“斥责”我们是背叛党背叛三民主义。特别是陈济棠派杨德昭为代表到庐山谒蒋，领得巨额补助金，一面陈兵粤闽边，一面封闭十九路军在粤机构，并停止了协饷。我和蔡廷锴联电劝止未果。云、贵、川、湘、鲁、陕各地原有联系的，在蒋介石压力下均不表示支持。

因此在政治上陷于孤立，而蒋介石对“闽变”的处置手段非常毒辣。在 11 月 22 日一面派飞机散发告十九路军将士书，鼓励官兵“大义灭亲”，搞垮人民政府；一面发表告“剿共”将士书，宣告坚持“围剿”不许动摇，并历述陈铭枢在福建人民政府的种种措施，决定短期间加以消灭。一面以国民党中政会名义，通电全国各党政机关，迅予处置即行戡乱；一面下令缉拿李济深、陈铭枢、陈友仁三人，并下令革除蔡廷锴及我的本兼各职（我和蔡后期也遭通缉）。

11 月下旬，敌机在闽北开始轰炸沙县前线阵地，12 月 1 日，又在闽南的泉州进行轰炸，伤亡颇大，这时已表现不安。迨 12 月中旬以后，闽东地区及临时首都福州连续被炸，秩序有些混乱。陈铭枢等人平日所谓通电一出、四方响应和蒋介石不敢用兵的幻想，便烟消云散。在此同时，据报当时蒋介石还派了一批所谓军事特派员张贞、谭曙卿、方声涛等潜入闽境。这些人都是军阀政客，是过去和十九路军作对多年的老手。（如张贞的四十九师是被十九路军并编的，谭曙卿的新一军是被十九路军前身第十师缴枪的，方声涛的福建省主席是我接替的。）这些人在福建都多少有些潜力，后来还听说宋子文也曾派莫雄来闽策动谭启秀。这里看出蒋介石所谓敉平“闽变”是蓄谋已久的。

在福建的地方政治方面，事变后虽然将福建分成闽东南西北四个省，闽东称为闽海省，属闽侯、长乐、福安等15个县；闽北称为延建省，属延平、沙县、建瓯等18个县；闽南称为兴泉省，属莆田、兴化、晋江等11个县；闽西称龙漳省，属尤溪、龙岩、长汀等12个县。以闽侯、延平、晋江、尤溪为各省省会，将福州、厦门改为直辖市。我力主起用当地人士以萨镇冰、何公敢、李清泉、许友超为省长，以便了解下情，便于发动民众，但后来只有何公敢就闽海省长职，延建省因接近前线，萨镇冰无法就任，兴泉省长李清泉不愿就，乃改派戴戟接充，戴也不就，乃由副省长陈公培代理，龙漳省长许友超也不就，由副省长徐名鸿代理。各县县长一级人事根本上未变动。行新政必须用新人，而新的干部却未有培养出来，在漳州我们曾将十九路军军官补习班改办为军政学校，企图训练一些基干，但已无济于事。在事变前，我们希望贯彻耕者有其田的政纲，曾延请第三党干部来闽，并在闽西办了一点计口授田工作，“闽变”后也曾希望在闽东进行。由于各县地方土劣破坏，没有武装强制执行办不了。因农民动员不起来，所谓人民革命实质上名不副实，地方政府还是老一套，颁布的18条政纲无法实现一条。只有上层建筑，没有下层基础的福建人民政府，在敌人破坏进攻之下难以坚持下去是必然的。

二、人民政府的瓦解

1934年1月11日左右，前线除第五军谭启秀部两个师被歼灭外，其余四个军八个师基本上未与敌人接触即开始撤退，当时福州在敌机及乌龙江口海军骚扰下秩序尚好，当人民政府决定撤退前几天，我和蔡等商量特派参谋长邓世增回粤，请陈济棠派兵进入闽南策应十九路军撤退至闽、粤边之事，尚未得回音，政府人员有些人埋怨匆匆撤退，认为谈革命又怕死，对陈铭枢不满，有些人却看到战局不利，就想急急逃跑。约在1月中旬由10日至15日几天中，一部乘轮由海道离开，一部由福泉公路陆地乘车走，一小部却乘飞机从空中走。我和陈铭枢、李济深、黄琪翔，在13日由航空队长刘植炎驾机护送至泉州，听说有部分人员星散在福州不走。1月15日蔡廷锴最后率部离开福州，人民政府即宣告瓦解，随我们到闽西的没有几人。

约在1月20日左右，我们一行百余人，到达龙岩，沿途曾被特务、匪徒袭击几次，幸得傅柏翠派掩护部队及时增援始解除威胁，当时龙岩附近的部队只有张炎的第四军留下维持后方的周士第一个团，主力是否能撤出重围尚难预料，人民政府闽西善后处与苏区接壤及与粤军联防的几县归傅柏翠负责维持尚称安定。当时广西李宗仁拍来一电，希望我们坚持几个县或几个点作为根据地，唯各人没有到苏区参加真正革命的决心，又怕厦门登陆的敌军深入站足不住，正在犹豫中得悉十九路军主力在毛维寿诱骗下已向蒋介石前线部队投降消息，由于大势已去，决定回香港，步行至永定，与粤军第三军军长李扬敬接洽，粤方准许我和李济深乘机至汕头降落，其余陈铭枢、黄琪翔不准入境。我于1月26日左右到达香港，不久得悉陈铭枢、黄琪翔、何公敢化装潜入粤境，未被查出，也安全到达香港，而最后率部撤退的蔡廷锴在主力失败后，他本人率闽西残部约4000人编成一个独立旅作为十九路军的种子，派黄和春率领归入陈济棠建制，蔡本人也于3月回到香港。不久闻该旅也被陈济棠接受蒋介石指示，不许收容而加以缴械。十九路军这一点残部除团长周士第冒险逃入苏区参加红军外，其余官兵尽被遣散。福建人民政府联共反蒋抗日运动，就是这样惨痛收场。

蔡廷锴

卑军守土有责，尺地寸草，不得放弃；为救国保家而抗日，虽牺牲至一卒一弹，决不退缩。

● 1892 年生，字贤初，广东罗定人。

● 1926 年，参加北伐战争，任国民革命军第四军第十师第二十八团团长，后升任第二十四师副师长。

● 1932 年“一·二八”淞沪抗战爆发，蔡廷锴时任第十九路军军长，与蒋光鼐、戴戟联名通电，誓死抵抗，击退日军，后任第十九路军总指挥。

● 1933 年，与李济深、陈铭枢、蒋光鼐等策划发动“福建事变”成立中华共和国人民革命政府，号召反蒋抗日，并与红军签订《抗日停战协定》。失败后出国考察，继续宣传抗日救国主张。

● 1937 年七七事变后，应蒋介石邀请，被委任大本营特任上将参议官。

● 1938 年广州沦陷后，蔡廷锴被推举为广东民众抗日自卫团统率委员、常务委员，负责指挥西江南路团队。

● 1939 年，任第十六集团军副总司令，后接任第二十六集团军总司令，参加指挥桂南会战等。

● 1940 年，所部改编为粤桂边区总司令部，任总司令，实为无兵司令，无法施展抗日抱负，不久回桂林闲居。

● 1944 年 8 月，与谭启秀等人组织抗日游击队，抗击日军。

● 1968 年 4 月 25 日，病逝于北京。

回忆十九路军在闽反蒋失败经过

蔡廷锴

我率领的十九路军，是由于“闽变”失败被蒋介石所消灭的。其中经过的事情相当错综，时间已过30多年，有些已模糊不清。现就回忆所及的记述如下。

十九路军调闽前后

1.“一·二八”淞沪抗日战役前，十九路军的历史情况

该路军的名义是在1930年中原会战时发表的。它的根源是从粤军第一师产生的。1925年国民党与共产党合作，在广东创立国民革命军时，以粤军一师为骨干扩编为第四军，由李济深任军长，该军所辖的第十师陈铭枢部（副师长蒋光鼐，参谋长朱绍良，所辖二十八团蔡廷锴，二十九团范汉杰，三十团戴戟等三个团）和第十二师张发奎部由副军长陈可钰率领参加北伐。该军的第十一师陈济棠部则由李济深率领留戍广东。1927年1月，陈铭枢的第十师联合友军，先后击败吴佩孚、孙传芳军阀部队之后，在武汉扩为第十一军，辖第十、二十四两个师。陈铭枢升军长，蒋光鼐、戴戟分任师长。是年春，宁、汉分裂后，陈铭枢拥蒋

投宁，陈及蒋光鼐、戴戟脱离部队，该军军长由张发奎兼任（后由叶挺继任）。我则继蒋任第十师师长，继续参加北伐，在河南和张作霖军阀作战。是年7月东开江西，8月1日南昌起义，我因政治方向不明，当贺龙、叶挺等率起义的部队南下时，我则率第十师东开河口，迎十一军副军长蒋光鼐回部，继续东开入福建，将何应钦所部新编第一军谭曙卿部缴械，恢复二十四师番号，以我的副师长黄质胜升师长，重建第十一军，欢迎陈铭枢由日本回来任军长（陈铭枢从1927年冬迄1933年在政治上的一切活动，就是靠我重建的第十一军作为资本）。1928年该军回粤，陈铭枢拥蒋参加新军阀混战。在广东五华击败汪精卫系张发奎、缪培南的第四军后，即回南路，在李济深指挥下参加反人民的“清剿”工作。1929年全国整编，广东部队取消军的番号编为五个师，蒋介石扣留李济深实行讨桂，以新编第四军长陈济棠任广东编遣区特派员，随又改为第八路军总指挥统率全省军队。原十一军军长陈铭枢改任广东省主席。原十一军缩编为六十、六十一两师，由我和蒋光鼐分任师长。陈铭枢从此有了广东地盘，同时并间接控制这两个师的武力作为后盾。

1929年冬，桂军第七军、第十五军联合粤系另一支反蒋部队第四军张发奎部犯粤。蒋介石派第六路军朱绍良率三个师来粤支援陈济棠的第八路军，在广东花县赤白泥、新街一带进行堵击，激战几天，终将张、桂军击败，陈济棠命蒋光鼐为前敌指挥官率六十、六十一、六十二等三个师，追击进至广西北流西山、民乐地区，再度将张、桂击败。1930年李宗仁、冯玉祥、阎锡山（即原国民革命军第二、三、四集团军）联合反对蒋介石，是年5月，张、桂军北上与阎、冯联合作战，前锋已抵湘北，陈济棠命蒋光鼐率六十、六十一、六十三等师由桂回粤转湘尾追，于衡阳附近决战，第三次将桂、张军击败。双方伤亡惨重。衡阳战役之后，当时阎、冯联军在豫鲁战场占优势，打得蒋军焦头烂额，蒋介石命蒋光鼐率六十、六十一两师增援津浦线作战，于7月底占领济南，将阎锡山在山东战场的部队击败。8月，蒋光鼐升十九路军总指挥，我升第十九军军长。随转战河南平汉线，在新郑、郑州地区联合友军，将冯玉祥主力击败，结束了中原会战，稳定蒋政权的统治。十九路军几年来成为拥蒋的忠实有力工具。

1930年冬，甫结束军阀混战，蒋介石即开始镇压人民的“剿共”战争，驱使十九路军入江西。由1930年12月迄1931年9月止，十九路军参加了一、二、三次“围剿”，由于蒋光鼐多病，不愿参加反共战争，部队由我率领。一次“围剿”未赶上，二次“围剿”没有主力战斗，三次“围剿”由于蒋介石扣留胡汉民事件造成宁、粤分裂，陈铭枢被迫离粤，接受蒋介石委任江西右翼军总司令，直接指挥十九路军。当时蒋光鼐在沪治病，部队由我率领在兴国高兴圩和红军打了三天两夜，所属六十、六十一、七十八三个师伤亡达3000人。三次“围剿”结束不久，即爆发了“九一八”日军侵略我东三省的沈阳事件。国难临头，我率师回至赣州整补时，开始认识连年内战，枪口不能对外，是造成日本帝国主义想灭亡我国的主要原因。决心从此不再反共，主张一致对外，我在赣州体育场，曾率领全军举行庄严宣誓。

1931年冬，陈铭枢因促进宁、粤合作，被蒋介石调任为京沪卫戍司令长官，因此十九路军调戍京沪。由于南京政府以国防未准备好为借口，采取消极抗日政策，助长日寇的步步入侵，转瞬辽、吉、黑三省只有马占山打了一下，即告沦陷。1932年1月中旬，日寇在各地到处寻衅的同时，竟以上海作为压制抗日运动的重心，企图以军事控制淞沪，迫使南京政府屈服。我和蒋光鼐、戴戟商量决定淞沪抗日计划。那时蒋介石被迫假下野，在幕后指挥，指示何应钦、朱培德来电迫我于1月27日退出市区，以免冲突，我抗不交防。1月28日，日舰队司令盐泽竟向我军通牒，要我退出闸北，我不予理会，严阵以待，是夜11时即爆发“一·二八”抗日战役。十九路军在全国人民支援下打了一个多月，伤亡万余人，最后为蒋介石叛卖而结束。战后，我受到蒋当面痛责不服从命令之过，淞沪停战协定后，以“剿共”军事告急，要将全军三个师分割使用到皖、鄂、赣地区参加内战，全军官兵闻之痛心。嗣后经我们力争，在人民爱护下，蒋介石才打消原议，适福建反共失利之机，十九路军才免于肢解，而集中调到福建，迫使我军继续执行反共卖国政策。蒋介石仇恨抗日部队及抗日将领，昭然若揭。

2. 十九路军抵闽时的割据形势

1932年五六月间，十九路军先后开抵闽西南，当时福建的形势四分五裂，省主席方声涛只知吸大烟享受腐化，对地方政治毫不关切，乃一个典型官僚。地方政权土劣横行，互相攻讦，当时的苛捐杂税达200多种，宗族派系间的械斗迄无宁日，造成民不聊生的景象。在军队方面，福建全省没有蒋介石嫡系军队，大都是地方土著及杂牌部队割据称雄。以建瓯为中心的刘和鼎所部五十六师，割据闽北地区；以邵武为中心的周志群独立旅，割据闽西北地区；以仙游为中心的陈国辉独立旅，割据闽东南地区；以漳州为中心的张贞部四十九师，割据闽西南地区；以尤溪为中心的卢兴邦部新编二师，割据闽中地区；以福安为中心的陈齐瑄独立旅，割据闽东北地区。其中以陈国辉部号称六个团，军纪最坏，跋扈横行，掳人勒索，无恶不作。卢兴邦（闽北王）盘踞尤溪、永安、大田多年，自设兵工厂，设卡抽税，该部有多少人枪无从知悉，是匪是兵也无所区别。

关于当时红军的情况，在十九路军未抵闽前，闽西北及闽西南许多地区已解放，并建立了苏维埃人民政权。十九路军抵闽后，红军第一军团已退出漳州、漳平、龙岩地区。上面所述这些杂牌土著军队，大都先后吃过红军的败仗，损失相当严重，对红军作战如惊弓之鸟，多采保存实力的观望态度。

3. 十九路军抵闽初期活动

在我们部队开闽时，蒋介石即将陈铭枢的卫戍长官部撤销，将该部改组为驻闽绥靖公署，升蒋光鼐为主任，以我继任十九路军总指挥兼十九军军长。我率部抵闽后，蒋光卿不愿就职，回到广东原籍，表示不愿再干。绥署虽设在福州，只有参谋长邓世增处理业务，等于虚设，对福建全省军政的整理无从开展。福建的军队如此复杂，政治又如此腐败，我是一个军事指挥官，既无权指挥行政，又无权指挥其他友军。十九路军抵闽，我将部队分驻闽南、闽西地区，以六十师进出龙岩，六十一师集中泉州，七十八师进出漳平，除龙岩前线与苏区接壤地区彼此对峙戒备外，其余的部队则进行整理补充。淞沪抗战后，十九路军另在广东成立一个补充旅，尚在广东未归建，当时我感到蒋光鼐迟迟不肯回闽就职，久拖下去，“中央”另派员接充，则陷我军极为不利地位。同时，如蒋不回闽，让我独力维持本军，也很棘手。抵闽以来，官兵不满于内战的心理与日俱增。对部队生存，对抗日事业，我颇失信心。因此我在八九月间，乃亲到广东，约陈济棠手下的第二军军长香翰屏到东莞南棚访蒋，我以辞职要挟，香翰屏代表粤省当局相劝，蒋乃打消辞意，同我一道回来。从此福建军政主持与策划有人，这是日后“闽变”主要关键之一。

蒋光鼐回闽后，我们计划一方面在闽西对红军采取守势，安定防区的秩序，针对官兵不想打内战的思想情绪，防止各部队可能兵变的措施。特别是对“一·二八”战役后，在湖南、河南各地招募来的新兵万余人加意防范。一面将留置在广东的补充旅数千人，调回福州归绥靖公署直辖，以巩固闽东防务；一面计划绥靖闽东南泉州迄福州地区，作为十九路军的后方基地，决定将横行闽东南永春、大田、仙游、莆田等地自由行动的陈国辉部用武力解决。先将陈国辉扣留，在当地人民请求下，加以处决，并派兵将该部数千人彻底肃清，使福建东南绥靖一方，为福建开辟新局面打下一点政治基础。

1933年1月，蒋介石调蒋光鼐为福建省主席，命我升任驻闽绥靖主任，当时陈铭枢在“中央”也已被迫辞职。绥靖主任是指挥全省军政的，以一个多年领导我的上级长官，一变为受我领导，十分不便，我当然不愿干，蒋光鼐要我以大局为重，力劝就任。蒋介石把我提拔上来脱离陈铭枢、蒋光鼐的控制，以便利他的指挥与宰割阴谋是非常明显的。约在2月上旬，蒋介石在武汉来电要我到汉口见面，当面询问十九路军进入闽西的情况，并告诉我福建人事极为复杂，宜多用闽省人帮忙，对军纪尤当切实整饬，办过福建事的人，方知办福建事的困难。他查问我两次回广州关于陈济棠、李宗仁等人对“中央”态度怎样？我借词搪塞，他得不到要领。最后他告诉我对待两广事情，你不及他们的策略，不可太率直轻信外间一切谣言等语。此行明确两个问题，一是知蒋介石重用我，为的是调动福建全力西犯苏区；一是知道蒋介石怕我和广东、广西互相勾结。

约在是年4月，五次“围剿”行将揭幕，当时南昌行营已发表顾祝同为浙、闽、赣、粤、湘五省北路军总司令，陈诚为北路军前敌总指挥。同时蒋介石又派黄绍竑南下与粤当局洽商“剿共”诸问题。我也被指派回粤参加，粤方则请桂省李宗仁、白崇禧等人来广州讨论关于“剿共”及拥护政府等问题，提出一个方案：桂军（称为第四集团军）允派兵六个团，粤军（称为第一集团军）允派兵20个团丌赣南，每月由“中央”资助广西30万元，广东100万元，以陈济棠为浙、闽、赣、粤、湘五省南路军总司令，以我为五省南路前敌总指挥。黄绍竑北上复命，我即回闽，不久“中央”任命的关防颁到。当时蒋介石为利用我作反共工具，我一身担任五省南路军前敌总指挥、福建绥靖主任、十九路军总指挥、十九军军长四职，位高身危，面前虽有道路两条（作为抗日的十九路军如不愿“剿共”，必为蒋介石消灭；如服从蒋介石命令积极进行“剿共”，官兵不愿打，孤军深入，后无援兵，也必为红军所消灭），归根结底，两条路变成一条路，“剿”也败，不“剿”也败，打也完，不打也完。我当时在这样恶劣环境下，和蒋光鼐商量，为求一时的安定，在政治上军事上作出如下对策：

（1）为了十九路军有个后方，决定和广东搞好关系。广东物力丰富，每月接济本路军20万元之巨。所谓西南政务委员会实际是半独立的政权，我曾三次回粤观察粤当局所采的策略是不拥护“中央”，亦不完全反对。它对十九路军的态度，是希望我们在福建能稳定下来，万不可侵入粤境危及它的统治为原则。我们基于这个特点，在3月间，由蒋光鼐派秘书长李章达回粤和西南政府拟订粤、闽、桂三省联防草约，企图在政治上、军事上、经济上互相支援，彼此和平相处。粤、闽间关系尽管不是真诚合作，但双方以抗日救亡名义初步达成协议，闽方以我为代表，粤方以黄任寰代表陈济棠，在漳州签了字，十九路军师长以上均署了名。虽然后来在闽变开始时，陈济棠不守信义，但在闽变前，闽粤边防曾起了一点安定作用，闽变后，多少尚留有一点余地。

（2）为了稳定闽西政权，采取耕者有其田的改良主义办法。福建闽西地区不少县份被红军解放了几年，我军入闽后，红军主力退出龙岩、永定以西地区。我与蒋光鼐认为红军处处得到农民支援是得力于打土豪分田地的政策，于是我们决定成立一个闽西善后委员会，将闽西有关各县政权，暂归驻闽绥靖公署直辖。以六十师师长沈光汉，四十九师师长张贞，地方人士傅柏翠等为委员，我自兼主任委员，并派秘书长徐名鸿兼该会秘书长，草拟该会施政方针，以实现三民主义，实行孙中山的“耕者有其田”的计口授田政策，红军曾经分过土地给农民的地方，重新分配。凡是被苏区打过土豪分过田地的地方不许土豪报复，但也不许农民再斗争土豪。采用和平手段解决土地问题。所谓耕者有其田，即能耕田就给土地，不能耕，即不给土地。所谓计口，就是住在农村的人不分男女老幼，不问出身成分，有一个人就算一口，所谓授田就是分配土地问题，由政府重新分配，不许阶级斗争。后来，这个办法实施几月，在曾被红军土改过的地方，地主势力已被打倒，容易推行，贫苦农民得到一点好处，上杭、永定、龙岩等地有了成效，博得农民支援拥护。但其他地区，如在漳平进行时，地主、富农联合中农起来反对，污蔑十九路军是变相的共产党，处处遭到破坏。有部队驻扎时，地、富尚不敢猖狂，而部队离开就闹变天。我们对闽西的政策原来是想对抗共产党打土豪分田地政策的，但这种恩赐式改良主义，动员不了农民起来组织自卫军保卫政权。闽变后，在地主进攻下农民受害，很快就失败了。

（3）为了保存实力消极执行进犯苏区的计划。蒋介石既不许十九路军抗日，自然更不许该路军不“剿共”。1932 年 6 月甫抵闽不及一月，南昌行营即来电要派兵往龙岩、永定、闽西等属，所幸红军主力已由闽西转向江西作战，在长汀、龙岩、新泉以西，在闽北邵武、将乐以西地区，只有一部守备苏区部队，没有进攻企图，前线虽接触频仍，但没有大战斗。从 1932 年 8 月迄 1933 年春是相安无事。我们对蒋介石的对策只有谎报敌情与虚报战果来应付。南昌行营当时派督战官蔡棨驻在总部监视。这些特务耳目却增加我不少麻烦。约在 1933 年四五月，南昌行营一再来电要十九路军派兵八个团进占连城、朋口、芷溪之线，限期到达具报。我无法阳奉阴违，于是命令七十八师区寿年部由南靖、永安西进连城，并以长汀的保安团马鸿兴部拨归该师指挥。我并指示该师取守势，万不可孤军深入，将兵力分散无法驰援。不料该师抵连城不久，即遇红军彭德怀的第三军团主力东进。7 月，我在福州鼓山接到该师长区寿年急电：“红军主力向连城进攻，外围部队均被包围，请援救”等语，我复电着其死守，苦战不足三天，该师即弃城东撤，损失达两团部队，行营来电申斥，我乃令六十师沈光汉山龙岩进至永安。连城失守，永安濒于危险，当时将乐、归化又失，刘和鼎的五十六师火急求援，我乃又令六十一师毛维寿部主力由泉州经大田向沙县集中。我亲率补充师进至水口、尤溪口西岸地区。当时红军有进攻延平模样，我六十一师的郑为楫团在延平、青州附近又被击败。我认为红军有决心消灭十九路军企图，蒋介石留在江西的部队几十师，而福建方面兵力如此薄弱，如此分散，军事失败，一味追究责任，却无援兵调来，我所指挥的杂牌部队也无法调动。我感到积极反共固然败，消极反共也难于立足，面对当前的严重情势，保持十九路军这点本钱很不容易，蒋介石想假手红军来消灭我们，可以肯定无疑了。当时陈铭枢回国初来福州，我质问他："你口口声声说已和共产党拉拢有几个月了，如今红军全力东向，想歼灭我军，这是合作吗？"他说："没有合作成功，当然不会停止敌对行为呀！"在红军进攻下，在蒋介石申斥下，我自己站在十字路口非常苦恼。这是1933年8月下旬的情况。

"闽变"前的种种酝酿与措施

1. 派兵援热河与反对塘沽协定

1932年春，日寇侵淞沪后不到一年，由于南京政府对日本步步屈服，导致日寇于1933年春，又出兵攻占热河，并猛攻我华北长城各口，当时在河北地区国民党部队第二师、二十五师、八十三师与宋哲元的二十九军，以及长城内外的义勇军均奋起抵抗。当时我在福州和蒋光鼐研究，我军是"一·二八"抗日部队，为打乱蒋介石不抗日政策，应向"中央"请缨北上援救热河，继续抗日，苟使"中央"不肯以我军全部北调，也应以一部先遣策应，以资鼓励前方士气。一再请示，始允许我军由各师抽调志愿官兵编成十九路军援热先遣队两个纵队北上。我回漳州召集各师长会议取得一致同意，推定以补充旅旅长谭启秀为第一纵队司令，以六十一师副师长张炎为第二纵队司令，共抽出步兵六个团，粤、桂两省各编成一个师援热。当时广州西南执行部并推我为援热联军前敌总指挥。蒋介石对我此举不满意，但碍于形势，允予北上。当我先遣纵队出发由闽西进入粤境时，却受到地方阻碍，于是我乃回粤和陈济棠商量，准十九路军援热先遣队迂回至广东老隆出源潭乘火车北上，当前锋抵湖南之耒阳时，热河及各关口相继失陷。蒋介石不敢坚持抵抗，在5月，日寇逼近北平、天津，何应钦正在负责军委会北平分会，他公然和日寇签订塘沽协定，事实上就是承认日寇占领东北，又把冀东、察北、绥东划为非武装区。从这个协定看出，南京政府在淞沪协定以后一贯的忍让辱国，真正的目的乃是为对内加紧“围剿”。塘沽协定后的几天，蒋介石来电给我，令援热军火速回闽，此次忍痛回师，白白花去军费20万元。蒋光鼐命秘书长孙希文草拟一个反对塘沽协定出卖华北主权的反动措施的通电，蒋和我签字之后即发出，引起南京政府来电相责。至于6月，我为了安置援热部队要求扩充两个师番号，蒋介石被迫同意将援热第一纵队改编为补充师，由谭启秀任师长，将援热第二纵队与四十九师合并，将原来的师长张贞撤职，改由张炎升充。这样情况下，我才把这个闽南土著的蒋系军队加以彻底解决，使闽西南无异己部队。这算是援热先遣军归来的一点收获，也算是为“闽变”铺平一条小小的道路。

2. 对付蓝衣社的颠覆与蒋介石的收买

十九路军自“一·二八”战役后成分日趋复杂，中上级军官已有趾高气扬享受腐化倾向，久战之后，一旦有了一个地盘就想安逸，过去长期流动，一旦停止下来，成立家室的风气很普遍。下级官兵认为打过日寇之后，不想再打自己同胞的观念很重。当时南京有蓝衣社（复兴社）组织，我为防止部队分化，想树立一个核心，特接受秘书长徐名鸿建议，秘密成立一个改造社，我兼总社长，徐名鸿任书记，各师成立一个分社，由各师长兼分社长，分社之下设支部，社员以选拔优秀的中下级军官，特别是在本军服役时间较长者，有一定知识的为对象。口号是对外主张团结抗日，对内防止腐化，发扬十九路军光荣历史。实质上，在1933年春成立该社的主要目的，是利用该社社员秘密防范蒋介石派人暗中渗入我军策动叛变，并防范蓝衣社渗入军队内部分化，作为上级将领的忠实耳目的一种小组织。是年夏，改造社在厦门市查获由南京用化名汇来一笔款，侦察结果是汇交本军去年送入南京中央军校军官训练班受训毕业回部人员的津贴费用，遂逮捕收款人黄汉光、周邵棻等。据供，蒋介石决心在十九路军搞颠覆，毕业学员已多数加入蓝衣社组织，其主要任务是“拥护领袖，复兴中华民族”“奉行要抗日必先剿共政策”“谁敢违抗领袖，反对政府就要制裁”（杀害）等情。我得悉这个严重情况，下令各师改造社以黄埔军校及中央各军校毕业的军官，均作为嫌疑对象，进行调查研究。当时黄埔生在军中任团长以上的有范汉杰、张君嵩、吴康南、汤毅生、云昌材、廖子明、刘世炎、梁为焯等人，团长以下的军官200余人，其中由军校训练班毕业回军后发展为蓝衣社组织的达百余人，我下令一律逮捕，将其中情节较重的数十人，加以秘密处决，以免后患。自把这次蓝衣社恐怖运动清洗后，军中的团结、军官的反蒋心理日益高涨，骄满腐败风气得到一定程度的纠正。是年秋，全军改造社进一步发展，蒋介石想迅即瓦解十九路军的阴谋诡计得到进一步证实。这一案的破获加强了我的反蒋决心。

至于改造社的上层分子对蒋介石的态度，绥署参谋长邓世增，十九路军参谋长黄强，这两个人，都是陈铭枢的老参谋长，对反蒋一向不大积极，生活很腐化。师长之中，沈光汉、区寿年、谭启秀三人思想保守，但都是我罗定同县人。蒋介石对此三人未曾直接搞收买工作。只在后来听说宋子文曾对谭启秀很拉拢。其中毛维寿是江西人，事前我曾据报此人和蒋介石拉上关系。远在1930年夏秋间，毛任六十一师第八旅长时，途经归德附近，蒋介石直接召见，送过他一笔钱。1931年10月毛升六十一师师长不久，蒋介石通过南昌行营参谋长江西人熊式辉策动毛脱离十九路军建制，并送特支费一笔。何应钦并派云南人赵锦雯为六十一师参谋长，作为策划毛维寿亲蒋的拉线人。我发觉此事后，在“一·二八”战役前特令该师归建，蒋之阴谋未逞。来闽之后，我认为六十一师和我关系较浅，非粤籍军官颇多，但毛是戴戟、蒋光鼐一手提拔起来的，总不至叛变团体，倒戈相向。因此我未做人事调整，只暗中防范。结果在反蒋时，毛在退兵集中泉州时迫我离开部队，公然投敌。另一个师长是张炎，此人在“一·二八”抗日战役中作战勇敢，据报蒋介石的秘书长杨永泰曾想以其长女杨璿熙嫁他，杨和张炎都是广东高州人，所以张、杨之间拉上关系，为蒋介石所收买。1933年夏，我升张炎充四十九师师长时，曾想过，张炎之兄张世德和我患难相随，1930年充任旅长阵亡之后，我蓄意把张炎提拔起来，他不知感恩图报，也不会叛变我，所以未加处理。结果在“闽变”时，张随毛维寿一道降敌了。毛、张两人为蒋介石所收买，颠覆我军阴谋得逞，除了说明蒋介石手段毒辣外，也说明了我组织的改造社，还不足以对抗蒋介石的颠覆。

在1933年11月间“闽变”开始后，我们脱离了国民党，陈铭枢另行联合第三党和神州国光社分子组织生产党时，我即解散改造社，所有成员大都转入生产党，十九路军失败之后生产党即无形解体。

3. 领导层的内部矛盾

上面谈过十九路军的内部复杂情况，现在再谈谈酝酿“闽变”中我和陈铭枢的一些矛盾。陈铭枢是1933年1月在南京政府蒋介石、汪精卫等压迫下因无法立足而出国的，约在苏联及欧洲各地考察了半年，在7月由巴黎来电准备回国，我去电赞成。他1920年在粤军充任营长时，我就在该营当排长，十三四年来他是我的直接上级，彼此相依，陈铭枢主政治，蒋光鼐主运筹，我主督战。连年转战，才把十九路军这支部队发展壮大。但陈长时期以家长自居，把军队看作私人资本，领袖欲强，野心勃勃地不体念官兵牺牲奋斗的艰难，多疑善变，遇事投机，总想侥幸作孤注一掷，这些是非、成败、利害上我和他有重重矛盾，在私情上彼此也有隔阂，不如我和蒋光鼐做到鱼水相依，甘苦共尝。在“闽变”酝酿过程中，如不是蒋从中调解就搞不起来。记得陈回到香港，我不避外界闲言亲往迎接，以示敬意，我和他联袂到闽，他即以太上自居，办事专断，不按手续，不择手段，不顾我的威信，今日在某团体演讲，明日又到某军某师讲话，大有不谈革命，不谈抗日民族就不能自救，自身就不能保的神气。陈表示应迅速组织政府倒蒋，最好是联广东、广西一道合作，如广东不合作，即和广西合作，否则两广都不合作，也要单独干。我和蒋光鼐则主当前不应公开反蒋，只有维持现状，搞半独立来聚积力量，联络四方训练干部等待时机，有了充分准备再干。8月，蒋光鼐应约赴粤，和陈济棠商量合作反蒋事，得不到要领回来，他却接受陈铭枢与各党各派联合组织民主政府，推李济深出来主持反蒋抗日大计，劝我答应这个主张，不计成败。我看到蒋光鼐既如此，我明知军事、财政毫无办法，搞起来只有失败，也不坚持反对的意见。随即回到漳州召各师师长开军事会议，征求他们的意见，但他们均无政治头脑，心里纵有不满，也不敢吐露半点，也不表示任何意见。我看到这种情景，深感处境甚苦，很想挂印逃官，但念我一旦离军，各师师长论资格论战功，互相伯仲，无人可以统率，有些师长表示“你不干我也不干”，经过长时间考虑乃打消此意。

陈经过此次来闽活动勉强取得一致意见后，即匆匆回香港，随又派陈公培来闽研究和红军如何联系问题。当时红军主力尚在延平外围，仍有进攻延平企图。这证实陈铭枢所谓半年来和共产党拉了关系之事，仍不能落实。因此为了部队生存我和蒋光鼐商妥，两人联名派人和红军直接联络，表明十九路军及福建省政府的政治态度。此时我和陈铭枢的矛盾虽有蒋光鼐的调和，有些问题得到解决，有些问题直到“闽变”失败前仍保持下来。

4. 与中共中央签订军事和边界协定

在未述签订边界和军事协定前，先叙述一下十九路军和红军三军团联系的点滴情况，因为派员进瑞金联系是在和红军直接联系好之后进行的。我记得1933年9月上旬的前方战况，延平城区归五十六师刘和鼎主力守备，补充师谭启秀部在水口、延平之间闽江南岸与红军对峙，在延平、尤溪之间，新二师卢兴邦部也加入战斗受到损失。在8月下旬红军一度进攻延平，并佯攻水口，刘、谭两部均有一些损失。六十一师梁世骥旅郑为楫团，在延平以南地区也一度被袭，六十师沈光汉部控制在永安、沙县间，全部取守势。七十八师新败之余，除留云应霖旅在沙县外，余部撤回莆田整补。十九路军当时除新改编的四十九师张炎部留在闽西南守备外，几乎全部动员来对付红军这次东征。整个福建蒋军主力七八万人都动员，始将战线稳定下来。但防广兵单，捉襟见肘。在此情况下，我和蒋光鼐密商，采用秘密方式，请陈公培亲到延平前线与红军初步联络，当时我对陈公培的历史不明白，只知北伐时他在第四军工作过，和共产党有过来往，认为陈铭枢介绍来，一定靠得住。此时十九路军又派不出适当的人来，在军情紧急下商得陈公培同意，用绸子写了一封给红军的联络信，化装农民，将绸子信装进衣内，另搞好一份密码本交陈公培带在身边，我亲带陈到达水口，并打了一张放行条，告诉陈从延平西南进入苏区，令补充师第一旅旅长司徒非派人护送。9月中旬，陈公培果然和红军在延平西南60里之王台联络上，带回彭德怀的回信。我在尤溪口指挥所接到之后，内心很喜欢，彭的回信内容记不清，其中大意：十九路军响应共产党1933年1月宣言和红军合作，表示欢迎。唯其中对十九路军有不少教育责备之措辞。

约在中秋节前几天，陈铭枢接蒋光鼐电报，知道我和彭德怀在前线联络上，前方已入休战状态，请我继续派人至瑞金和中共中央取得联络，于是我选派秘书长徐名鸿前往，陈铭枢又匆匆由香港二次来闽，说他半年来派梅龚彬等人联络中共得不到要领，却由我在前线打成交道。他又布置仍要陈公培陪同徐名鸿一道去瑞金。此次陈铭枢来闽住了几天，又匆匆回香港分别策划去了，关于联共之事，便由我和蒋光鼐全权进行。徐名鸿等人约在10月初到达瑞金后，见了中共中央领导人，据徐名鸿说曾见到毛泽东、朱德等领导人，但没有见到当时当权的王明、博古。

中共中央派代表具体和徐商谈，主要谈判闽西苏维埃区与闽西善后处（即闽西善后委员会）双方划界而治的问题。我希望徐名鸿谈判十九路军和红军共同抗日反蒋大计，能与红军取得一致意见。唯中共代表人对我们的意图不够了解，却很少谈到这些问题（和红军没有达到攻守同盟，是“闽变”迅速失败原因之一）。于是在10月间草草地订立一个临时划界协定，我即调徐等回闽，另请中共派代表来福州商谈，约在11月上旬中共代表即应约到达福州。

11月下旬，中共军事委员会加派张云逸为驻十九路军军事代表。未到福建前，中共于1933年10月26日基于徐名鸿在瑞金所协商的基本精神，和我们签订一项重要协定，全文记忆不清，主要是双方划界地点在闽西的永定、上杭地区。中共派张云逸代表中华苏维埃共和国临时中央政府，我和蒋光鼐派陈小航代表福建省政府及驻闽绥靖公署闽西善后处在龙岩签订协定。双方根据1933年10月26日协定，规定闽西边界及交通条约，将闽西上杭四、五两区划归闽方，长乐、当风坳、司前等地应归苏方，另将上杭华家亭（北二区）划为中立区，双方均不驻兵。中村、邹坑、黄土畲、华家亭、大竹坪、小和康、苏塘、丘坊各地政权属于闽方，坪上、葛坊、碗窑、高地、矶头等地政权属于苏方。

永定河西，徐虎冈、龙冈依协定由十九路军驻兵保护交通安全。协定签订后，福建省府及驻闽绥署、十九路军均无后顾之忧。我方解除依南昌行营1933年春规定的经济封锁，向苏区供应盐、布、西药、器材等特需品，中共代表来闽后曾具体谈判物资交换问题。

5. 扩编基本部队收编杂牌土著

扩编十九路军。1933年9月间，十九路军和红军停止敌对行动后，我即令各部悉数将损失缺额迅速补足，加急训练，10月间，我分别调整团长以上人事。11月上旬召集各师长在福州开会，计划将全路军所辖五个师十个旅扩为五个军十个师的番号。在师的番号中，仍保留历史较深的六十、六十一、七十八及后来改编的四十九四个师的番号，取消补充师名义，其余改名一、二、三、四、五、六等师。当时这样做取得蒋光鼐、陈铭枢的一致意见，我们的目的想借以壮大声势，鼓励高级将领的情绪。唯限于军费筹措不易，在兵力上没有得到适当增加。只在装备上，我曾计划加强，以十九路军淞沪抗日慰劳金项下向捷克自购一部分武器加以补充（后来这批武器未运到即失败）。这个扩军腹案策定后，“闽变”即开始付诸实施。

兹将当时序列记要如下（作者注：个别人员或有错误）：

（1）以六十师扩充为第一军（“闽变”时全衔是：人民革命军第一军，以下各军同），原任该师师长沈光汉升军长，原副师长李盛宗升副军长，原师参谋长陈心菉升军参谋长，以原一二〇旅旅长邓志才升第一师师长，以原一二九旅旅长刘占雄升第六十师师长。原六十师所属各团番号取消，另赋予一至六团的番号，以黄茂权、陈生、梁佐勋、谭忠、汤毅生、华兆东按序分任各团团长（营长以下略，以下各军同）。

（2）以六十一师扩充为第二军，原任该师师长毛维寿升军长，原副师长张励升副军长，原师参谋长赵锦雯升军参谋长，以原一二一旅旅长梁世骥升第六十一师师长，以原第一二二旅旅长庞成升第二师师长，原六十一师所属各团番号取消，另赋予七至十二团的番号，以邱昌朝（朱炎晖）、郑为楫、吴康南、石抱奇、廖起荣、黄镇按序分任各团团长。

（3）以七十八师扩充为第三军，原任该师师长区寿年升任军长，原副师长黄固升副军长，原师参谋长李扩升军参谋长，以原一五五旅旅长应云霖升七十八师师长，以原一五六旅旅长张君嵩升第三师师长，原七十八师所属各团番号取消，另赋予十三至十八团的番号，以丁荣光、云昌材、黄瑞能（林卓炘）、邹融、钟经瑞、赖棻荣按序分任各团团长。

（4）以四十九师扩充为第四军，以原该师师长张炎升任军长（原副师长缺），以原任师参谋长余仲麒升军参谋长，以原九十七旅旅长阮宝洪升四十九师师长，以原九十八旅旅长谢琼生升第四师长，原四十九师所属各团番号取消，另赋予十九至二十四团番号，以谢鼎新、杨昌璜、周力行（士第）、谭光球、杨富强、梁美南分任各团团长。

（5）以补充师扩充为第五军，以原该师师长谭启秀升任军长（原副师长缺），以原任师参谋长沈重熙升军参谋长，以原第一旅旅长赵一肩升第五师师长，以原第二旅旅长司徒非升第六师师长，原补充师所属各团番号取消，另赋予二十五至三十团番号，以孙兰泉、郑星槎、萧组、蒋静庵、廖木云、曾涤平按序分任各团团长。

（6）为加强全路军的政治教育，除漳州派余华沐开办军官补习班训练军事、政治干部外，并拟将各师的政治训练处一律改为各军的政治部，以魏育怀为第一军政治部主任，陶若存为第二军政治部主任，林一元为第三军政治部主任，郑丰为第四军政治部主任，谭冬菁为第五军政治部主任。各军政治部直隶十九路军总政治部领导，以徐名鸿兼主任，并拨补了一批第三党干部加入政工系统工作。

（7）向广东空军司令张惠长调用空军人员刘植炎、邓粤铭等数十个航空人员，以接收原四十九师航空队为基础，另由华侨捐献飞机几架及向法国购买飞机六架，合编为十九路军航空第一、二两队，由刘植炎、邓粤铭分任队长。（“闽变”行将开始时，才发现这些飞机只能供侦察运输，不能参加战斗，据报承购人员十九路军参谋长黄强系留法学生，与法商有串通作弊之事。）

拉拢杂牌土著军队。福建的杂牌土著军队四万多人，表面上归我指挥，但关于人事、经理过问不了，就是指挥部署也多阳奉阴违。我们计划反蒋抗日时，也先后和刘和鼎、卢兴邦、兴荣兄弟、周志群、陈齐瑄等师旅长联系过，他们也派代表或驻福州办事处人员和我们周旋。当时曾计划在扩编十九路军的同时，拟以刘的五十六师扩为十四军，卢的新二师扩为十五军，周的独立旅扩为独立第一师，陈的独立旅扩为独二师，争取他们中立，不以我们为敌。但这个争取计划失败了。（“闽变”时刘和鼎不接受番号，向蒋介石告密，被蒋介石升为三十九军军长，作为进攻延平的先遣军；周不接受番号，被蒋介石升为新十一师师长，掩护蒋军由邵武进入闽北；陈虽接受番号，随又被蒋收买升为新十师师长，该师进至浙、闽边之寿宁即行倒戈；卢虽接受十五军军长职，但按兵不动，只交换一些蒋军情报，敌军攻占延平时，也倒戈接受蒋的命令，虽没有升官，但也得到个正式五十二师番号，响应卫立煌所部敌军截击我军。）

整顿闽西地方武装。自与红军订协定后，我即令闽西善后处负责人傅柏翠、徐名鸿等人，将连城保安团华瑞延，龙岩保安团谢兆麒、罗凤岐，上杭保安团钟绍葵，长汀保安团马鸿兴等部加以整顿加强装备与政治训练，作为闽西善后处的武装部队，使十九路军无后顾之忧，切实监视粤军在闽、粤边的活动及清剿在边区的特务散匪。其中以马鸿兴战斗力较强，特改编为十九路军独立团。“闽变”后，上述这些地方部队曾英勇地抵抗反击蒋军，保卫闽西政权。（马鸿兴部提高觉悟后，在掩护十九路军总退却时，在闽南洛阳桥抵抗蒋军卫立煌部战功卓著。）

收编所谓“民军”。福建有一类地方武装叫作“民军”，但非人民武装，又非纯粹的土匪，它一面抗拒当地政府，一面又向防区农民横征暴敛以养活这些武装，对外设卡抽税，对内却不掳人勒赎。当时在闽南大田、永泰、永春、泉州地区有七八千人。我为扩充实力，是年夏，原任十九路军七十八师旅长翁照垣后调往张学良所辖东北军任一〇七师师长被撤职回闽，我特发表他为兴泉警备司令，收编该辖区洪文德、余承尧两部“民军”，编为两个支队，计划改造后扩建正式部队，编为第六军，以翁为军长，以巩固闽南治安。后来因“闽变”发动过急，未能集中，即告失败。

组织农民自卫军。闽西南龙、漳地区10余县，在十九路军的秘书长兼闽西善后委员会秘书长徐名鸿与第三党杜冰波、陈卓凡、段炳炎等人及六十师政工负责人魏育怀、田竺僧等组训之下，农民组织已具规模，尤以闽西漳平、龙岩、永定、上杭四县较好。我电徐名鸿编组农民自卫军，每县编成一个支队（或一个大队），计划将闽西南编一个农民师。（“闽变”后，龙漳省编有一个千余人的农民师，归徐名鸿指挥，和土顽特务部队作过战。）此外我在闽东闽中与沿海各县曾委派一批农民自卫军指挥。全部人事记不起，只知闽、浙边委范铁民、范振等，闽中地区委黄铸、余伯良等，闽海地区委高诚学、方清湘等，闽、粤边区委余伯群等为农民自卫军指挥。唯这些武装缺乏训练，武器不足，只有其中范铁民部二三千人在闽变后于泰顺、庆元各地对蒋军曾抵抗月余，对叛将陈齐瑄起牵制作用。

6.“闽变”序幕前鼓山会议的最后决策

鼓山是福州东郊三四十里外一座名山，十九路军将领和“闽变”几个策划人在这里开过一次决定性的秘密会议。这是“闽变”前最后一次重要会议，其中经过乃是十九路军内部最尖锐的一次斗争。

约在1933年11月上旬，蒋光鼐由香港回抵福州，传达陈铭枢、李济深等所召开的香港会议的情况，决定11月即成立人民政府，所有参加政变人士迅即来闽集中。这是一件成败存亡的大事，这样草草决定，我心中有所疑惑，我反复考虑，将如何担负这个责任。11月15日以前，李济深的旧班底主要幕僚徐景唐、张文、舒宗鎏、张醁村、尹时中等人；陈铭枢多年罗致的搞政治、文化的一批人梅龚彬、何公敢、胡秋原、王礼锡、刘叔模、陈碧笙、程希孟、林崇墉、林植夫等（其中以具有社会民主党色彩的神州国光社同人为骨干）；第三党人黄琪翔、彭泽湘、彭芳草、章伯钧、麦朝枢、郭冠杰、刘伯垂、王亚樵等；“八一”起义将领叶挺也应蒋光鼐之约来到福州帮助策划。在11月17、18日李济深、徐谦、陈友仁及冯玉祥的代表余心清等也相继到来。在这种情况下，我即火速分电沈光汉、毛维寿、区寿年、张炎、谭启秀五个师长及马江要塞司令云应霖，绥署参谋长邓世增，十九路军参谋长黄强，秘书长徐名鸿等来福州开军事会议。首先由我宣示十九路军要革命，决心反蒋抗日，不反蒋抗日，十九路军就会被南京反动政府所消灭。宣布十九路军扩军计划，改称为人民革命军。提出要各师长表示政治态度，报告部队情况。征求有利于反蒋的一切意见，作好战争的准备。另外由政治部主任徐名鸿对当前国内形势作了详细报告，但各级将领还是同今年9月在龙岩开会的情况一样死气沉沉，沈光汉、区寿年、谭启秀三人只表示回去传达作准备，军人对命令当然要服从，而毛维寿、黄强、张炎、邓世增等人面带笑容不开口，对同红军和平相处，对反对南京政府之事一无表示。这样重大的事，他们如此轻忽，我目击时艰，非常不满，平日我带兵，力讲“命令之下不讲理，规定之下不通融”，用在打仗的绝对服从是好的，如今讲政治，而部下如此反应，等于没有灵魂一样，将何以对敌？因此使我发生犹豫，认为非整顿将领，不足以反蒋。但积重难返，又非假以时日，则难以奏效。

在开这次会议前，十九路军掌握财务后勤负责人员邓瑞人、曾蹇等也由上海赶来，他们不直接对我表示，据间接传闻，他们在政治上不同意即行反将，也不同意与红军合作，似有破坏起义的企图。此外尚有已离开十九路军的老将领戴戟，最后来闽，也不同意此时发难，他对六十一师毛维寿等人尚有一定影响作用。

福建形势如箭在弦的时候，蒋介石仍寄我以幻想。先是在10月，陈铭枢来闽活动时，来电一再查询陈铭枢来福建的具体活动，派飞机来福州接我到庐山会晤，我托病不能前往，婉言将飞机打发走了。几天之后，蒋介石又由庐山来电特别说明，如不能离开军中，可另派亲信代表来晤，于是我为了解蒋介石对待十九路军及对待陈铭枢的企图，当时福建的前方人员选不出来，乃电令十九路军驻京办事处主任黄和春（广东梅县人，是我在护国军讲武堂时代的老同学，相随多年，为我办后勤的得力助手）同陆文澜、宋子文一道往庐山见蒋介石。蒋在庐山召见黄和春之后，即着宋子文送我50万元交黄和春带回。我得悉此情之后，知蒋介石的手段毒辣，认为我兵权在手，我不同意起义，陈铭枢即无所作为，故寄我以幻想。我随即电黄和春将款及南京全部物资全部运闽（这笔款也是蒋送十九路军的最后一笔）。迨11月上旬蒋介石通过陆文澜要黄再上庐山会晤，黄请示我后拒绝前往。

11月中旬（约16、17日），蒋和我几次通长途电话之后，并亲笔专函，又派徐康良驾飞机来福州接我前往南昌。此函大意是说十九路军东征北伐以来，10余年中建树雄伟，勋绩彪炳，实党国忠勤奋斗有光荣历史的军队，岂能为一二人之私产。值此颠危震撼之际，当必能本爱国保民之精神，而矫然有以自立，断不能以私害公，致供任何人叛党乱国之牺牲。尤不应因一二人反复而盲从附和，举已往出生入死所造之勋绩光荣随之毁灭等语。企图挑拨离间，动摇我的信念。自忖我与陈铭枢做法上有矛盾，但抗日、反蒋、联共三点基本上一致，我更不能出卖团体自荣；也自忖我是福建军事领导人，福建的一切变革，容许陈铭枢在闽活动及十九路军与红军妥协之事，我应负全责。我往南昌自投虎口，无补团体于万一，大家相劝之下，我即将飞机扣留，飞行员令空军队长刘植炎看管。蒋介石这一阴谋便宣告破产。

18日陈铭枢提议在鼓山开一次紧急会议，参加会议的有李济深、陈铭枢、黄琪翔、徐谦、陈友仁、李章达、蒋光鼐及各军军长、总参谋长和我10余人。终日开会，都是讨论成立人民政府的时间和有关修正政纲政策问题，同时讨论有关废弃青天白日党国旗与有关军事、财政等问题。在会议上主要讨论发难时间花费时间很长。陈铭枢和我的意见不一致。当时陈看到蒋介石先后两次派飞机来福州接我，怕我变卦，强调组织政府的人员已集中，各方代表已将到齐，时间迫切刻不容缓。他一面分析发难后蒋介石在江西的“围剿”部队抽不出来，义旗挂出，西南、西北、华东、华北必然有人响应。因蒋介石七八年来的政治已弄得天怒人怨。

一面又过高地分析十九路军力量，假使敌人以十个师的兵力来犯，我军一个师可以击败敌人两个师，加上红军的沿途阻击，也有战胜希望。即使失败了，我们是抗日反蒋的，失败也是光荣等语。我不主张在11月发难，力主再拖一两个月看看情况，追明年1934年1月再动。主要理由从蒋介石迭次函电的语气，认为蒋介石一定要用武力解决，两广半独立形势不可能出现，因为我们联络了红军的关系，既无和处希望，当前部队未调整，防务未部署，财政未筹措，后方防御工事未构筑，杂牌部队未就范，内部敌人未肃清等，引起会上七嘴八舌，议论纷纷，辩论不休。最后陈铭枢要政客威吓手段，表示要革命就不怕牺牲，“丢那妈几大就几大，尽地一煲”（粤语拼命之意），如再拖下去，不同意立刻通电的话，只好把我们送南京立功去等语。我当时压制情感，不予争辩，认为事已至此，为顾全团体，明知败亡，只可同意提前发难。最后继续讨论了一系列难以兑现的政纲（这些宣言、政纲早由陈铭枢的智囊团王礼锡、胡秋原、梅龚彬、彭芳草等拟好），我认为成败在于军事，我不重视这些冗长的条文。深夜散会，19日下山匆匆准备，11月20日召开临时代表大会，发出通电。“闽变”就是在这样筹备未周和特别是蒋介石派飞机来接我，竟将飞机扣留的情况下，陈铭枢排除一切，一意蛮干地发动了。

十九路军在闽反蒋战败经过

1933年11月20日召开中国人民临时代表大会，发表人民权利宣言，即日选出李济深、陈铭枢、陈友仁、冯玉祥、黄琪翔、方振武（方未到改选戴戟）、蒋光鼐、蔡廷锴、徐谦、何公敢、李章达、萨镇冰12人为委员，公推李济深为主席。22日成立人民革命政府，改元为中华共和国元年，废除原来的青天白日党国旗，使用公历。政府委员会之下设三会两部一院一局。军事委员会由李济深兼主席。经济委员会由于冯玉祥未到任，改由冯的代表余心清代理主席。文化委员会由陈铭枢兼主席。财政部由蒋光鼐兼部长。外交部由陈友仁兼部长。最高法院由徐谦兼院长。政治保卫局由李章达兼局长。在军事委员会之下设参谋团，由黄琪翔兼主任。将福建绥靖公署撤销，改组为人民革命军第一方面军总司令部，保存十九路军番号，将该路军扩为一、二、三、四、五五个军，总司令由蔡廷锴兼任。将福建改建为四个省；以何公敢兼闽海省长，戴戟兼兴泉省长（戴未就由陈公培代），另聘华侨人士许友超为龙漳省长（许不就，由徐名鸿代），海军著名宿将萨镇冰为延建省长（因战事未就）。当时中华苏维埃共和国临时中央政府派来的代表张云逸等也来到福州，住在人民政府内办公。人民政府成立只有两个多月就在强敌进攻下失败了。

兹将我亲身经历的人民革命军第一方面军（十九路军）在“闽变”中作战失败被消灭经过纪要如下：

1.“闽变”揭幕后的不利形势

闽变开始，我电告各师扩为军的番号命令下达，同时电饬各军官兵取下青天白日帽徽及孙中山遗像，停止每周的总理纪念周，取消党国旗。平时没有说服宣传工作，一旦说出反对南京政府之事，当时据报官兵颇为惶惑。事变后仅三日，在闽北沙县一、二两军的部队原修建的野战据点工事遭到蒋机轰炸，造成不安情绪。原归我指挥的杂牌土著军队，除卢兴邦、兴荣及陈齐瑄尚保持电台联络外，其余各部电台呼应不灵，据报部队已撤离原防。后来得悉他们受到蒋介石的升官之后，对我们已采取敌对态度，两广原是与我们有盟约的，我们一再去电争取合作，但他们看到我们联共放弃党国旗之后也起来反对，特别是陈济棠受蒋介石的收买获得 100 万元的补助金，实行封锁闽、粤边各陆地交通，封闭十九路军驻粤各机关，当时我曾以“本是同根生，相煎何太急”之语责备陈济棠的背信弃义。关于陈铭枢和各省（包括湘、黔、滇、川、康、鲁、陕）

原来是有友好联系的，由于形势不对头，也没有一省通电支持。原来方鼎英准备在湘西起义的也策动不起来。我记得在国民党中，除李烈钧在上海来电声援及陈博生来闽表示张学良在欧洲来电支持外，几乎别无他人。平时在国外的闽、粤籍华侨是热烈支持十九路军的，这次华侨支持的也寥寥无几。而蒋介石一面利用其御用的国民党中央政治委员会通电各军政机关对“闽变”实行镇压，限令克日平定，一面在“闽变”后第二天，以蒋中正个人名义发出告十九路军将士书，诬蔑陈铭枢卖国叛党，煽动官兵反对福建人民政府。22日上午用飞机在福建全省散发，在沙县一地散发就有数万件之多（我曾下令严查销毁这些伪书），同时由御用的国民政府下令通缉李济深、陈铭枢、陈友仁三人及撤销我及蒋光鼐的本兼各职。从以上的情况，清楚看出福建事变是孤立无援的，原来政见相同的由于取消党国旗之举也反颜相讥；蒋介石决心调兵进攻的企图已十分明确。形势发展的不利大大出于我们意料之外，因而造成匆匆应敌、处处被动的局面。

2. 对在闽境的蒋系陆海空军的处置

福建东临海滨，海防辽阔，可以登陆的地方达20余处，特别是马尾、厦门两个军事要港，在战略上颇为重要，在事变的当日我即密令七十八师师长云应霖（当时兼马尾要塞司令）、厦门警备司令黄强，分别派部队将马尾、厦门两个要塞司令部、马尾海军造船厂、厦门海军航空处、长门炮台、长门海军练习营、弹药库等加以接收。但马江要塞司令李孟斌所率的舰队江贞、江元、楚观三舰在20日夜被其脱逃，仅截获海鸥、星星两舰。至于驻闽的海军陆战队一、二两旅曾接受福建绥署指挥，“闽变”开始，这些部队表示拥护人民政府，我即将该两旅编为人民革命军第一方面军海军陆战队，以原任旅长杨廷英、林秉周分任正副司令，企图利用这些海军艇队及陆战队巩固沿海口岸。我随即将收编的陆战队调往三都担任闽东防务。结果这些部队到达三都之后，又被南京海军部长陈绍宽所争取，叛变脱离闽境。

福建境内的杂牌陆军部队，表示拥护人民政府的陈齐瑄部，一向驻扎闽东，他接受我的委任独立第一师长后，即令该部调寿宁布防闽浙边，但该部甫抵寿宁即通电叛变。我于是即发表邱兆琛为闽东警备司令，率原十九路军总部的李金波、马鸿兴、聂进龙等几个独立团进驻闽东罗源、宁德。原驻扎邵武的周志群部不接受人民政府命令，但鞭长莫及，无法解决。驻扎龙溪、永安卢兴邦部接受我方十五军军长新职后，即将部队集结内调，不受调遣。在“闽变”前几天，蒋光鼐建议我应火速解决刘和鼎部，但事变后，该部秘密北撤建瓯及顺昌，与我前线部队相距百里以上，该部虽不就范也无法解决。

3. 放弃闽北守福州

“闽变”开始时，一方面军所辖各军（即十九路军所辖各师），散布在闽东南西北，布防千余里地区。其地点大致如下：

第一军沈光汉部，全部集结在闽北沙县及其以西地区。

第二军毛维寿部，一个师在闽北沙县、延平间，军部及另一个师在闽南之泉州、惠安地区。

第三军区寿年部，一个师在福州及马江地区，军部及另一个师在闽东南之莆田、涵江地区整训（连城战败后）。

第四军张炎部，全部集结在闽西的龙岩、永定地区。

第五军谭启秀部，在福州以西水口、延平间地区，一部在古田。

总部直辖的特种部队，有部分驻在漳州、厦门两地。

福建乃是四战之地，除与红军有约无西顾之忧外，其他诸方面都要设防，七万多人的兵力，若散在四方，即无机动作战能力，处处设防，则处处薄弱，特别是广东背约投蒋之后，整个战略上没有后方根据地，当时闽西善后处所辖各县虽做一些计口授田工作，但作为一个后方也不牢固。

在“闽变”后的第三日，闽北沙县被炸，“闽变”后的第10日，闽南的泉州被炸（泉州市民在开庆祝人民政府成立大会，无辜被炸死伤百余人）。之后，我们已判定蒋介石的南昌行营决心用武力来解决我们，大家均不再存在能偏安的幻想。军事委员会在12月中旬召开一次紧急会议，由李济深主席，除各军军长兼委员缺席外，其余军委会委员陈铭枢、蒋光鼐、蔡廷锴、黄琪翔、邓世增、李章达，高级幕僚张文、舒宗鎏、张醁村均参加，主要讨论作战方针问题。关于敌情，据报南京政府已下令对我人民政府进行所谓“讨伐”，计划抽调二三十万兵力分批入闽，其第一批部队约10万人，分别由浙江南进，由赣东东进中。我第一方面军基于当前形势应采取如何对策问题，当时分为三案，由我提出集中主力在闽北采取主动，先行消灭狡猾多端危害我军最大的刘和鼎的杂牌部队，继续迎击南下，与东进之敌在建瓯以南、顺昌以东地区，将敌第一批先头部队击败，争取有利的战略形势。

蒋光鼐则提出，敌人既决心使用军事来进犯，迎头痛击即便胜利了还不能解决战场问题，因敌军后续部队力量强大，如过早使我军主力激战，损失我有生力量之后，等于不攻自破，全局失败。他力主将各军主力撤至闽西南，背靠红军作持久抵抗，不然即将主力使用在闽东方面，乘敌人之虚进入浙东，打乱敌军进攻计划。

陈铭枢、李济深、黄琪翔等人则认为福州是人民政府的首都，乃军事、政治、经济、文化的心脏，非万不得已，决不放弃。我军力量有限，不宜分散，应集中主力守福州，只要福州能确保，我们的政治影响就会逐渐扩大。他们认为我的迎击敌人的主张和蒋东出浙东的战略行动，都过于冒险；过早撤至闽西的行动，又过于消极，影响革命士气，人民政权就难于确保。

对以上三案展开了辩论，结果军委会和参谋团成员的大多数主张守福州，于是通过了放弃闽北守福州案。大家既然如此，我亦不力争。

由于这个错误的决定，闽北原建宁府属的建阳、建瓯、浦城、崇安、邵武、松溪等县，原延平府属的顺昌、将乐、泰宁、永安、清流、沙县、宁化等县（这些有部分是苏区）即不战而失，所剩下的只延平一个孤城。

我基于军委会的决定，在12月20日左右即变更部署，随即乘飞机至漳州、泉州、龙岩等地区与二、三、四军的部队指挥官作动员处置，传达作战计划，记得当时兵力部署要旨命令是：

命第五军作为前方战略据点守备部队，以该军军长率兵一团及直属部队守水口。以该军第五师师长赵一肩部（欠一团）守古田，以该军第六师师长司徒非部守延平。水口、古田、延平三个战略据点务须贮足一月粮弹，构筑半永久式坚固工事死守，以确保福州外围安全。

命第一军放弃沙县、顺昌、洋口地区，将延平防务移交谭军之后，火速东下集结福州西北附近。

命第二军以第二师师长庞成率兵一团及军直属队一部留戍泉州维护闽南治安，担任沿海要点戒备外，其余部队沿福泉公路北进，集结福州以北地区。该军在闽北的六十一师将防务移谭军后，直接开回福州，归还建制。

命第三军以一个团留戍闽东南莆田、仙游地区，担任福泉公路护路及涵汀、海口等沿海口岸戒备外，主力北进集结福州附近地区，该军之七十八师仍担负守备马尾要塞之任务。

命第四军以一个团（周士第团）留戍闽西龙岩、永定外，主力取道漳州、泉州，沿福泉公路北进，限12月底到达福州作本方面军的总预备队。

命闽东警备司令部率一方面军总部独立团马鸿兴、聂进龙等部，特务团李金波部（该团留下一营守厦门，归漳厦警备司令黄强指挥）仍留置于罗源、宁德地区警备闽东北安全。

一方面军全部兵力33个团，除留置前方后方守点守线，散在东南西北及沿海各港口占去11个整团之外，实际集结福州的部队虽号称四个军，实有兵力只21个团。把主力集中起来和当时蒋军犯闽的兵力比较，悬殊甚大。尤其福建地形南北有闽河相隔，兵力调用困难，加上福州三面环水一面靠山，我方空军绝对劣势，在漫长海岸线上又无海军巡逻，在这种情况下，确有捉襟见肘之感。

4.临敌变卦驰援古田、延平

1933年12月下旬左右，各军依照我的命令除第四军路远在途中未到达外，其余主力先后利用水路输送陆路行军，到达福州附近。

是时，敌军陆军方面分几路从闽北进攻，海军方面由陈季良率领在沿海扰乱，不时炮击我海防部队。空军方面从12月22日起于23、24、25、26几日中，除轰炸福建全省重要城市，如泉州、漳州、龙岩、南平、古田、莆田各地，尤以福州是更番不断地扰乱，弄得人民政府各机关工作受到严重影响，商店只有下半天才能开市，日本浪人及特务分子又在南台公然捣乱，秩序有些混乱。中共中央的代表张云逸等当时住在我总部里，曾向我及陈铭枢、李济深等建议，为了分清敌我界限，应在福州附近进行土改，才能把造谣惑众的土豪劣绅铲除；在城市也应进行一次肃反运动，才能安定人心。李济深同意这个意见，希望我采取有效措施。唯我当时忙于指挥作战，又鉴于福建沿海的日本第三舰队球磨、时风、安云诸舰，英国兵舰白宫号，美国兵舰杜沙尔号，以护侨为名，在闽江口及厦门等地进行威胁；在厦门的鼓浪屿、福州的仓前山俨如租界，帝国主义分子、国民党反动特务分子横行其间，聚蛇蝎于一窝，一时想肃清坏分子也不容易，所以未采取行动。“闽变”失败后听说当时蒋介石派特务头子郑介民在仓前山、戴笠在鼓浪屿设情报站进行破坏活动。总部上校参谋黎庶望是特务，黄埔一期生，利用广东罗定同乡关系钻进十九路军来当坐探，译电科长李道生（作者注：这个名字或有误）也被收买。

约在1933年底迄1934年1月3日，据各前线指挥官来电及红军三军团彭德怀司令员来电，与各方面提供的情报，所得知敌军的进攻部署是：

（1）蒋鼎文所率的第二路军，辖第三师李玉堂、第九师李延年两个师，由赣东窜入闽境后，经崇安、建安、建阳，通过建瓯南进中，先头已抵延平附近。

（2）张治中所率的第四路军，辖第八十七师王敬久、八十八师孙元良两师，由浙江窜入闽境，经仙霞岭、浦城、建瓯，前锋已迫近古田附近。

（3）卫立煌所率的第五路军，辖三十六师宋希濂、第十师李默庵、第八十三师刘戡三个师，由赣东窜入闽境后，经邵武、顺昌等，先头三十六师已抵延平附近。

（4）被蒋介石所升三十九军军长刘和鼎部，所辖五十六师已由建瓯南进到达延平以北地区，有进攻延平模样。

（5）敌军后续部队汤恩伯纵队，所辖的第四师冷欣、八十九师王仲廉两师，由赣东窜入闽境后，已经邵武向顺昌前进中。

（6）据报蒋介石已乘飞机抵达闽北建瓯坐镇，直接指挥进犯我军。

（7）据红军三军团战报，蒋军卫立煌部进入闽西北苏维埃区域，特别是在顺昌地区曾给以有力阻击。

当时我就这些敌情分析过，从兵力来比较已超过我军一倍以上。而且这些敌军指挥官是蒋的嫡系将领。这些部队除刘和鼎部队外，都是蒋的起家、看家、护院的亲信武装。“一·二八”战役中，张治中曾带所部参加淞沪战役和我军并肩作过战，卫立煌部以支援沪战为名到达上海外围，蒋鼎文部也是以支援沪战为名曾到达沪杭线上，该部在军阀混战时，于平汉线和我军并肩作过战，尤以在三次“围剿”中，蒋鼎文在赣南老营盘被红军包围，十九路军曾尽死力救他出重围。这次蒋介石驱使这些嫡系王牌来进攻我们，使我格外体察出蒋介石自“一·二八”战役以来，想利用这些部队歼灭我军，可谓蓄谋已久。

约是1934年1月2日晚，守古田的第五师师长赵一肩来电云前线已开始接触，当面敌人确是过去在上海抗战时归十九路军指挥过的第五军。3日起古田外围已发生前哨战。与此同时，接到过延平的第六师师长司徒非来电云，刘和鼎部及卫立煌的先头部队三十六师已开始炮击延平外围工事。（此时卢兴邦虽投蒋介石，但对我仍保持联系，以十五军军长名义向我汇报敌情，没有进犯我军行动。）1月4日古田、延平两地敌军同时发动进攻，集中守福州外围各军自1934年元旦以来，由总部参谋长邓世增率领各军幕僚人员现地侦察地形，策定守福州外围计划，分别构筑工事中。

在此情况下，我深知前线守不住，福州也难确保。我和蒋光鼐、陈铭枢等人密商，决定派邓世增回广东和陈济棠接洽，如十九路军退回闽西南时，请陈允让闽、粤边八县作为防地，并希望陈派粤军进入闽南，支援掩护，以策安全。同时我派军需处长黄和春回广东提款至闽西，作为我军退守闽西时的经费。另一面，我感到我方和红军主力联络不确实，不能并肩作战，曾于去年底与李济深、蒋光鼐商量，取得中共中央及工农红军代表张云逸等协助，派出我军参谋处处长尹时中前往瑞金求援，希望红军主力给我方支援，免孤军作战招致失败。

1月5日，古田、延平两地激战甚烈。是夜军委会李济深、陈铭枢等人召开会议，变更原定计划，认为只要古田、延平守军可以支持下去，我方兵力就可以击败张、卫、蒋等部敌军。未征求我同意即行决定，要我火速率部驰援古田、延平，希望在前线将来犯之敌击破，以保福州安全。我虽为方面统帅，只有服从这个新决定，于是即变更战略部署：

命毛维寿为右路军指挥官，指挥该军及第三军之一部，即沿大湖经雪峰向古田急进，解赵师之围后加以确保。

命沈光汉为左路军指挥官，指挥该军及第三军之一部，即沿白沙、甘蔗经水口向延平推进。陈铭枢、蒋光鼐、黄琪翔随我总部行营离福州向白沙前进。

以第四军为总预备队，限令该军于1月7日到达福州待命。

1月8日（或7日）古田赵师苦战几天，受到张治中部八十七、八十八两师围困，在张治中诱骗下，由该师副师长陈任之出城接洽，停止抵抗，向张军投降。延平司徒非师所守九峰山阵地，被敌军三十六师宋希濂部攻破后，司徒非在刘和鼎的诱骗下，也向刘师投降。这时我左右两路军尚在途中。在1月8日夜守水口圩第五军谭启秀的军部及守备部队（不足两团）被蒋鼎文部所属第三、第九两师之一部，沿延平东下进行袭击。谭军在水口背水作战，不足一昼夜，水口随即失守，谭本人只身乘木筏逃出重围。第五军全军等于覆没。此时驰援古田、延平各军的情况：援古田之右路军毛维寿部情况不明，援延平之左路军沈光汉等部也无战斗意志。1月8、9两日，我先后接到彭德怀司令员来电：敌军卫立煌部在闽江以南活动，有趋永泰模样。是夜我由甘蔗到白沙与陈铭枢、蒋光鼐、黄琪翔等人召开一次白沙会议。陈铭枢力主逐次抵抗退守福州。我建议火速向闽南撤退，否则后方联络被遮断，全军陷入重围。蒋光鼐表示同意。唯陈铭枢舍不得福州，不信军心已乱难以作战的事实，也不信敌在闽东南行动如此迅速。我条陈种种利害，说明留得青山在才能有柴烧。福州在强敌进犯下无法防卫，若再迟延即很难撤出等语相劝。最后陈铭枢被迫放弃原议，同意撤兵。陈偕同蒋光鼐、黄琪翔等人星夜乘轮船回福州，通知政府撤退，我即令前线各部火速撤回福州。

5. 撤出福州，退兵闽南

约在1月10日至13日三天之中，李济深、陈铭枢等匆匆布置解散政府人员，在福州召开会议，说明放弃福州择地再战，重要人员可先回香港等军事稳定后再来，不必随军转战以策安全。于是人民政府便纷纷解体。李济深、陈铭枢、蒋光鼐、黄琪翔等乘飞机，陈友仁、徐谦、余心清、许锡清、章伯钧、彭泽湘、胡秋原、梅龚彬、张文、张醁村等多人乘海轮，闽海省府人员何公敢则乘车行动，于1月13日先后离开。未足两月的人民政府就是这样的结局，面对这种情景真是百感交集。

1月8日左右，我以张炎为福州戒严司令，当时即召各军、师长以上开会，决定向泉州退却部署。

以区寿年率第三军首先渡江南撤，以急行军进占仙游，掩护方面军总撤退。该军之七十八师在马尾监视敌方行动，俟主力退出福州后继续南撤。

第二军在三军之后行进，在区军掩护通过仙游、莆田地区后，即在惠安、泉州间派出掩护部队，更番掩护主力退泉州。

第一军在二军之后跟进。总部在第一军之后跟进。区军之七十八师在总部之后跟进。第四军掩护主力渡过乌龙江后即继续跟进。以原闽东警备司令兼先遣纵队司令邱兆琛率所部为总掩护，俟第四军撤退完毕后继续南撤。

部署定后，我在福州作如下处置：

（1）当时渡乌龙江船只甚感困难。几万大军渡江需船甚急。我约请福建耆老萨镇冰及福州士绅、商会理事们开会，要海军公所通知海军要爱护福州人民的生命财产，不可乘我军撤退之时进犯福州，以免市民遭劫，同时要海军派船掩护我军撤退。海军同意，一面向天空开炮，表示进攻，以欺骗蒋介石；一面派了不少船只协同福州商会所雇的船只，自13日下午起昼夜抢渡。这是海军陈绍宽所部暗中留情，不想坚决与我军为敌有关，不然全部渡过乌龙江就不容易。

（2）下令将库存不撤走的军需物品及部分枪弹，加以彻底破坏，以免资敌。

（3）下令戒严司令在撤退期间，有坏人乘机捣乱、抢劫，骚扰治安，一律枪决。

（4）将一方面军全部存粮数以千担，交萨镇冰转给福州商会赈济被敌军飞机炸伤炸死者的家属。

我15日早晨离福州，到达福州以南乌龙江渡口附近之峡兜时，第一军第二团陈生部被敌机炸死炸伤数十人，我令人掩埋救护。此时心情激动，很想令各军回头和蒋军决一死战，以报此仇，可惜主力已南撤，无法集中了。我离福州时满城贴有“欢送十九路军”“十九路军虽败犹荣”等标语。我是败兵之将，沿途触景深有愧对父老之感。唯这里证明福建人民对反蒋抗日，是寄予无限同情与支援的。我离城的当日，敌军蒋鼎文部先入城，福州便陷入敌手。

16日我抵莆田，得悉敌军卫立煌部截击我军的先头部队，已在仙游以南（距福泉公路约20里）和第三军张君嵩师接触半天以上，战斗日趋激烈，张师长为了掩护各军南撤，进行英勇反击竟日，伤亡颇大，卒挫敌锋。据俘虏供称：当面之敌军刘戡部，其余主力向南前进等情。我原想集中兵力先行在仙游将卫立煌主力击败后再南下，但遭到沈军第一师邓志才及第二军毛维寿的反对，未能实行。于是乃令三、四两军及邱兆琛纵队统归区寿年指挥，一面堵后，交互掩护西侧继续南进。令第二军到达惠安后，以一部占领涂岭要点，掩护该军主力昼夜兼程到达泉州布防。

17日晨泉州派车几辆来枫亭相接，我即弃马率卫士排乘车先行。警卫部队由李以劻率领急行军南进。车行不久，路经涂岭，被敌军卫立煌部（后来据查是李默庵的第十师）袭击，我的坐车中弹数处，向前急驰，乃离开火网，由李以劻率领警卫部队占领涂岭北高地进行猛烈抵抗，随后第二军掩护部队赶到，即行进行反攻，付出颇大伤亡，将来犯之敌压迫至公路以西。就是这样互相掩护下，且战且走。敌军在空军更番轰炸下，追截部队数万人，在战场上仍未能给我军主力多大危害，而先后安全到达泉州。

6. 被迫离军，毛维寿在泉州降敌

1月17日（或18日）下午率领少数幕僚人员到达泉州。毛维寿及其参谋长赵锦雯先我而到达。毛的部队是留在此地的，原留下的守备部队有庞成的第二师一部，翁照垣的兴泉警备司令部和陈公培的兴泉省政府。此时二军先头陆续到达，一军亦可以依时到达，三、四军尚在途中，须于18日或19日才能到达。我在泉州所得各方情况如下：

（1）十九路军由福州退兵后，广州西南执行部胡汉民曾表示对闽善后态度，提出只要十九路军恢复中国国民党的关系，只要陈铭枢、李济深离闽，其余可以免究，双方应停战，保持十九路军抗日光荣番号的主张。

（2）广东陈济棠也提出，请蒋介石保留十九路军名义，划闽西南为该军防地，由戴戟、陈维远收编的主张。

（3）敌军蒋鼎文部也由福州乘海轮在厦门登陆。另一部敌军汤恩伯部先头向安溪、同安前进，作包围我军模样。

（4）我军漳厦警备司令黄强在厦门已降敌。

（5）闽南沿海有海军舰艇游弋。

我基于以上紧急情况，假第二军军部开一次紧急会议，除在行军未到者外，已抵达泉州的军、师长及参谋长均参加。

在开会前，我曾与毛维寿面商今后大计，着其火速派兵往洛阳桥（泉州东西10里）布防。他态度暧昧。谈到今后转进方向，他表示后退困难。谈到应敌，他则表示已陷重围。我深知毛早有通敌嫌疑，在今天形势下迫我出走，由他另谋出路的叛变动机，已十分明显。此时我基本上掌握较确实的一、三两军尚未到达，泉州部队全在毛的掌握中。我即对他说："我们做事为团体为革命虽败无憾，请你放心，十九路军除谭启秀的第五军被击破不能存在外，其余四个军损失不大，我全交你带领。在敌军未合围前应冒险向西急进，徐图再举，否则就干脆投降，受敌人宰割。我今晚决飞漳州，退龙岩，作最后反对独裁的措施。"毛看见我在他压迫下有离军决心，当即眉飞色舞扬扬得意。兴泉警备司令翁照垣、毛的参谋长赵锦雯等在旁也无表示。

随即召集开会，匆匆就敌我双方情况作了研究，认为再作有计划的抵抗蒋军已不容易，为保存力量，希望部队火速分路西进，到达闽西。宣布一方面军部队归毛维寿军长代理指挥。我即离军飞至龙岩等待部队，筹备补给，布置防务。如各部队指挥官怕牺牲，不愿西进继续革命，即由你们自决等语。随即作如下措施：

我一面自草一函交由毛维寿转达在途中的各级指挥官。详细内容记不清，主要意思是：我与十九路军将士10余年来，东征北伐，转战南北，抗日御侮，同生死共患难，何啻百战，此次福建起义目的是为了挽救民族垂危，唯目下形势险恶，泉州被围。我决心先至闽西与红军为伍，各军行动，由毛军长召集大家商量决定。

一面下手令派副参谋长范汉杰率高级参谋陈心菉（原曾充第一军参谋长）立赴厦门，找敌军总指挥蒋鼎文商洽，说明我已离军，要求保存十九路军番号，进行和平改编，保存部分抗日力量。当时我派范汉杰作为代表的动机，由于范和本军在1926年北伐时就有历史渊源，他是蒋介石最早赏识的门生，1927年冬就任浙江警备师师长，为黄埔生中最早任师长的一人。“闽变”中，十九路军将领曾怀疑他是和蒋介石私通人员之一，加以防范，故特派他前往谈判较为便利。后来了解范等到厦门，并未会着蒋鼎文进行这一任务。

17日近黄昏，我布置完毕，即乘飞机到漳州，令驻漳州的军政学校（军官团）员生，原总部的直辖两个炮兵营及第四军周士第团官兵，归余华沐教育长率领即开龙岩，并通知龙漳省代省长徐名鸿率政府人员及农民自卫军，也火速离漳，因当时敌军李玉堂部，已由厦门迫近石码（距漳60里）。我18日（或19日）飞抵龙岩。在龙甫三天，突接到毛维寿降敌消息。他们打给国民政府及国民党四中全会的电报，表示一致脱离人民政府，拥护“中央”，促李、陈、蒋、蔡先行离开，并推戴戟出来维持，除停止军事行动外，静候和平处理等语。

毛等的叛变，我在意料中，不足为奇。可惜随我多年的沈光汉、区寿年两部竟不能自拔于庸俗，令人痛心疾首。再过几天，在闽西善后处得悉毛维寿、张炎两人通电，就东路军第七路军正、副总指挥职。一方面军所属各军番号取消，原十九路军所属各师番号保留，唯营长、团长、师长各级正、副主官全部撤换。新任师长陈沛、杨步飞、伍诚仁、文朝籍等尽都是蒋介石的学生。毛维寿、张炎等降敌的结果，仅是一时受利用的傀儡而已。

据“闽变”失败逃回的师长们向我汇报，在我被毛维寿压迫离泉州后，次日毛召各军、师长以上会议，拿出我留给各军、师长的函件宣读之后，即强调说明后撤不可能，区区十九路军对抗天下大兵安得不败。在此前后包围之下，即使到达闽西，背靠江西，也无法生存，唯一生路只有接洽和谈。听说当时沈光汉、区寿年等人竟辜负我的期望，贪生怕死，不敢突围，被迫低头不语，只有云应霖师长一人敢于直言，鼓励大家率兵突围，被毛维寿派兵将云扣押，加以鞭打，全场于是噤若寒蝉。由毛维寿、张炎派赵锦雯为代表，向追击我军的敌军总指挥卫立煌接洽投降。这也是蒋介石多年收买的结果，但也是我姑息养奸之过，才招致十九路军这样的败亡。

7. 残部退抵闽西，最后失败

1934年1月19日，我退抵龙岩，20日左右漳州的后方部队及家属先后到达，沿途因受所谓“讨逆”军闽南总指挥杨逢年的特务武装袭击，颇为凌乱。由于我得悉泉州方面我军主力被毛维寿率领降敌消息，不胜懊恼。随即清点退集龙岩部队计：第四军周士第一个团约1500人，军官团学员800人，炮兵营、工兵营、高射炮队等部队约1200人，各军留守官兵约500人，徐名鸿所带的地方武装不计在内，4000余人。当时我军与红军有边界协定，没有西顾之忧，闽、粤边之永定有粤军黄任寰师盘踞，但尚无进攻企图。东边的敌军则进抵南靖，不敢深入西犯，我很想和傅柏翠合作，利用闽西善后处的基础作基地，继续反蒋抗日。于是下令彻底破坏漳龙公路，便将部队撤至大池、小池地区整理；加以犒赏官兵，并对残部讲话说明十九路军虽败，我志未馁，决与全体官兵共患难，同蒋介石作最后斗争。

约在1月底，得悉蒋介石宰割十九路军时，有廖启荣、石抱奇、黄镇、谢鼎新等团长，抗命率部西逃突围来闽西，已被蒋军截击消灭。我原派参谋处处长尹时中赴瑞金，尚未回来。

当时虽大势已去，今后出路曾计划有如下三条：（1）入江西参加红军行列；（2）回广东去；（3）留在闽西打游击。关于入江西，红军张鼎丞司令员曾派代表在大池和我磋商过，表示欢迎。但我误会在“闽变”过程，红军未能全力支持，才失败这样快，今残部无多，进入苏区，怕也难立足，所以迟疑未决。后来我的参谋长邓世增由粤回来，危言相劝，竭力破坏此举，故中止进入苏区计划。关于在闽西独打游击之事，我曾到蛟洋，在傅柏翠处小住几天，他很同意此举，表示全力支持。但鉴于大敌当前，蒋介石知我在闽西，必然全力来犯，没有红军这样打游击的本领，在粮弹补给困难条件下也难生存，故未作决定。关于回广东这一企图，在我初退至闽西时，陈济棠来电想收编我的残部，我电参谋长邓世增和他接洽。约在2月初，邓世增带同军需处长黄和春回到闽西大池，黄并遵我命带款12万元接济经费。邓告诉我，陈济棠拟将十九路军残部编为广东第一集团军独立第三旅，归驻粤闽边的独一师长黄任寰指挥。我几经考虑，为保存十九路军最后一点种子，带回广东去徐图再举反蒋大旗，便同意此案，为人事相宜，特选派黄和春任旅长，这个旅编成后，即移防永定。我便去香港。

到港后不久，忽闻该旅被陈济棠缴械，团长周士第几遭杀害，幸单骑脱险逃入苏区，我的秘书长徐名鸿则被陈济棠误认为是共产党人，派兵逮捕杀害于大埔。我电责陈不守信义。据其答复是因蒋介石不许十九路军残部存在，更不容许广东收容，才有此举。蒋、陈乃一丘之貉。我闻之痛心，异常后悔。“闽变”中徐名鸿对联共反蒋方面有很大贡献，他的牺牲至今还使人悼念。

“闽变”自1933年11月20日开始，迄1934年2月中旬止，历时三个月。由于淞沪抗日名闻海内外的十九路军就是这样地为反对独裁统治而遭到消灭了。

结束语

我于1934年2月下旬失败回到香港后，知道李济深、陈铭枢、黄琪翔等多人，业于上月底先后安全到达。他们去闽匆匆，离闽也匆匆，所谓搞革命，对十九路军的牺牲，似无多大足惜。唯我和蒋光鼐多年相率这支部队，据报被蒋介石、陈济棠所遣散的官兵数以千计，有些行乞归来，抵粤走投无路，闻之心有余痛，随即派遣军需处长叶少泉，携款至广州维持。并将“一・二八”战役国内外同胞捐献慰劳金，如数公布，以昭无私。经过一月时间的善后安排，自念闽变失败原因复杂，除发难过急，政策偏左，政治孤立，做法陈旧，内部混乱，脱离群众，兵力悬殊外，我自己指挥无方，学识浅陋，缺乏政治眼光，难辞其咎，故决心出国学习，并借机答谢爱祖国的旅外侨胞在淞沪战役时的解囊捐献、爱护十九路军的情谊，以备将来再干于国家有利之事。在出国前后，据我先前派往瑞金联络的参谋处处长尹时中回到香港汇报，他在瑞金多次见着红军军委副主席周恩来，在十九路军失败残部退抵龙岩时，周曾叫他打电报给我“打起红旗继续革命”（这个电报我未收到），尹临别瑞金时，苏维埃临时中央交给尹带出来给福建人民政府领导人，以后和苏维埃及红军联系的电台呼号和密码，以及周恩来副主席代表苏维埃中央殷切希望福建事变诸领导人，继续和红军合作反蒋抗日的指示。

十九路军联共、反蒋、抗日的事业虽失败，但失败后10年，伟大的中国共产党和毛主席领导红军打败了日寇。失败后15年，共产党和毛主席领导全国人民又继续打败了蒋介石的统治，解放了全中国。个人自闽变失败逐步跟着共产党走上革命道路，继续参加抗日反蒋工作。自扪对人民贡献绵薄，中华人民共和国成立后享受殊荣，引为愧怍。

李汉魂

罗王血战方摧敌，
滚滚黄流泛豫中。
国脉千钧悬一发，
胡尘万里障双瞳。
哀师有道应多助，
真理无偏本大公。
举世滔滔天下事，
芟夷丛棘振英风。

● 1894年生，字伯豪，广东吴川人。

● 1926年7月，北伐战争时任国民革命军第四军第三十六团参谋长，随军出征。

● 1937年全面抗战爆发，时任第六十四军军长兼第一五五师师长，驻军潮安，积极备战。

● 1938年4月，率一五五、一八七师北上增援抗战，参加归德、兰封战役。后又率部参加武汉会战，指挥南浔线对日作战。升任第二十九军团军团长兼第八集团军副总司令。

● 1938年10月，任广东省政府主席，率师回粤。

● 1939年1月14日，兼任广东省保安司令。10月8日兼任第三十五集团军总司令，后在北江西岸追剿敌军，取得胜利。

● 1945年8月，任第三战区副司令长官。

● 1987年6月30日，病逝于美国纽约。

铁衣曾照古中原

李汉魂

铁马金戈旧地　同仇敌忾当年

远在我还戍守潮汕时，我就曾向国民党中央请缨赴敌，及至移防增城，我第六十四军上下益坚此志。我的请缨报告及函电已经发出多次，只以增城一带加速国防工事构筑及民众组训、战前部署、部队教育磨炼等工作，哪怕是我驻防一日，也必须要尽心尽力去做。思想上，我是枕戈待旦，磨砺以需的；职责上，我更是不懈不惰，务求防地随时可以埋葬敌人，使敢于来犯者可以进来，休想归去！

第六十四军的第一五五师师长职务，增城驻防的后一阶段我已交给了陈公侠，我集中精力在军部而不必再分心于师部。1938 年 4 月 28 日，最高统帅部电令余汉谋副司令长官兼第十二集团军总司令转饬我第六十四军全部调赴武汉，并限 5 月 10 日到达，先归第六十六军叶肇军长督促指挥。这一宗命令在我是无须踌躇的，我个人和叶伯芹（作者注：叶肇字伯芹）交情原是不错，谁归谁指挥，对于一个战斗序列的组成和统属，也是统一军令所不容置疑的原则。第六十四军统率的第一五五师和第一八七师各层级的人员却大为惊讶，大家都认为叶伯芹在过去谈不上有什么好表现，尤其是在南京之战全军尽没，单身突围，嗣又混杂于难民行列中，曾一度被俘。将军被俘又不能自决，贻羞于军队，贻羞于广东健儿，此次再复军职，竟将我第六十四军置于其指挥之下，颇有不平。军中如此耳语，我为顾全大局，只有极力以服从为军人天职善加解释。

1938年5月3日，第一八七师首先开拔，由粤汉铁路北运；第一五五师亦分别在粤汉线南段指定的地区候车首途。军部所奉到的调动令是向河南信阳、明港集中待命，归军事委员会直接指挥。这一开拔前的最后命令，使军上各级员兵化解了不愉快。

我准时在5月10日抵达武汉，并即日向统帅部请示机宜。正在这时日军第十四师团土肥原率部已由濮阳大举南下，渡过黄河，进袭鲁豫交界、陇海铁路，绕鲁西南转入河南大平原的门户兰封，其意图是在于堵截我在津浦线上大军西撤之路，这是豫北方面情况的总估计①。至于鲁西南及苏北的情况是：徐州会战以后，我军完成了对敌的消耗目的，亦正需要急速向陇海线方面撤退，但李宗仁指挥的部队汤恩伯、廖磊、孙桐萱等三个军团及集团军等合计在10万兵员以上，前进容易，后撤困难，敌军已多路分出微山湖、昭阳湖、独山湖、南阳湖（此虽名为四湖，实际上是一个南北纵长大湖的四个段）以及济宁、鱼台、巨野、沛县进侵②，用意亦在配合濮阳渡河南下的敌军，陷我自徐州向西撤退的大军于绝地。所以统帅部紧急命令我在5月12日即晚，把第六十四军所属部队向河南归德（即古睢阳城，今之商丘）输送，军委会运输部门已安排好了交通车辆。我先从平汉路直上郑州，在道经信阳、确山、驻

① 据日本防卫厅防卫研究所战史室著《中国事变陆军作战史》，日军第十四师团于5月12日由濮县以南渡过黄河，14日占领菏泽。15日，该师团主力在菏泽地区，一部炸毁了民权县内黄集附近的陇海铁路。

② 据《中国事变陆军作战史》，日军第十师团于5月15日夜开始渡微山湖，19日一部攻占沛县，主力到达徐州以北；第十六师团于5月9日从济宁出发，14日占领金乡后继续南下。

马店、漯河、临颍、许昌等地的时候，使我想起1926年北伐军进军中原，这些都是旧日的战场；而此际铁马金戈，我为不是打内战而是争取国家尊严、民族解放的神圣抗日战争感到荣耀！昔年不喜欢战争，但为荡平军阀却不怕战争了；今日我仍然不喜欢战争，而且目睹战争使中国人受难、使人类受难因而更痛恨战争，但国家民族被逼向危亡的边缘，执干戈以为社稷，我又不害怕战争了。只因赶赴戎机，关山飞渡，预想世殊事异，当年北伐阵亡袍泽墓木已拱，恨未能停车稍留，一一亲临凭吊！

关山飞渡赴戎机

1938年5月14日深夜，我抵达郑州，即向第一战区司令长官程潜将军报到，并当面请示了作战方略，因为最高统帅蒋委员长已与第一兵团总司令薛伯陵兄早在半天前飞抵郑州[①]，作了东向堵截敌军由苏、鲁、豫西侵和南侵，并指示我第六十四军即沿郑州开拔东进，务期在兰封、考城、民权、归德一线邀击敌军，确保我徐州突围大军安全进入豫境，使陇海路阵地可以稳住。程司令长官根据蒋委员长的战略意见，向我具体提示了一些要点，我当即星夜转车先赴归德，薛伯陵总司令于当日比我更早来到开始部署。情报显示，敌军是分南北两路袭来，其攻击目标可以判定是归德，至于徐州以西的砀山，敌军估定为李宗仁西撤大军入豫所取的最近道路，当然也是敌我必须争夺的要地。

与薛伯陵兄召集所有参谋人员缜密研究并确定各项作战计划后，前线战况，知砀山东面敌我已接触，李宗仁司令长官一面仍固守徐州，一面则指挥有计划撤退，曾命孙连仲军团由萧县冲出，俾能与砀山俞济时的第七十四军取得联络，故此，砀山方面显系俞济时与孙连仲军团联手

① 据《第一战区鲁西豫东作战经过概要》，蒋介石和薛岳是5月12日同机抵达郑州。

在对敌激战。北线敌军在山东边缘城武的一支部队侵至部城集，其方向系有袭取我归德模样，以其行军速度计，16日晨我第六十四军警戒部队当能迎击。南线敌军在永城的另一支亦侵至大王集，其方向系四袭苏豫边境的亳县，本军彭林生师已部署一个团驻守，我和伯陵兄都认为防卫力量单薄。由于本军集中在归德者仅陈公侠师一个旅及彭林生师的五个营，在民权县附近的公路桥梁又已为敌空军炸毁，致我运兵军车饱受故障，情势骤然吃紧。我已向伯陵兄及长官部表示誓当死守归德，与城共存亡，所以把军部和师部都迁入城内，历史上张睢阳能慷慨报国，宁独我广东健儿不能媲美先贤耶？

第五战区李宗仁司令长官已奉统帅部命令加强砀山东面黄口一线，目的是减轻俞、孙在砀山之战的压力，砀山能确保，则东线10万大军的西撤可以把牺牲和损失减至最低限度。

我各方大军俱向归德靠拢，总计有20个师以上，根据统帅部的战区调整部署，所有鲁西和豫东地带均归第一战区司令长官指挥，当时以归德为中心的砀山、兰封各线的部队番号系俞济时的第七十四军、黄杰的第八军、宋希濂的第七十一军、桂永清的第二十七军[①]，连我统率的第六十四军，按统帅部的分配归隶以薛岳（伯陵）任司令的豫东兵团，是属于程潜（颂云）司令长官指挥的战斗序列。

二十几个师的兵力集中在一条线上不能不说是相当雄厚，我们的集中，意味着中原地区敌人必争而我们也必不轻易放弃，尤其是我们保卫中原也就是保卫武汉，未来的武汉会战，从整个战局盱衡似乎是必不可免的。日军自陷京沪，不采取沿长江仰攻武汉，转而企图先打通津浦线，再攻占徐州，然后由陇海线东段插入中原。河南地区平原无际[②]，敌军

① 据《陆军第二十七军兰封之役战斗详报》，该军成立于5月16日，军部于20日到兰封，所辖第四十六师和第三十六师分别于19日至21日先后到达。

② 河南省的地形，以平汉铁路（今京广铁路）为界，东部为平原，西部为丘陵山地。

认为有利于其大兵团和机械化部队的运动，所以敌人方面发狠夹击徐州，企图达成一举迫我缔城下之盟，以迅速结束侵华军事；另一方面又急欲控握我郑州以东陇海线东段，以后再窜豫西、迂回湖北的襄樊以至宜昌、沙市，以拊我武汉之背。亦即是说，倘使上面迫和的企图落空，则河南平原仍是敌方机械化部队驰骋的最佳选择。我们重兵把敌人在砀山至兰封一带牢牢吸住，其实际意义亦在于有从容余地布置武汉会战的外围。

17日，豫东兵团总司令薛岳通知我将拨第二十七军桂永清部归我指挥，并打算以第六十四军、第二十七军为基础编为一个军团。诚以当时军事活动地区范围日趋广阔，为收指挥灵活、进退统一之效，以较大作战单位的整体运动应付战局的变化更为有利。二十几个师摆在一条四五里长的战线上，不采取一种较大地区、较大集体的统御来协调作战实际，也容易使戎机失误，所以统帅部早就有建立军团一级指挥机构的成例，战事紧张中，这一战斗序列的编组已经实际形成。

根据战报，豫北、鲁西前线获知敌军绝密命令，土肥原师团的主力部队陷鲁西菏泽，第三十二军商震部与敌剧战，损失奇重，所属第二十三师李必蕃自杀殉国[①]，然后敌右翼向兰封，左翼向归德。薛伯陵总司令命令第八军黄杰部、第七十四军俞济时部向归德集中，并命令我沿归德、柳河、民权、内黄集一带巡视部队集结及防务情况。民权、内黄集已有敌先头部队窜至，并破坏我铁路、骚扰民居，但似亦知我大军云集，未敢大规模肆虐即回窜。以我视察沿线和对敌情的判断，认为考城、内黄集及兰封一线将有恶战，我当即急报薛总部严加监视。19日老考城、内黄集一带果由土肥原部混成旅以其所突破的缺口继续加强；在兰封之东面仪封附近遮断陇海铁路，第七十一军宋希濂部已与敌接触，双方纠结在一起，战况胶着。最高统帅蒋委员长亲临郑州指挥，命第七十一军

① 据参加菏泽守卫战的齐国楮、陈锐霆、张尊光回忆，李必蕃是在战斗中身受重伤，抢救无效而壮烈殉国的。

宋希濂部、第二十七军桂永清部联合由兰封向东扫荡；又令第二十集团军商震部向东侧击，豫东兵团薛岳部向西夹攻，砀山、归德不能放弃，以期吸住敌人。

薛总部下达了全线的作战命令，其要旨是：

一、第七十一军宋希濂部坚守考城、内黄集一线，吸住突破缺口之敌军，不得后撤。

二、第六十四军李汉魂部主力即晚趋赴桃园关，第七十四军俞济时部暂拨配合李部增强防地，并拨工、炮兵各若干归属配合运动。

三、第六十四军的第一八七师彭林生部仍留归德暂归第八军黄杰军长指挥，为豫东兵团总预备队。

四、陇海线砀山至兰封段必须确保，第六十四军进驻桃园关后，应与鲁西曹县方面三集团军孙桐萱副总司令密切联络，以期强化东线，收堵截土肥原南下及掩护徐州西撤大军顺利通过之效。

五、以李汉魂为本兵团第一路总指挥，以桃园关为中心之各部暂归节制。

薛总部命令下达后，全线各军、师俱在紧急部署中，我第六十四军军部已设在桃园关，第一五五师在张平楼，第七十四军的王耀武第五十一师在孔庄，冯圣法的第五十八师亦由柳河向孔庄靠拢。我过柳河时已暮色苍茫，当向薛总司令报告前线仍稳定，第三集团军孙桐萱副总司令兼第十二军军长已派兵站人员与我取得联络并交换了敌我情况，确定互相通报、互相配合。薛总司令又命第八十八师第二六四旅及第八十七师一部归我指挥，第二六四旅廖龄奇旅长即在野鸡岗防地以电话向我报到。我赶至桃园关已是子夜，未暇休息，已得哨报：土肥原主力由菏泽南下万余人，大炮七八十门，坦克百余辆。判断其意图系向兰封进扰，符合薛总部命令指示我方作战之部署。看来这一线上地平山少，无险可恃，有利于日军机械化部队的运动，我虽处处设置重兵，未能根本扭转劣势。曾向总部请示，薛伯陵总司令命我便宜行事，意思就是要求我随机应变，并授予我因应局势的全权，所以我暨旦即赶赴李堂，已知第一五五师到达朱庄寨，俞济时军各部到达楚庄寨、石楼，而第二六四旅廖龄奇亦在突击中将侵入高集之敌击溃，保住高集，并堵截内黄集附近之敌。我即传令各部兼程赶赴内黄集接应。

5 月 22 日拂晓，本军陈公侠第一五五师率先抢达内黄集、人和集及黄寨，与第二六四旅会合。敌在我压力下集结了步骑 2000 余、坦克七八十辆、炮二三十门、装甲车百余部，流窜于附近金盆、大河湾、双塔、七岗一带，第一五五师即分遣主力追击，协同俞济时军一齐占领七岗、贺村集、马庄寨。所有执行出击任务的各部在与敌不断接触中，敌军向陇海线铁路以北逃窜时，伤亡比我方为多。这许多日来，由于本军初投入豫东战场，实战经验的水平不高，只是目睹本军将士用命，友军亦互相竭力协调，不负薛总部交付的重任；然我也看到部队各层级的联络往往未臻确实，偶有差错，幸未造成大过已属侥幸，这种各部普遍存在的现象是不是能逐步克服呢？克服的方法又在什么地方呢？我认为这已成为我们克敌制胜的关键性问题了。

保卫陇海线　争夺罗王寨

豫东陇海线这一走廊地带仍是第一、第五两个战区作战重点所在。铁道沿线凡曾被敌人袭入或被破坏的，我工兵部队于收复地段随时修复，这是从徐州大军顺利西撤的前提下考虑。当然，第五战区的主要战场已经自徐州南移，国军整个实力的保持，不能不是我长期抗战的重要抉择，所以保卫这个走廊地带成为全局的着眼点。第一战区程司令长官、豫东兵团薛总司令已奉统帅部命令务须于6月初旬以前保住豫境郑州以东的陇海线，因为徐州大军可能在这限期前西撤完毕，同时战场上将会出现另一阶段的新部署。前者我们是理解的，但后者却成为一宗历史上的疑案，那件后来纠缠了很长一段岁月的问题却一直不曾揭晓！

敌军土肥原师团陷于被夹击的态势下，乘夜跨过陇海路向西南方狼奔豕突，内黄地区附近的每一个点都处在互相拉锯中。

5月23日，我至内黄，旋即转向高集与俞济时军长会商部队协作，然后经双塔转阳堌，沿途土地平旷，一望无垠，但沙砾连延，酷似沙漠景象。阳堌一带零散部队极多，均自报为前线撤回，并出示番号，顿使我怅触甚深。“战士军前半死生”，为将帅者当如何使征者皆无嗟怨？

是夜，阳堌各部队负责人集中会商，桂永清军长、宋希濂军长[①]均提到对前线撤回的战友如何收容、再重新编入战斗序列和如何统一指挥的问题，收编一事当电请总部迅饬兵站负责，统一指挥则各军、师长均一致推我担任，我谦辞不遑，表示应请薛总司令亲来主持为是。当时情况正值千钧一发之际，各方瞩望殷切，我自忖必要时亦唯有硬着头皮一干而已。电报已发，但应付局面，大家仍力促我权宜。

阳堌、罗王寨、兰封、内黄集从地图位置看刚好在一个菱形的四个项点上，每一点从两臂延伸都在同等距离之内，所谓掎角之势，也正是指此，所以阳堌就成为一个临时的指挥中心。但人员突然集中，给养不足，亦已急电薛总部请接济。

本军陈公侠第一五五师23日通过指定之酒府楼、孟角集向罗王寨攻击前进，已得手。罗王寨是陇海铁路上的一个不大不小的车站，东至

① 据《陆军第七十一军兰封会战战斗详报》，宋希濂于5月23日下午到大曹；24日3时后去兰封，午后去阳堌会晤李汉魂、桂永清。

兰封约25公里，西至开封约75公里。当时敌军土肥原师团以快速部队驰骋在豫东平原，兰封已暴露在铁路线东面，内黄集亦曾被敌骑一度抢攻，但被我规复。为堵住敌军西进开封，并遮住敌军南下，罗王寨在战略上很具意义，且由阳堌北至罗王寨有小小丘陵，确保罗王寨，不但争取空间，也争到全局战事得以从容重新部署的时间。所以第一五五师能抢占罗王寨并控有车站，备受各方瞩目。但不旋踵又得罗王寨方面战报，第一五五师占罗王车站后，以左右翼友军俱未配合前进，且第七十一军宋希濂部及第一〇六师沈克部通报谓兰封已失，嘱向贵李庄及固寨迅速移动，因此第一五五师放弃罗王寨。本来以一个师级的单位，在一定情况下相机进退，未为不可，唯以一子错下，将会招致全线动摇。我严令第一五五师就酒府楼、黄寨、老庄一线停止后撤，整理后再图补过。在这一次的小失误中，桂军长、宋军长、俞军长等俱以友军之间联络欠缜密、交换情况欠确实，皆认为各部之间迫切需要统一的指挥，方能更臻协调，提高战斗效果。大家要重提这件事，我也不敢推辞了，各部马上派出了参谋、情报、后勤的人员向我的指挥所集中，共同拟制了翌日的总攻计划，内容是：要求宋、桂两军即刻行动，克复兰封，由本军克复罗王寨，俞军向东掩护宋、桂两军并施行监视敌军向民权、商丘、虞城之蠢动。计划初定，薛总部已派廖鸣欧参谋长赶到，传谕全线交由我暂时统一指挥，电令随即亦由译电员译出，举座咸表服从命令。

在豫东兵团中我此时按命令暂称第一路总指挥，我们再一次研议，以会上确定的计划内容，由我下达了指挥部命令，其要旨是：

一、所有在阳堌地区的部队（包括由前方撤来未经重新整编的营以上单位在内）迅速集结，部署为三路待命。

二、以第二十七军桂永清军长统率本部第四十六师李良荣、第一〇六师沈克，与第七十一军宋希濂军长统率本部第三十六师蒋伏生、第六十一师钟松共四个师为中路[①]，向兰封、仪封攻击前进。

三、以第七十四军俞济时军长率本部第八十七师沈发藻、第八十八师龙慕韩等为右翼向仪封以东攻击[②]，并警戒豫东走廊，监视敌由鲁、皖边境向民权、商丘、虞城窜扰，争取与第五战区部队相机联系。

四、以第六十四军李汉魂部第一五五师陈公侠、第五十八师冯圣法所属及一切可以临时编组之战斗人员，一律拨归左翼，集中攻击罗王寨。

五、临时指挥所仍在阳堌，我位置在阳堌与罗王寨之间。

1938年5月25日晨1时，各部队出就攻击预备位置，拂晓施行总攻，各点上人人奋勇，进展甚速。当时有若干中外记者由徐州西撤或由郑州专程来作陇海东线采访的，都通过有关军政方面与我临时指挥所联系，要求在现场观战。我以仪封、兰封、罗王寨一线目前部队运动情况瞬息万变，诚恐在一进一退之间交通工具供应不够理想，安全问题欠缺可靠保证，尤其战场在平原地带，无险可恃，所以战场范围内外民众俱多撤退，我各部参谋、政工、后勤人员均不能不随战况移动，倘确认不以上述情况为可虑，我们是欢迎传播媒介的先生、女士参与前线观察的。我庄严地表示：我国家民族现正遭逢历史上空前的灾难，前线的军民以无比艰苦卓绝的精神迎击日本军阀所横加的侵略凶锋；后方的每一个中华儿女

① 据《陆军第七十一军兰封会战战斗详报》，5月24日至27日，宋希濂指挥第八十七师、第八十八师反攻兰封。据《第十七军团兰封会战战斗详报》，5月23日起，蒋伏生第三十六师归胡宗南指挥，攻击曲兴集方面之敌（最后一次攻击是29日）。

② 据《第十七军团兰封会战战斗详报》转引李汉魂5月25日的通报，当日，俞济时率第五十一师及两旅由东岗头向兰封西进。

亦磨砺以需，配合前线的需要争取尽到一点一滴的力量。在我们国土上已没有什么前方和后方，天南与地北，男人女人老人少小。我们不喜欢战争，但当战争硬逼着逐人而来，我们对战争也丝毫不会惧怕，中国的抗战并不单纯为了自我的民族解放，同时也是为了国际和平与正义，为全世界人类打通一条争自由、争平等、争民主、争人权的道路。我们要求所有具有正义和人道主义精神的新闻界，正确地为我们神圣的反侵略反奴役的战争加以传播和报道。使全世界的人知道我们是如何以劣势的装备和貌似强大的日本强盗作战。一城一地的得失，并不影响我们长期抗战的决心，中国历史曾有一句名言："哀师必胜"，在战场力量对比上，可能我们一时还比不上敌人；从整个国力竞赛上，我们拥有更多的潜能为日军所望尘莫及。希望我们这种忠诚和现实得到举世舆论的支持。我以上的庄严表示，也就等于我代表我所属部队的庄严誓言，所有新闻界的先生、女士们都一致颔首。

然后，我嘱咐参谋、政工、后勤各个系统尽可能给予消息界的人士以最大的方便。根据各自采访项目的不同，记者先生、女士们都分别向战斗部队接洽出发了。

土肥原是漏网之鱼

和我第六十四军一同上战场的，有中国的记者，有路透社、哈瓦斯社、合众社等外国记者，还有一位是美国的阿特丽斯女士（按：当时这位女士是什么通讯社和英文原文已不能记忆）。

就在阳堌至罗王寨之间的小丘陵，我以短距离逼近火线的高阜作为指挥中心。廖鸣欧参谋长则在阳堌专一与薛总部和我沟通联络。

第一五五师既以血肉之躯换来罗王车站之占领，却又撤出，造成了一桩小失误，所以此次接受命令后，全体战士（当时仍以广东籍者居多）

咸抱以身许国之心，而且表示不负广东健儿称号，立志要再克罗王。25日午后，第一五五师正面发动顽强攻势，集中炮兵射击车站及罗王寨敌军，敌方枪炮所组成的火网有时亦为我炮火压下。敌炮火发射较弱，我前线步兵即抢前一步，虽伤亡枕藉，但后继如潮。罗王车站及寨内所有可以屏障的物体均已扫荡无遗，我第一五五师又一次冲入站台，把敌人压向寨外，然而敌方到底恃其火力炽盛，又抢入站台与我军超短距离接触。我军炮兵阵地未敢向敌我扭结一起的目标发射，于是站上的我方战士又不得已退出。傍晚，残阳如血，烟硝随晚风荡漾，指挥所每个人凝视战场情况的惨烈，莫不怒发上指，后续部队川流涌上，视死如归。以我七年来培训出来的广东子弟兵，一旦血染沙场，我固涕泗如泉，而中外记者亦不禁暗弹热泪。当傍晚攻势再开始前，薛总司令亲临指挥所指挥，并命令第五十八师冯圣法部加强何寨、范店之攻击，以牵制罗王车站敌方兵力。大概罗王车站敌炮火稍弱时，亦即何寨、范店以至杨寨、杨庄、大杜庄一带冯师施压生效所引致，于是罗王寨及车站成为敌我拉锯的重点。薛总司令已知前线部队粮糈运输未如理想，有些人员已超过一日未进食，因此以电话传令后勤补给部门迅速扭转前线供应情况，士气复为大振。

5月26日，左翼战况仍在胶着，我所同时指挥的中路宋、桂两军及右翼俞军颇为得手。拂晓，罗王寨正面再由我第六十四军发动攻击，第一五五师仍当前列，我部队之坚韧不磨，敌军亦为气夺。午后，我命令炮兵伴随步兵前进，至接近千米然后发炮。且当时胡宗南将军的第十七军团已由陇海路西段输送至郑州、开封，由该军团调来一团配备炮兵营加入我左侧方作战，于是形势又转有利，炮击效力亦强，相持彻夜。敌军利用站上车卡作两重掩体，罗王寨内，则已空荡无物。至27日，我终于突破罗王寨敌军主阵地，罗王车站及村寨为我克复[①]，东线第七十一军亦同时克复兰封，陇海路重新打通，我火车42列全部安全撤回，经开封、郑州西驶。

残敌北窜中，我第一五五师在罗王寨敌军指挥所拾获若干敌军遗弃文件、辎重及军实，发现有土肥原自佩军刀一柄，可以证实此次罗王寨争夺战土肥原贤二系窜至寨内指挥，当我军迂回插入寨后，土肥原在前后受制不得不逃。阿特丽斯女士两昼夜观察过程，对中国军事活动作出了正确评价，而战场苦战、天地震怒、战士饮血的壮烈情景，女士曾在其采访通讯里倍加赞扬，对我殉国战士也表示了深沉的哀悼。

土肥原的指挥刀，钢质精纯，锋利无比。那时河南省地区还流通一种大型铜币作为辅币，这种通货比南方的小铜圆大一倍，据说是一枚比照小铜圆两枚流通。军部把一叠二十枚的大铜圆叠立，以土肥原军刀试之，一斫而对分两半，古来所谓“削铁如泥”“吹毛可断”的锋刃，此足当之。

滚滚黄流泛豫中

自1938年5月底，我豫东各部队在分地段、分点线与敌军血肉周旋以后，为避免在广大平原上决战，第一战区主力奉令向平汉线以西撤退。

从整个战略而言，陇海线由砀山至开封及郑州这一段，当时有二十几个师云集保卫，主要是使徐州西撤的大军能顺利通过豫东走廊，进入中原腹地，重新整补来迎接新的战斗，而且陇海铁路上东面的许多车辆和战备物资亦需向西撤退。国运艰难，中原板荡，我们军次每一个地方，

---

① 据《第一战区鲁西豫东作战经过概要》，中国军队于28日丑时克罗王车站，拂晓克罗王寨。

不管是过境、驻扎、布防或真的要在那一块土地上作战，老百姓对于部队的支援协助，都使我们有一种亲切的激动，如果一个移防，老百姓的恋恋不舍，往往留给我们恒久难忘的印象。我们自己切身体会是：老百姓是承受了战争给他（她）们最直接和最大的痛苦，除了现场的破坏与死亡的威胁以外，一旦在争夺战中我军退了、敌军来了，那么老百姓的惨状就更是不可想象。南京的大屠杀，反映了日本军国主义者是没有人性的野兽，它们所豢养的屠夫要毁灭人类的文明，到处奸淫烧掠，几乎每一个沦陷区的城市和乡村，都一体受到荼毒。所以一城一地的得失，人民群众的惊惶困扰，也是我们所目不忍睹、耳不忍闻。人谁没有良知？民族生死搏斗中谁不会激起忠贞报国的意念？在我作战陇海、拉锯罗王之际，战地上质朴的乡人以最质朴的话语问我：我们什么时间可以打败日本鬼子？你们辛苦打胜了为什么还要撤退？你们撤退了叫我们怎么办？语言很浅白、很直率，但内容就很复杂、含义也很深远了。值得思考的是：到底人类世界中为什么有人要发动侵略战争？为什么国家不能保障人民不受战争的摧残？老百姓舍不得我们走而我们为什么还要走？我们说过要与一城一地共存亡，要与老百姓一块儿共存亡，为什么到头来我们还有所谓“战略的撤退”？老百姓不会理解什么“战略”与“不战略”的，老百姓需要依赖国家的保护，需要军队的保护，但当我一碰上“战略撤退”的时候，我们固然不能像“三国”时代刘备携民渡江，当然老百姓亦未必能跟着国军去撤退。因此老百姓对这些常常觉得迷惑。

至于我们奉令一定要在5月底以前完成陇海线上任务，既保卫、又转进，既争夺、又撤退，我们许多并肩作战的部队应当说是在局者，有时尚且捉摸不到统帅部的用意，何况战地上的老百姓呢？对于这些问题，以后将作出如何解说，那就只待历史去衡评了。

1938年5月初至6月初，有一件牵涉面很宽广的事情，发生在历史上本来就是多难的黄河上：郑州至中牟间黄河南岸花园口崩决了堤防！

这是一个惊天动地的讯号。滚滚黄水如野马脱缰，冲毁了无数的家园，淹没了老百姓世世代代辛勤耕作的田野，平原变成了“海”，人畜变成了“鱼”，这是一场和战争一样惨痛的浩劫，而且也是伴同战争降临到这个中州平原上的空前灾难！但黄水的泛滥，却也吞噬了敌人，拖延了日本军阀在中原的侵略计划。

黄河在河南境内孟津至兰封、考城间800余里，河床往往高出地面三米至七米，全靠河堤将水约束，所以一有决堤，黄流之患严重。到底这一回黄河决堤是自然界的灾害呢？是敌人干的呢？还是我们自己干的呢？

“黄泛区”成为一个专有名词，在抗战期间以及抗战胜利后的好长一段时期，“黄泛区”的善后工作进行了十几年，似乎还没有把被破坏的生态均衡扭转过来，它的“疮疤”仍是历史的遗痛。

当年我们曾经寻找答案解释这个谜，现在我们也还求索对这一事件的公允评价。

随民泪尽胡尘里

浩浩黄流，中原泛滥，豫东战争脱离了陇海铁路线，向南发展。

土肥原在罗王寨漏网未成擒，三军上下都引为憾事。由于遵照统帅部指示，放弃陇海东段（作者按：命令系指平汉线以东的铁路线）南撤。时商丘已失，且杞县、睢县闻警，日军继续向西进犯，我立即饬令加紧战备，第一五五师、第五十八师均向杞县集中，而兵团总部复将第一〇二师、第六十一师及骑兵第一师的第二旅归我指挥，第一八七师自商丘突围，亦在杞县归制。

1938年6月1日，杞县已蒙受威胁，但我正面有第一五五师、第五十八师、第一八七师等三个师严阵以待；宋希濂部的第八十七师、第八十八师则在右翼侧击敌军左背，黄杰部的两个师在敌右臂施压。这样一个袋形阵地，只要左右两翼合拢，则敌军极有被聚歼的希望。偏偏在这个时候，统帅部指示主力向平汉路以西地区移动的命令到来，宋、黄两路所属部队一概在移动之列，而且命令指定要在6月2日撤毕。我虽然在这一线上并非主将，当时防卫杞、睢，堵截敌军西犯通路，已经大家协商做好安排，此时命令下颁，受命者不免观望犹疑，战斗意志上亦打了折扣。

我原来下达的命令是6月2日早上4时开始进攻。敌方炮击了一整夜，破晓之际，初觉四野寂然，在指挥所的地下室得到各方的电讯报告，知道黄部与钟部俱已联络确实，独宋部未至。杞县东北我阵地向前移动并有战果，但全线的态势显示，敌军主力躲开我东北面重点，渐趋西面拢聚。本军第一八七师彭林生部所守的猪皮岗在双方接触中为敌攻占，我西向退路倍受威胁；黄、钟两部固然未敢违令，撤退的消息毕竟对他们产生了干扰，他们亦不能不顾虑到下一步的行功，迟迟不再推进。我有指挥坚守杞县到最后一秒的责任，我也必然需要采取一次有力的进攻作为全县安全撤出的掩护。我以本军主力由右翼出击，吸住敌人左方的注意，然后在暮色已合的时候命令分批离杞县北门，转西南通许、鄢陵中间地区转进。一场本来可以狠狠膺惩敌人的机会，我们又白白放过。

据前方战报综合判断，通许已被敌占，其前锋也许会直下扶沟，威胁许昌，因此我迅令所部，尽量争取转向鄢陵或径越铁路线西撤。我为巡视所属部队西撤情况并洽理部队给养、布置沿线应变措施，所以由鄢陵到许昌后，便即北赴新郑。当时归我指挥的各部，大多有秩序地由新郑以南、许昌以北地带分别向密县、禹县附近集中，薛总司令已在登封传令各军、师迅加整理后，各自沿平汉铁路就地布防，并着我负责这一地区的防务。当时这一地区还有其他部队，大凡知道我曾率所部三进三出罗王寨，都表示愿归我的指挥。因此我即以第二十四师负责新郑的守备，以第六十一师担任右地区，以第一五五师为总预备队。我各部全面摆开后，左与胡宗南部联络，右与宋希濂部联络，敌如来犯，这里也将出现一次恶战。

6月9日，奉统帅部蒋委员长命令，我被任命为第二十九军团军团长，为便利控制本地区全局，军团部设在登封，五岳中的中岳嵩山即在登封境内。大概河南省整个地形是西高东低，平汉铁路南北走向好像有意地把豫西和豫东分成山区和平原两个部分。以我国军事力量和装备水平，在广大的平原地区作战，我们有先天的缺陷：没有重武器，没有机械化部队，没有平原上大兵团运动的实践经验，因此我们在过去一个阶段屡屡吃亏，可能也与此有关系。豫东作战，特别是兰封、罗王的战役里，我们集中了20多个师，以归德为中心沿商丘、民权、考城、兰封、罗王铁路线及平原上的宁陵、睢县、杞县等地布防，兵员的数字是庞大的。尤其当第五战区的大军要通过铁路来西撤，我们为了确保完成这一任务，曾不惜摈弃一切，全力以赴。如果说我当年指挥考城、仪封、兰封、罗王一带的战役是属于平原上克敌的一个比较出色的战例，则薛伯陵将军统筹豫东兵团辖属40个军20多个师在几百里长走廊地带的活动，其战略预见与部署的周至，都闪耀了一些智慧的光芒，而精神和魄力，犹其余事。

我在登封仍继续负责指挥新郑、长葛、密县、禹县一带军事。黄河的泛滥一直向豫东南淹浸，除了一部分由中牟贾鲁河流入淮河外，其余县份都是一片汪洋，泛区已至鄢陵、扶沟一带。敌军无疑是被阻截了，又被吞噬了，其侵略凶锋也被遏止了，日军的通盘军事行动显然被拖住，而且东撤不及的敌军不少被我包围就歼，整个攻防形势都有了改变。但请不要忽视，我们的老百姓，随着黄流泛滥而出现的悲剧，我们也不忍闻问。千秋功罪，功罪千秋！

不久，我奉命回师武汉，关于沿铁路线的防务我当然应该有一个交代。我由登封遄赴洛阳请谒程潜司令长官，他很诚挚地和我检讨此次豫东的战局，肯定了第六十四军在兰封、罗王一线上的贡献，并特别指出广东部队在战术的灵活、斗志的坚韧和机动性强，罗王寨的争夺，三进三出，很能体现军事上的指挥艺术，（作者自按：当时程颂公是说“艺术”两个字，我说：打到落花流水之际我已不知道什么是艺术了。他笑了，说：“落花流水不就是很艺术吗？”）他认为：“一个部队不能上下一体，兵将同心，焉能互相信赖，执着不移？焉能生死以之，义不反顾？明此，则带兵之道，思过半矣。”彼此拊掌而笑。我还说：友军是临时推定我权充指挥，微友军之力，本军亦难奏此肤功也。程颂公拍着我的肩膀带着浓厚的湖南土腔：“你是好样的！”

登封至洛阳当然亦在戎马倥偬间，但因平汉线以东战局稍见稳定，遂乘机和几位军部、军团部同行赴洛的死生战友采访一下沿途的乡土民情。豫中民风淳朴，只以历代相沿，中原向为兵家所竞相逐鹿。北伐时期，民众在我革命部队义旗所举，赢粮景从，往事依稀，仿佛如昨；此际在抗御外侮、求民族存亡的斗争中，河南民众之大义凛然，毁家室而纾国难，沦战火而无怨言，中州豪气，足为炎黄子孙增添光彩；至于地方经济破落，具见河南省人民穷且益坚，青云志在。

越嵩岳，过伊川，到洛阳这一条路，和我一同来回的几个相从于烽烟患难中的老伙伴，途次既谈战役中得失，亦论生民疾苦与人世沧桑，慷慨悲歌，复俯吟低咏，我口占一律：

罗王血战方摧敌，滚滚黄流泛豫中。
国脉千钧悬一发，胡尘万里障双瞳。
哀师有道应多助，真理无偏本大公。
举世滔滔天下事，芟夷丛棘振英风。

吟罢曾试以纸条记下，并戏谓同行者，如能在10分钟内作出和章的，回登封由我请客。种石（作者注：吴种石兄自北伐以来即相从于戎幕，时系六十四军上校秘书、第二十九军团参议）先成，其和韵为：

洛阳花事都开遍，剩有荆榛夹道中。
历乱马蹄翻碧血，依稀鸿爪映青瞳。
黍禾有恨悲明主，丝竹无声吊巨公。
柳叶似眉偏爱绉，伤春何暇怨东风。

种石诗才颇捷，在北伐时期他的诗作已为好友推许，洛阳途次雅事，我至今犹能记忆者仅此而已。游戏文章，点缀了我们军中生活。

1938年6月17日起，我分别下达了本军各部按次序集中南下的命令。陈、彭两师已先于16日开动，张师亦于17日出发。19日我抵武汉。

黄　涛

倭寇北上，我军南下，敌要曲江，我要广州，是为上策，断其归路是为中策……

- 1900 年生，号肇坤，广东嘉应州镇平（今蕉岭县）人。
- 1938 年 4 月，任第六十二军第一五七师师长兼厦门警备司令，驻守潮州。
- 1939 年 9 月，任第十二集团军第六十二军中将军长，率部参加冬季攻势作战、三次粤北战役，牛背脊、良口战役重创日军一〇四师团。
- 1944 年，率部参加长衡会战、桂柳会战。
- 1945 年，抗战胜利后，被派往中国台湾、越南等地接收。
- 1973 年 12 月 17 日，病逝于广州。

第一五七师驻厦期间之防务

黄　涛

第一五七师是由广东部队李扬敬军的黄质文、黄延祯两个师合并编成的。我任师长，下辖两个旅（旅长练惕生、李崇纲），六个步兵团，师直属部队有一个特务营、一个工兵营、一个通信营、一个炮兵连和担架医疗卫生队等，全师约 8000 人。1936 年 9 月第一五七师在广东海丰集结，10 月沿陆路开至闽南漳州接防，归福建省主席兼绥署主任陈仪指挥。师部驻漳州芝山，所属各部分驻海澄、漳浦、云霄、南靖等县，任务是“绥靖”地方。

抗战爆发后，军事委员会为开辟华南战场，牵制日军，于 1937 年 8 月底电令我师派部进驻厦门，电文中有“着该师长即派兵一旅进驻厦门，竭力固守，并委该师长兼任厦门警备司令，仰即遵照具报为要”等语。我在 8 月 27 日深夜接到军事委员会的电令后，即决定抽调驻海澄的陈浚团先行出发。第二日（星期六）晚上陈率全团乘车到集美渡海，翌日拂晓前即进抵厦门市区。

当时日本帝国主义驻厦领事在厦门设有警察厅。当地的汉奸、流氓、台湾浪人等，在日本警察厅庇护下，勾结贪官污吏、地痞流氓、走私漏税、贩卖毒品，无恶不作。中国当局在厦门虽设有市政、公安等权力机构，但一切地方事务须按日本驻厦领事旨意办理，厦门成了日本帝国主义的势力范围。

鉴于厦门情况复杂，且沿海形势紧张，随时可能发生战事，我迅速增调一团兵力至厦加强防卫，并派旅长练惕生兼任警备司令部参谋长，负责该部一切事务。我则来往漳州厦门间，负全面防务责任。

9月1日，厦门警备司令部成立，我亲自到会主持。司令部人员大多由师部调拨，下设参谋处（处长由中校参谋黄耀兼代）、副官处（处长由少校副官叶秉南兼代）、军需处（处长由科长黄耀南兼代）、军法处（处长黄启桐）、政务科（科长陈伯麟）、侦缉队（队长由黄耀兼）。司令部一成立，就着手各项工作。

第一五七师入驻厦门以后，形势日趋紧张。我以厦门为东南海防要地，日本帝国主义必不以厦门仅为其势力范围而满足，终有一日要攻而占之，加强厦门防务至为紧迫，于是采取了如下措施：

一、积极构筑防御工事。从9月初开始，日机不断对厦门进行侦察和轰炸，日舰亦时常炮击，军情异常紧张，构筑防御工事刻不容缓。我除在厦门征购一部分建筑材料，并令将漳州与嵩屿间的铁路路轨拆除一部分运到厦门利用外，又派员赴香港购买水泥1000桶（后因香港无货，改在菲律宾购买），用轮船运到厦门。我还请第四路军总部（总指挥余汉谋，驻广州）派上校工兵科科长郑兰鹤前来帮同筹划构筑事宜。防御工事由胡里山起一直向东延伸15华里，沿海一带共筑有半永久性的钢筋水泥轻重机枪掩体100多个，炮兵阵地两个（下文叙及的升旗山炮台不在内），从胡里山旧炮台拆运了两门大炮安装在阵地上。另外，还筑有坚固的散兵壕。为加强炮兵火力，除新建炮兵阵地外，还着力修复旧炮台。厦门原有两座旧式炮台（台长姓龙），是与广东虎门炮台同时兴建的。每座炮台装有旧式大炮二门，共四门，其中两门的口径为24厘米，射程可达万米以上；另外两门约14厘米，射程可达8000米以上，共有炮弹500余发，均可使用。但炮台因日久失修损坏，已不堪应用，我遂对其加以修复，盖好炮塔，费了很多人工和材料。

构筑厦门防御工事的经费是由厦门警备司令部上报国民政府，再由国民政府转福建省府核准交厦门市府筹拨的，总计有六七十万元（确数已忘）。后没用完，余二三十万元，均拨作师部公积金。

防御工事尚未竣工，敌舰已多次驶近厦门袭扰。9月3日三艘敌舰骄横地向厦门驶来，我胡里山和屿仔尾炮台守军突向敌舰开炮，将其中一艘击中。敌舰尾部冒起滚滚浓烟，狼狈逃去。敌舰经此一击，不敢再行靠近，只在远处停泊。但数日后，敌舰又复蠢动，用密集炮火向我炮台射击，我守军亦开炮还击，彼此互射约半小时之久。惜我旧式大炮射程有限且射速小，最后被敌炮击中（炮身炸坏，炮座亦完全被毁），数名炮手牺牲。

二、组织和训练禾山地区壮丁。厦门的禾山是个人烟稠密的地区，当时常受日机轰炸与日舰炮击，当地居民对日帝极为痛恨。为发挥民众力量以配合军队日后作战，我把当地壮丁组织起来，编为两个民兵大队九个联队，共560余人，把师里多余的枪支发给他们，并对他们施以训练。我曾检阅过这支民兵队伍，他们纪律良好，精神焕发，显示有决心保卫家园，给我留下深刻印象。

三、布设疑兵。由于防线长、防区阔，兵力配备实感不足，一旦战事发生，从后方调兵增援有困难；加以厦门环境复杂，我方兵力虚实若为敌探侦知，当后患无穷，我乃命一部分部队于夜间乘船过海在集美登岸，白昼再由嵩屿渡海回市，如此明来暗去多次，造成疑兵，以迷惑敌人。我还通知所有商民，在必要时将实行焦土抗战，要他们为此做好准备。目的也在于迷惑敌人，使敌人知道即使占领厦门，也将一无所得。

四、设升旗山炮兵阵地。厦门市鼓浪屿有一升旗山，标高约300米，可俯瞰全市，地势重要。我将师部炮兵连（有四门75厘米榴弹炮，射程达 8000 米以上，德国克虏伯兵工厂所造）调来厦门，在升旗山顶构筑炮兵阵地，以支援步兵作战。

9 月下旬，厦门形势更加紧张，数十艘敌舰集结在外海，日夜升火待发。一日，第四路军总部转来情报称，敌将于是月 30 日进犯厦门，嘱严加戒备；并令驻粤东蕉岭的第一五八师兼程赶到闽南的南靖县待命。该师师长曾友仁与团长曾繁凯均来厦共商作战计划。该师在南靖约驻一星期，即被匆匆调回广东。

9 月 30 日晨，敌舰向我猛烈射击，敌机也频频出动侦察，扫射轰炸，似有大规模进犯模样。对此，我军各部早有准备，各就其位，严阵以待。当日，敌只从海空向我盲目猛烈轰炸射击一阵，未作进犯便退走了。

福建人民对第一五七师进驻厦门抗敌是欢迎支持的，曾组织慰问团来厦门慰问部队。某次，我请慰问团到警备司令部吃饭，正在酒酣之时，敌舰突然发炮，炮弹越屋顶而过，声震屋瓦。我镇静地对他们说："这是敌人代我放的礼炮，表示欢迎各位。大炮送酒，今天的宴会可说是很有意思。"他们很高兴地说："来，大家干一杯！"在菲律宾的福建籍华侨特别关心厦门的抗战，从海外捐赠许多物资慰劳我师，其中有一辆大卡车，我把它命名为"闽侨"号，以志纪念。

1938 年 1 月 12 日，第一五七师调离福建，由从南平前来的第七十五师（师长宋天才）接防。

望到底、佛公坳、耀洞之战

黄　涛　林伟俦　邓洪焜*

敌我概况

自从1939年12月第一次粤北战役后，日本侵略军第一〇四师团、第三十八师团、板田旅团等盘踞广州，其外围据点在增城福和、从化神冈、花县两龙、军田、三水芦苞之线。

1940年5月上旬，第六十三军得该军派驻增城东洞情报所情报说，敌军第一〇四师团纷纷集结于从化太平场和增城一带，扬言分五路侵犯粤北。军部将敌情转报第十二集团军总部和第四战区长官部后，当时有人认为敌军可能是换防，有人认为敌军可能是举行二次侵犯粤北，对敌情没有正确判断和处理，由于第四战区长官部的情报工作做得很差，干这项工作人员只图走私牟利，把刺探敌情放在次要，对敌军企图和调动多少兵力及其番号，一无所知。

第十二集团军所辖部队，除独立第九旅、第二十旅在粤东外，第六十二军、第六十三军、第六十五军、教导团在粤北。以龙门地派、从

* 作者黄涛当时系第六十二军军长；林伟俦当时系第六十二军第一五一师师长；邓洪焜当时系第六十二军第一五七师参谋处主任。

化牛背脊、佛冈水头、清远滘江口为主阵地，阵线长100多华里；并以龙门永汉、增城东洞、从化良口、佛冈鳌头、清远源潭为阵地前缘，作纵深配备。在阵地前缘和敌军前线据点相距三四十华里为游击地带。这个地带形成了半沦陷区状态，敌军经常在日间派队到各村庄借口搜查便衣队乘机抢劫物资、粮食、牲口，及拉捕壮丁，强奸妇女，屠杀人民。同时国民党军队也经常在夜间派队袭击日军小据点，不管有无斩获，天亮前即退回。对当地居民没有任何组织，孤立作战。

当地县长，则在该县沦陷以前，即龟缩于该县的偏僻山区，经常派队到所属半沦陷区征粮派款。当地乡、保长有两个组织：一个是敌伪"治安维持会"，一个是国民党"乡、保长办公处"，对敌我两面逢迎，两面交粮缴款。

第四战区司令长官部还在粤北的北江选择流水较缓的清远石角圩和横石圩附近为两重水上封锁线。在石角圩为第一封锁线，距阵地前约20华里，部队未能用火力掩护，虽沉下了许多民船和敷设了水雷，但敌汽艇横入无阻；在横石圩为第二封锁线，在阵地后约10华里，曾扣留了大批民船，对外佯言为架桥之用，以欺骗船民，实则准备遇事炸沉塞江。按当时情况，两重水上封锁作用不大，既不能阻敌侵犯，又危害了人民。

当时守备粤北军事部署

第四战区副司令长官余汉谋，曾经在1940年春召集一个军事会议，出席人员是长官部和第十二集团军总部各处长、各军、师长，广东省政府主席和各厅长，还有苏联顾问等参加。在会议上讨论了征兵、征粮外，主要的是参谋处报告广州敌军情况，提出两个方案：第一个是"反攻广州"；第二个是"守备粤北"，以主力占领龙门、从化、佛冈、清远之线既设阵地，拒止敌人北进，以确保粤北为目的。并且判断敌人主力可能沿广从公路来犯，将兵力重点保持在左，以备应战。在两个方案报告完毕后，余汉谋在会议上不作出任何决定，散会后，另行召集各军、师长在机密地图室开会研究。对“反攻广州”方案没有任何人作出积极主张，只能成为纸上谈兵，对第二个“守备粤北”方案，一致同意了。将原有各部队位置重新作出兵力部署，以第六十三军守备龙门地派至从化牛背脊之线；第六十五军守备佛冈水头至清远滘江口之线；第六十二军为总预备队，位置于翁源青塘一带并从事整训；第一五一师及教导团构筑韶关守备工事，并准备对敌伞兵部队空降的战斗；第十二集团军总部位置翁源三华（尔后移曲江大塘）。而且规定各军每一年互换任务，以便一面守备，一面整训，作长期抗战的打算。

在机密地图室开会时，余汉谋并没有邀请苏联顾问参加，对军事上决策，也不给他详细知道。因此，苏联顾问只能每天派翻译人员到参谋处听取情报，虽屡次要求到粤北主阵地线视察，都被余汉谋借口前线情况紧急，交通不便推辞了。经过顾问多次要求，余汉谋只有两次派些高级参谋带他们到预备队位置走一遍，从不带他们到主阵地线去看。这是当时余汉谋对苏联顾问所采取的应付态度。

作战经过

（一）猛攻望到底

1940 年 5 月上旬，发现敌军沿广从公路北进，与第六十三军第一五二师在良口前线部队发生战斗的同时，第四战区长官所在地韶关，连日遭到敌军飞机不断轰炸，有时整天不能解除空袭警报。于是韶关采取紧急疏散人口和物资，省政府机关及企业单位纷纷迁移连县，各部队家属纷纷向始兴和南雄县疏散。当敌军到达良口地区时，有一部占领望到底及其西南高地，掩护它的主力向良口第一五二师阵地攻击，来势凶猛。该师已判明敌人不是小规模的扰敌性袭击，而是大规模的进犯。经过一天一夜激战，被敌突破，节节抵抗，急求救援。

第六十二军第一五七师原驻青塘整训，奉命火速进至良口附近支援第一五二师作战。该师不及集中，即以一团为单位出发前进，当先头部队——第九三八团到达良口以北地区，已闻良口方面枪炮声，继而发现敌军在望到底高地占领阵地。该团为了策应第一五二师作战立即展开向望到底敌军进攻。望到底是一个很高的高地，仰攻是非常困难的。但该团一鼓作气冲至敌军阵地前缘突出部并占领之，因受敌军猛烈反击，该团站不住脚退回山半腰，整顿队伍后重新攻击，再接再厉，结果未能完全攻占敌军阵地。同时在第九三八团右侧的第一八七师一团，在石床铺附近向敌军侧翼掩护部队攻击。这两个团经过两日的激烈战斗，伤亡很大，自动撤离既得的敌军阵地，占领有利地形，调整队伍，迎击敌人。

（二）激战佛公坳、耀洞

当敌军攻占良口以后，经过我军迎头痛击，其主力不再北犯而转向西进，企图包围歼灭我军在佛冈水头圩以南的第一线守备部队。这时第六十二军军部已由青塘进出烟岭附近，第一五七师第九四〇团奉命进出水头圩占领佛公坳阵地，第九四一团占领佛公坳左翼后的猪仔粮顶阵地，成了梯次配备迎击敌人。第九四〇团刚进入阵地，敌军在飞机和炮兵掩护下即开始进攻，来势凶猛。激战一昼夜，我军伤亡甚大，连排级干部伤亡过半，阵地部分被敌突入，即抽调兵力反击夺回，但情势非常危急，该团即向师部请援。第一五七师部即派第九三七团一个营前往增援，但该营因地形不熟，又在夜间行动，迷失了方向，天明后仍失联络。当时敌军继续猛攻，阵地多处被敌突入，第九四〇团入夜由佛公坳转移耀洞南侧高地占领阵地，第九四一团由猪仔粮顶转移耀洞北侧占领阵地，共同抵抗敌人。经过一夜的激战，敌军来势锐减，陷于兵疲力竭状态，我军乘时进行反击。同时第六十五军第一五八师第九四二团由上下岳进出民乐圩向良口麻村之敌左翼侧击，经过两天两夜激战，再由第六十三军第一八六师从梅坑进出吕田和溪头向良口之敌右翼攻击；第一五三师补充团进出石坑圩袭击从化温泉敌军前线指挥所。这时敌军受到三面痛击，全部败退从化米埗到街口圩而至太平场西岸过河而走，未敢沿公路退神岗。第一五七师一个团和第一八六师一个团沿流溪河两岸追击到良口以南及从化温泉附近的鸡笼岗而止。

此次战役，第六十二军第一五七师在佛公坳、耀洞与敌军战斗，俘虏敌兵一名（经过审讯后，证实敌军番号为第一〇四师团），又缴获战马五匹，13 厘米机关炮一门及其他武器和弹药。在佛公坳敌军遗留一大堆骨灰和未及处理的尸体。第六十三军第一五三师补充团攻入从化温泉敌军前线指挥所时，缴获军用物品和罐头食品、纸烟等甚多，锅中煮熟米饭热腾腾，足见敌军来不及吃而慌忙逃窜。第一五二师在敌军败退时，包围了 10 多个敌人于良口附近村庄房屋内，经过喊话叫他们缴械投降而不听，仍然顽强抵抗，即集中炮火把他们全部消灭。也足见当时敌军是陷于混乱而狼狈溃退的。此次战役，国民党军是处于被动应战，逐次使用兵力，未能积极地彻底围歼侵犯粤北之敌，经过六七日的战斗而告结束。

第六十二军参加衡阳战役的经过

黄　涛　林伟俦　张大华*

战役前敌我概况

1944年初，日军在太平洋各战场失败后，海、空军损失惨重，东南亚海上联络受到美国优势海空军威胁，随时有被截断可能。日军企图打通粤汉、湘桂大陆和越南走廊，撤退南洋方面残军。于是出动了共约10个师团：第三、第十三、第二十七、第三十四、第四十、第五十八、第六十四、第六十八、第一一六及独立第十七旅团等共约20万人，于5月由鄂南分途进犯湘北。一路先后突破了新墙河、汨罗江、捞刀河、浏阳河等防线，另一路使用大量汽艇向洞庭湖南岸经益阳由湘江进犯岳麓山，6月18日陷长沙。第九战区司令长官薛岳率部退至茶陵、郴州一带。薛不向湘西而向湘南转进，事后余汉谋对黄涛说：当敌人迫近长沙时，薛与余商定九、七两战区背靠背共拒日军，互相依靠，确保后方安全。薛并判断敌人主力可能西进，为避免主力作战而退守湘南，待机打击敌人。我们想薛可能企图保存实力。

* 作者张大华当时系第六十二军副参谋长。

当时第九战区在第四次长沙会战中有八个军：第九十九军、第二十军，第三十七军、第四军、第五十八军、第七十二军、第四十四军、暂编第二军等共15万余人。在会战中被各个击破，受到惨重损失。

长沙沦陷后，进迫衡阳之敌，首先有第六十八师团、第一一六师团、独立第十七旅团等。守备衡阳城的为第十军（军长方先觉）；最初担任衡阳外围作战的，在湘桂铁路方面有第六十二军（军长黄涛），归第二十七集团军副总司令李玉堂指挥；在衡（阳）宝（庆）公路方面有第一〇〇军（军长李天霞）、第七十四军（军长施中诚），归第二十四集团军总司令王耀武指挥。

第六十二军由粤入湘的经过

第六十二军属余汉谋第七战区建制，担任第七战区总预备队任务，驻粤北翁源、英德、青塘一带整训待命。1943年9月，军事委员会曾指定第七战区以一个军准备接受美械装备。余汉谋即以集结整训的第六十二军接受这个任务。第六十二军并奉命派副师长以上赴印度兰姆迦美军训练处受训，派连长以上轮流到桂林“东南干训团”美军训练处受训，学习使用美国武器和各兵种联合作战的指挥法。第六十二军经过八个月时间的准备，美械装备仍未运来，适值第四次长沙会战开始，长沙、衡阳告急。蒋介石在6月17日电令第七战区余汉谋，调第六十二军迅速开赴衡阳三塘附近集结待命。第六十二军除第一五八师已改为“后调师”到罗定、云浮两县接收新兵外，有第一五一师、第一五七师共六个团，加军部直属队共二万人左右，于6月20日由广东青塘出发入湘。

6月23日，第六十二军在湘桂路头塘、三塘集结时，负责指挥湘桂路作战的第二十七集团军副总司令李玉堂曾在头塘召开一次军事会议，参加的有李玉堂和他的参谋长，第十军军长方先觉和他的参谋长，第六十二军军长黄涛、参谋长张深、副参谋长张大华，第一五一师师长林伟俦、第一五七师师长李宏达等。会议研究了敌情和兵力部署，决定依照原订计划，由第十军守备衡阳城，第六十二军担任外围作战。当时方先觉说第六十二军在头塘、三塘太靠近城郊，恐将一齐陷入敌人包围圈内，六十二军主力最好集结五、六塘附近，然后起外围打击敌人的作用。大家均无异议。24日，第六十二军调整了部署，主力集结六塘潭子山地区待命。

在这期间，特别提出来的有两件事：一、当第六十二军到达衡阳三塘时，薛岳正率第九战区所部向湘南撤退。薛岳曾直接电令黄涛抽调第一五一师到湘江东岸归其指挥（因为薛岳的胞弟薛叔达正在第一五一师任第四五二团团长），企图把第六十二军分割使用。黄涛以第六十二军系奉军事委员会蒋介石命令赴衡阳参加作战，任务重大，如果分割使用，须要请求军事委员会同意后才好调动为词拒绝。二、第六十二军到衡阳湘桂路后，重庆军事委员会侍从室主任林蔚常以蒋介石命令直接来指挥（当时湘桂路有电线能与重庆直接通话）；薛岳也以第九战区司令长官名义来指挥，李玉堂则以第二十七集团军副总司令名义又来指挥。第六十二军处于多头指挥的情况下，经常以军事委员会蒋介石命令为行动依据，直接与侍从室主任林蔚密切联系为多。

作战经过

1. 守备祁阳洪桥及其战斗

6月30日左右，第六十二军接到蒋介石电令说："据飞机侦察，陷长沙之敌约两三万人，分两路沿湘江西岸继续南下，该军即以一个团守备洪桥，主力集结祁阳，拒止沿湘桂路西进之敌……"第六十二军奉命即以第一五一师第四五一团（团长陈植）守备洪桥，其余部队开到祁阳集结。7月1日又接到军事委员会侍从室主任林蔚的电话，说蒋介石命令：“第六十二军守备祁阳，赶快构筑工事……”当晚黄涛召集全军团长以上人员开会，研究守备祁阳部署。在重大任务交错情况下，因李玉堂要第六十二军担任衡阳外围作战，蒋介石又要第六十二军守备祁阳，城内既没有粮食弹药储存，又没有强固工事设备，城廓纵横两三华里，城内不能容纳一个团以上兵力守备，遂决定派第一五七师副师长侯梅为祁阳守备司令，率领该师第四六九团（团长黄忠汉）固守祁阳，某余部队在城郊选择阵地构筑据点工事。因为祁阳位于湘桂铁路和湘江交通要冲，抗战以来居于后方，一向安定，市面商业繁荣，物资积聚不少，城市居民有三四千人。侯梅奉命守备祁阳后，报请军部同意，按照抗战时期防止空袭、彻底疏散城市居民紧急措施，限令五天内将全城居民、物资、牲畜等全部疏散完毕，不得停留一人，否则以奸细论处。在短短五天期间，是不可能把全城物资人畜全部疏散完毕的。第六天，守备部队禁止百姓进出祁阳城，逐户清查躲藏在铺内的百姓，驱逐出城。不久，该部即奉令向衡阳挺进。

在这期间，桂林美军训练处主任但斯（译音）少将派出一个联络组，其中有美军少校一人、上尉一人和士兵四人，携带“报话两用机”来到第六十二军军部。因为第六十二军原为列入美械装备部队，他们一面调查第六十二军现有人数和所缺武器弹药器材数量，分别列表填报；一面每日索取当面敌情及战况。美军联络军官虽经常来往于桂林和祁阳之间，却只从桂林运来极少量的美械装备，计冲锋枪数支、卡宾枪10支、通信器材一批和报话两用机四部，交给第六十二军。后来全军奉命挺进衡阳作战，他们就返回桂林去了。

7月3日，衡阳尚未发生激烈战斗之前，湘桂铁路洪桥圩第一五一师第四五一团发现敌军千余人进犯，黄昏时战斗较为激烈。4日又有敌军后续部队沿湘桂路西进增援。当时第六十二军参谋长张深根据情况作出研究判断：一、敌人可能先攻祁阳；二、敌人可能对衡阳和祁阳同时两面进攻；三、敌人可能以一部监视衡阳守军而主力向西进犯。我们同意第三个判断（后来事实证明我们的判断是错误的，因为日军是以一个联队到洪桥附近阻击我军增援，以主力攻占衡阳后而西进的），将敌情和战况向上级报告。是日深夜接到蒋介石电："着第六十二军迅速派兵增援洪桥作战，拒止敌人西进。"

7 月 5 日，第一五一师师长林伟俦奉命率兵两团，并配属军部炮兵一连（连长曾广松）向洪桥增援。刚到达洪桥时，发现第四五一团右翼受到敌人迂回侧击，情势危急，立即展开攻击，彻夜与敌激战。6 日拂晓攻占敌人红山头阵地时，营长吴安中说："亲眼看见有敌人军官站立起来，手执军刀斩杀败退日军，为我军打死，在他身上搜获手枪一支及地图、望远镜……"是日战斗，缴获步枪 20 余支、轻机关枪二挺、军刀和日本军旗及其他军用物品等若干（手枪一支、军刀、地图、望远镜由林师长留用未缴）。7 日，敌人增援，全线向第一五一师阵地进犯，我军占领高山，敌人仰攻，几次借助烟幕掩护攻到山腰，都被我军集中火力和大量手榴弹打退。敌军遗留的尸体，有的被用绳子绑住脚，拖到山脚去了；但在我军阵地火网下，敌军遗留未及拖走的尸体还很多。黄昏后派队搜查敌人尸体，又缴获步枪 10 余支和轻机枪一挺及钢盔、雨衣等物品。从敌军日记本中发现，他们属于第六十八师团某联队（番号已忘记）。8、9 两日，没有发生激烈战斗，形成对峙状态。敌军在日间纷纷搬运铁路枕木构筑工事，在夜间用小型探照灯左右摇摆照明，并在阵地前架设许多铁丝网，挂上小铁研，防止我军袭击，使第一五一师部队夜袭时受到很大阻碍。

7 月 10 日左右，衡阳守军仍然稳定。在祁阳和洪桥的第六十二军尚未奉到前进解围命令时，曾经在洪桥阻击敌人西进。据从桂林回来的后勤人员说，桂林报纸大肆宣传胜利消息，街道上燃放很多鞭炮。11 日，白崇禧曾经由桂林打电话到洪桥，对林伟俦说：“你们辛苦了，因道路破坏不能乘车到前线看大家，慰问大家，前方情况怎样？”林说：“现在没有激烈战斗，与敌对峙中。”白又说：“据飞机侦察所得情报，敌人在株洲附近纷纷渡过湘江沿西岸南下，敌人主力可能很快西进。特别注意加强工事。”从他的话看来，还是拒止敌军主力西进重要。同时有一名美国记者（忘记其名）带同翻译来到祁阳，由第六十二军军部副官黄惠清陪同到了洪桥第一五一师部，查询了洪桥战斗情况，拍摄了一些缴获日军武器照片，进了午餐。师部送给他缴获的日本军旗、军刀和日军身上所佩带的“千人针”布带及神符等物，并由林师长带同他到前线阵地视察，与日军相距只有五六百米。我军在高山，日军在低山，他用望远镜见到日军的活动情形，感到高兴。他问我们有多少炮，林说：“这里现有配属军部炮兵一连，只有‘士乃德’山炮四门。”他说：“炮兵太少了，火力不够。”当时第六十二军只有山炮兵一营，各师还没有这种编制。记者当晚即回祁阳，返桂林去了。随后由桂林派来美械装备的炮兵一营（缺一连，营长姓名及番号已忘记），归第六十二军指挥，有山炮六门。该营各炮的观测仪器甚多，并用小型“报话机”联络通信，因公路破坏，携来弹药不多。

7月中旬，第六十二军连日接到衡阳守军被敌围攻甚急，请求增援来电。但当时第六十二军一个师在洪桥，一个师在祁阳，正执行蒋介石命令阻敌西进，还没有改变守备洪桥和祁阳的任务。只好派出部队向洪桥当面之敌进行夜袭，又以小部队到白鹤铺敌后进行伏击，做些扰乱性活动。从白鹤铺到衡阳约70华里的公路上，经常有敌人骡马运输队来往频繁，又有敌人骑兵队来往巡逻。同时盘踞白鹤铺有千余之敌日夜搬运木材，赶做工事，架设铁丝网，堵塞公路。按情况判断，敌人没有积极西进，似有阻止我军东进救援衡阳守军的意图。第六十二军将上述情况向上级作了详尽的报告。

2. 挺进衡阳解围的战斗

7月24日，第六十二军接到国民政府军事委员会委员长蒋介石电令："衡阳危急，着第六十二军迅速挺进衡阳解围……"第六十二军奉令后，即以第一五一师、军直属队、第一五七师行军次序，经洪桥、白鹤铺沿湘桂铁路向衡阳之敌攻击前进。25日，第一五一师由洪桥出发，以第四五一团沿铁路正面，以第四五三团在铁路南侧，向白鹤铺之敌攻击。经过一昼夜激战，虽驱逐一些敌军警戒部队，但白鹤铺有千余敌人占领强固工事，用铁路枕木做了许多堡垒，在屋顶上用机关枪构成火网。第一五一师攻击部队接近困难，进展甚缓，伤亡颇重。战至26日下午，黄涛亲到前线视察（在第四五三团团部位置），认为如果要攻下白鹤铺必须增加兵力，否则时间会拖长和损失实力较大，将来还要经过潭子山战斗，就不知何时才能到达衡阳。因此决心改变正面攻击计划，采取迂回翼侧前进。停止攻击和下达各部队命令大概如下：

一、敌人围攻衡阳甚急，其一部占领湘桂铁路白鹤铺（距离衡阳约35公里）、潭子山（距离衡阳25公里）、三塘（距离衡阳约15公里）及衡阳近郊东阳铺、雨母山（距离衡阳约五公里）等地区，企图阻止我军前进。

二、本军奉命挺进衡阳解围，第一五七师副师长侯梅率领第四六九团于26日晚由白地市出发，迂回白鹤铺右侧向潭子山之敌攻击前进而占领之。

三、第一五七师李师长率领第四七〇团、第四七一团随军部向古山寺前进。

四、第一五一师第四五二团于26日晚在第四六九团后由洪桥出发，迂回潭子山右侧向东阳铺、雨母山之敌攻击前进而占领之。

五、第一五一师第四五一团留守洪桥与白鹤铺之敌保持接触。第四五三团入夜后脱离白鹤铺之敌由林师长率领随军部跟进（其余从略）。

7月26日晚，第一五七师第四六九团从湘桂路右侧迂回向潭子山前进。27日到达潭子山车站附近时，发现敌人在潭子山车站以东地区活动，立即派一个连占领潭子山制高点，对敌警戒，并且架设了有线电话联络。上午9时左右，有敌军数百向潭子山制高点阵地进犯，该团团长黄忠汉即以一个营增加潭子山守备。到了中午，敌人又增加兵力向潭子山猛攻，经过两小时激战，潭子山制高点阵地失守，守兵退到潭子山西南高地。是日黄昏时，黄忠汉亲率第一、第三两营反攻数次，前仆后继，激战至烈，结果未能夺回已失阵地。至夜11时左右，全团伤亡官兵百余人，该团撤回潭子山西南高地与敌对峙。

7月27日晚，军部到达凫鸭兜宿营（在潭子山东南15公里左右），黄涛与侯梅用报话机通了话。黄涛嘱侯梅勿与敌争夺潭子山高地，只要与敌保持接触，侯则误听为潭子山不可失，因此侯梅指挥第四六九团倾全力向潭子山之敌攻击。后来黄涛据报第四六九团损失甚大，即令第一五七师师长李宏达率兵两团前往增援。入夜后，第一五一师师一长林伟俦率第四五三团赶到军部，据报雨母山有数百敌人占领阵地，雨母山至衡阳道路上还有大部敌军盘踞。林恐第四五二团兵力单薄，即指挥第四五二团和四五三团星夜兼程，迂回超越潭子山前进。同时雨母山标高约有400米，全无树木，白天接近困难，即令第四五二团以两个营分两路进行夜袭。发生战斗约一小时，于28日拂晓前占领雨母山。上午继续攻占了东阳铺。敌人借炮火掩护，反复争夺两三次，都被我军击退。当时第一五一师将第四五二团占领雨母山情况报告黄涛后，黄因为潭子山附近之敌已占领高地，第一五七师经过一昼夜激战，伤亡惨重，尚未驱逐敌人，如果继续进攻，不仅耽误时日，而且兵力分散，即令第一五七师留第四六九团在潭子山附近与敌保持接触外，其余部队即开到东阳铺附近集结待命。军部于28日晚前进至古山寺（距东阳铺约五公里）。29日下午，衡阳南郊之敌由头塘向雨母山反攻，发生激战。当时林伟俦已到达雨母山右侧高地，眼见敌人来势凶猛，即令第四五三团增援。将敌击退时，以第四五二团第一营（营长崔直行）固守已占领的雨母山阵地，薛叔达率领第二、第三两营向败退之敌尾追猛进。因未加严密搜索，到头塘附近一个大村庄边缘，受到屋顶和大树上的敌人机关枪袭击，又受到湘桂路方面的敌人侧击，部队尚未展开，即陷入敌人火网。第四五二团副团长钟敬敷阵亡，团指导员刘大光受伤，该团损失甚大，纷纷撤退。当时情势危急，林伟俦即令第四五三团从右翼向敌侧击，又以师部搜索连在雨母山右侧高地占领阵地，掩护四五二团部队收容集结。敌人没有冲过来，到黄昏时战斗沉寂了。雨母山仍为第四五二团第一营固守，否则将影响第六十二军挺进衡阳作战。

第一五一师将攻占雨母山、东阳铺战况向军部报告以后，黄涛率领指挥所人员赶到雨母山右侧小村庄，召集当地师长、副师长、参谋长、团长等研究了敌情，决定由第一五七师第四七〇团（团长李上达）派一个营接替第一五一师第四五二团雨母山阵地。由林伟俦指挥第四五二团（团一长薛叔达）、第四五三团（团长陶相甫）及第一五七师第四七一团（团长丁克坚）向衡阳西车站攻击前进。当晚第一五一师第四五一团仍在湘桂路白鹤铺监视敌人；第一五七师第四六九团仍在潭子山与敌保持接触。此时决定该两团除各留一个营监视敌人外，其余部队迅速兼程归制。7月30日，向衡阳西站前进中，薛团在左，陶、丁两团在右。薛团沿东阳铺通衡阳大路前进至头塘附近与敌发生战斗，并受到湘桂铁路之敌侧击，攻击顿挫，进展甚缓，与敌人成了胶着状态。但陶、丁两团则不顾一切向衡阳城郊突击前进。击退衡阳南郊之敌后，继续尾随逃退之敌向衡阳西车站突击，首先遇到三四百敌人密集部队冲出来反攻，继而又有100多敌人密集队伍冲出来反攻，最后又有几十个敌人密集队伍冲出来反击，三股均被陶、丁两团击退。在敌人没有反击情况下，陶团第三营（营长梁玉琢），第一营（营长李天任）和丁团一营冲入西车站及其附近房屋，见敌人遗尸甚多，其中有军官不少尸体。在敌人尸体上搜获手枪、军刀、望远镜、军用地图等物约两担，其余武器弹药甚多。从敌军日记本发现敌为第一一六师团。据当地居民说，这里是敌人指挥部，自从敌人到来后就不准居民接近。同时陶、丁两团曾派第四五三团第一营副营长万天宝率领士兵数名同衡阳守军第十军去取联络，通过几片稻田时，因被城墙上打枪，打伤一些士兵而退回，陶团则集合号兵吹号以作联络。当时第一五一师部已架设了军用有线电话和陶、丁两团通信联络，对前线情况是及时得到了解的。第六十二军在城外南郊，敌军退集城外北郊地区，第十军在衡阳城内如果从南郊出来，是可以避免全军覆灭的。可是蒋介石还以为第十军有四个师守城，以第六十二军两个师增援，与敌军两个师团和一个独立旅作战，可以解围。但第六十二军挺进衡阳，在后方100多华里内都没有友军支援，仅在衡（阳）宝（庆）公路方面有第一〇〇军，而两军南北相隔60多华里，联络困难，协同不易，有被敌人各个击破的机会。不积极增强兵力难解衡阳之围。

7月30日，第六十二军迂回湘桂铁路南侧，超越白鹤铺、潭子山之敌，攻占衡阳南端雨母山敌人阵地，并将挺进到达衡阳西车站的战况报告了蒋介石。蒋回电要第六十二军于7月31日上午9时，在衡阳西车站附近部队摆出陆空联络布板符号，待飞机侦察证实。届时果然有飞机三架到达，陶、丁两团照样铺出“单日陆空联络符号T字”布板。飞机在上空盘旋了三圈，并到衡阳上空转了一圈，就向西飞走了。31日晚，蒋介石又来电：“第六十二军迅速挺进衡阳近邻西站，着即传令嘉奖，盼即再接再厉，以解衡阳之围……”当日黄昏，陶、丁两团在衡阳近郊西站铁路附近，与敌人发生激战。因左翼薛团在头塘附近受敌侧击，无法前进，陶、丁两团的左翼受到威胁，此时进展甚缓。

8月1日，由衡宝公路和湘桂铁路南下之敌，迂回进犯第一五七师第四七〇团雨母山阵地。最初我军打退了敌军几次进攻，接着敌人在猛烈炮火掩护下，施放烟幕，继续反复猛扑，守备雨母山顶第四七〇团第一营营长林志文阵亡，全营伤亡殆尽，雨母山失守。当时第六十二军前线指挥所设在雨母山脚，受到敌军炮火轰击后，急令第一五七师师长李宏达亲自指挥第四七〇团，该团和配属美械装备的炮兵营全力夺取雨母山阵地，以免影响全军作战。我军先后反复冲杀，非常激烈，终以敌众我寡，结果未能夺回雨母山阵地。

2日，第一五七师在雨母山与敌人发生争夺战的同时，第一五一师薛团在头塘附近，陶团和第一五七师丁团在衡阳西站与敌军增援部队也友生反复肉搏战斗，第一五七师第四七一团团长丁克坚阵亡。此时敌军攻城炮兵都集中火力向衡阳西车站方面轰击。当时中国军队飞机从桂林方面来助战数次，飞机一到上空时，敌人炮兵就停止射击，陶、丁两团则向敌发起进攻，飞机离开时敌军又向陶、丁两团进犯，每天有两三次之多，形成了拉锯战的态势。中国军队飞机到来时，只在衡阳西车站以北地区投下炸弹后就飞走了，在上空盘旋助战时间很短，达不到协同作战的目的。

3. 打退敌人迂回包围战斗

8月2日下午，第六十二军据侦探回报有敌军数千人，由湘桂铁路四塘附近南下，沿着电话线（该线是当时军部和潭子山部队通话的专线）向军部所在地逼近，大路两侧居民纷纷南逃，下午3时左右一部分敌人突袭军部进而包围第六十二军左侧后方。在这种危急情况下，黄涛急令第一五七师（缺丁团）除一部分继续监视雨母山之敌外，主力转移向西迎击该敌。又急令衡阳西站附近第一五一师陶团和第一五七师丁团及头塘附近薛团撤回共同迎击侧后之敌。黄昏时在雨母山脚的军部前线指挥所也转移到铁关铺方向继续指挥作战。

8月2日深夜，陶、丁两团在衡阳西站附近脱离敌人，尚未回到雨母山附近时，包围第六十二军的敌人已到达铁关铺，军部直属队及第一五七师全力对敌展开激战。此时战线已不是由南向北，而是由东向西。第六十二军左侧后被敌包围时，全军各部队都投入战斗。这时，第一五一师和军部中断了电话通信，即派参谋前往军部联络，数小时后，尚未见回来，判断军部受敌袭击后的情况可能有所变化，于是第一五一师师部从前线也转移到雨母山南端高地。3 日拂晓，发现左侧后高地已被敌人占领，截断归路，在山高林密的地形下，忽然遇敌袭击，相距仅及 200 多米。由于敌人机关枪的火力密集，第一五一师副师长余子武和副官林照及卫士多人阵亡。林伟俦即令师部搜索连向该敌冲击。因为对高地敌人进行仰攻，该连伤亡过半，退回山脚。正危急时，从衡阳近郊撤回的陶、丁两团到达，立即抢占了东南高地与敌展开战斗。第一五七师在铁关铺方面与敌激战的同时，另一部敌人向铁关铺以南地区又迂回包围第六十二军后方，全军后方行李及炊事人员一时颇为混乱，适由洪桥调回的第一五一师第四五一团（缺一营）及时赶到增援，打退迂回包围第六十二军之敌，从敌军遗尸中搜获的日记文件判断该部是独立第十七旅团。

当天夜间，第六十二军调整态势，把战线改变由南向北，以主力占领马鞍山、尖峰山、铁关铺附近一带山地与敌对峙。接着据报在白鹤铺和潭子山之敌深夜沿湘桂路向衡阳逃退，原留在该两地监视敌人的第四五一团第一营和第四六九团第三营即令分别归制。当时第六十二军奉令挺进衡阳解围，孤军作战将近 10 日，因距离后方补给站的祁阳 100 多华里，交通运输困难，粮弹接济不上，各部队多是吃粥填腹，有的宰杀战马和采取民间田野瓜菜充饥，有的士兵擅入逃避一空的居民家中杀食猪鸡，搜掠一空，弄到军纪荡然。黄涛深知情况以后，一面加派员兵到远离 100 多华里地区运粮接济，一面分途派出巡查队携带令旗写着："擅取民物者就地枪决"，这才纠正了违纪现象。

4．二次挺进衡阳解围的战斗

8月3日，第六十二军孤军作战中，打退优势敌人迂回包围以后，全军自副师长、团长、副团长、营长、连长、排长等各级干部阵亡甚众，伤亡士兵很多时，又接到蒋介石电令："着第六十二军不顾一切牺牲，再迅速奋勇前进，如达到衡阳解围，官升级、兵重赏……"当时情况，第六十二军所属两个师在马鞍山、尖峰山、古山寺、铁关铺一带阵地与敌相持中，敌援军已从四方八面集结衡阳附近的西站、头塘、二塘、雨母山等地区驻有重兵，黄涛明知此时要解衡阳之围，已无可能。但仍不顾一切，再次部署向衡阳南郊及西站作第二次攻击，勉强抽调第一五七师第四六九团配合军直属队特务营、搜索营、军士营、工兵营、炮兵营等比较实力稍为完整部队，由黄涛亲自率领从我军右翼迂回到东江以北再向衡阳攻击前进。各部队到达衡阳西站以南10多华里之处（地名忘记），即与敌发生战斗，彼此肉搏。这时第六十二军士气虽旺，但因敌众我寡，激战两昼夜，攻势仍无进展。第四六九团、军士营、搜索营均伤亡颇大，黄乃不得已退回马鞍山、铁关铺附近一带山地竭力固守。这时敌人节节向南压迫，形势异常危急，幸黄涛指挥军士营到各处救援，结果稳定下来。第六十二军因所有部队均投入战斗，当时第二十七集团军副总司令李玉堂调拨一个保安团（团长姓名忘记）归第六十二军指挥，黄派该团担任背后沿湘江河岸一带警戒。

在这期间，第六十二军从祁阳沿湘桂路南侧迂回敌后，挺进100多华里到达衡阳城郊孤军作战近10天，然后有第四十六军（军长黎行恕）所辖第一七五师（师长甘成城）、新编十九师（师长蒋雄）配有战车六辆、野炮营等部队沿湘桂路东进而来，增加第六十二军左翼由雨母山至三塘之线。第四十六军曾以炮火掩护下用一个团进攻雨母山敌人阵地，经过一昼夜战斗，结果该团伤亡颇大退回。同时第四十六军又以战车掩护攻到三塘后，再无法前进。第六十二军第一五一师和第一五七师（缺第四六九团）

在第四十六军右翼古山寺、尖峰山、马鞍山之线与敌展开一昼夜战斗，亦无进展，第一五一师第四五一团第一营营长范兆元阵亡；第一五七师在尖峰山高地得而复失几次，营长任曙光因全营伤亡殆尽，仍没有恢复既失阵地而自杀。此时衡阳近郊敌人已集结有几个师团（除发现第六十八、第一一六师团和独立第十七旅团外，又据报有第十三、第五十八师团增加而来），一面进攻衡阳城，一面重重阻击我军前进。当时中国军队有空军助战，又有战车掩护，战斗时根本见不到敌人飞机和战车，却仍得不到衡阳解围，实由于各军不能协同作战，缺乏联络。在衡宝公路方面有第二十四集团军总司令王耀武指挥第七十四军、第一〇〇军两个军，在湘桂铁路方面有第二十七集团军副总司令李玉堂指挥第六十二军、第四十六军、第七十九军三个军。成了逐次使用兵力，第六十二军已伤亡惨重，第四十六军到来，第四十六军已伤亡颇大，第七十九军到来，没有集中各军兵力与敌决战，陷于被敌各个击破的败局。当时中国军队因有飞机助战，则采取拂晓和日间攻击，但敌人则采取黄昏和夜间进犯。直到8月7日左右，衡阳方面枪炮声沉寂了，总以为衡阳守军全部被歼。

5. 衡阳守军（第十军）降敌后，转移守势的战斗

8日据飞机侦察所得情报，见到衡阳城内马路有许多部队集合，中国军队飞机轮番轰炸城内。在9日以后逃来衡阳守军官兵，查悉第十军军长方先觉已向日军投降，原来第十军官兵分别在城内街道集合时，被中国飞机轰炸死伤甚多。从此深知衡阳守军方先觉降敌的确实消息后，深恐在衡旧近郊之敌集中兵力西进，第六十二军占领马鞍山、尖峰山、古山寺之线；第四十六军占领雨母山至三塘之线，日夜构筑工事，准备迎击敌人进攻。果然在8月10日左右敌人分途来犯，经过两三日战斗打退了敌人进犯，形成对峙状态，停停打打坚持了数日。在这期间连日则不见中国飞机影子，相反的有敌机三架两架经常来轰炸和侦察。在衡阳沦陷后，蒋介石还将解围部队待在衡阳近郊，又不及时作出重新调整部署，由衡阳三塘至湘桂边境黄沙河约200华里左右，又没有得力部队占领有利地形的预备阵地，导致到后来衡阳近郊前线一败涂地。

第七十九军接防后，被敌突破，全线溃退情形

8月15日左右，第六十二军接到蒋介石电令还说：“派第七十九军接防衡阳近郊任务，第四十六军调回广西归还第四战区建制，第六十二军俟交防后，集结洪桥附近待命……”8月中旬（忘记日子）第七十九军（军长王甲本）到达洪桥时，罗卓英由桂林来到洪桥，邀请黄涛和王甲本会面，因第七十九军是贵州部队，曾与罗卓英有过隶属关系，企图拉拢黄、王两军互相联系，互相支援，实则罗存有野心，想煮无米粥。原来黄、王都是云南讲武堂毕业同学，很早就相识的。第七十九军原有两个师，21日以一个师接防第四十六军三塘至雨母山阵地，另以一个师接防第六十二军铁关铺至马鞍山阵地长达共50多华里的战线。22日两军阵地交接完毕后，第六十二军在夜间退出战场不到两天，日军则集中兵力沿湘桂铁路向西进犯。第七十九军守备阵地线太长，兵力单薄，遇敌攻击未及一日即被突破，全线溃退。第六十二军刚到达洪桥，各部队尚未集结完毕，第六十二军第一五七师在洪桥附近掩护第四十六军最后部队新编十九师向西通过完毕后，接着第七十九军部队也纷纷溃退下来，第一五七师即受到敌人袭击，仓促应战。是日下午，黄涛始离开洪桥，深夜到达白地市，曾和王甲本商定在必要时，第七十九军沿湘桂路退却，第六十二军在湘桂路以北退却，免至两军部队交错混乱。25日第一五七师在洪桥与敌人争夺一个高地未得手，反而被敌迂回截断了洪桥至祁阳退路，该师即向洪桥以北山地退去，未走军部撤退路线，因与军部失却了联络。26日，军部和第一五一师退到文明铺西北地区时，第一五一师

即占领阵地，拒止敌人快速部队跟尾追击，27 日拂晓与敌发生战斗，自朝至暮，颇有伤亡。但有第四五三团第八连连长李锡光受重伤，由两名担架兵抬他走时，忽被敌骑兵从右翼迂回包围追到而遭杀害。到黄昏时，第六十二军军部和第一五一师继续向芦洪司撤退，28 日夜间到达芦洪司时，该处悬挂许多画有“日本旗”的灯笼，贴着许多欢迎“日本皇军”标语，查知是唐生明家乡，闻他参加了敌伪组织，第六十二军不敢在圩内和附近村庄宿营，而在附近松山露营，我警戒部队彻夜与敌发生战斗。当晚研究了情况和地形，如果向东安大道南行，左侧容易受敌侧击威胁，右侧是崇山峻岭，只有小路通向云雾山，上界头而出武冈。乃决定分两路向西进入洞口，并派队占领洞口一带高地，准备迎击敌人。军炮兵营因山高行动困难，该营长曾会奇率领炮兵部队星夜兼程退东安，直走桂省，而与军部失却了联络，随后经过 20 多天才归还建制。当第六十二军退至洞口云雾山时，望见芦洪司附近房屋被日军焚烧，烟火冲天。同时遇到第七十九军溃退下来一些官兵说第七十九军军长王甲本沿湘桂路西退至冷水滩附近时，遭遇敌人超越追击队截击受重伤而身死（事后闻蒋介石仅予抚恤 20 万元那时贬值的法币）。当时敌军以快速部队和骑兵采取钻隙迂回包围战法，中国军队缺乏控置强大预备队以应战，致使遇敌纷纷逃退，由湘桂路衡阳近郊至广西边境，长达 200 多华里左右广大地区，在完全没有抵抗的情况下，沦陷敌手。

8 月 29 日，第六十二军退至芦洪司以西的云雾大山时，发现敌人已接近洞口，该处山高林密，南北 100 多华里，东西宽三四十华里，以为敌人不敢进入山区，可作喘息一时之计。不料敌人在无守军的山峰由汉奸带路而深夜爬上来了。因山高整日云雾遮蔽，瞭望仅及数十米。黄涛在上界头因等候最后部队第四五一团到达，住宿一晚，翌日拂晓前即受到敌人包围袭击，幸有警戒部队，仓促应战，故黄能脱险，但亦受惊不少。这里补述一下：当黄涛由芦洪司向山区转进时，曾与军部失去联络两昼夜，原因那晚不在一处宿营，又未取得密切联系。随后黄返到军部时，迁怒枪杀了无线电站站长（姓黄，忘其名），该站长原随黄涛前线指挥所行动，说他不听命令，擅自行动。后查该站长系跟随军部而退，此事黄涛事后亦颇自悔。接着据报有敌军千余人从东安经白牙市北进企图包围云雾山的第六十二军，在这样紧急情况下，决定再经二渡水、回龙寺，渡过夫夷水而向武冈撤退。敌人快速部队追到二渡水时，因夫夷水不能徒涉，船只已被中国军队所破坏，敌人没有渡河而向武冈西进，转向南犯新宁和湘桂边境而去。

第六十二军退入湘西武冈，转进桂柳的经过

9月1日，第六十二军脱离敌人追击，到达武冈县城，从事整理部队，再作抗战之计，3日左右，第一五七师自洪桥和军部失去联络后，该师因在山地避开敌人追击正面，绕着回到武冈归制。当时负责指挥湘桂路作战的第二十七集团军副总司令李玉堂早已脱离第七十九军、第四十六军、第六十二军退到武冈县城了。第六十二军由粤入湘参加衡阳战役，经过两个多月时间的作战，伤亡官兵共6000余人，从衡阳转进到湘西武冈以后，曾经电请蒋介石补充兵员和弹药及服装，得不到一兵一弹一衣的补给。当时李玉堂副总司令只有指挥机构之名，对于补给事宜全无办法，他还企图把第六十二军退入贵州。但李所指挥的第七十九军、第四十六军都已溃退桂境，仅有第六十二军随他退至武冈，再不愿退入贵州。为了摆脱李的指挥关系，曾电第四战区司令长官张发奎请示今后任务，旋接复电要第六十二军迅速开赴柳州待命。第六十二军奉命后即由武冈经城步、龙胜、永福而到柳州，从此衡阳战役宣告结束，转入桂柳战役阶段了。

第六十二军赴台受降纪实

黄　涛　林伟俦　侯　梅*

赴台的准备和部署

1945年8月间，日本投降后，第六十二军奉命入越南受降，驻防于越南的海防、北宁、谅山一带。同年10月间，奉陆军总司令何应钦命令(何曾亲到越南传达命令)开赴台湾，归台湾省行政长官兼台湾警备总司令、台湾地区受降主官陈仪指挥。任务是接受台湾日军投降及解除日军武装。

当时，台湾日军情况及我军具体部署如下：

(一)日军情况：全台湾(包括澎湖列岛)地区日军共16.9万多人，主力集中于台南、台中地区，最高指挥机构为日军第十方面军(指挥官为台湾总督兼第十方面军司令官安藤利吉)，下辖第九师团、第十二师团、第五师团、第六十六师团、第七十一师团、第八师团；第七十五独立旅团、第七十六独立旅团、第一〇〇独立旅团、第一〇二独立旅团、第一一二独立旅团、澎湖守备队等六个步兵师团、五个独立旅团，另一部分海、空军部队。其中，某些部队是日军中的精锐部队，如第十二师团，即日

---

* 作者侯梅当时系第六十二军第一五七师副师长。

军著名的久留米师团[①]，配有炮兵团、汽车团、战车大队等特种部队。

（二）陆军总司令部命令要点：派台湾省行政长官、台湾省警备总司令陈仪，为台湾地区（包括澎湖列岛）受降主官，率陆军第六十二军、第七十军开赴台湾，负责该地区日军的受降工作及有关台湾的一切警备事宜。以第七十军（下辖两师，原属第三战区驻福建部队）为台北地区占领部队，军长陈孔达为该地区指挥官，率领该军从福建出发，至台湾北部基隆港登陆，并进占基隆、台北、淡水、新竹等县市，指挥部设于台北市。以六十二军（下辖三师）为台南（包括台中）地区占领部队，军长黄涛为该地区指挥官，率领该军在台湾南部高雄港登陆，并进占高雄、屏东、台南、嘉义、台中、台东等县市，指挥部设于台南市。台湾警备总司令部跟随七十军之后，在基隆港登陆，总司令部设于台北市。

（三）六十二军的部署：军司令部根据上述命令，在越南海防市召开会议，作出如下部署：一五一师（师长林伟俦）集中康海港登舰，作为军第一梯队（前卫部队），与美军舰队司令密切配合，与台湾警备总司令部前进指挥所切取联系，开赴台湾高雄，相机排除一切障碍，在高雄港登陆，并进占其附近之屏东、凤山、左营等地区，为军司令部及后续部队在该港登陆提供有利条件。军司令部及一五七师（师长李宏达、副师长侯梅），作为第二梯队（与一五一师相隔约一天航程），在海防市涂山登舰，尾随一五一师之后，开赴高雄港。登陆后，一五七师即向台南、嘉义出发，并进占其附近要地。九十五师（师长段坛）作为第三梯队（后卫部队），在海防市涂山登舰，尾随一五七师之后，开赴高雄港，登陆后，即向台中市进发，并派一团进驻台东市及占领其附近要地。军司令部设于台南市。

与此同时，根据美军联络组的情报及何应钦的指示，得悉台湾日军

① 一般认为，日军久留米师团特指第十八师团，此处因师团编成地同为久留米，故称。

在接奉天皇投降命令之后，部分旅团长等少壮派军官，曾有拒绝天皇投降命令、固守台湾、负隅顽抗主张。唯日军第十方面军司令及师级将领，则主张服从天皇命令，接受投降。现动向如何，未获确讯。军司令部根据上述情况，乃要求各师所有老弱士兵及随军眷属，一律禁止登舰，另候输送。并作好敌前登陆的战斗准备。所以，六十二军从越南开赴台湾，是充分做好战斗准备的。

海运赴台湾和登陆高雄

六十二军是于 11 月 16 日和 17 日两天，分别在越南的康海、海防两地登舰出发的。前后分为三批（即三个梯队），每批约运输舰七艘，另有驱逐舰八艘，分别在前后护航，均属美国海军运输舰队，由派驻六十二军的美军联络组负责联系，到越南做运送部队的工作。美军舰队司令官卡伦指挥美舰队偕同第一梯队一五一师部队前进。一五一师师长林伟俦及随从人员，与该舰队司令官卡伦同在司令舰上，指挥行进。第一梯队是 11 月 16 日在康海港出发的。舰队以四艘驱逐舰为前导，三艘驱逐舰殿后，司令舰居中，保护七艘运输舰行进；第二梯队及第三梯队，则于海防涂山，在 11 月 17 日至 18 日左右出发，亦有驱逐舰护航。在舰上，根据舰队司令通知：迄今为止，虽知道台湾受降前进指挥所已到达台北市，但舰队通信系统，仍未与该所美军联络组取得联系（前进指挥所配有美军联络人员）。同时，因越南—香港—台湾海运航线，发现有水雷未及清除，故舰队由越南、菲律宾、台湾航线行进，航程比预定约迟一天。忽接到前进指挥所从台北来电报说台湾日军旅团长级将领不愿投降，有负隅顽抗意图的情况，要求六十二军作好登陆战斗准备。航行的第二天，第一梯队据美军舰队司令官卡伦通知，海面发现一个水雷，舰队绕其侧面前进。已命令后面驱逐舰开炮射击，使之爆炸。结果，美舰开炮 10 多发，却无一发击中，水雷依然故我，像一个黑点在海中浮动。六十二军官兵多认为是极大笑话。美军在舰上，等级分明。司令舰有小电影室，仅容许司令、舰长等高等人员，及六十二军将级军官观看。其余美军官兵均不得看。黑人官兵，不得进入电影室、餐室及舰上其他娱乐场所。美军下级军官及士兵，在舰上还大做买卖：他们在仓库中偷来卡宾枪、冲锋枪、绒军服及各种食物、用品，交换广东自制的左轮手枪和日式手枪、日本军刀、手表、墨水笔，及其他日本军用品。名义上是要保留一些纪念品，骨子里是变相买卖，而且公开进行。除高级的军官外，其他美军官兵都公开这样干的。

舰队航行甚速，第二天大多数官兵均晕船，连美军也有很多人晕船不能进食的。及至第三天，离高雄仅一日航程，据美舰队司令官卡伦通知，舰队与台湾前进指挥所是日未取得电讯联系，台湾情况未明。决定放慢航速，等候后继舰队，并减少官兵晕船程度，让官兵稍进食物，准备战斗，并加紧与台湾前进指挥所联络。于是，各部队才勉强煮粥进食，擦拭枪械，整理行装，作战斗登陆准备。至20日早上，第一梯队离高雄港仅二三小时航程，复往返逡巡，徘徊不进。因是日仍未与台湾前进指挥所取得联系，不敢贸然登陆。而就在这个时候，电报联络终于打通，知道日军已遵令集中指定地点，前进指挥所已派人到高雄等待，可进行登陆，舰队乃向高雄港前进。

进入高雄外港时，海面间有沉船阻塞，内港沉船更多，已不能前进。在舰上用望远镜观察，高雄港周围山上树木葱郁，无日军布防和活动迹象。一五一师四五一团，乃正式以登陆艇登上高雄外港的防风堤，抢占高雄山及市区要地，未遇抵抗，一五一师师部及各团，乃相继登陆。至内港码头，始见高雄市各界代表数十人，在码头欢迎。部队进入市区时，群众夹道欢迎。台湾前进指挥所派高参一人、美军联络官一人，偕同日军联络人员一名，亦到码头迎接。相谈之下，才知道前进指挥所已早于

11月19日到达台北市，第七十军前进部队偕台湾警备总司令部一些人员，亦于11月20日在台北基隆港登陆，按预定计划进驻台北地区各要地。台南日军，亦按指定地点，分别集中，地方秩序，由各地原警察机构负责维持（台湾警察机构很强大，可负责维持地方秩序情况详后）。运输工具除火车照常行驶外，另由日军派出一汽车队（共30多辆卡车，数辆小汽车），供六十二军使用。

一五一师师长林伟俦率师部人员登陆后，据前进指挥所高参送达警备总部命令：着六十二军部队按原定计划，派一个师以高雄市、屏东市为中心，进占附近要地，并向屏东以南的日军集中点潮州和恒春地区派出警戒；所有部队官兵，一律不准在驻地使用关金、法币，另由指挥所临时发给（借用）台币，作为采购伙食之用。于是，一五一师登陆完毕，领取了一定数量的台币，除留一个团进占高雄要塞据点，另派一个营进驻高雄以北的左营海军基地以外，师部率同主力部队，即向高雄以东的凤山、屏东前进（辎重行李由日军汽车队运输）。师司令部偕一团驻于凤山镇，另一个团驻于屏东市，向屏东以南派出警戒，从而把高雄及其四周置于六十二军的坚强控制之下。

11月21日，军司令部紧接一五一师之后率一五七师在高雄登陆。数千人在码头燃放爆竹，敲锣打鼓，张旗舞狮，热烈欢迎。相谈之下，竟多是原籍福建、广东会讲客家话的客籍人。另高雄各界代表数十人、日军将领10余人（最高级的是中将），亦到码头欢迎。军长黄涛据前进指挥所高参传达台湾警备总部的命令，当即命令一五七师师长李宏达，按原定计划部署，即日率领该师乘火车开赴台南、嘉义、彰化等县（彰化后由九十五师接防）。师司令部设于嘉义，并派出部队，向彰化、嘉义以东山区日军集中点进行警戒。军司令部亦即日开赴台南市。22日，九十五师继续开抵高雄，即根据军部命令，由师长段沄率领两个团乘火车开台中、彰化，另一个团由日军汽车队运输，开赴台湾东南沿海的台东市（九十五师开赴台中不久，复奉陈仪命令，派一团进驻台湾东北沿海的花莲县，归警备总司令部直接指挥）。

至此，六十二军即全面完成了台中、台南地区的占领任务。与七十军台北防区联系起来（七十军司令部及一个师驻台北市，一个师在基隆，部队分驻于淡水、新竹、苏澳等地），整个台湾即在国民党军队全部控制之下。

受降与接收

台湾省行政长官兼台湾警备总司令陈仪于 1945 年 10 月 24 日到达台北市后，于 10 月 25 日上午 10 时在台北市公会堂（后改为中山堂）举行受降仪式。参加受降仪式的除陈仪本人外，有各军师长、美军联络官等；日军代表为原日军第十方面军司令官安藤利吉及其参谋长谏山春树、高雄海军警备部队参谋长中泽佑等人。在安藤利吉呈递投降书后，陈仪即席发表广播演说，宣布从即日起，台湾及澎湖列岛重归中国版图，一切土地、人民、政事均置于中国主权之下。整个台湾，这天都为之张灯结彩，表示庆祝。

受降仪式之后，台湾正式成立全台接收机构，下设军事接收、经济接收、文化接收等部会，陈仪以台湾警备总司令名义兼任接收机构的最高主管。唯各个机构的具体名称和负责人员，已不能一一记忆。只记得军事接收方面，设台湾地区军事接收指挥部，由陈仪兼任指挥官，下设台北、台南两接收组。台北接收组长为七十军副军长唐化南，台南接收组长为一五七师副师长侯梅。经济接收负责人为七十军军长陈孔达。同时设立战俘管理及日俘、日侨遣送机构。根据陈仪的命令，接收工作从 12 月 1 日开始，限 40 天内完成；日俘、日侨遣送工作从 12 月 1 日开始，亦限于 40 天内完成（但后来均延至 1946 年 3 月间才完成）。

台湾地区的军事接收工作进行得颇为顺利（其他方面的接收，因未参与，所知不多）。在国民党军队登陆之前，日军基本上已按照前进指挥所的命令，自行收缴武器装备，分别在驻地分类入仓。日军则按指定地点，集中于城市以外的山地乡村（高雄、屏东的日俘集中于潮州和恒春；台南、台中的日俘集中于嘉义、彰化等地以东的山区），仅留少数步枪作为守卫之用。至于各地日军仓库，均由日军负责点交人员造具清册，经自行清点后，贴上封条，派日军武装看守，等候接收。六十二军到达后，即派出部队，接替日军看管，并加具六十二军封条，以待接收小组派人点收（后来开仓点收时，也有比原册籍数字短少现象）。日军表面上对军械、装备入仓及点交工作，颇为认真，各种武器均分类集中，分类排列，经过擦拭，涂上凡士林；汽车、战车也排列得很整齐。但事实上却有很多隐藏、破坏、毁灭等行为（详后）。其中，汽车、战车也有很多是不能开动的，后来都叫日军重加修理，然后接收。

军事接收工作开始前，曾在台北举行过一次会议，由陈仪亲自主持，规定了具体接收办法，并由台湾警备总部派出高参二人，一在台北组，一在台南组，负责领导和监视接收工作。交接的办法是：日军移交清册三份，分由警备总部高参、台北或台南接收组、日军移交小组各执一份，并由三方面人员一齐到达仓库，当面揭除原有日军及驻防部队封条，然后照册清点，三方面盖章，再由警备总部用封条重新封存。这样的办法，看来很周密，加上日军把移交军用物资，视作赔偿中国战费的一部分，不但把军械、装备、粮食入册，即各地的营房厂舍，亦一律入册，似很认真，实际上仍有不少漏洞（详后）。

日军交出的军用物资，计有各种武器，各种军用器材、医药、粮食等项。其中又以粮食、弹药、军用油类等为最多（因日军储备半年军用辎重物资，准备在台湾死战）。这些物资，根据当时日军台湾防守计划，约三分之二军队驻在台中、台南、高雄，物资也多集中在台中、台南、高雄地区，其中又以嘉义、凤山的仓库最多最大，有时一连数十间大小仓库密密麻麻地连在一起。至于接收物资的具体数字，已无从记忆。但根据当时的总计，平均每个师团所交出的武器约为：长短枪 6000 支、轻重机枪 600 挺、各种炮 100 门。台南地区（包括台中）共四个师另三个独立旅，合共长短枪约三万支、机枪 3000 挺、各种炮 500 门。全台湾约五万支长短枪、5000 挺机枪、700 多门炮（以上都是约计数），另附战车、汽车、骡马等（数目无法记忆）。其中，枪械最优良的是十二师（即久留米师），机枪均有特种瞄准设备（即所谓望远镜的瞄准器），步枪也不是一般曲柄冚盖枪，而是日本较新式的步枪。加农炮最大口径为 10.5 厘米，又以 7.5 厘米的最多，其余各种通信器材（以无线电器材为多）、防毒面具、药品、服装等也很多。全部武器装备都是日本出品，质量一般较劣。全台日军都没有自动步枪、冲锋枪和 15 厘米的榴弹炮。海军集中于基隆港，只剩一些残破的小舰艇，数量不详。高雄则一无所有，只有一艘自杀性的鱼雷艇泊在左营。基隆、高雄、马公等三个海军基地，基本被破坏，各存 22 厘米、15 厘米口径要塞炮 10 多门，另有高射炮四五门。空军则集中于台中、台南等地，台中的火溪机场有飞机八九十架，嘉义附近的虎尾机场有一二十架，屏东机场有 10 多架，大都残破并遭破坏，很多还是木制的骨架，质量低劣。各种油类——飞机汽油、汽车汽油、战车用的柴油及滑机油等很多。至于各种服装包括夏衣、冬衣、雨衣、皮鞋、干粮袋……以及粮食包括大米、罐头食品和食糖等，数量很难估计（因除日军点交者外，后来还搜出很多）。

日军在六十二军登陆后，表面上很服从，点交工作也很认真，但很多中上级将领对失败并不甘心，他们除宣称“20 年后再来台湾”之外，曾进行大规模的破坏装备和隐蔽物资的活动。他们把大量的武器、弹药，抛下海中，把整船的大米、汽油，沉于海底，还利用各地的山洞，或原来的山洞仓库，收藏大量的大米、罐头食品、医药、汽油以至弹药等物资，然后把洞口秘密封闭，拒不移交。后来，经过各地人民的揭发（其中，不少被日军解职的台籍日军翻译人员、技术人员，多进行揭发工作），六十二军才一一把它挖开来。总计从台中、嘉义、台南到屏东等地的山边，都挖出很多粮食、罐头食品、汽油、药品。有的装满整个防空洞，有的装满整个石洞，有的装满整个地下石窟。挖出的食品，为数不少，尤以罐头食品为多，都是无法统计数量的。对于这些物资，初时虽叫清点归公，或叫部队出具收条领用。后来，也有不少地区，不论驻军、政府、警察，以至乡保长等，都自由取用，甚至公开拿到市场发卖，是为接收工作中的最大弊端。其余，六十二军还派出部队进行打捞沉船中的汽油、大米、罐头食品等工作，数量也不少。唯大米多数霉烂，仅作牲畜饲料以至肥料之用。至于日军集中后，仍留有大量粮食，不少日军军官还私藏有短枪。后来，有些自动交了出来，有些则在私运中为六十二军截获（如十二师团曾用汽车运送短枪数十支，目的不明，后被截获收缴）。这些都是不列入册籍接收的物资，日军甚至声明是册外之物，任由六十二军处理。实际是对驻军的讨好和公开的贿赂。各地的日军将领，在缴械后大都表现得很"温驯"，纷纷自动谒见驻军将领"聆训"。见面时，又每每自动献出自称是世代祖传的"宝刀"（即日军将级军官的军刀）。黄涛和林伟俦都接受过日军师团长献给的军刀和小汽车。他们这样做，实际上都是献媚讨好，企图借此避免或减少被列为战犯的可能。

对日侨、日俘的处理和遣送

在日本投降时，台湾共有日侨约32万人、日俘16万多人。日本侨民中，不少还是官僚、资本家、商人、浪人等掌握着台湾的政治权力和经济命脉，不少还是杀人犯。人民希望政府给他们以应有的管理和限制，有罪者更给以应得的惩罚。但陈仪到达台湾后，除对日俘实行集中看管外，初期，对日侨丝毫未加限制。记得在六十二军到台后很长的一段时间里，所有日人开设的旅馆、餐厅、舞场、妓院均照常营业。绝大部分的日人商店，或用半掩门的方式，继续营业，或前门虽关，后门则照样做生意；少数则公开营业（大工厂、大企业基本停业并没有接收）。日本人仍照常住在按殖民体制划定的日人住宅区内，过着高人一等的生活。稍后，定期遣送日侨、日俘的消息一经传出，各地日侨，又纷纷把住宅中的家私杂物，包括衣服、桌椅、餐具、钟表、地毯、古董、字画等，拿到市场上摆设地摊，廉价发卖。日人因怕被没收，急于发售，只要有人要，就忙着廉价成交。有些很名贵的古董字画，仅以二元、五元卖出，买的人也就很多，其拥挤、热闹的情况，超过了一般市场。不少日侨，为了保存自己的产业、财物，多用“过户”“顶让”名义，转移给自己认为可靠的台湾友人；凡是合股经营的生意，有台湾股东的，多全部转给台湾人；有些甚至直接把财物交给台湾人代存代管。这些日本殖民主义者，还到处使用恫吓手段，对台湾人民说，他们只是暂时回去，早则10年，迟则20年，一定要重回台湾，要大家好好为他保存财物。而陈仪政府，起初对日侨上述行为全不过问。台湾人民极感愤慨，不少地区还发生过台民袭击、殴打日侨事件（一般是对民愤较大的日侨）。至此，陈仪政府才不得不命令日侨集中指定地区（时间约于1945年底，地点多在日俘集中地附近），并公开宣布遣送侨民回国办法，规定每个日侨遣返时准带行李30公斤、黄金五钱及手表等。约于1946年1月间，开始遣返日俘的同时，分批在高雄、基隆两个港口，由美军派船（多为日本船）遣送日侨回国。在遣送时，所有日侨都在住地上车时或港口登船前，被进行严格的检查，凡超过上述规定的财物，都被扣留没收。至于这些没收的财物共有多少，事后如何处理，均无公布。此外，日侨上车上船之时，常有被愤怒的台湾人民追着喊打的事情发生。驻军几乎天天接到要求派兵维持秩序的电话。当时，我们鉴于众怒难犯，只要不发生重大事故，多数不予理会，或不了了之。

对于日俘管理工作，虽较日侨管理严密，但一般仍按日军原来番号建制集中居住，由原来日军将领管理。所以各级军官，仍然养尊处优，发号施令如故。管理人员没有进行有计划的俘虏教育，启发士兵揭发各级将领和军官的罪行。及至后来，经人民揭发，发现日军大量抛沉、毁灭武器、弹药，隐藏大批粮食、汽油等罪行，而陈仪政府始终没有正式追查责任，进行必要的惩处。甚至对日军将领优礼有加，待如上宾。直到后来（大概在1946年初），才奉蒋介石命令，把全台湾的将级日军俘虏，集中台北，转送南京，说是集中管理，实际上却帮助他们逃脱台湾人民的揭发和控诉。总计所有台湾日俘，除十二师团师团长仁见秀三，因杀害美国空军俘虏10多名（详后），被美军追查，畏罪自杀外，没有一个被判作战犯，或解回台湾让台湾人控诉处决的。所以，台湾人民多认为陈仪同情日侨、日俘。

台湾的遣俘、遣侨工作，主要由军队政治部工作人员负责。台南地区总负责人为六十二军政治部主任李荟，各师政治部人员均参加工作，台湾警备总部第二处（情报处）处长林秀滦（台湾军统头子）、台湾国民党党部人员，都是遣侨、遣俘工作的主要负责人物。

台湾日军及其战守计划

关于台湾日军及其守备计划，可以从久留米师团师团长仁见秀三的谈话，及该师官兵种种表现中得到一些理解。

久留米师团多为日本久留米地方人组成，是日本军队中号称勇敢善战的部队。1932年淞沪之役，曾发现了该师一个旅团的番号，后来，在中国战场上，即不再发现这个师的踪迹。据仁见秀三说，该师是日军中的精锐部队，经常配置在较重要的地区，参加淞沪作战只是其中一部分，后即调往东北，驻黑龙江一带，归关东军指挥，任务是防苏，并于必要时配合德军进攻苏联。直到太平洋战争爆发，为防备美军进攻台湾，才调到台南，驻防于台湾最重要的防御地区——高雄、屏东、凤山一带。师团长仁见秀三，原是日军华南派遣军一〇四师的一个旅长，在广东作过战，对广东部队及六十二军军师长情况，颇有一些了解。所以当六十二军进驻台南、高雄后，他就主动要求进见六十二军一五一师师长林伟俦。

在林伟俦接见他的时候，他名义上是请示报告有关投降事宜，实际上带有献媚讨好性质。所以，进见时执礼甚恭，行了一个90度的鞠躬礼，马上献上军刀一把、日本的名酒两大瓶。并说这把刀是他三代祖传的“宝刀”，还当场表演，说凡是手扶刀把，刀口向下，放在桌上，可以平立而不左右偏的刀就是好刀。跟着，还说在广东时，曾知道一五一师在增城、从化一带作战，是粤军部队，林伟俦的名字时有所闻。说时充满了讨好的神情，使人感到所谓剽悍善战的久留米师团，实际并不像人们所想象的一样，真有什么英勇不屈、视死如归的精神。

在谈到台湾日军的作战计划时，仁见秀三直言不讳地说，太平洋战争爆发以后（实际是美军开始反攻之后），台湾日军从平时数万人增加到16万人，主要目的是防御，即防止盟军攻占台湾。从这个目的出发，并根据台湾处理情况和作战计划，认为台湾以东，从最南的鹅銮鼻，到最北的鼻头角等海岸线，都是石壁矗立、风高浪涌的地区，大兵团不可能在这个地区登陆，可以登陆的海港，台南是高雄港，台北是基隆港，但两地都是海军要塞，有坚强的防御设备，大兵团强行登陆也不容易。西海岸线基本是浅水沙滩，无险可守，便于美军集中突破，强行登陆。其中，从最南端的恒春、猫鼻头，到高雄以南的下浅水湾，全长40公里的海岸线，前面是深入海约十数里的沙滩，后面是一望无际的原野（登陆后三四十里，才是台湾山脉最南端的南大武山），是很好的登陆地点。

北端的淡水、新竹和中部的彰化、台中等海岸线，不但前临浅滩，背倚平野，而且海岸边都是纵深十数里的灌木林，极便于登陆后隐蔽活动，也是理想的登陆地点。但是，根据当时的具体情况，估计美军如对台发动进攻，只能利用菲律宾为根据地。这样，美军的庞大舰队，就很难偷越澎湖列岛及福建（时福建为日军占领）日军的监视，在台中及以北海岸发动突然袭击。所以，据日军判断，美军要进攻台湾，必然在台南高雄港至恒春、猫鼻头这一带海岸线集中主力强行登陆，然后攻占屏东，并以此为立足点，扩大占领台南、台中以至整个台湾。

正是根据这个判断及上述地理情况，日军对台湾的防守计划，基本采取后退配备，即美军集中兵力，强行登陆时，前沿守军，即主动后撤，固守背后山地，并以之吸引美军主力，进至预定地点，然后趁其立足未稳，以自己的主力部队，迂回其侧背，予以包围歼灭，是为总的作战方针。具体的部署，则以第十二师为第一线部队，除以极少数的兵力防守沿海岸线外，主力部队则控置于屏东市东南的大武山、南大武山一带。这一带山地，建有永久性的堡垒，及纵深数十里的野战工事，准备在这里固守顽抗，遏止美军前进，并把美军主力吸引和胶着于附近地区。日军主力部队，约三个师团及两个独立旅团，则集中于嘉义、台南（最远至台中）等铁路、公路沿线。等美军主力登陆，被十二师团吸引于屏东东南的南大武山之后，即沿铁路、公路全力向南进击高雄和屏东，从右翼迂回美军侧背，把美军主力包围歼灭于南大武山以南的地区。至于高雄地区，则驻有一个独立旅，准备配合要塞守备部队，凭险固守，牵制海面美国兵舰，并确保南下围歼美军主力部队的侧翼安全。空军部队则集中于嘉义、台中机场，配合地面部队作战。台北地区，则以基隆、淡水、新竹、彰化等地为防守要点，除基隆作固守配备，准备死战外，其余各地，亦采取后退配备，如美军进攻，均主动后撤让其登陆，然后予以包围歼灭。但估计作战重点不在台北，故日军主力部队，亦不在台北地区。仁见秀三并说，由于十二师团负有遏止和吸引美军主力的任务，所以这个师团是加强师团，配有炮兵团和战车队，如美军一如所料，在南部登陆，该师团将不惜一切牺牲，坚守南大武山，为主力部队创造围歼美军的条件。预计美军将遭受打击，非付出高昂代价，不能占领台湾。

此外，仁见秀三还对下列问题作了回答：（一）台湾孤悬海中，一旦被美军封锁包围，如何持久作战？他说：日军已预见到被封锁、包围的可能，经储足半年粮食、弹药、汽油及各种作战物资，很多还深藏在山洞仓库之内，故固守半年，不成问题。至半年之后，当视情势变化而定。（二）台湾铁路，多与西海岸线平行，且多接近海滨，一旦战争爆发，随时将被敌舰炮火破坏、切断，日军将怎样维持战时交通补给？他说，除铁路线外，沿台湾山脉西麓，另有军事公路沟通南北，且日军战时粮食、弹药，已按作战计划预作储备。故铁路暂时被切断，并不影响军事交通、补给。

据事后观察，台湾的地理环境，无论在西海线的南端或北端，都有浅滩原野，在战舰炮火掩护下是容易登陆的。正如仁见秀三所说，当时日军在台湾的防御计划，不采取“直接配备”，避免主力部队在海岸线受到兵舰炮火所毁灭，而采取“后退配备”方案，把主力部队据守海岸后边山地，可能是根据台湾地形作出决定的。我们见到在台湾山脉西麓的重要地区，如淡水、新竹、台中、嘉义等地的背后山区，屏东东南的山地，都建有永久性防御工事。很多地方都开山劈石，建筑山洞，有的很多个山洞连在一起，内里洞洞相通，或作仓库，或作营房。可能是从这个防御计划出发所构筑的工事。

在我军登陆前虽有台湾日军旅团长级少壮军人主张负隅顽抗的传说，但在六十二军登陆之后，却表现得颇为服从。据参谋人员到日俘集中地视察，知所有日俘多驻在较穷僻的乡村，而且住得很密，表现得颇为安分，不敢提出过多要求。对规定非采买人员，不准进入市集；夜间任何日军，不得外出；凡外出工作的日军，一定要佩戴规定臂章，路上遇见中国军官，必须敬礼等，都基本遵守，凡我军命令他们做的事，如修理汽车、战车，修筑道路等，都一一照办。日军将领，也凡事请示报告，唯恐六十二军有所不满。凡此种种，都与我们最初想象，不尽一致。

但上述情况，并不表示日军及其将领的善良。在日本宣布投降之后，他们不但处处毁坏和隐藏粮食、武器，而且还杀害战俘。当时，据美军联络组通知，日本投降前，曾有美机轰炸台湾时坠落高雄港附近，有美国空军10多人被俘，至今下落不明，请求六十二军帮助追查。后来，据前任日军翻译的台湾人揭发，终于在高雄港附近10多里的堤岸边，挖掘出美空军尸首10多具。这些尸体虽已腐烂，但残存的黄头发及美军制服，证明正是美国空军被俘人员。后由高雄美军联络组派人认领，并向日军追查责任。因发现地点属日军第十二师团防区，多认为是该师团师团长仁见秀三命令杀害的，他虽然极力否认，但等到全台日俘将级人员奉令集中台北（准备转送南京）时，仁见秀三遂在台北畏罪服毒自杀（毒品据说老早预藏在衣角内）。

在高雄以北的左营（日海军基地之一），还发现有日本自杀性鱼雷艇一艘，艇尖而狭，全长四五十米，仅一人驾驶。全艇除发动机外，实际是一个大水雷，是准备必要时冲击敌舰，与敌同归于尽的。据说台北基隆港北投附近还设有自杀鱼雷艇基地，有自杀艇一队，驾驶员10多人，均为日本各地孤儿，由政府收容、训练，服此职务。这些驾驶员无论在基隆港北投或高雄左营海军基地，每天的生活只是纵情享乐——喝酒和玩女人。一旦需要，就在醉眼蒙眬中为军国主义者送死。可惜左营的自杀艇上，驾驶员已不知去向。但细加观察，这种自杀艇在驾驶员就位后，即不能自由外出，要畏缩逃跑是不可能的。所谓自愿“以死报国”，实际只是被逼执行任务。

李　振

韶关保卫战，为粤汉铁路沿线的最后一战，由于韶关的撤守，粤汉路遂全线沦陷，使敌达到打通陆上交通线的目的。

- 1900年生，原名晋堃，字載宏，广东兴宁人。
- 1936年，任第一五一师第四五一旅旅长。
- 1938年9月，任第八十三军第一八六师师长，在广东省增城等地与日军作战。阵地被突破，广州失守。
- 1939年3月，调任军事委员会少将高级参议，后改任中央训练团副大队长。
- 1940年，调回广东，任第六十五军副军长。
- 1944年9月，指挥第一八七师和另外两个团固守韶关，多次打退了日军进犯，后升任第六十五军军长。
- 1988年1月，病逝于成都。

第一八六师增城之役的追述

李　振

1938年10月10日，我海防部队在大亚湾海面发现有三四只日舰游弋。因为长期以来，日军为了封锁我海上交通，经常有日舰三五艘不时在我沿海游弋，截击我船只，我沿海守备部队初以为日军军舰出没是常事，不认为这次日舰游弋会有登陆企图。至当日下午，敌舰增至十七八艘，第八十三军莫希德军长认为敌有登陆企图，遂即以电话报告第十二集团军总司令部，要求在总部集训的各部队团长，星夜赶回前方。但当时各师在总部集训的团长，多数出外，总部当即在各戏院、电影院放字幕要各师集训团长星夜回防。是晚8时左右接莫军长电话，要我到军部，我于10日晚9时由龙门坐车到惠州，因沿途躲避空袭，至11日零时始到达惠州军部，与莫军长研究结果，认为日军确有登陆企图，主张变更部署，加强第一线兵力。当即向总部建议，将深圳防务交第一五三师，大鹏湾一带留少数部队警戒，以第一五一师第四五一旅何联芳旅任平山、霞涌之守备，温淑海第四五三旅任澳头守备，师部及直属部队推进淡水指挥，惠州防务请总部另派得力部队接替。11日黄昏前日军舰船增至四五十艘，并有航空母舰一艘，判断敌人总兵力有四万人左右。莫军长将此情况报告总部，并要求按我们所提建议，迅速变更部署，加强第一线，准备迎击敌人。但总部参谋长王俊指示：敌人不会在澳头登陆，勿为敌人佯动所迷惑，部队非有命令不准移动。

10月12日拂晓，敌人在强大海、空军炮火掩护下，开始在大亚湾登陆，主力在霞涌、澳头登陆，一部在稔山、盐灶背、平山登陆。我守备霞涌、澳头之何旅罗懋勋团严、张两营，死伤惨重，特别是严营自营长以下大部壮烈牺牲。罗团之直属部队及一个营增援时被飞机炸散，该旅韩朋如团自敌登陆后被击溃，失去联络。同时，淡水、惠州被敌机轮番轰炸。我即离开惠州回龙门。12日晚接莫军长电话说：敌人先头部队已到淡水。13日晚接莫军长电话说：何联芳旅联络不上，惠州无兵可守，决定当晚放弃惠州，在东江东岸阻敌渡江。14日，敌先头部队已到惠州。15日晚接总部命令大意云：敌人两个师团主力在霞涌、澳头登陆，一部在稔山、盐灶背、平山登陆。我何旅情况不明。我军为利用增江障碍,集中兵力与敌决战,重新部署如下: 独立第二十旅集中增城、正果圩附近，相机侧击敌人。第一八六师应派一个团于罗浮山配合第一五三师钟芳峻旅阻击惠广公路之敌。第一八六师欠一个团占领增江右岸已设阵地，由 ××（地名忘记）至石滩之线，邀阻敌人。第一五四师缺一个团集结于福和附近为总预备队（第一五四师、第一八六师均是新成立部队，装备很差）。第六十三军应振一个旅并指挥第一八六师在罗浮山附近之一个团,利用罗浮山两侧有利地形侧击惠广公路前进之敌。第一五八师、第一五二师（由海南岛开广州行动中）、独立第九旅、张君嵩之税警团为第二线兵团，集结于广州附近。第一五七师（在汕头）应取捷径迅速向紫金、河源集中。15日，敌人已在惠州架桥。16日拂晓，敌人大部队已过江。第一五一师特务营稍与敌接触，即向响水方撤退。敌人渡东江后，派一右侧支队附炮四门，沿东江公路出龙门、永汉包围我侧翼，有另一部经响水、横河向正果前进（约一个旅团），主力沿惠广公路前进。18日，我第一五三师之钟芳峻旅和第一八六师叶植楠团在福田附近与敌激战数小时，钟旅之黄志鸿团、张孚亨团向罗浮山撤退。钟芳峻旅长感到部队损失惨重又与部队失去联络，愤而自杀。19日下午，敌已占领我增城正面之前进阵地。20日拂晓，敌在强大炮火和飞机、坦克掩护下，向我增城攻击，激战至下午4时左右，我师第五四七旅之谭瑞英部被突破，我师陈绍武旅之潘标团和唐拔旅之黄凯团各抽一部侧击无效，且死伤很大。日军此次进攻，系以飞机、坦克掩护，沿交通线两侧采取快速进攻、猛追猛打、中央突破战术，因而我陈、唐两旅被隔开于两侧山地。师长李振率师部指挥人员向福和撤退，并将作战情况报告前敌指挥官。前敌指挥官是第六十五军军长兼广州警备司令李振球，临时派来前方指挥的，指挥所只有参谋人员和一个警卫排，于21日午前9时到达福和附近朱村内，各师向其架电话不久，情况尚未弄清楚，前线已崩溃了。同时，我用电话将前方作战失败情况报告余总司令汉谋，说明日军进攻是在大量飞机、坦克掩护下，采取猛追猛打、突破一点的战术，请特别注意。入夜后，指挥所绕道太平场沿广从公路回广州。第一八六师经太平场到钟落潭收容，第一五四师撤良口布防，第十二集团军总部由21日起陆续向清远撤退。第一五二师邓琦昌旅向源潭撤退，第一五八师向花县撤退，独立第九旅向清远撤退，税警团向三水、四会撤退，炮兵指挥官陈崇范指挥部队及炮兵沿从广公路到翁源。21日，广州遂告失陷。

广州失守后，我第一五四师占领良口阵地，第一五八师占领汤塘、百步梯阵地，第一五二师占领源潭阵地，独立第九旅任清远城之守备。第一八六师集中吕田、牛背脊收容整理，独立第二十旅集结梅坑收容整理，第一五七师由紫金、河源开新丰集结候命，第十二集团军总部驻翁源三华镇。日军自登陆后经过惠、淡战役和增城战役到进占广州，都是沿交通线重点突破采取猛追猛打战术，因而消灭我有生力量不大。自其占领广州后，即将惠阳放弃，龟缩广州附近，不敢向我扫荡，主力集中广州附近，前沿部队占领我增城、中新、太平场、神岗、石龙、新街、冯冲等据点。我军常派部队向敌袭击，敌小部队常被我消灭，时有俘获。

韶关保卫战

李　振

日军于桂柳会战后，积极补充整理；同时以桂境日军，分向湘南、粤北集中。迄 1945 年 1 月上旬，日军以第二十七师团于茶陵攸县附近，第六十八师团（系第五十七旅团）于耒阳附近，第四十师团于道县及零陵附近，第一〇四师团于清远附近银盏坳东西地区，集中完毕；同时粤海之日军独立第八、第十四、第十九等旅团，亦蠢蠢欲动，企图采取分进合击战法，向我湘粤赣边区进攻，打通粤汉铁路，备作为内陆撤退线。

当时，第七战区司令长官部驻韶关市原第四战区司令长官部旧址。第十二集团军总司令部驻韶关以东大塘圩。第十二集团军总司令部直辖的教导团（团长余伯泉）及补充团（团长凌育旺），控制在韶关附近地区，作为机动部队。

韶关地区防守部队为两个军：第六十五军（军长黄国梁、副军长李振，辖第一五四、第一六〇、第一八七三个师）与第六十三军（军长张瑞贵，辖第一五二、第一五三、第一八六三个师）并列。由清远县以东的滘江口经百步梯、汤圩、良口圩、牛背脊圩至龙门之线占领防御阵地，阻止日军由广州继续北犯。

另在韶关市设警备司令部，由孔可权任司令，张泽深任副司令，指挥韶关市武装警察及曲江自卫大队，担任韶关警备任务。

当1944年7月，日军进攻湖南衡阳山，蒋介石电令余汉谋，选派副军长一员，指挥一师以上兵力，固守韶关，以配合衡阳方面的作战。余汉谋即电令第六十五军：着由该军副军长李振率第一八七师即开韶关，并指挥韶关警备司令部、第十二集团军总部教导团及补充团，严密组织防御，固守韶关。

因部队交替防务和行军需时，第一八七师于10月初才到达韶关。我（李振）立即率领第一八七师师长张光琼、韶关警备副司令张泽深及各团长详细侦察地形，并在现地进行研究后，策定韶关守备计划大要如下：

为固守韶关以策应湖南方面的作战，决以主力保持于韶关以北的大黄岗山、凤凰山、大小帽山，以一部守备韶关市及东西河地区。

兵力区分：

城防指挥官，韶关警备副司令张泽深，指挥第十二集团军总部教导团、韶关市武装警察及曲江县自卫大队，守备韶关市区。

人黄岗山地区指挥官，第一八七师师长张光琼。指挥该师以主力守备韶关以北的大黄岗山、凤凰山、大小帽山。以第五五九团（团长陈醴泉）担任铁桥以东地区的守备，并对曲江大桥及铁路桥顶做爆破准备，以备必要时在撤退后将两桥爆破。

河西地区守备指挥官，第十二集团军总部补充团团长凌育旺。指挥该团（欠一营）守备芙蓉山、莲花山。

各守备部队应在各该守备区构筑坚固工事，组成严密火网。

预备队：第十二集团军总部补充团之一营，控制在市区内。

第十二集团军总部库存沪式山炮两门及炮弹数十发拨给第十三集团军教导团使用，由该团组织训练。

12月底，占领广州的日军为配合其由湖南南下部队作战，向湛江口——龙门我主力军阵地进攻。第六十三军及第六十五军主力奉命向和平、连平、全南方面转移。日军遂进占英德、翁源。当第六十三军及第六十五军主力转移时，余汉谋率其第七战区长官司令部及第十二集团军总司令部由韶关移驻江西龙南。同时北路日军之一部继续南下，窜抵韶关以北之坪石。至此，韶关已陷于日军南北夹击态势中。

1945年1月中旬，北路日军以主力由坪石沿公路南下，一部经梅花、乳源，由西北包围韶关。南路日军则以主力由英德沿公路北上，一部由翁源出韶关以东大塘圩，从东南包围韶关。我即命令各守备区严阵以待，准备消灭来犯之敌。1月中旬末（具体日期忘记），日军陆空配合，步炮兵协同，先向韶关东北两面发起进攻。北面之敌向我大黄岗山阵地攻击，虽然来势颇猛，但因我军处于居高临下的有利地形，且准备日久，工事坚固，火网严密，迫使敌在我火力瞰制下进行仰攻，激战竟日，敌未得逞。东面之敌由东河坝向火车站附近高地及铁路桥以东高地我军阵地进攻，该地区守备部队支持整日，伤亡较多，遂令其于夜间利用夜暗分两路撤退：一路经曲江大桥，一路经铁路桥撤回韶关市区，撤退后，即将两桥爆破。第二天，北面之敌继续向我大黄岗山阵地攻击，战斗较前激烈，双方均有伤亡。我第五六一团副团长黄远谋即于是日阵亡。但敌在我火力瞰制下仰攻，伤亡更多。又经一日战斗，敌仍未能得逞。南面之敌于是日拂晓由飞机场以南强行渡河，向我飞机场既设阵地进攻。由于遭到我西河道的侧防火力及沪式山炮的突然袭击，伤亡甚众，战斗终日，仅占领飞机场一角。是日将近黄昏，接到余汉谋来电，大意是从战局发展来看，韶关再无死守必要，在取得一定代价后，应即相机撤退。我即转令各部于是夜分两路：一路沿东河河道，一路向韶关东北仁化方向撤退。由于日军在夜暗一般不敢大胆行动，加以大雨的掩护，使我军得以安全撤出韶关。时为1月26日。到达仁化稍事整顿，即经扶溪圩、百顺继续向南雄后撤。

李　振

韶关保卫战，为粤汉铁路沿线的最后一战，由于韶关的撤守，粤汉路遂全线沦陷，使敌达到打通陆上交通线的目的。直到8月日本侵略军投降，余汉谋始率部重返韶关市。

林廷华

日寇方面，这一次为了急速打通粤汉线，预先训练了特种部队，采取了特种战法……

- 1892 年生，字裕吾，海南省文昌市抱罗镇丰家村人。
- 1937 年，全面抗战爆发，任第六十四军参谋长。
- 1939 年，升任第六十五军第一五八师少将师长，年底率部参加广东银盏坳、良口战役和三次粤北战役。
- 1942 年，任第六十五军中将副军长，第七战区干训团教育长。
- 1944 年，先后任曲江守备区司令、乐（昌）仁（化）乳（源）守备区司令。率部参加乐昌保卫战等战役。
- 1971 年，病逝。

第一五八师银盏坳之战

林廷华

1939年12月15、16日，日军全线向北进犯。其左翼于16日攻占王子山后，即进击军田、银盏坳，20日迫近源潭。其中路于18日起分两路自神冈沿翁从公路北犯，进至从化街口鸡笼冈一带，20日已进至良口西北地区，其右翼于18、19日已越过正果、永汉、沙径之线，23日进抵左潭附近。

日军的左翼本不是它的主攻所在，但这是铁路线所经的地区。它为了吸引中国守军的兵力使之转移于铁路方面来，以利其主攻一路的进攻，首先在铁路这方面发起战斗。当其主力已迫近源潭，即将渡过滃江进迫英德时，第六十五军第一五八师出敌不意，迂回敌后，强渡北江，在敌侧后的银盏坳与敌相持数日，迟滞了敌人的北进，这是日军所意想不到的一次背水战。当日军进抵源潭，企图以北江为依托，继续北进之时，第一五八师于12月21日进抵北江西岸、清远以南的新塘圩，即以第四七二团守备北江西岸，集中全师重火器猛袭敌人源潭后方的银盏坳，由22日拂晓战至上午8时收复银盏坳以南的三兜松、截断了北犯源潭之敌4000余人的后路。

银盏坳、三兜松被我军夺回以后，如果我右地区的正面能够密切配合，是完全可以把源潭之敌消灭的。但由于我正面的部队不敢前进，终于使深入敌后的第一五八师不得不孤军作战三天三夜之后，退回北江西岸。此战虽然取得局部胜利，有了扩大这一个地区战果的可能，但由于全局未能紧密配合，终于无法阻止敌人的全面进攻。

第一五八师自24日撤回北江西岸以后，为避免日军进出源潭以北，切断渡过北江东岸向英德、佛冈山区转进的渡口，因此抢先于25日夜间在英德以南的鸡坑、水渡口过北江，与其他各师转进山区。这时各师都夜行昼伏。大家在夜里行军，不敢举火，不敢声张；有时因为路线交叉，彼此争路，引起混乱；由于事前为了阻止敌人前进而将要道破坏，这时反而阻碍了自己；前面的摸索，后面的等待，一夜行军也走不上二三十里；时值隆冬，多少官兵边走边睡，为状至苦。我第一五八师在转进过程中，根本不知道敌人什么时候撤退。

再谈一下追击战中的一个小插曲：

大概在12月底和1940年元旦前后，日军进抵曲江东南15里的南华寺附近时，忽然急行后退，大致上沿原来的进攻路线分途后撤。国民党部队在转进时因避免与日军接触，因此日军走过的地方，国民党部队都避不敢去，这样就给日军一条完整的退路，使日军毫无阻碍地安全撤退。英德佛冈山区间国民党九师之众，没有一师在敌人后撤时进行追击。困在英德东部大镇一带大山中的部队有士兵看见日军由大镇向河头行动，架起机枪准备袭击，有军官则以未奉命令加以阻止，还说万不能让敌人发现目标，自找苦头。这倒是龟缩在英佛大山间的国民党部队的普遍心理。第一五八师在转进过程中，根本不知道敌人什么时候撤退，也没有看见过敌人撤退，等敌人已退过良口之线以后，各个师才确认敌人真的撤退了。这个时候才跟着敌人后撤的路线进行“追击”。蒋介石的中央军陈烈和甘丽初所属的两个军，当敌人开始撤退时，他们抵达了翁源、青塘间地区，报纸宣扬说日军是他们打退的。他们在青塘附近和余汉谋部队的某部因误会发生冲突。原来，军部惊魂未定，中央军来了，他们也未获得通知，看见前面有人，便问“边个（谁）？”对方答说：“打日本的。”这边一听，听成了“大日本的”，因此立即散开，机关枪、迫击炮连连打过去，中央军也同样回击，打了半个钟头，双方从枪炮声中辨别出是自己人，才停下火来。这算是“追击”战中的一段插曲。

过后据曾其清说：当前线被敌人突破后，第十二集团军总部由三华撤退到始兴，拟继续向南雄三南撤退，韶关长官部也非常混乱，已派高参谢婴白到南雄设营，并拟续向三南撤退，行李辎重已大部到达南雄。省政府和军营区已将行李档案搬去连县，大部人员已到达连县，韶关已成真空状态。他和军营区参谋长张宗良到黄岗省府找李汉魂，要求李想办法。李打长途电话给薛岳（第九战区司令长官），请他从湖南派兵增援，但薛完全拒绝，后来打电话给陈诚，说了许多好话，才允许派两个军来增援，即陈烈和甘丽初两个军。先头部队杨温（广东惠阳人）团到达翁源，与敌人后撤部队遭遇，战斗了数小时，这就是中央军的由来。

究竟是什么力量使得日军后撤呢？中央军的入粤可能是日军的一种压力，但事实上蒋介石的中央军没有和日军有过大的接触。至于第十二集团军则连敌人何时撤退也不晓得，当然更不是他们把日军击退的。

粤北乐昌战役回忆

林廷华

敌我双方的部署

广州市于1938年10月下旬失陷后，曲江即成为战时省会，1939年冬及1940年冬，日寇曾两度进犯粤北，企图夺取曲江，均未得逞。至1944年夏希特勒在欧洲战场惨败之际，日寇在东方败征已呈，为了图谋大陆上的退路，打通南起马来亚，北至东三省的内陆撤退路线，日寇更加急切企图攻占曲江。其年冬，日寇为了打通粤汉铁路线，便分南北两路进攻，国民党军队由广东的第七战区和湖南的第九战区在南北两面分别抗拒。在广东方面，以余汉谋为司令长官的第七战区本来有六十二、六十三、六十五三个军（六十四军驻西江不属粤北正面），六十二军部署于良口、翁源一线；六十三军部署于东江方面；六十五军部署于曲江至英德间原粤汉铁路线两侧，并作为第七战区的预备队使用。但是粤北正面的部署与北江以西暂编第二军（国民党中央系统邹洪部）和西江方面的六十四军（李汉魂嫡系）都不互相照应，形成一字排开，单面挨打的局面。1944年秋，第六十二军又被蒋介石调往衡阳作战，粤北正面战线只留六十五、六十三两个军的兵力。余汉谋于1944年7月，当南面之敌跃跃欲试的时候，设立曲江守备区司令部，派我为守备区司令，负责防守曲江。余汉谋当时给我的任务是负责指挥英德、翁源、曲江这一地区内的武装部队（包括正规军和地方团队），最后死守曲江。事实上余汉谋是在未打先退的思想指导下，企图以这样一个机构来在事到临头的时候掩护第七战区司令长官部撤退。

曲江守备区司令部成立不满三个月，于1944年10月便被取消，另成立乐（昌）仁（化）守备区司令部。一月后，加上乐昌西南角的乳源一县，成为乐仁乳守备区司令部，司令部设在乐昌县城。配属兵力，连地方团队在内共五个团。这一守备部署的改变，亦正是余汉谋贯彻逃跑政策的先机。

原来设立曲江守备区司令部的时候，余汉谋对于日寇将由北而南，抑由南而北，还捉摸不定。后来看到长沙以北的日军先动，就判断战场在北面，认为日军进攻曲江必然由北而南。虽然当时湘北日寇南距曲江千余里，还须跨越横亘湘粤间的崇山峻岭；而此中广阔地带，又另有第九战区统属着原有五个军，加上由广东北调增援的一个军防守，但是，担当广东一方面守战指挥权力的余汉谋，秉承了国民党军队逃跑主义传统，关心的不是什么保卫曲江保卫粤汉线，而是保住逃跑后路。他生怕一旦乐昌经仁化通南雄的公路被日寇切断，逃跑不得，因而就决定把守备重点从曲江北移到乐昌，是余汉谋在敌人未出动以前就打点好奉献曲江的了。

日寇方面，这一次为了急速打通粤汉线，预先训练了特种部队，采取了特种战法。乐仁乳守备区司令部成立不久，获悉日寇分别在汉口和广州训练了两个爬山突击师，每师两万人，专门训练爬山和从悬崖绝壁间突击偷袭。这种部队的特殊任务是专门袭击我军司令部，破坏我后方交通（通信），变我军后方为前线，使我军陷于自相混乱之境。他们的服装是以利于防寒防雨的胶布特制的，手套、脚套也装上铁爪，随身携带绳索，钢帽特别坚硬。行动时每人携带 15 至 18 天的干粮，一日夜可窜行 150 华里以上。作战时分为左右两个梯队交互前进，如前窜部队被我军阻击时，后续部队仍然续窜，并不增援，只有在后续部队被截止时，才相机另派第三个梯队增援或继续交互窜扰。他们每班配有小钢炮一门、炮弹 200 发、轻机枪一挺、子弹 500 发，此外每人配驳壳或快掣手枪一支、子弹 300 发，行军粮弹完全不靠后方补给。

上述就是我在守备司令任内所了解到的当时敌我双方部署的大概情况。

五日失曲江

日寇打通粤汉线战役是在粤汉北线首先发动的，时为 1944 年 12 月下旬。至 1945 年 1 月 15 日，一股敌军越过湖南，又窜进广东北界。19 日上午，我正在坪石部署阻击，却接守备区司令部参谋长云春霖由乐昌县城打来的电话，转达余汉谋由曲江发来的电报说：广州方面日寇于 15 日（正是北线日寇窜进广东境的一天）沿粤汉线两侧分为四五个梯队不等开始北窜。敌军行动迅速，我军无集中截击机会，19 日敌军已窜抵曲江近郊，七战区长官部即日向江西三南转进。就这样，作为广东战时省会的曲江，在南线敌人开动后的第五天，即 20 日就失陷了。

北线日寇窜进广东

在南线日寇攻占曲江的前一日（19 日），由湘北南窜的日寇已窜抵乐昌城北郊。抗击从北线窜进广东之敌，我身历其境，整个情况，知之较详。

日寇的特种部队于 1944 年 12 月下旬分两路由岳州沿粤汉线两侧山

地南窜，每侧分为四个或五个梯队不等，窜扰了湘阴、长沙、株洲、衡阳、耒阳各地。湘北国民党部队，在日寇这样窜扰下，交通受阻，通信失灵，作战机构被打乱，到处发现敌情，自相惊扰。计日寇自 1944 年 12 月下旬开始至 1945 年 1 月 15 日止，前后不到 20 天横扫过湖南省几百公里，打垮了在湖南境内的国民党军 10 多个司令部，直达广东北境。第九战区司令长官部也在这种窜扰下撤往汝城（与广东仁化县毗邻）。

15 日，日寇特种部队窜抵连县星子东南侧的新岩下附近，与第九战区王懋功师的一个团接触。余汉谋于 1 月 16 日晚 9 时由曲江以电话令我轻装进出坪石，指挥一六〇师与第九战区王懋功师（四川部队）密切联系，迎击由耒阳南窜宜章的一股日寇。我率通信兵一排当日下午 5 时抵达坪石以南的牛角湾，立即派遣一六〇师四八〇团（团长黄锡彤）挺进新岩下西侧会同王懋功部截击新岩下之敌。为了防止日寇交插窜进，又以一六〇师四七八团（团长张宗岳）挺进旧坪石墟，向西北方面警戒。新岩下的日寇自 15 日午时起与王懋功师相持竟日，17 日上午 3 时许日寇开始南窜，每人持一火把，在山岭蜿蜒前进，目中无人，明火行军。日寇窜至新岩下以南的禄面塘时，被我四八〇团截击，至同日下午 2 时以后，日寇不支，退入一个纵深千多米的大山洞企图固守待援。我军即以炽热火力封锁洞口，急由乐昌调运煤油、汽油来准备火攻。到了 18 日下午 4 时许，火攻材料运到阵地，立即集中轻重机枪猛射洞口，约发射 20 分钟，不见回枪。我军即迫近岩洞，将催泪弹抛入洞内，仍未见动静，我军再投入柴草、汽油、火水等火攻材料放火烧洞，结果将由新岩下南窜的 200 多日寇全部烧毙于洞中。

在我军火攻岩洞日寇的同时，另有一股日寇四五百人由坪石正西六公里的三拱桥向坪石西南的狮子岩窜进，企图进犯我军指挥部所在地的水牛湾，我当即调原驻旧坪石墟的张团回击，并令黄团将清理岩洞战场任务交王懋功师负责后即开回水牛湾布防。19 日上午 1 时，日寇已窜至水牛湾西南六公里的黄石坑、高坪塘之线，被我张团堵击。日寇遇截击，即溃进群山之中。我军乃扼守山隘峡口，与敌对峙。

余汉谋狼狈撤离曲江前给我的电报只命令我撤回乐昌县城堵击南北会窜之敌，至于今后如何作战？七战区粤北正面部队如何配合？全无指示，可见其惊惶失措。

粤汉线北段日寇于15日窜抵坪石后，也仅花了四天时间就穿越崇山峻岭进占乐昌城郊。由坪石南窜的日寇估计不过1000人，他们行动迅速敏捷，在行进中有时集中突击，有时分散流窜。我军在崇山峻岭间进退不灵，要靠山间原有小道交通补给。日寇能攀登悬崖绝壁，时而在前，时而在后，使我军难于堵击。在抗日战争历次战役中，日寇最后打通粤汉线这一战役的进展最为迅速。

乐昌失守前后

日寇南北会合打通粤汉线之役，截至1945年1月20日止，国民党军队在粤汉全线上只剩下乐昌县城一个孤立的据点。乐昌是当时粤北的后方重镇，是第七、九两个战区的门户，又是两个战区的后方，军队和商民存下的物资相当多。曲江沦陷后，乐昌南北受敌，守备区司令部手里没有坚守乐昌的兵力，且曲江失守后，也无坚守乐昌的必要和可能，因此我在乐昌的守战主要是争取时间，尽量疏散物资。曲江失守的那天，乐昌也陷于混乱状态，军民人等正像热锅上的蚂蚁，走投无路。当时乐昌北行铁路线因坪石失守，两军正在对垒，不能通行；乐昌南边的铁路、公路、水道因曲江失守，也都行不通；东北通向九峰山之路因九战区也有战事，不能行走；西通乳源，因崇山峻岭交通困难，且日寇正在流窜更难通行；只有东南通仁化一线还能畅通，因此很多人都向仁化转移。可是因交通阻塞，更多人只好坐困危城，听天由命。

1月19日，第七战区司令长官部撤出曲江那一天，我即由水牛湾指挥所回抵乐昌县城守备区司令部，着手防守乐昌县城。乐昌三面环山，在群山间俯瞰县城，了如指掌，郊区没有既设阵地，敌人自山间攻下，我如于城郊山下布防，则情况将十分不利，因此必须争取控制远郊的制高点，我便命黄锡彤团自水牛湾乘火车撤回乐昌（乐昌原有火车北通衡阳，南达曲江。战事起后，乐昌南通曲江的一段，已经七战区破坏；北通衡阳的一段，仍然行车。黄团撤回乐昌县城，是粤汉全线最后一次行车了），在武江（乐昌河）西岸长塘岗湾之线布防；同时令七战区干训团集训大队（大队长马挥）挺进乐昌以西五公里附近的黄屋坑设防；又令县长詹宝光率县属警察队于北门附近，准备伏击；还命令原驻狮子岭的张宗岳团会合截击兽古岭之敌。20日整天全线平静无战事，只有一架敌机在乐昌县城四周盘旋侦察。当天夜间在乐昌县城内向西瞭望，看见丛山间忽而火点连成一线如火龙蜿蜒起伏，忽而火点分布满山有如繁星，这是日寇的爬山部队正在乐昌西面的丛山峻岭间分途向乐昌县城推进。20日上午5时我曾命令参谋长云春霖即转令黄锡彤团派一营进出乐昌以西五公里的兽古岭占据制高点，迎击向乐昌进攻之敌。云春霖没有及时转达命令，误失战机致被日寇先占了制高点，后来黄团一营到达兽古岭山腰时，敌军从山顶向我军猛攻，黄团连长以下官兵死伤颇多。至于长塘岗湾阵地，我军先在制高点布防，敌军窜达时被我军射击，伤亡颇重。是日夜间敌军另一部三四百人向乐昌西北四公里处的老虎头詹宝光阵地攻击，詹部一触即溃。敌军不进攻乐昌县城，却每人持一火把由县城北郊越过铁路经棺材渡向乐昌以东的廊田迂回。20日晨，乐昌县城三面被困。由狮子岭南窜之敌500余人与长塘岗湾之敌会合后，向我阵地猛攻，激战至晚，我方伤亡甚重，张团已失联络，黄团退守乐昌城郊武江（乐昌河）西岸阵地。21日，乐昌城郊由武江西岸至城北两公里的琵琶山及棺材渡至九峰公路之线整日有接触，但敌人在白天并不积极进攻，我军环城布阵也不出击。是日傍晚敌人越过武江猛攻我军老虎头阵地，我河西部队陷于背水作战，只好撤回城内，乐昌河以西地区便告失守。敌军由西、北两面进攻市区，是夜 12 时后敌人已进入乐昌县城北门，城内陷于混乱状态，我即命令县长詹宝光速向五山（乐昌东面的大山）撤退，并令黄团坚守九峰公路，又令副司令龚楚率领民众自卫队在乐昌以南的长垑布防以掩护司令部撤退。22 日上午 2 时许我司令部遭受敌人袭击，我便率领司令部人员冲出敌人南北两面的机枪交叉火网，退出乐昌县城。至此，粤汉全线最后一个据点乐昌终告沦陷，粤汉线便被日寇打通了。计前后不足一月。广东境内南北纵深，在敌人攻击后七天全线告吹（破）。

林伟俦

官兵们以一寸山河一寸血的精神，以血肉长城，阻挡敌人重炮、战车，骠勇气势，使敌人不禁气折。

- 1905年生，又名济泉，广东省台山人。
- 1937年，抗战爆发后任第六十六军一五九师四七五旅少将旅长，率部参加淞沪会战。
- 1938年，率部参加庐山保卫战和万家岭战斗。同年底改任第六十六军一五一师中将师长。
- 1939年，指挥军队参加随枣会战、第一次粤北战役。
- 1940年，参加第二次粤北会战。
- 1944年，参加长衡会战、桂柳会战。
- 1945年，抗战胜利后，率部队先后赴越南、中国台湾接收日军投降。
- 1947年，升任第六十二军中将军长。
- 1998年春，逝世于加拿大多伦多。

牛背脊、吕田战斗

林伟俦

会战概要

参加第一次粤北战役的我军将领有：第六十二军军长黄涛，辖第一五二师师长陈章、第一五七师师长练惕生；第六十三军军长张瑞贵，辖第一五三师师长彭智芳、第一五四师师长梁世骥、第一八六师师长赵一肩、第一五一师师长林伟俦（原第六十六军建制，暂归第六十三军指挥）；第六十五军军长兼前线指挥官缪培南，辖第一五八师师长林廷华、第一八七师师长孔可权、新编独立第二十旅旅长张寿。以上将领，其他尽已作古，独我尚存。回忆当年战况，犹历历在目。

广州日军为策应桂南日军作战，牵制我粤北驻军不能调到广西柳州增援之目的，于1939年12月中旬分兵三路共70000多人，向粤北发动第一次大规模的进攻。

日军极其狡诈，在进犯粤北第十二集团军之前，先在三水方面有所佯动，似有进犯西江肇庆第三十五集团军模样。西江守军急电第四战区司令长官部请求增援，待我方将战略预备队第六十五军第一五八师向西江回师增援去后，日军立即缩了回去；跟着就以第一〇四师团沿铁路向银盏坳第十二集团军防御阵地的右地区进犯，以吸引我第十二集团军总预备队第六十五军过早投入了银盏坳的战斗。激战多日，互有进退，伤亡不少。该敌越过银盏坳、潖江口，直趋英德。此时，第十二集团军调整部署，将第六十二军调佛冈水头地区。

日军看到我守军主力已被吸引到铁路线去，便以第十八师团、近卫师团，沿广从公路向从化良口、牛背脊、吕田我军防御阵地大举进犯；同时，又以一个旅团兵力由增城向龙门、新丰、翁源进犯。第十二集团军三个军九个师先后奋起抵抗。官兵们以一寸山河一寸血的精神，以血肉长城，阻挡敌人重炮、战车，骠勇气势，使敌人不禁气折。虽然在一些局部的战斗中打了一些小胜仗，但在总的形势上，仍然挡不住日军优势兵力的猛烈进攻。特别是第六十三军第一八六师未经剧烈战斗，过早失去了牛背脊阵地；第六十三军第一五四师未能遵照命令驰占梅坑，贻误战机，这样更加助长了敌人之气焰。因此三个军九个师不得不先后退到英德以东、佛冈以西、翁源以南、从化以北的大山中。他们脱离了与敌人接触，使得日军一经突破我第一线阵地之后，即不再遭到强烈的抵抗，从而长驱北上，其右翼与中路直趋翁源，具左翼直趋英德。英德县长李辉南死守牺牲，韶关震动。

广东省政府主席李汉魂，以日军倾巢北犯，连陷龙门、新丰、佛冈、英德，对粤北部队形成大包围，而韶关无一兵驻守，异常震动，乃迭电第九战区请援。

前线方面：12 月 26 日，第六十二军军长黄涛，奉余汉谋电报命令，要该军从佛冈阵地北撤回罗家营、上太、下太一带山地占领阵地再行抵抗敌人，黄涛即接通电话向余汉谋建议，谓与其退守第二线阵地不能解决问题，不如乘虚直攻广州；或腰击牛背脊、良口敌之据点，断敌后路。当蒙余汉谋同意其第二个主张，乃即于 27 日指挥第一五二师猛攻良口附近之敌；指挥第一五七师猛攻牛背脊之敌；暂归第六十二军指挥的第六十三军张泽深旅，则监视吕田之敌。黄涛集中兵力，出敌不意，于 29 日一举攻占了这两个据点，拦腰截断了日军的联络线。

当日军窜占翁源，韶关军民正在震惊之际，忽闻由湖南第九战区派来的援军两个军的先头部队，已经到达韶关；又见军事首脑李济深、陈诚、张发奎也于 27 日及时赶到韶关，还出席了在第四战区司令长官部举行的 1940 年元旦团拜礼。大局转危为安，因而士气振奋，人心安定。

日军见后方补给线已为我第六十二军所中断，而先窜到沙口、新江的先头部队，又遭到由湖南开来的第五十四军的痛击；西边又受到第三十五集团军的暂编第二军的威胁；后边还有未被击破、停滞在日军前进路的后方的第十二集团军的九个师，跃跃欲动，深感孤军过度深入，前后左右四面受敌，自知难以取胜，无心恋战；迟走则还将有被包围歼灭的危险，乃急急忙忙地掉转头就走。

迨第十二集团军前敌总指挥缪培南在牛屎粪集合各军分三路北向青塘攻击时，各军扑了个空；向吕田、牛背脊方向追击南退之敌，亦等于送行。1940 年 1 月 8 日，双方基本恢复粤北会战前态势。

这次战役，就其战斗过程来说，中国军队在一些局部的战斗中，确实打了一些小胜仗，如伯公坳之战、银盏坳之战、牛背脊、吕田之战、石马之战，第六十二军腰击牛背脊、良口之战以及鲜竹坑之战、丹竹坑之战等；特别是下级官兵士气旺盛，如常常听到说：“只要我们有一口气，也要坚守阵地，与日本鬼拼到底！”

就其结局说：日军在一度猛攻之后，也终于退到出击以前的阵地；日军的进攻，仅仅达到了突破粤北防线的目的，没有达到消灭我军主力和进占曲江之目的。

但在总的形势上，由于上级指挥官没有旺盛的战斗意志，战事一开始就显得被动；这些局部的小胜仗，都是各个部队依靠旺盛士气的各自为战；可惜上级指挥官不能指挥全线密切配合，以扩大战果；而日军的败退，也并不是中国军队反攻的结果。

再说，第十二集团军的九个师全部被困在四个县之间的大山中，他们原来的正面，没有了敌人；敌人已经窜到他们的左右侧和背后了。当司令长官部和省政府撤离曲江的消息传到前方时，由于烧毁仓库所发出的爆炸声及与司令长官部失去联系一天多，更引起了部队间的混乱；又因没有作战目标，而陷入盲目背进状态。日军向曲江急攻，第十二集团军部队则在大山中打转，等候消息，寻求出路。

总的来说，第十二集团军是在主力还存在的情况下，被敌人突破了防线；而在防线被敌突破以后，又让开道路，缩作一团，给敌人以长驱直入之机；敌人要退就退，我军又未能作有效的追击。基于上述，国民党当时报纸所吹嘘的“第一次粤北大捷”，原来如此。

第一次粤北战役所发生之战斗有以下十个：

（一）伯公坳之战（第一五七师）；（二）银盏坳之战（第一五八师）；（三）银盏坳之战（第六十五军）；（四）第六十三军牛背脊之战；（五）第六十三军吕田之战；（六）石马之战（第六十三军第一五三师）；（七）第六十二军腰击牛背脊、良口之战；（八）牛背脊之战；（九）鲜水坑之战；（十）丹竹坑之战。

第一次粤北会战敌我双方伤亡数字：据日方公布：中方参战兵力123930人，死亡16312人，被俘1196人。日方（括弧内为军官数字，下同）死亡293人（39人），伤1281人。另据中方统计，日军死亡10090人（236人），伤3808人（87人）。①

① 以上敌我双方伤亡数字来源：日方资料根据《中国事变陆军作战史》；中方资料根据《粤战场》。

第六十三军在牛背脊、吕田之战

广州日军为策应桂南日军作战，牵制粤北中国驻军不能调到广西南部增援，特以第一〇四师团为左路，沿粤汉铁路北犯。先在清远县银盏坳、源潭、老江口与守军第六十二军发生激烈战斗；其他地区尚无战事。因此，第十二集团军总司令部将驻英德、翁源的总预备队第六十五军调到粤汉铁路方面作战，在英德县高田阻击敌人。战况激烈，互有进退。

12月中旬，发现日军近卫师团为中路，进犯从化良口、牛背脊。同时，日军第十八师团为右路，由增城进犯驻守龙门永汉、地派坪的新编独立第二十旅阵地。继续陷新丰、梅坑圩，受到第六十三军迎击。由增城小杉和从化牛背脊进犯吕田圩之敌近卫师团，被我率领的第一五一师迎击（第一五一师原归第六十六军指挥，该军调赴柳州后，留下第一五一师，暂归第六十三军指挥）。我们最初发现敌军大队伍前来，领头的敌军举着一面太阳旗，我即命令炮兵轰击，敌人散乱逃窜。连续炮击后，中路敌人被第一五一师炮火压制。当时粤北前线各处战况非常激烈，敌机轮番轰炸，掩护敌军前进。他们采取钻隙迂回战法，致使粤北我军处于两翼被包围态势。那时左路敌军迫近英德县城，右路敌军陷新丰梅坑，迫近沙田和青塘，情况紧急。

12月26日，敌骑窜至青塘官渡附近三华墟，第十二集团军总部在转移前，将英德县青塘、官渡及翁源县城所存弹药、器材、粮食、被服等的仓库烧毁。烧毁弹药仓库时，子弹、手榴弹、炮弹爆炸声隆隆，烧毁器材、被服、粮食仓库时黑烟冲天。远近见闻，误以为敌军窜犯英德青塘和翁源三华墟总部所在地，对于军心和民心影响县大。因为事前没有接到破坏仓库的通知，致使前线部队发生混乱。在总司令部转移行动中，前线部队的电信联络中断一天多。

随后查悉敌军已陷英德青塘、官渡及三华墟，我立即率领队伍及第一五三师李克煌团向附近第一五四师靠拢，商量对策。当晚与第十二集团军总部取得电信联系，并报告情况。同时获悉总司令余汉谋已派出第九集团军副总司令兼第六十五军军长缪培南为前线指挥官，现驻英德、佛冈、从化三县交界的牛屎粪乡。我第一五一师随第一五四师即到牛屎粪乡集中待命。当时在该乡集中的有缪培南、黄涛、练惕生、陈章、孔可权、梁世骥和我。各军长、师长、参谋长等集中研究对策，众说纷纭。

抗战胜利时的日军投降与我军受降情况

林伟俦

日军投降前夕的兵力分布情况

1945年日本投降前夕，日本陆军的实力，尚有400多万人；估计在日本本土有200多万人；在中国（包括在东北三省）、朝鲜共有200多万人；在越南、泰国、缅甸共有20多万人；在东印度区、菲律宾共有30多万人。日军在被占领地区残酷镇压当地人民的暴行，罄竹难书，令人发指。

同盟国军在太平洋地区接受日军投降计划分配情况

日本宣布接受无条件投降后，中、英、美、苏同盟国军最高统帅麦克阿瑟将军[①]计划分配受降地区的规定：

1. 日本本土、朝鲜的北纬38度以南及菲律宾岛的日军向美国太平洋陆军总司令投降。

① 麦克阿瑟时任驻日盟军最高统帅。

2. 太平洋诸岛的日军，向美国太平洋舰队司令投降。

3. 在中国东北三省、库页岛南部及朝鲜的北纬 38 度以北的日军向苏军司令投降。

4. 马来半岛、荷属东印度群岛、新几内亚、尼科巴、缅甸、泰国、越南的北纬 16 度以南等地区的日军，向英国蒙巴顿澳军司令投降。

5. 中国战场（东北三省归苏军受降外）及越南的北纬 16 度以北的日军，向中国军队投降。

日军在中国各战区的投降部队人数

在华日军投降情况如下：

华北地区：日军第一方面军有 32 万多人。

华中地区：口军第六方面军有 29 万多人。

京、沪地区：南京日军驻华派遣军总司令部和第六军，另上海日军第十三军共有 33 万多人。

广东地区：日军第二十三军和警备队等共有 137000 多人。

台湾地区：日军第十方面军有 169000 多人。

越南地区：北纬 16 度以北日军第三十八军有 39000 多人。

以上各地区，总共有日军投降的兵力，为 1285000 多人。其指挥机关和部队概况如下：

日军总司令部一个，方面军三个，军十个，师团 36 个，战车师团一个，飞行师团两个，独立旅团 42 个，骑兵师团一个，骑兵团 15 个，海军陆战队六个，独立警备队 19 个。

中国接受日军投降的部署

1945年9月2日，在日本东京湾美国“密苏里”号战列舰上，日本外相重光葵代表天皇和政府、参谋总长梅津美治郎代表帝国大本营在投降书上签字。9月9日，日军投降总代表冈村宁次在南京向中国陆军总司令何应钦签订投降书。中国为了迅速办理接受日军投降事宜，指定15个受降区，并指派当地最高军事长官分别接受日军投降。其区分如下：

1. 第一方面军司令卢汉为受降司令官。日军投降代表为三十八军军长土桥勇逸，日军部队为三十八军、二十一师团、二十二师团及三十四独立旅团。集中地点在越南的北纬16度以北地区，办理投降地点在河内。

2. 第二方面军司令张发奎为受降司令官。日军投降代表为二十三军的田中久一。日军部队为二十三军、一二九师团、十三师团、一三〇师团及二十三独立旅团、八十一独立旅团、十三独立旅团。集中地点在广州。二十二独立旅团和二十三独立旅团一部，集中地点在雷州半岛，海南警备部队集中地点在海南岛，办理投降地点在广州。

3. 第七战区长官余汉谋为受降司令官。日军投降代表为二十三军田中久一，日军部队为一〇四师团、一三〇师团炮兵大队及潮汕支队等，集中地点在汕头，办理投降地点在汕头。

4. 第四方面军司令王耀武为受降司令官。日军投降代表为二十军坂西一良。日军部队为二十军、六十四师团、八十一独立旅团、八十二独立旅团、第二独立骑兵团，集中地点在长沙。另六十八师团集中衡阳。一一六师团、十七独立旅团集中岳阳。办理投降地点在长沙。

5. 第九战区长官薛岳为受降司令官。日军投降代表为十一军笠原幸雄。日军投降部队为十一军、十二师团、五十八师团、二十二独立旅团、八十四独立旅团。集中地点在九江。另第七独立旅团集中地点在南昌。办理投降地点在南昌。

6. 第三战区长官顾祝同为受降司令官。日军投降代表为十三军松井太久郎。日军部队为十三军、一三三师团、六十二独立旅团、九十一独立旅团，集中地点在杭州。另海军陆战队集中地点在厦门。办理投降地点在杭州。

7. 第三方面军司令汤恩伯为受降司令官。日军投降代表在南京为第六军十川次郎，日军部队为第六军、三师团、三十四师团、四十师团、一六一师团、十三飞行师团，集中地点在南京，办理投降地点在南京。

另在上海日军投降代表为十三军松井太久郎，日军投降部队为十三军、二十七师团、六十师团、六十一师团、六十九师团、八十九独立旅团、九十独立旅团，集中地点在上海，办理投降地点在上海。

8. 第六战区长官孙蔚如为受降司令官。日军投降代表为第六方面军司令官冈部直三郎，日军投降部队为一三二师团、八十五独立旅团、十一独立旅团、第五独立旅团，集中地点在汉口。另十二独立旅团、八十六独立旅团、八十八独立旅团，集中地点在武昌。办理投降地点在汉口。

9. 第十战区长官李品仙为受降司令官。日军投降代表为第六军十川次郎，日军投降部队为六十五师团，集中地点在徐州。另七十师团、第一独立骑兵旅团，集中地点在蚌埠。一三一师团、第六独立旅团，集中地点在安庆。办理投降地点在徐州。

10. 第十一战区长官孙连仲为平津地区受降司令官。日军投降代表为华北第一方面军根本博，日军投降部队为第一一八师团、第九独立旅团，集中地点在天津。另第三骑兵旅团、第二独立骑兵旅团、第八独立旅团、第三独立骑兵团，集中地点在北平。第七独立骑兵团，集中地点在保定。第一独立旅团、第二独立旅团，集中地点在石家庄，办理投降地点在北平。

另外，李延年为济南、青岛、德州地区受降司令官。日军投降代表为第四十二军细川忠康。日军投降部队为第四十三军、四十七师团、第九独立骑兵团、十一独立骑兵团，集中地点在济南。第五独立旅团、十二独立骑兵旅团、第一独立旅团及海军陆战队，集中地点在青岛，办理投降地点在济南。

11. 第一战区长官胡宗南为受降司令官。日军投降代表为十二军鹰森孝，日军投降部队为一一〇师团，集中地点在洛阳。另第六骑兵团、二十二军，集中地点在新乡。第十独立骑兵团，集中地点在郑州。办理投降地点在洛阳。

12. 第五战区长官刘峙为受降司令官。日军投降代表为十二军鹰森孝。日军投降部队为一一五师团、十四独立骑兵团，集中地点在郾城。另第九十二独立旅团、十三独立骑兵团，集中地点在许昌。第四独立骑兵团，集中地点在商丘。办理投降地点在郾城。

13. 第二战区长官阎锡山为受降司令官。日军投降代表为第一军澄田徕四郎，日军投降部队为第一军、一一四师团、第三独立旅团、第十独立旅团、十四独立旅团、第五独立骑兵团，集中地点在太原，办理投降地点在太原。

14. 第十二战区长官傅作义为受降司令官。日军投降代表为蒙古军根本博，日军投降部队为二十一独立骑兵团、二十四独立骑兵团及热河省内日军部队，集中地点由傅作义安排，办理投降地点在归绥。

15. 台湾省行政长官兼警备总司令陈仪为台湾、澎湖列岛受降司令官。日军投降代表为第十方面军安藤利吉，日军投降部队为第十方面军、第九师团、五十师团、六十六师团、七十一师团、十二师团、第八飞行师团、七十五独立旅团、七十六独立旅团、第一〇〇独立旅团、一〇二独立旅团、一〇三独立旅团、一一二独立旅团及澎湖守备队，集中地点由陈仪决定，办理投降地点在台北。

日俘和日侨的遣送

日军投降部队要在指定地点集中，自动解除一切武器，纳入库内，造册呈报，由中国受降司令官派员验收。所有俘虏送入集中营。在中国共有日俘和日侨200多万人，其中有日俘1285000多人，日侨784000多人。另有韩俘和韩侨65000多人；台湾同胞共有40000多人。由1945年10月开始，至1946年6月，全部遣送完毕。

收缴日军主要武器、车辆、飞机、舰船的概况

1. 主要步兵轻武器：步骑枪685000多支，手枪60万多支，轻重机枪29000多挺。

2. 主要火炮：12000多门。

3. 各种弹药：步枪弹1.8亿多粒，手枪弹203.5万多粒，各种炮弹207万多颗。

4. 主要车辆：战车380多辆，装甲车150多辆，卡车15000多辆。

5. 马匹：74000多匹。

6. 主要航空器材：各种飞机1060多架，其中可用者290多架，待修者620多架，不堪用者150多架。炸弹六万吨，飞机用汽油一万多吨。

7. 海军主要舰艇：舰艇船舶共有1400多艘。其中军舰19艘，仅有三艘可用；驱逐舰七艘，有六艘可用；鱼雷快艇六艘可用；小型潜艇三艘，有两艘可用；小炮艇200艘，大部不堪用。其他多是小艇帆船，且多损坏，待修或不堪用。

总之，受降接收的枪炮、舰艇、飞机、汽车、服装、粮食、军用器材物品及营房等，都入清册三份，经过双方交接小组人员查点，分别注

明堪用、待修、不堪用者，中国取存两份日军取回一份，日军并声言交接武器、装备、军用器材等将为赔偿战费的一部分等语。我是参加越南和台湾受降接收时，略知详情。

中共军队未被安排受降地区的后果

自从1937年7月7日，日军进占宛平县城和卢沟桥，并进犯华北地区。同年8月13日进犯上海，激发了全中国军民奋起抗日战争时，9月29日国民党正式发表了声明，同意中国共产党一再提出建立抗日民族统一战线的主张，完成了国共二次合作，共同抗战。[①]并委派朱德为国民革命军第八路军总指挥（不久改称国民革命军第十八集团军总司令），指挥西北中共军队开赴华北前线抗战，在日军侵入山西省时，八路军在平型关和雁门关击溃日军板垣第五师团部队。接着又正式发表委派叶挺为新四军军长，指挥南方中共部队开赴长江流域抗战。从此无论在敌前敌后，国共军队并肩抗日，达八年之久。与此同时，在西安、重庆都有八路军办事处联络工作。1945年8月15日抗战胜利时，国民党军队有89个军，252个师。中共军队有六个军，18个师。中国主持受降的陆军总司令部安排了国民党受降司令官，接受日军部队投降有15个投降地区。但未安排中共八路军和新四军受降地区接受日军投降。这是极端不合理的，其结果导致矛盾百出，虽有国民党代表郑介民和共产党代表叶剑英及美国代表罗伯逊在北平设立军事调处执行部进行军事调处工作，但毫无结果，到1947年1月30日，国民政府宣布解散三人军事小组及军事调处执行部，陷入国共二次合作分裂的后果。

① 1937年9月22日，国民党通过中央通讯社发表《中国共产党为公布国共合作宣言》；23日，蒋介石发表《对中国共产党宣言的谈话》。共产党宣言和蒋介石谈话的发表，宣布了国共两党第二次合作的正式建立。

刘绍武

由于相互拥挤，造成相互践踏，弱者倒地，强者即踏其身而过。

- 1899年生，别号天任，广东兴宁人。
- 1937年，全面抗战爆发后，任第八十三军司令部参谋处处长，后随部队参加淞沪会战和南京保卫战。
- 1939年，任第七战区第十二集团军六十四军第一五九师代师长等职。
- 1942年1月，被授予陆军少将军衔，由六十四军参谋长改任第一五九师师长。
- 1943年，任第三十五集团军六十四军一五五师师长，第六十六军一五九师师长、参谋长。
- 1945年，任广州警备指挥部指挥官。
- 1974年，逝世于广州。

第八十三军南京突围记

刘绍武

突围前的情况

1937年，鉴于上海战场逐次使用兵力，被日军各个击破的教训，我奉第八十三军军长邓龙光的命令，率第一五六师参谋处处长、参谋、中校团附、政训员等10余人组成的幕僚组，先遣赴沪，负责与该军在上海的第一五四师联络，做好侦察、计划、筹备等工作，俟第一五六师上来后，能即时投入战斗。

我们于11月13日由汉口乘轮东下，大约15日抵南京。时南京政府各机关团体已纷纷向武汉、重庆等地撤退。

11月16日，我们到参谋本部领得地图一批，乘夜车向苏州进发，至武进，遇敌机轰炸，路轨被毁，迫而乘兵站卡车续进，17日拂晓抵苏州。当日即见到第三战区副司令长官顾祝同，得知对面的敌情和友军状态，并得他指示：第一五六师到达后，即占领苏州东南处（地名忘记）至角直之线，构筑工事，阻止敌人，担负掩护友军进入吴（苏州）福（山）线既设阵地的任务。我们正忙于出发的一切准备，忽又奉到新命令：第八十三军（欠第一五四师）到达后，即开赴江阴，归江防军总司令刘兴指挥，负确实守备江阴的任务。

第二日我们仍留在苏州，等待部队的到来。那时，由淞沪前线撤退的友军莫不视苏州为给养补给站，到处搜劫食物，强拉民夫，而敌机更乘我之危，轮番轰炸，投弹无数，观前街、公园区大火融融，随处可闻哭声，特别是夜间空袭，地面火箭（汉奸发射，为敌机夜袭指示目标的）几如万弩齐发，有如元宵闹灯，精神大受威胁。由南京至苏州途中已经饱受火箭的骚扰，初不料贴近火线的前方姑苏名城，汉奸的活动，更有甚者，愤恨难言。

第八十三军（欠第一五四师）于11月17日到达苏州，即转向江阴前进。大约20日夜到达江阴附近，奉刘兴令乘黑夜进入江阴要塞外围既设阵地。由于刘兴总部没有工事位置的要图，只得进入临时阵地，作逐次摸索，逐次进入工事的打算。整整摸索了一个长夜，有的部队找不到工事位置，有的部队找到了工事位置而没有钥匙，不得其门而入。

大约23日奉刘兴令：即日驰赴无锡归第十九集团军总司令薛岳指挥。随即照薛令集结指定地区。入夜照令占领无锡东北 × 处（地名忘记）至唐桥头之线。第八十三军军长邓龙光即用电话报告薛岳该军进入阵地情况，薛接电话后，暴跳如雷，大骂邓龙光违背他的命令，要枪毙。邓问为什么要枪毙呢？薛说：谁叫你占唐桥头。邓说，有命令为据，薛乃哑然。原来无锡东北有唐头桥与唐桥头两个不同的地名。薛岳原意是占领前头那一个的，但下达命令时错看成后一个地名，故有此误会，因而加速了无锡的失守。

第八十三军（欠第一五四师）执行掩护主力转进的命令后，12月初又奉到命令归刘兴指挥，占领镇江西南的某某至某某一带的山地（地名忘记）并负责固守的任务。

军命第一五六师依令占领阵地后，我们在观察对面敌情时，目击几个纵队的敌军向句容疾进，并侦悉敌指挥部就在我阵地前约30里路的一个村庄（地名忘记）宿营。当时我向邓龙光建议，以第一五六师全面出击，解决敌指挥部后，即将矛头指向句容西进之敌截歼之，为南京守城部队赢得准备的时间。刘兴说，守恐不保，还说攻吗？消极地否定了出击的方案。军参谋长陈文复以同乡关系，用电话向唐生智作同样的建议，也不得唐的重视。次日凌晨，因敌陷句容疾趋南京，结果军奉命放弃阵地，经下蜀、龙潭向南京转进。

突围的经过

大约是12月7日午后到达南京，闻说第六十六军叶肇部已放弃汤山阵地向麒麟门方面撤退中。第八十三军奉命以第一五四师位置水西门附近归第七十二军军长孙元良就近指挥，其余即进入南京，位置于光华门内[①]，担任巷战工事的构筑。由于缺乏木材、铁丝、铁钉之类的材料，进展极慢。

12月10日，第一五六师奉命增援光华门。光华门不断受敌人飞机、大炮的集中轰击，城墙数处被毁，敌即乘飞机掩护，用竹梯爬城，蜂拥而来，势极猖獗。经该师多方苦战，敌焰始减。是役伤亡颇重，向卫戍司令长官部请领弹药、卫生包等必需军品，均以库乏存品，百不得一。

11日晚，第一五六师挖通城墙积土，将冲入光华门城洞内的约一个班敌军予以歼灭。12日凌晨军部收到该师缴来的战利品一批，军曹的头颅一个。我们除留一束日军以之壮胆的神符作为军中宣传品外，其余即缴送卫戍司令长官部[②]。此时新街口、中华门一带不断传来爆炸巨响，据说雨花台已陷入敌手，有部分敌人窜入城内，因此，城内秩序大乱。

---

① 第八十三军（欠第一五四师）撤进城后，驻守汉西门、玄武门一线担任巷战工事的构筑。

② 据程奎朗回忆，第一五六师的战利品是12月10日送到卫戍司令长官部的。

大约下午2时忽接长官部电话，找军长邓龙光去开会，邓与参谋长陈文一同前去。5时左右，上校参议（第四路军总部参议派在第八十三军服务的）柯申甫突然驾驶邓龙光的汽车来找我。他一进军部大门，就大叫一声："走呀！"这一叫，弄得整个军部官兵仓皇失措。柯转述邓的指示后，我即吩咐各主管负责人立即率所部到中央党部集中，跟着拈了一份五十万分之一的地图，拟乘车先行。讵料车厢内外和篷顶车头均已挤满了人，不能开行。同时广场马路人流汹涌，无法通过。我即弃车步行，黄昏时才到中央党部，见到了邓龙光、叶肇、陈文、罗策群（第一五九师副师长。师长谭邃因肺病，先搭船过江，由他代师长）等，但未见第一五六师师长李江。陈文对我概述了会议的要点和广东部队归叶肇指挥，掩护主力撤退后，由太平门突围出城，经当涂、宣城、宁国集结徽州整训的任务。我问："军长决心如何，已与李江通话了吗？"陈说："已通知李江即率部到太平门集中；我们立即向太平门移动，部署突围。"我说："不是要掩护友军撤退吗？"陈说："不管呵。"原来他们已作出决定，以叶肇部作先锋（叶部入城后未被使用，故集结容易），邓龙光部作后卫，抢先突围。于是叶、罗、邓、陈、刘等一拥上车。时广场已万头攒动，水泄不通，将军的怒骂，汽车的喇叭，均失作用；只得弃车乘马，但马也无回旋余地，又迫而弃马步行。那时人都准备轻装逃命，不少珍贵行李都视如敝屣。邓龙光的几枝人参浸制的酒和几盒头号的高丽参皆弃诸道旁，无人过问。只见失却节制的队伍蜂拥向太平门方向移动，秩序大乱。我们8时许到达太平门，据报，叶肇、罗策群亲自指挥部队拆除堵塞城门的沙包。我们就在一间守兵用的小房子内静候出城。当时紫金山的敌炮断断续续地向太平门内盲目射击，麇集在太平门内的我军迭有死伤，越城之心愈急。

9时许，忽然人声鼎沸，人流蠕动，据报先头部队已开路出城，我们就争先恐后继续跟上，各显身手，从城门夹缝之中挤出去。由于互相拥挤，造成互相践踏，弱者倒地，强者即踏其身而过。据随后出城的人说，有一个被人践踏，呼天不应的难友愤而拉开手榴弹，造成同归于尽尸塞城门的惨剧。当时紊乱的情形由此可见。

我随邓龙光、陈文出城后，紧跟着先头部队沿京杭道（宁杭公路）南进，沿途为防敌的堑壕、地雷所迸，进展迟缓。约12时到达岔路口，先头部队与据守该处之敌接触，罗策群几次督队扑敌，均不得手，最后他举起马鞭，大呼，“跟我来，几大就几大，唔好做衰仔呀？”（广东话不要丢脸的意思）罗就在这种气愤的情形下壮烈牺牲了。

至此检查部队，只有军直属队不到百人，李江师并未跟上，怎么办？邓、陈等蹲在一间小屋子内一筹莫展，而一向龙精虎猛的陈文，牙缝中哆嗦之声隐隐可闻。我当时也有几分颤动，主张等待李江师到来再作突围打算。邓龙光急不可待地要争取敌人增援部队未到来之前冲过，并立即令特务连用急袭的火力掩护，利用飞机场（似是飞机场）的碉堡逐次跃进，好容易脱离了敌人的火力网。特务连已死伤散失过半；连长不知下落，剩下的一个排长指挥不灵，名为护邓（紧随邓的身边），实则怕敌，不敢向前搜索。此时揣邓心情，大有“谁人救得李世民，你做君王我做臣”之感。我自忖兵微将寡，长路漫漫，必无生还之望，何如死中求生，冀侥幸于万一。乃自告奋勇，单人匹马，自任前驱，侦察一段，回头领邓跃进一段。很快地掌握了一条规律，乃是有篝火的地方就是有敌人的地方（敌怕我接近用以照明的），远离火光前进，万无一失。我们在一个小高地准备第五次跃进时，不见陈文和柯申甫二人，邓想株守以待，我则认为他们二人是有意识地离队（因柯是上海人），主张不等，赶快续进。大约13日凌晨3时许到达一个不知名的山脚，隐闻急速的脚步声，乃静伏以观，无何，很清楚地听见“丢那妈，萝卜头”的口音，分明是自己人，这一喜，如获至宝，活似放下了一块大石，即尾随其后跟进，步履也轻快了许多。到一小树林休息，检查自己的一堆，只剩下十几个人，除邓龙光和一个随从副官王志外，其余就是我与邓的卫士三四人，及特务连士兵二三人。拂晓前我们到了淳化镇附近，才知道昨夜在我们前头作向导的原来是莫福如、华振中与他们三四十名士兵。他们备说罗策群战死的经过与叶肇、黄植南（叶肇的参谋长）、司徒非（第一五九师旅长）等踪迹不明的情形，不胜叹息。

我们决定利用山地俯瞰观察敌情，再作下一步的打算。是日从难民口中和望远镜下的观察，知道淳化镇不时有敌出没，京杭公路时有战车巡逻，附近村庄没有敌情动静。我们决心利用黑夜接近公路埋伏，相机钻隙通过。

是日下午6时许，见教导总队旅长马威龙率一小队官兵数十人经过，彼此交换了一些情报和突围意见，我们即利用马部（马威龙部队）为试探前锋，随后跟进。他们很快地过了马路，我们恰遇敌战车三辆向南京西进，故即隐伏，相隔约半小时之久，才通过马路，竟与马等失却联系。因此我们只得用地图校正方向，向南摸索前进，午夜抵秣陵关附近，探知该处之敌正整装待发，乃折回龙都。时东方已白，即昼伏在一个较偏僻的村庄，各向居民买得便服化装难民，利用夜间钻隙前进。至90里店（苏皖交界的一个地名）遇到一群百余人由上海战场退下来的广西部队官兵，他们据险截劫，缴去我们先头部队的枪，同时向我们包围。我们以众寡悬殊，只得退避三舍，隔河戒备。15日夜找得当地居民姜润田（后随邓回到广东，由邓送他入军校，毕业后当过排、连长）带路，才绕过该处。那时既怕日本人又怕散兵，狼狈不堪。之后，依每日当地情况昼夜交互行进。19日我们来到一个相当热闹的市镇（安徽境，不记得什么地名了），大家都想在这里好好地休息一晚。但据了解，旅馆棉被不够，同时得知离市镇五六十里的外围常有敌人出没。怎么办？邓不假思索地取出他印有官衔的名片叫人去找区公所所长。该所长很恭顺地马上征集了二三十条棉被送来，并说，马上派出保安队去警戒，保证安全无事云云。

本来邓龙光在龙都化装时，就想将名片和唐生智的突围命令焚毁了的。我对他说：现在还不是消灭军人痕迹的时候，以后可能还有用处。果然，是晚用上了。我们就在那里大吃、大喝、大洗一顿，既饱且醉，并清除了身上的积秽和不少虱子。

21 日我们到达南陵上官云相的防地。随得蒋介石、余汉谋复电慰勉有加，同时奉令赶赴屯溪收容。到屯溪后，我曾随邓龙光到宁口开会。记得当时有陈诚、白崇禧、罗卓英、薛岳、吴奇伟、陈沛等人参加。我们在屯溪住了 10 多天，记得与邓龙光、吴奇伟、陈沛、黄占春等在黄山渡过了 1938 年的元旦。

1938 年 1 月中旬，第六十六军、第八十三军各收容得由南京陆续出来的官兵一两千人不等。于是，第六十六军由林伟俦、莫福如、郭永镳率领，第八十三军由王得全率领，分别向湖南的攸县、安仁等处集中训练。

事后见闻

后来我到了武汉，在武汉先后见到了第一五四师师长巫剑雄和该师参谋长张驰，第一五六师师长李江和该师参谋处处长张显岐。据巫剑雄说，他们是于 12 月 12 日夜从人喊马嘶，争先出城的部队中获悉放弃南京的企图后，与参谋长等几个主要人员由乌龙山搭船过江的。李江说，他接到电话命令后，与骆应剑（第四路军上校参议）经中央饭店至挹江门目击一片喧嘈紊乱现象，想渡过此门非焦头烂额不可。不久，乃与骆走到离城门几百米的地方，用脚缚吊出城外，走到下关，经过种种周折才搭得某部轮船过江，由陇海路回转京汉路回到汉口的。张显岐谈到他脱险经过的情况犹有余悸。

1938 年 1 月中旬，蒋介石在武昌珞珈山召开了一个军事会议，会上不少尝过南京逃难风险的“将军们”都说唐生智放弃南京，没有下达命令，弃城逃走，酿成惨重的牺牲，唐生智应负完全责任。据邓龙光对我说，当时蒋介石很冒火，言不由衷地说了很多废话，还要组织军事法庭审判，邓龙光过意不去，由怀中取出唐生智撤离南京前给他的油印的撤退、突围命令，给唐生智解了围。

同年的2月间，叶肇、黄植南先后回到广州，叶肇在中山纪念堂曾报告了他被俘脱险的经过。之后，叶、黄又亲口对我讲了他们逃出南京的情形，略述如下：

12月12日晚，叶肇与黄植南冲过岔路口后，即遥望山地摸索前进。天明，至汤山附近，找得便衣化装难民，准备逃往上海。但人生地不熟，两人在山地潜伏了一天，饿得饥肠辘辘，迫而冒险下山觅食。到一个不知地名的地方，忽然枪声大作，两人躲入一个堡垒。至黄昏，一片沉寂，知敌已远去，即离堡垒循小路踉跄而行，见路旁番薯皮一堆，如获至宝，分食之余，各将其余珍藏于袋，以备不时之需。是夜，为觅食进入一个不大的村庄，摸索了几个房子，阒然无人，最后碰到一个年约六七十岁的老婆婆，也没有得到任何可充饥的东西。正懊丧间，忽然枪声大作，日军蜂拥入村，他们爬入禾草堆中的床底。第二天，看见京沪公路上有不少三五成群的难民往来，他们即混入难民中间东行。走不多远，遇见一队鬼子由东往西，他们只好硬着头皮迎上去，希望侥幸过关，不料狭路相逢，日本兵看中了他俩，要他俩挑担。黄植南先挑，勉强走了六七里路，佯装脚痛走不动，被日本兵踢了几脚，他就索性装死。于是，一个日军上等兵的行李就落到国民党军长叶肇的肩上。叶肇生平未尝挑担之苦，忽然压上几十斤的东西，确实难以走动。日本兵看他胡须长长，不能胜任，只好另找壮者代替，他才得以解脱。吸取这次教训，叶肇采取远离交通要道躲过风头再作打算的办法，在京沪公路的一个小村镇里躲了若干天，摸清敌情，逐次接近上海，遂由上海搭轮回粤。

抗日战争中的粤系部队六十四军

刘绍武

李汉魂扶摇直上

1937年七七卢沟桥事变后的9月1日，广东方面的第四路军余汉谋乘时扩编军队，成立六十二、六十三、六十四、六十五、六十六共五个军，按次序以张达、张瑞贵、李汉魂、李振球、叶肇为军长。据所知，当时蒋介石在庐山会议提出这批名单时，邓龙光是榜上有名的。由于余忌旧四军系的李（汉瑰）邓拥有五分之二的实力，会造成尾大不掉，因而邓的军长遂胎死腹中。邓固自命倒陈（济棠）有功（继李汉魂之后发过劝陈“悬崖勒马”的公开信），应同受酬庸的；今竟为余所压，其对余之不谅，不难想象。

六十四军，原以李汉魂的一五五师和邓龙光的一五六师编成的。那时是“二二二制”，即一军两师，一师两旅，一旅两团制。一五五师师长陈公侠，副师长何彤，旅长孔可权、张光琼；一五六师师长邓龙光，副师长（忘其姓名），旅长黄世途、王德全。成立之初，正是邓龙光继张瑞贵独立第二师之后残酷镇压大南山人民武装刚告结束，盘踞潮汕的时候，我以第四路军高级参谋的身份参与广东沿海国防工事视察，循序到达李汉魂的防区潮州。李为争取与者，乃极尽其东道主人之谊，在潮州西湖军部大张筵宴。席间李大吹其所部“剿共”法螺，并自许其请缨抗日“大志”，曾博得我当时的好感。

“八一三”上海抗战爆发，余汉谋擢邓为八十三军军长，由六十四军抽出原为邓龙光血本的一五六师与素与邓积不相能的巫剑虹一五四师并入该军建制，并赴战场作战，在南京之役溃不成军。

1937 年冬，日军阀企图打通津浦、陇海两路以贯穿其中原交通，扩大其占领区域，1938 年春攻占徐州，继沿陇海路西进。六十四军奉命紧急输送向河南之归德集中，李汉魂通过军参谋长林廷华与蒋介石的国防部第二厅厅长郑介民的同乡关系，取得前敌总指挥名义，指挥俞济时、宋希濂、桂永清等军约 11 个师，驻于陇海路及其附近之罗王砦、三叉砦一带。5 月 24 日左右，以六十四军主攻盘踞罗王砦之敌。用林廷华的献策，以十五生的榴重炮在 2000 米的近距离直接射击，摧毁敌利用火车卡构筑三层射孔所形成的“强固据点”，使土肥原师团一度被迫而改攻为守。28 日敌陷我战略要点之归德，29 日窜抵宁陵附近，第一战区司令长官程潜以避免与敌在豫东平地决战的理由，令各军向平汉路以西地区转移。6 月 5 日敌陷开封，随即进扰新郑，蒋介石束手无策之下，在花园口决堤，形成数千里锦绣河山陆沉，千百万平民葬身鱼腹的惨剧。但六十四军竟以罗王砦作战有功，李汉魂升任第二十九军团军团长，林廷华升任中将参谋长。

日军自津浦陇海军事得手后，跟着加强攻势，沿长江溯江而上，进窥武汉。6 月 2 日，敌犯我安庆并进占潜山、太湖，马当岌岌可危。二十九军团该军正在豫西密县收容整理，忽又奉命向九江输送，参加该方面的作战。大约 6 月 22 日部队到达九江。这时李汉魂仍指挥他自兼的六十四军、叶肇的六十六军、与俞济时等军约 13 个师的作战。以九江地形不利于同挟有海陆空军优势的敌人持久作战的理由，取得蒋介石的默许而转移于马回岭附近第二线阵地，利用庐山据点与两侧的地障——庐山山脉与鄱阳湖与敌相持三四个月之久，敌我均有伤亡。至10月上旬，敌一〇六师团主力及一〇一师团一部，迂回我万家岭附近，遭受友军的打击。国民党所谓“双十节国庆日万家岭内歼灭战”，即指此而言。军团长李汉魂又在此捞得一份虚名，把他的“功绩”编作一五五师的师歌，大言不惭地高唱“罗王砦建奇功，南浔线挫敌锋”，用以欺世盗名。

那时邓龙光丢掉八十三军军长，由余改任其亲信莫希德接长了。邓得李支撑改任二十九军团（李汉魂）的副司令。有官无兵，只好笑傲于曲江桂林山水之间消磨时日。而一五六师亦于此时脱离八十三军由广东开赴湖北蒲圻，归黄国梁指挥，吃过一次败仗后，即归还六十四军建制。

1939年春，李汉魂被蒋任为广东省府主席仍兼三十五集团军总司令和兼六十四军军长。在李来讲，固红极一时，在另一方面则使不少粤系将领纷纷以外调为终南捷径，如叶肇、黄涛、陈章、李振、黄国梁等均先后自请外调，以致粤系部队力量分散，终至瓦解消灭，正中了蒋介石从内部分化瓦解异己集团的诡计。

邓龙光鸡犬皆仙

李任广东省府主席，和余汉谋分掌广东军政大权，同隶第四战区张发奎指挥下，为了扩大实力以争一日之长，愿将军权让给他的挚友邓龙光也是很自然的。他首先让邓接长六十四军，继而畀邓以三十五集团军副总司令兼代总司令职务，指挥邓自兼的六十四军，邹洪的暂编第二军，驻防西江、南路。

1939年11月15、16两日，敌第五师团及台湾旅团，借战舰掩护在钦州湾西岸登陆，直窜南宁。蒋介石亡调集兵力与敌在昆仑关作战的同时，借口一个战区不便指挥两个正面作战，把第四战区分割为四、七两个战区。以张发奎为第四战区司令长官，设长官部于柳州，指挥广西方面部队；以余汉谋为第七战区司令长官，设长官部于曲江，指挥广东方面部队。李汉魂聆此消息，即以告邓，电中并有“黄涛升军长向公不知也”的词句以刺激邓，邓遂怒火中烧，坚决反对，不愿受余汉谋指挥，卒随张调广西。适白崇禧到曲江，李以邓请缨赴桂杀敌为词以告白，白为保卫广西老巢，允以听候报蒋处理。

12月中旬盘踞广州之敌，为策应桂南敌军的作战分三路北犯，六十四军奉命由西江南岸进出四会侧击敌人，一五五师渡过北江东岸与蒋岸、芦包附近之敌有所接触。当时代军长职权的副军长是原一五五师师长陈公侠升充的，自居功巨；而我与邓有过一段“南京突围”的因缘，有恃无恐，对陈亦不买账；邓是时已高居集团军代总司令的宝座，远离军部，刘故常感无聊，每借打猎以消遣。12月28日，刘在炮火连天之际，优游自得地在石狗（广宁属一个墟镇）军指挥所附近山地夜猎，打得猛虎归来，一时有人以“打虎将军”献媚，也有人以积极打猎（下一句是消极怠工）讽刺。是夜刘接邓龙光的电话：“六十四军即撤过北江西岸，准备向广西移动，军指挥所星夜赶赴广宁总部策划部队运输作战事宜，所遗防地交由暂二军接替。”刘以这一调动是出自邓甘自与余汉谋对敌，无异自投罗网，将惹噬脐之悔，曾与邓一度龃龉。

六十四军直至1940年1月中旬交防完毕，由肇庆、禄步等处利用邕江水道船舶输送，向桂南进发。滩多水急，行动极为迟缓，至1月28、29日先头部队一五五师才到达贵县，当即在贵县南岸登陆，经云表、交椅，拦击由永淳渡河之敌未果，敌已突破六十六军甘棠阵地，叶肇所部溃退，敌直趋宾阳以拊友军昆仑关主阵地之背，致遭桂南会战的惨败。

当日寇进占宾阳，向贵县方面扩张战果时，适六十四军之一五六师赶到，与敌遭遇于王灵附近，发生战斗，营长唐锦胜战死，另一个营长陈烈武重伤，几遭挫败。幸而敌以解除威胁之目的已达，向南宁之四塘、五塘（地名）撤退，乃得无恙。3月中旬（仿佛记得是3月15日）蒋介石召集的柳州会议，当堂宣布，二十七集团军总司令叶肇扣留法办，六十六军军长陈骥撤职，而邓龙光则以不避牺牲，奋力求战而记功。

邓自调抵广西后，李汉魂势难遥兼三十五集团军军职，邓的部队于1940年1月底到达广西贵县，邓即于2月1日真除总司令实缺，迫不及待地在贵县云表战地就职。

大约3月间第四战区副司令长官兼第九集团军总司令吴奇伟（旧四军台柱，张任长官时特由湖南调粤的无兵司令）指挥广东军邓龙光六十四军，广西军黎行恕四十六军，及唐纪纵队，粤桂边区总司令蔡廷锴的游击队等于灵山附近作战失败后，在贵县附近集结整训。这时六十四军主要人员曾作过一次轮庄式的调整。副军长陈公侠晋升为军长，遗缺由一五五师师长张弛升充，张遗缺由该师副师长邓鄂（邓龙光的胞弟）升充；我调充三十五集团军总部副参谋长（那时罗梓材当参谋长），遗缺由一五五师参谋长张显岐升充。另一方面，把据说是灵山丰塘作战“擅自撤退”的一五五师旅长谭生林撤职。从表面看，像是纪律严明的，其实骨子里还是国民党传统的任用私人，排除异己的一套。尽管李、邓关系如何密切，也免不了你倾我轧。因此，一五五师遍传细佬吃大佬（弟弟吃哥哥）的歌谣。事实也正是如此。如用其弟邓鄂接长一五五师；一五六师副旅长郑君凯接长一五五师旅长；一向在茂名为邓太公（邓龙光的父亲）管家守门的邓鄂的妻舅陈赓桃也升为一五五师副官处处长等，多少造成李邓间不很愉快的痕迹。

敌排除其灵山翼侧战区军给予的威胁后，复窜回南宁，彼此偃旗息鼓，按兵不动，进入休整状态。第四战区司令长官部趁时召集战区各部队主要幕僚作了一次参谋旅行。据说是为了检讨过去作战得失，统一尔后作战意志的。但以一个“徒读父书”的书呆子——战区参谋长吴石指导这一行的演习，是徒劳无益的。证诸所谓第一次克复南宁的经过情形

而益信。（详见后文）

参谋旅行过后，战区即着手调整作战部署，以三十五集团军指挥的六十四军担任南宁北正面自那河、八塘、昆仑关亘高峰坳至石埠之线的守备。当时由于六十六军军长陈骥撤职。番号取消，官祎的一五九师，由粤东地区以急行军的速度入桂，拨归六十四军的建制。一时实力膨胀，成为指挥三个师的战略单位。

大约 7 月间，三个师已按照部署进入新的位置，经过约一个月的谍查侦察，得知盘踞南宁之敌，频频将人员物资由邕钦路南运，经金鸡塘出海，统计运出的物资多，运入的物资少，军与集团军综合各方情况判断，认为敌有放弃南宁可能，以此向战区汇报，并根据判断策定六十四军攻略南宁的作战计划，层报蒋介石批准，相机攻击。但吴石坚不信该军的判断，因此不重视所批准的攻击计划。六十四军终于 12 月 23 日拂晓照预定计划开始“进攻”了。攻击开始的当日，一五六师的那河、八塘，一五九师的高峰坳、石埠各正面的攻击均有进展，但 24 日以后就受到敌人的反击，邓的老本一五六师经不起敌人一个回合的打击，便向思陇方面撤退，迭经集团军幕僚长严令该军迅速收容，切实遵照命令，再兴攻势，强迫敌人撤退，但一五六师师长王德全恃邓曾靠他“反欧起家”（1936 年余汉谋倒陈济棠时，王当邓师的旅长，曾反对欧阳新接邓龙光的师长，因而为邓保有余汉谋回粤时分得一杯羹的本钱）敷衍了事，军长陈公侠亦无如之何。当时邓正在柳州渡其“消夏”生活，得知该军撤退的情形，盛赞王德全“老成持重”，不愧知己。

28 日南宁之敌发出广播，大意是：“印度支那已在大日本的掌握（当时法国贝当政府已向希特勒德国投降，远东的法属安南已为轴心国之一的日敌所控制），因此，南宁已失去战略上的意义，皇军自动从 28 日起撤退，希支那部队迅速接防”云云。至此，邓才后悔“不听军师之言”丢掉一个勋章为可惜。而吴石则频频以电话追究何以被敌脱逃责任。那时，军与集团军只好根据下级所报：“连日大雾迷茫，咫尺不辨，因而与敌失去接触”，以敷衍这笔糊涂账。这就是国民党海陆空军最高统帅军事委员会参谋总长何应钦大吹大擂的“南宁之敌经不起我军不断攻击，被迫撤退”的第一次克复南宁的真相。

1941 年 2 月初旬，敌在广东之北海、海康、电白一带登陆，骚扰亘七昼夜之久，沿海人民惨遭蹂躏。张发奎鉴于两阳梧州以西地区系属战区作战地境范围，不能无备，特设高雷地区指挥官，指挥该方面的军事。当时正是蒋介石制造苏北、皖南反共事件之后，邓为了保证高雷家乡不至“赤化”，乃令其弟邓鄂就任高雷地区指挥官，指挥他自兼的一五五师与第七区行政专员林时清及地方团队负责该方面的守备。林时清，在陈济棠时代当过燕塘军校代校长，曾保荐邓鄂任该校战车队大队长，是邓鄂的恩人，也是邓鄂的顶头上司，但在邓总揽南路大权，而林又值树倒（陈济棠倒）猢狲散的形势下，亦只好毕恭毕敬，俯首听命，这样就塑造了“南路王”邓鄂的威严。

与此同时，张发奎认为六十四军已不可能留桂，但又不愿它轻易离桂，曾与蒋介石中央酝酿将之控制于衡阳，黄沙河之间地区，作为策应四、七、九三个战区的第二线兵团。嗣为三十五集团军副总司令朱晖日坚决反对，（朱原为邓旧四军的顶头上司，在李汉魂任粤主席时由建设厅厅长调长六十四军，曾一度见报，但邓以其不如陈公侠之易于掌握，卒调实副总司令职）认为是“九牛分尸”的废案，愿重还广东老巢，填补粤西空虚。这样，在邓固鸡犬皆仙，衣锦还乡，（邓本人升总司令，弟弟邓鄂升师长，管家陈赓桃升副官处处长）在余则以广东兵力薄弱，怕再来一次撤职留任，江山不保，欢迎“浪子回头”。于是三十五集团军与所属六十四军遂于 1941 年 4 月 1 日由广西柳州分两路回粤，重据西江南路，邓从此被蒋介石的美国顾问、中国战区参谋长史迪威指为“西江走私大王”。

撤官祎图洗臭名

那时邓集团增加一个邹洪为副总司令，邓指挥邹洪兼任的暂编第二军，陈公侠的六十四军，袁带的挺进第三纵队，伍观淇纵队，广阳守备区司令，高雷守备区指挥官及地方团队等，负责由北江清远以南乃至西江南路的守备，极一时之盛。而防区内的沙坪、广州湾均为走私漏税作奸犯科的渊薮。防军于是贩钨砂、木油资敌者有之，开放竹木排出口资敌者有之，包销鸦片烟土，毒害人民者亦有之（参看《广州文史资料》第二辑“关于抗日时期蒋余李在广东卖鸦片的纪述”）。当时防军、恶霸、“大天二”三位一体，沆瀣一气，无恶不作。据笔者的儿子最近忆述：他当时才七八岁，随军住德庆，我的卫士常将几包东西（指烟土）放在他的口袋里，带他到都城、梧州去玩，做他的保镖，足证当时上下交征利的猖狂，邓成为“走私大王”并非偶然。但邓企图将史迪威给他的这个头衔璧还，而将他认为不是心腹的六十四军一五九师师长官祎以走私漏税、吃大烟等罪名撤职，由我接充。我登台之初，邓遂“推诚置腹”而语之曰：“做官之道，首重本钱，没有本钱，就没有一切，因此，打仗不能硬拼。”我知其有所指而言，乃笑而颔之。刘调长一五九师后，集团军总部参谋长遗缺，由六十四军副军长张弛调充。

陆大系窃掌实力

1942 年二三月间，广州之敌频频向粤北蠢动，一五五师曾一度由南路调回北江之四会归制，那时邓鄂二者不可得兼，宁愿舍师长而稳坐其高雷指挥官的王位，把该师交给其副师长郑君凯管理。这时邓鄂的妻舅陈赓桃已由副官处处长升任团长，贪赃专横，人皆侧目。郑是一个此较憨直的人，常与陈闹别扭，而不惬两邓之意，因此郑登台不久就为邓报请调职。蒋介石中央为试图打破这个封建堡垒，乘机委派军统特务侯志馨接充，竟为李邓合力反击，并极力求救于张发奎，始得由曾任六十四军参谋长而为邓所排挤，那时正任第四战区干训团教育长的张显岐“顶”充。表面仍维持李邓的封建门面，但骨子里已起了变化了。

1943 年夏，六十四军军长陈公侠因肺病严重调职休养，由集团军参谋长张弛接充。张貌似老实恭顺，与人无忤，因此邓认为乃弟邓鄂资望未孚之前，暂由张过渡一时，待时再取，是一个“最理想的人物”。当邓打过这个“如意算盘”之后，就直截了当地将他的心愿对张说：“希望你多则两年，少则一年，就交给阿鄂去做。”张当然唯唯诺诺，唯总司令之命是听。孰料张邓矛盾就从此开始，六十四军也就从此步向解体的道路。

我与张是陆军大学的同学，面对这个“宝贝”，亦不无意见。但在羽毛未丰，根基未固的形势下，不得不恭顺一时，徐图发展。我好大喜功，急于求成，常标新立异，“积极求战”，企图侥幸有成，借以取宠，早为行伍出身者所忌。1944 年夏约一师之敌，以锥形突击姿态，经北江西岸之清远钻进刘镇湘一五六师防区，渡过小北江向英德急进。当时我与军部及刘镇湘师已失却联络，贸然向敌后攻击，受敌反包围，又复向敌后突围，这样出敌意表，敌终于追随该师行动而撤退，但该师因此已遭受非不可避免的损失。本来胜败乃兵家之常，无足非议的，然而竟遭到保全实力派的责备，与行伍出身者的攻击，同毁为败家之子；张则极力为我吹嘘，誉为“发扬打虎精神”。因而与张关系愈密，与邓关系渐疏。

刘绍武

保实力消极抗战

1944年8月上旬，敌陷衡阳后，继续向柳桂方面前进，企图打通中国大陆敌占区与南洋新加坡方面的交通，8月中旬其先头部队已与我湘桂边境之黄沙河友军接触。与此同时，广州之敌也沿粤西桂东节节西进。六十四军奉命以急行军的姿态第二次入桂。一五五师由廉江经陆川、北流、容县；一五六师由清远经广宁、开建、梧州；一五九师由连阳经贺县、荔浦、蒙山各向桂平前进，9月下旬先后到达桂平附近。大约10月2日或3日，未经周密的侦察准备，即遵照第四战区作战指导“先击破窜据桂平之敌，排除侧背威胁”的意旨，仓促以一五五师、一五九师左右并列向桂平外围蒙圩敌前进据点之二十二旅团二十三旅团攻击。当时有美国空军参加作战，士气颇盛，第一天就肃清了据点外缘之敌，进迫核心阵地，本可一鼓而下的，但由于当时以邓龙光为首的各级将领抱着保存实力的思想，以致功败垂成，影响柳桂战局。

我们当时态度是：第一，苏联反攻，美国参战，大战将结束，应保有一定实力作为复员时“看货议价”的本钱；第二，过分信赖十五榴、轰炸机的威力。因此，我们首先就是保全实力，减少不必要的牺牲，其次就是“坐山观虎斗”，任由榴弹炮、轰炸机去建树其“犁庭扫穴”的功劳。至今记忆犹新：桂平蒙圩，背倚高山，面向平地，其南约三公里一列小高地，宛如戏院的楼座包厢，军、师指挥所即设于此，与美军陆空联络组一起，“对号看戏”，邓有时亦“免费入座”，与附近“散厢”的居民共同鉴赏“美国神牛拉屎”，目击高楼化为灰烬，丘陵夷为平地，火花四溅，血肉横飞的情景，无不鼓掌叫好。都认为可以“药到病除”了，又谁愿所部冒生命危险去扩张轰炸的战果，消灭残余的敌人呢？因此，5 日至 9 日，战区侧背威胁未解除，正面桂林已易主，而桂平攻击遂尔终止。六十四军奉命向来宾地区转移。10 月十七八日柳州失陷，军又兵不血刃，衔战区之命经忻城隆山沿红水河两岸向桂西撤退。那时军部与其团军总部随一五五、一五六两师先行，一五九师殿后。当时根本就没有对敌作战的观念，更没有轻易放弃柳桂使人民惨受铁蹄蹂躏而引为奇耻大辱的感觉。还记得由来宾撤退的第一晚宿营地叫木洞（地名），我又好整以暇地去打夜猎，好容易打得两只果狸，第二天六十二军军长黄涛经过，还请他也吃了一顿野味。之后不时照例行事，以快朵颐。难怪当时民谣云："国民党打风流仗，老百姓颠沛流离。"

西行 10 天左右，经过不少丛莽蔽日的森林，看过不少迷宫式的石山，狼嗥虎啸，猿啼鹿鸣，使人惊心动魄，不敢卒听。但日寇在这种特殊地形之下如入无人之境，蹑尾追踪，使我军无暇喘息。白崇禧所谓"全省皆兵，民气激昂，坚壁清野与敌周旋"的牛皮吹穿了。事实证明，那时有不少桂西的老百姓一看见军队，就缩入山洞，因此，我军沿途找不到向导、担夫，行动迟缓，而敌人则横冲直撞，毫无阻拦。

假战绩邀天之功

1944 年 10 月杪，新归邓集团指挥的黄涛六十二军，已次第到达那海、平治各附近，六十四军所属各师亦已先后到达果德、田东一带，以一部进出隆安附近与盘踞南宁之敌保持接触，掩护主力部队集结整训。又无条件地任由蒋介石摆布，取消了六十四军一五五师的番号，换上广西部队一三一师的番号，师长仍为张显岐。

大约 11 月间，奉张发奎之命赴广东南路组织人民抗日武装的中将参议张炎，以他出生的吴川樟村为基地所组织的人民力量逐渐庞大，有碍于邓鄂的独霸南天因而遭受邓鄂的镇压。张炎为避免和邓的冲突，拟到百色找张发奎解决，路经陆川为当地专员梁朝枢（或基）所拘捕，经由蒋介石以急电令梁就地枪决。这时，邓鄂便夸大“敌情”，向张发奎呼救，张徇邓龙光之请，调张显岐一三一师钻隙开赴高雷；同时加派三十五集团军副总司令朱晖日设指挥所于茂名，指挥当地正规部队（如一三一师与十二集团军刘栋材的后调师）及地方团队，名为准备协同联合国军作战，其实是加强镇压南路人民。

是年冬蒋介石中央所谓为适应将来盟军攻势作战的需要，派来一批美国间谍——联络官随师以上的部队行动。那时正是杂牌部队物资极端缺乏，士兵连破烂棉衣亦不可得的时候，看见美国军官的吉普车、卡宾枪、皮外套、拉练被、朱古力糖、威士忌酒等，无不垂涎三尺。

1945 年，敌寇感于战力的衰竭，逐次放弃其次要据点，缩短防线。第二方面军从 4 月下旬开始，曾配合汤恩伯的第三方面军所谓沿柳宜路袭击柳州之敌的同时，由都阳山脉向南宁之敌做过多次的小型袭击。敌为避免应付困难，自动放弃南宁。5 月 24 日，六十四军（欠一三一师，以下同）之一五九师首先进城，再来一次伪报敌情，虚构战果，事后竟为何应钦大事渲染：“4 月中旬，我六十四军‘攻占都安’后，主力即向都阳山脉进出，节节迫近邑宁，桂境民团绥靖部队蜂起响应，我军所至敌望风披靡，5 月 24 日我六十四军遂攻克南宁”。这样列入其八年抗战战绩辉煌的一役。而六十四军军长张弛与我（一五九师师长）因而获得一枚所谓“协同盟国作战有功”的美国勋章。

当时一五六、一五九两师曾沿邕龙路向西追击，直至凭祥、龙州而止。追击部队除在公路两侧发现被残杀的同胞尸体，被焚毁的村庄和流离失所无家可归的难胞外，一无所获。

原子弹使人着迷

同年 7 月初旬，据说为策应盟军在东京湾登陆与接受美国装备的目的，六十四军奉第二方面军命令回广东之钦州湾方面移动，7 月中旬先后到达合浦、钦州一带。8 月初由一五九师派出李振中团在涠洲岛接收美舰运来的装备，并已接收到小钢炮 10 余门，准备先装备美军联络官认为战斗力较强的一五九师，特别是李振中团，逐次装备全军。当时全军上下无不渴望“美化”早日实现，为杂牌部队出一口多年来的不平之气。但部队突离山岚瘴气的“西陲”，踏入海天一色的南疆，由作战的紧张生活，转为没有敌情顾虑的承平状态，有如脱缰之马，忘其所以，为非作歹，黑漆一切，把什么策应登陆诸准备，早已置诸脑后了。

8 月 15 日深夜，美军联络官忽然大嚷大叫地来告诉我们：“日本已接受波茨坦宣言，无条件投降了”，说什么“日本之所以投降是由于美国空军在广岛长崎投了两颗原子弹的功劳”。那时我们还不可能知道是苏联出兵东北击溃日本关东军而使日本投降的，因此，把美国鬼子抬到头上，免得他们飘飘然。

听说当时第二方面军曾酝酿以六十四军接受香港方面的日敌投降的，但至 9 月中旬突然奉命开赴中顺（中山顺德）地区受降。当时最伤脑筋的就是官兵衣服褴褛，装备残破不全，作为一个战胜国的军队去同一个战败国的日军接触，相形之下，认为会自惭形秽的。怎么办呢？大家曾想出一个在当时认为比较好的办法，即提倡赤膊运动，力求整齐划一，无论操课、行军、勤务，官兵一律赤胸露臂，并定期评比，以肤色最黑的受上奖。当时人多称该军为“铁拐军”。蒋介石对付杂牌部队的不平等待遇就是如此。

刘绍武

10月初，除一五六师留置于两阳、恩平、开平、鹤山、高明各县负责地方绥靖外，其余主力部队先后到达番禺、台山、新会、中山、顺德地区。一三一师驻顺德大良，番禺市桥，主要是接收市桥汉奸李朗鸡（即李辅群）与大良一部分日敌的投降；一五九师驻新会之江门，中山之石岐、前山、三灶岛，顺德之容奇，主要是接收集中石岐的敌一三〇师团的主力与三灶岛敌海军陆战队的投降；军部驻江门，设指挥所于大良，由军部参谋长陈郁萍主持，接收大良仓库日敌物资。以当时日俘的贿赂公行，与国民党之贪馋，接收部队浑水摸鱼，比比皆是。胜利后该军部分人员的洋楼、汽车、漂亮家私、银行存折、企业股票、金条等都是在这个时候劫掠得来的。

彭智芳

钟芳峻之死可谓以身报国，尽忠职守，颇得村人崇敬，集资厚葬于该村。

- 1887年生，广东防城（今属广西）人，毕业于广东钦廉军官教练所。
- 1938年，任第六十三军第一五三师副师长，率部参加惠广战役。
- 1939年春，升任第六十三军第一五三师师长，6月授陆军少将军衔。
- 1940年，任第七战区司令部中将高参。
- 1941年，任南韶师管区中将司令。
- 1966年，病逝于广州。

第六十三军参加惠广战役的述忆

彭智芳

1938年4月余汉谋接到军事委员会通报，日军在台湾集结海、陆、空军，有大举进犯广东之势。余汉谋组织军师旅参谋人员侦察地形，决定防御阵地，部署军队。第六十三军军长兼第一五三师师长张瑞贵奉命率第一五三师为前进部队，分驻宝安、东莞一线，并指挥虎门要塞，以后在惠宝一线参加惠广之役。我是时任第一五三师副师长，现就虎门要塞和第一五三师在惠广战役的战斗概况，叙述于后。

虎门要塞编制设备概况

虎门要塞属第六十三军战斗序列，归第六十三军军长兼第一五三师师长张瑞贵指挥。要塞司令部的编制如下：先后司令陈策、郭恩演，辖守备团一团（与陆军编制同），水雷队一队（有视发水雷100只，官兵60余人），有三个炮台总台：沙角炮台总台下设上游、下游、大角三个分台，有各种口径大炮30门，炮兵600余人。

长洲炮台总台下设长沙路、牛山、鱼珠三个分台、各种口径大炮30门，炮兵600余人。

威远炮台总台下设威远、上横档、下横档三个分台，各种口径大炮30门，炮兵600余人。

大炮口径有十生的、二十五生的、二十一生的、二十四生的等。射程由7000米至23000米等等。

虎门要塞的战斗情况

自南京失陷后，日军派战舰三艘（有时增加）到珠江口宝安县属之大产岛附近海面停泊游弋，出没无常，不时对虎门开炮轰击，有时协同空军并进，作进攻状态；我方亦派肇和、海周两舰到虎门协助防守作战，同时利用广东江防残旧无用的舰艇和征用民船装载石头坠沉堵塞虎门河道阻止日舰驶入虎门。当时虎门要塞司令部被日机轮流炸毁，颇有伤亡。1938年间沙角炮台被日机炸中伤亡官兵一二十人；威远、上横档、下横档分台被日机炸中伤亡10余人。

日舰三艘驶来广东宝安县属大产附近海面，我军事委员会派肇和、海周两舰协同虎门要塞司令部防守作战。有一次日舰驶近虎门向各炮台攻击，当时肇和、海周两舰出去迎击。我海周舰被日舰炮击中舵房，舵坏不能控制行驶，适遇潮退急向下流，海周舰顺水由虎门推出形同向日舰冲锋，而日舰亦以为然，急急发炮阻击，该舰无舵盲目向流不停，此时我岸上官兵鼓掌如雷助势，吓得日舰慌狂远驶无踪后，我方乃用舰出去拖回海周舰。

虎门要塞司令陈策在任时，曾先将各种大炮射程距离测好目标，做好记号浮标，以待敌舰到来，射击准确命中。有一次日舰不觉竟驶近目标地点，我虎门炮台即向目标瞄准，发炮竟获命中。日舰慢慢下沉，适潮退急流推出危险界线，后为日舰冒险进来拖走。这是我虎门旧残大炮发挥相当作用，此后敌舰再也不敢大摇大摆进迫，而我军见到日舰，无不拍拍胸膛，欢迎进近。

惠阳失陷后作战概况

1938 年 10 月 11 日下午 3 时，莫希德军长打电话给张瑞贵军长说，已得到香港方面情报，见到日舰艇和民船数十艘，从香港北端行驶，料必向我大亚湾澳头阵地进攻登陆。张军长得到电告后，即饬所部迅速准备应战。

10 月 12 日晚淡水失陷后，张瑞贵和第一五三师副师长彭智芳接到余汉谋命令，除留陈耀枢第四五七旅在虎宝防守外，即率该师钟芳峻第四五九旅赶赴石龙镇、常平镇待命。此时军部已移石龙镇设指挥所，指挥樟木头陈勉吾独立第二十旅、龙岗温淑海第四五二旅作战。10 月 15 日惠阳失陷后，探悉敌人并未分兵向我樟木头、常平、横沥、石龙进犯，对这些地方只派一小部分警戒，有集结兵力向博罗、增城前进的模样。此时余汉谋才急令钟芳峻旅由常平到苏村待机推进博罗、增城公路的福田附近，并令第一五六师李振师叶植楠团进至福田公路之北，第一五三师第四五九旅钟芳峻指挥，共同夹击向我增城进犯之敌。

当时钟芳峻率领第九一四团张孚亨团、第九一六团黄志鸿团两团于 17 日深夜赶到狗仔潭的福田布防。18 日拂晓敌人先头部队到达向我进攻，战一个多小时，将敌击退，旋敌军后续部队增加，并以飞机、坦克协助大举进攻，激战到 12 时左右，我黄志鸿团长受伤，扶返后方医治。部队由徐毅民副团长指挥。黄团长走后继续伤亡官长六七人，士兵 340 余人。由于官长伤亡惨重，士气锐减，敌以坦克从公路锥形突破，我军不支，一部向公路以北罗浮山败退，一部向公路以南石龙石滩败退。我张孚亨团在福田公路以北与敌接触，就在战斗剧烈中向罗浮山脚败退，该团长即在罗浮山收容准备再行反攻。但各部立脚不住向增城派潭至从化上下清祠败退。该团第三营严建营长在敌坦克车冲锋时失踪，所部官兵伤亡和失踪的200余人。当时各团纷纷北退，而钟芳峻仅率特务排坚守原地，执行任务不动，仍欲收容反攻，但被敌坦克追击伤亡星散，仅得旅部旗官一人，马弁二人，走到新塘附近村落自杀，气节可嘉。至叶植楠团是否参加战斗，情况未明。

钟芳峻旅由常平开动后，此时第六十三军张瑞贵军长率领直属部队和第一五三师彭智芳副师长于17日夜由石龙镇北端向狗仔潭、福田前进，于18日早到达距福田10余里地方的小圩场炮楼顶观察指挥。在上午以前听闻枪炮声甚密，也接到钟芳峻报告战况，午后三四时枪炮声渐沉息，派去联络的人亦不见回，尤不见钟芳峻报告，知道战况不妙，遂率领军部直属部队和第一五三师彭智芳副师长转移渡过增江河之西三江圩宿营，探悉福田之敌，自与我钟芳峻旅激战后，已稍事停顿。

增城失陷及第六十三军战况

10月20日早，增城正面之敌沿着增博公路，直扑增城，飞机数十架向增江右岸扫射轰炸，陆军炮兵集中大炮数十门。此时第一五六师李振师、陈崇范的炮兵指挥部和中央新由湖南方面调来增援的一个重炮兵团俱已到达，各级将领同时督率官兵拒敌，但敌炮火占优势，仍给它炸得一塌糊涂，连大炮、战车都不能运动，而在坑贝附近的总预备队的第一五四师梁世骥师还来不及增援，李振师且战且退，向钟落潭方面北去，敌军遂渡过增江侵占增城。敌自突破增城后，即实行追击，以一部进出从化、花县企图截断广州至韶关的道路，其主力则沿广（州）增（城）公路直迫广州，经过莲塘以北公路附近，与我第一五四师第四六〇旅卜汉池旅打了一个小仗。

第六十三军军长张瑞贵在敌突破增城之际，即率军部直属部队和第一五三师副师长彭智芳及第九一六团一部，由增城之三江圩，向新塘铁路以北广增公路以南转移，沿途收容。10月22日，张军长在新塘西北三四十华里地方，得到所属第一五四师第四六〇旅（卜汉池旅大部）使用之后，同时又收容到第一五八师叶维浩第四七四旅临时归张军长指挥。张瑞贵得到两旅之众决定22日晚移动，向新塘西北越过罗岗洞大山进出罗岗洞，希望广州市守备指挥官李江能够固守阵地，乘机由罗岗洞进出夹击敌人之背后，如果不能取胜，决定向从化方面转移。谁知部队通过大山落到山脚已是23日上午1时，广州市已于21日被敌军占领了。而李江已事先离开广州，所有防守部队和宪警纷纷向清远、四会方面逃散。军部于24日正午即令卜、叶两旅向后转，再通过这个大山于25日集结在新塘西北一带村落，约距新塘40华里地方休息，一面派人侦察中新圩附近敌情，以便通过广增公路向北作归队之准备。26日军部与总部和第一五四师取得无线电联络，知道我军退回从化牛背脊东西之线的阵地固守。因此决定北返归队，并将部队向北移动，于27日晚分二路向中新圩之西横过广增路，28日到达从化矮洞。斯时第一五三师第四五四旅之张孚亨团和黄志鸿团亦由罗浮山撤退到了矮洞会合，归制以后继续向北移动，于11月1日通过牛背脊。除卜旅归返第一五四师建制防守新阵地，叶维浩旅继后北进归返第一五八师建制外，第六十三军军部和第一五三师到英德青塘，该师继开佛冈新阵地防守，军部驻于青塘，策划整补收容。这时伤病和失踪官兵纷纷回部，跟随钟芳峻旅长的旗官、马弁亦回来了。据说钟芳峻之死是他认为自己身任统率数千之众的旅长，今仅得几人，焉能复命，大败之罪，恐难赦免，不如自杀，免于受辱。乃将自用左轮手枪从下颚向上发射，穿顶不死，昏迷不省人事。幸好该村民众所闻，群集围睹，争先慰问，救醒医治。唯自杀心决，第二天他又跳河自杀，又被民众营救捞起扶回村中，因伤口入水不治而死。钟芳峻之死可谓以身报国，尽忠职守，颇得村人崇敬，集资厚葬于该村。

彭智芳

广州失陷后的虎宝战况

广州失陷后，我第一五三师留置虎宝线的陈耀枢旅（第九一三团及第九一七团）及虎门要塞已处在敌后状态。旅部为适应情况变更部署如下：位置于公明圩附近，同时在其以东山区建设游击根据地并向常平樟木头警戒，同时构筑据点防御工事。第九一七团位置于新桥附近，派一部监视珠江。虎门要塞及守备团在原地防守，向东莞石龙方向警戒。11月上旬，谭邃曾由香港至深圳召集温淑海、陈耀枢两旅长及主任参谋指示游击计划及尔后活动问题，并向温、陈两旅下达笔记命令。

12月29日夜晚，我获探报有步兵、炮兵联合之敌五六千人，是日到达常平附近集结，有向我前进扫荡模样。翌晨，我第九一三团罗基营即到达通向常平、樟木头之山地布防。30日上午10时左右敌进到我阵地前沿突遭不意袭击，伤亡颇重，不敢冒进，旋敌后续部到达，向我展开进攻，激战四小时，互有伤亡。下午4时，我罗营发觉右侧受敌威胁，此时九一三团主力已进入第二线现设阵地，罗营在黄昏后转进至第二线阵地后方整顿，是夜敌我无多大接触。31日拂晓敌分三路向我进攻，我第九一七团亦参加战斗，阻止敌人前进。敌以飞机、坦克助战。激战至未，我军伤亡很大，且敌逐渐向我形成包围态势，陈旅为准备突围，遂将主力逐渐向右侧山地转移。激战至暮，该旅乘夜脱离敌人，向唐头夏方面突围整理，同时奉命取道惠阳、龙门归制。是役我阵亡连长一人、排长四人，伤亡官兵200余人。

抗日战争时期的一点经历与见闻*

彭智芳

1937年6月，我奉命到庐山军官训练团受训。同年7月7日，卢沟桥事变爆发，日本帝国主义对我华北发动进攻。7月17日，蒋介石在庐山谈话会上发表谈话，表示抗战决心。随后，军训团结束，参加训练的军官除一部调赴前线外，其余分回原单位。我亦返回广东，回任四五六旅旅长，率部驻防于宝安，第四路军增援工兵营一营归我指挥，该营驻扎于宝安之乌岩村。

自“八一三”抗战爆发后，日军就派出舰队封锁我南海海面，并以舰载飞机不断袭击我广州及粤汉铁路干线。日军侵略华南只是时间问题。当时军委会作出错误判断，认为日军为兵力所限，不大可能在大举侵略华东、华北的同时侵略华南，因而从第四路军先后抽调李汉魂的六十四军、叶肇的六十六军、邓龙光的八十三军北上参战，削弱了广东防守的兵力，至次年4月间，军委会获悉日军在台湾集结兵力，有侵略华南之企图，乃饬余汉谋部加强防守。当时仍错误判断日军将由虎门要塞地带进犯，将重兵布防于广州近郊近沿珠江河东西两岸之

* 此文节选自《四十年从军经历与见闻》，题目为编者加。

宝安、东莞、中山、番禺、从化等地。这就为日后惠广战役的迅速失败种下了根由。

1938年10月12日凌晨，日军以海空军掩护其陆军在大亚湾澳头及其附近登陆。担任惠阳方面防守的一五一师莫希德部节节败退，惠阳、博罗先后沦敌。余汉谋急派六十五军军长李振球为前敌总指挥，增调部队在增城防守。我其时已升任一五三师副师长（师长张瑞贵兼），我师亦奉命向增城方面增援。我师钟芳峻旅先进入福田阵地，曾与日军发生激战，在友军协同下将日军先头部队击退。10月20日，日军向增城、正果我军主阵地带发动猛攻，并以飞机、炮兵向我猛烈轰击，继以坦克装甲车掩护步兵冲击，在敌优势火力压制下，战斗不足两小时，我增城、正果作战部队即告全线崩溃，被迫往从化、花县方向撤退。与此同时，日军以一部兵力出正果向源潭、从化挺进，企图抄我退路，对广州作战略包围。在此形势下，余汉谋不得不放弃广州，全军撤往粤北。我师在突围后，即转移至从化，后又调至清远横石一带防守。我师陈耀枢旅留驻宝安，因惠广迅速沦陷，樟木头附近亦被敌占据，归路被敌切断，余汉谋派一五九师师长谭邃从香港去深圳收容整编，除一部以连为单位钻隙越过敌警戒线回来外，其余溃散越界至香港，为英军解除武装。

这里值得一提的是我师旅长钟芳峻之死。钟是这次会战中唯一死亡的高级将领。钟于福田战役中未取得满意效果，后曾几次要求率部到增博线袭击敌人，以收出奇制胜之效，但未为上级采纳，及闻增城失陷，引以为耻，乃愤然自杀。钟不愧为一个热血男儿，他之死，多少也反映了一部分军人对上级指挥的不满。不过，他以有为之身，不思徐图报国，乃自戕以泄私愤，时论惜之。

1939年春，我升任一五三师师长。余汉谋自惠广战役失败后，受到记大过处分，亦遭到各方指责。为挽回面子，余汉谋于1939年春间曾组织过一次“反攻广州”部署，我师亦曾出动攻击花县和粤汉铁路银盏坳一带日军据点，但由于投入兵力太少，未收到多大效果。

日军占领广州后，继续占领三水、中山、顺德、新会、东莞等地，并以三水、军田、神岗、福和墟之线为其外围据点。粤东方面，日军亦于1939年六七月间占领潮汕。我军则退守粤北，固守清远、源潭、佛冈、从化牛背脊、地派之线与敌对峙。

1939年12月中旬，日军为配合桂南会战，向粤北发动第一次大规模的进攻，日军调动原在广州及其外围的两个师团，另从日本新调来一个近卫师团，合共三个师团六万余人，以攻占韶关为目标。日军主力由神岗、太平场沿翁从公路向良口、牛背脊、吕田方向进犯；另以一部出龙门、新丰向翁源进犯；一部由军田向银盏坳方向进犯。

其时，担任粤北防守的部队为余汉谋的第十二集团军，其兵力共有三个军两个独立旅，其兵团部署大致如下：

一、独立第九旅在惠阳地区与在石龙、樟木头之敌对峙；独立第二十旅在潮汕方面与占领潮汕方面之敌对峙。

二、十二集团军主力占领清远、滘江、佛冈、水头、牛背脊、吕田、龙门、地派阵地。具体区分为：六十三军占领清远至滘江口之线；六十二军占领源潭至佛冈之线；一八六师占领牛背脊附近及以西地区之线；一五一师占领吕田、铁扇关门一带山地派之线阵地。

三、六十五军为总预备队，位置于翁源新江和曲江马坝附近。

另外，第三十五集团军邓龙光所部之陈公侠第六十四军、邹洪暂编第二军在西江三水以上至四会县之线占领阵地，防敌西犯，并策应粤北方面作战。

自12月中旬始，日军即向粤北发动进攻。我师（一五三师）由清远调至水头、上四九墟（均属佛冈）附近为十二集团军总预备队。至12月25日，日军已突破我牛背脊至地派主阵地带，继续向北推进。而另一部日军则自龙门、新丰向翁源急进，其前锋已抵官渡附近。余汉谋于26日电调我师开往梅坑占领第二线阵地。

我师行至中途时，得悉日军先头部队已越过梅坑、画眉堂，我以任务无法完成，乃决心斜出上下河洞、岗尾头等地拦腰截击北进之敌，在石马附近与敌主力遭遇，激战三昼夜，终将敌击退，敌我伤亡均很惨重。本来，当我师与日军接触时，一五四师尚在沙田、遥田一带，如该师与我师协同对敌作战，当可获致更大战果，但该师奉到集团军总部电话命令，回防官渡，以致错过了机会。

29日，我师奉令由石马转移至上河洞、蒲昌之间掩护军部，并归军指挥。30日晨，我师在岗尾头附近又与敌军遭遇，激战一天一夜，我师四五九旅旅长黄志鸿负伤，所部官兵伤亡颇多，战斗力减弱，因此未能组织有效进攻，与敌相持于岗尾头一带山地。至第三日，日军向南退却，我师即沿翁从公路追击前进。至1940年1月3日，我军已恢复战前状态。第一次粤北大战于是结束。

这次大战，是抗战中广东军队所经历的一次规模最大的战役。这次战役虽然将日军击退了，但也暴露了广东军队的许多弱点，我军装备、通信设施均极落后，各部队之间也缺乏协调，指挥系统也很紊乱，如一五四师本来奉军部命令进出上下河洞，协同我师向蒲昌附近截击敌人，但该师又奉到集团军总部参谋长命令回防官渡，错失良机。战后，余汉谋对参战部队作了很不公正的处置，我师官兵因作战有功，给了一万元法币奖励，但我这个师长却被撤职，而不在前线逃避后方的副师长欧鸿却升任师长，使人百思莫解。后来，我被调任第七战区长官司令部中将参议，实际上脱离了部队。

此后，我于1941年夏调任南韶师管区中将司令，负责征兵工作。

侯 梅

第一五七师在这隘路中，被敌包围之下，唯一去路，只有向西冲击包围，但该方面敌人，早已布置了轻重武器，构成密集火网，封锁得好像铁桶……

- 1901 年生，号唯诚，广东梅县人。
- 1937 年，全面抗战爆发后任第六十三军第一五四师少将参谋长。
- 1938 年，随部参加惠广战役。
- 1939 年 12 月，率部参加粤北会战。
- 1942 年 7 月，从陆军大学毕业后，历任第七十六军参谋长，第七战区中将兵站总监，第七十六军代军长。
- 1944 年，任第六十二军第一五七师副师长，参加衡阳战役等。
- 1945 年，抗战胜利后赴台湾接受日军投降，兼任台湾军事接收指挥部台南接收组组长。
- 1990 年 3 月 1 日，病逝于广州。

惠广战役战略预备师——第一五四师

侯　梅

日军占领广州之役，我任第十二集团军第一五四师参谋长，曾参加此役战役，兹将记忆所及，略述片段，以供参考。

第一五四师于1937年参加“八一三”上海会战和“南京保卫战”，伤亡殆尽，回粤整补时，实际等于重新成立，都是新兵，多数未经认真训练，装备也不齐全，战斗力很弱，惠广战役前一直驻防在花县。

1938年10月12日日军在大亚湾登陆，惠阳、淡水前进部队一击即溃，15日惠阳失陷，接着博罗沦于敌，余汉谋慌了手脚，乃于15日在广州本部召开军事会议，决定以第一八六师（缺一个团）配备炮兵、战车队占领增城县城的中央预设阵地；以第一五三师钟芳峻旅和第一八六师叶植楠团（归钟指挥）占领增城至博罗公路一线为右路；以独立第二十旅占领正果一线为左路；第一五四师（缺一个团）作为战略预备师；第一五八师、第一五二师邓琦昌旅、独立第九旅等部为第二线部队。第一五四师的部署是师部和直属队位置于水车附近，第四六二旅在坑贝村附近集结，第四六〇旅（缺一个团）于莲塘待命，距增城县城15公里。

惠、博失守后，敌人急速分向增城和正果圩两路推进。余汉谋鉴于情势严重，乃于1938年10月19日晚上，偕同第十二集团军参谋长王俊、政治部主任李煦寰等来到坑贝村（即第四六二旅蒋武旅旅部）召开团长以上阵地作战会议。王俊说："这个国防线主阵地的布置，是个球状阵地，满布精兵，不论敌人从左、中、右各个阵地正面来攻，都要受到歼灭的惨痛结果。判断敌人的主攻必在增城县城附近的我主阵地中央地带，那就以右地区队第一五三师和左地区队独立第二十旅，左右出击旋回，包围敌人于增城县城附近主阵地前而歼灭之。"并自得地说："可预买香槟和鞭炮来庆祝这场大捷。"王俊的这番话，全是纸上谈兵，他没有估计到敌我力量的对比，也没有计算时间和空间。这就是说，在这主阵地的中央地区队第一八六师，是个新成立的师，新兵多，而且未曾经受过什么训练，战斗力薄弱，守备阵地的正面过宽（20多公里），只有三个团的兵力，当然感到单薄（该师有一个团在罗浮山为前进部队）。其次，右地区队第一五三师是由宝安县公平圩出发，正在向增城前进中，电讯联络不上，无从接受新任务，而且在百里左右，安能于两三小时内到达目的地？是夜散会时已在20日上午3时后，距天亮仅有二三小时，更以天明后，有受敌机空袭的危险，不能白天行军。这就是犯了时间和空间的错误。后知悉第一五三师钟旅于18日在福田被敌击溃。再次，独立第二十旅虽然训练时间有半年，战斗力强些，因正面过宽（约20公里），守备兵力既感薄弱，又安能旋回冲击，且因该旅距离增城的中央阵地较远，迂回圈过大，难奏奇功。

日军卒于10月20日拂晓前，以主力向中央地区队展开猛烈攻击，第一八六师当即迎击。初在敌人步、炮、飞机协同作战的猛烈火力制压下，尚犹勉强应战，但战斗经过三四小时后，处于绝对劣势状态，全无反攻能力，只有挨打。阵地工事多被摧毁，防守兵力更感不够，阵地局部和一些要点逐渐陷落，形成犬牙交错的状态，部分阵地陷落的缺口逐渐扩大。第一八六师曾于20日上午10时左右，向第一五四师告急数次，请求派兵增援。第一五四师原为战略预备师，在一般情况下，没有奉到上级命令之前，关于派遣部队，是应考虑的，但在第一线战斗部队处于战况非常不利的紧急关头，第一五四师为着整个战局着眼，应以英勇果断的争取主动的精神投入战斗，以挽救战局，这才是上策。若以集团军战略预备师为借口，拒绝增援，实犯坐视错误。后虽派出第四六二旅吴履逊团增援该师，但因吴团没有采取疏散行动，而致暴露目标，被敌机轰炸，全团溃散，未能达成增援任务。事后该团仅收容得一个营。第一八六师战至午后，战况处于极度危险中，仍极力支持至夜晚开始向北撤退。左地区队独立第二十旅，亦于同时遭受敌人强有力之一部猛烈攻击，战至午后，亦几不支，卒勉强支持至20日夜向北撤退。所谓右地区队第一五三师，早于18日在运动途中已被击溃，根本未能到达右翼阵地。

第一五四师在第一八六师被敌击败向北撤退之后，亦于21日上午师部及直属队和第四六二旅（缺两个营）分别由水车、坑背村，开始向北撤退，经太平场向从化街口到牛背脊附近集结待命。第四六〇旅以第九二〇团（缺五个连，该五个连于新塘驻守阵地归前敌总指挥李振球指挥去了），于20日下午4时在莲塘附近展开截击公路前进之敌。随后敌后续部队陆续到来，向我方反扑，敌我相持于莲塘之北至公路之间的稻田里（那时稻已成熟未收割），相持将近到黄昏，敌军后续部队越来越多，为免于被歼，利用黑夜脱离敌人，向南撤退，这个旅亦算打了一个小仗。

20日午夜，第四六〇旅退至离新塘西北约15公里的一个村庄休息，与师部联系不上，于21日收容了第九二二团第一营和其他零星部队二三个连，同时收齐防守新塘的九二〇团五个连，该旅在此村庄整顿。其时第六十三军军长张瑞贵率领军部直属部队正向该村前进，第四六〇旅与张瑞贵会合，归该军的战斗序列，随军部行动。22日张军长得卜汉池旅（第四六〇旅）后，又收容了第一五八师叶维浩旅，乃决定是夜转移，由新塘西北越过罗冈洞大山，进出罗冈洞，希望从进攻广州的敌人背后出击，如不能取胜，再向从化撤退。孰知部队通过大山，到得山麓已是

24日上午8时，而广州已沦陷，张军长即命卜、叶两旅向后转，再通过这个大山于25日集结在距新塘20余公里的西北一带村庄，一面派员侦察中新圩附近敌情，一面与总部及各部队无线电联络。26日第六十三军军部与第十二集团军总部及第一五四师师部无线电联系上了，得知梁师（第一五四师）退回从化牛背脊、良口一线布防。张瑞贵率所部于27日夜间分三路在中新圩之西横过广增公路，28日到达矮洞。此时钟芳峻旅的张、黄两团亦退到此处，遂归还第一五三师建制。接着继续向北移动，于11月1日到达牛背脊，卜旅乃归还第一五四师，驻守该处阵地。

攻击广增线之敌，突破主阵地后，即以坦克部队为先头，继以后续部队，直向广州挺进，沿途并未遭受守军截击和阻碍，卒于1938年10月21日到达广州，大队则于23日上午进占广州。

第一五七师参加衡阳战役纪实

侯　梅

第六十二军（军长黄涛）辖第一五一师（师长林伟俦）、第一五七师（师长李宏达），奉命于 1944 年 6 月 20 日由广东省英德县境内出发，步行到曲江后即乘火车，疾驰衡阳，6 月 23 日到达衡阳之西头塘、二塘之间地区集结待命。是时，衡阳城尚安静如常，第十军方先觉部正在加紧构筑衡阳城及其外围的防御工事。

据情报，衡山县方面集结有日军两个师团的兵力，企图窜犯衡阳。当第六十二军刚到达衡阳头、二塘之间地区集结待命的第二天，第二十七集团军副总司令李玉堂偕同其参谋长（是时集团军总司令部设在白鹤铺车站）来到衡阳西站（离衡阳城约五公里）召开军事会议。到会有第十军军长方先觉、该军参谋长孙鸣玉及所辖四个师长，第六十二军军长黄涛、军参谋长张琛及所辖两个师长。会议内容：“决定以方先觉军守备衡阳城。以黄涛军集结衡阳外围，策应方先觉军的作战。”会后第二日，方先觉派该军参谋长孙鸣玉来到第六十二军军部，协商防守计划，并说：“第十军是蒋委员长亲信部队，装备优良，训练有素，兵员足额，战斗力强，死守衡阳，当无问题。”

当第六十二军到达衡阳头塘、二塘地区时，薛岳率余部退到耒阳和桂东一带收容整编，殊感自己手上无一完整部队，遂电告黄涛军长："拟将第六十二军两个师，分别配属第四、第九两战区各一个师，立即开赴粤汉路以东湘南待命。"黄涛接薛电后，认为把第六十二军两个师分割使用，对军今后的作战大为不利，而且以一个师配属他人指挥，殊难接受，但又怕得罪薛岳，于是以婉辞复薛电云："要将第六十二军分割使用，没有上级命令指示，我不能做主的。"薛得此复电后，遂不再打第六十二军的主意了。

薛电后二三天，罗卓英赶到祁阳洪桥，约邀第七十九军军长王甲本前来会谈，想把王甲本军拉到自己手中，归己指挥。同时又邀请黄涛到洪桥会谈，想要第六十二军归他指挥，黄没有答应。

第六十二军在衡阳头塘、二塘集结待命时，受到多头指挥。一方面受蒋介石侍从室主任林蔚的指挥（实则是蒋介石的意图），林主张："要第六十二军后撤至祁阳城附近集结待命。"第六十二军主力乃于7月3日开赴祁阳城附近集结，以第一五一师之陈植团留驻洪桥，作为前进部队，以便尔后军容易进出。林蔚的作战指导思想是使衡阳与祁阳之间留出远距离的大空隙（两地相距约70公里），让敌从容包围守备衡阳城的方先觉部，然后再以第六十二军包围日军之后，使敌腹背受攻，方先觉部由衡阳城内死力向外冲出，第六十二军全力勇猛地向包围方部之敌冲击，以收夹击之效。这个计划，只是纸上谈兵，没能得到实现。另一方面要尊重桂林行营主任李济深、白崇禧的意图，李、白主张第六十二军作机动使用，既可策应方先觉部的作战，也可掩护广西，必要时协助防守广西，所以李、白对第六十二军是特别关照的。再一方面要受李玉堂直接指挥，李玉堂主张第六十二军越接近衡阳城越好，能够直接策应方先觉部作战，使第十军与第六十二军连成一系，互为犄角，以增强方先觉部守备衡阳的力量，必要时冲入衡阳城与方部共同守城。这样的多头指挥，命令互相矛盾，使第六十二军疲于奔命。

第六十二军机动性较大，战斗力较强，在援湘各部队中，是受人注目的。

第六十二军后撤至祁阳后，7 月 13 日，方先觉部被日军约两个师团的兵力包围，经过二三天的激烈战斗，衡阳城近郊外围工事被敌炮火摧毁，防守外围部队被迫全部退入衡阳城中。是时，方先觉部下散布说："日军没有多大力量，如能迅将第六十二军加入作战，即可解围。"另一方面则力请上级派兵增援。第六十二军于 7 月 15 日晚奉林蔚电话命令："第六十二军即由祁阳出发，沿湘桂铁路向衡阳之敌攻击前进，解救方先觉部之围。"军于 7 月 16 日晨，由祁阳出发，17 日午前进抵白鹤铺车站附近，发现有敌约一个联队占领该地，力阻我军前进。军当即派遣第一五一师师长林伟俦率所部（缺陈植团）向白鹤铺之敌攻击，激战一天，未能攻下，判断该敌似有死守白鹤铺阻碍我军前进，以确保敌侧背安全的企图。军当即根据当面敌情，作出抉择：如军硬由正面攻击，必然牺牲甚大，损失实力，更因阵地攻击，一定延误时间，很难达成任务，不如以一小部监视敌人，与敌保持接触，军主力转取别路前进。18 日晨，派出第一五七师副师长侯梅，率领第一五一师的陈植团和第一五七师的黄忠汉团为军先遣支队，绕过白鹤铺车站之南，再向北迂回，猛烈攻击该敌侧背。激战半天后，白鹤铺之敌站脚不住，于 18 日下午向潭子山撤退。我先遣支队跟踪追击，但敌在事前已派有一部占领潭子山阵地，与我先遣支队在潭子山发生争夺战，战况甚为激烈，结果敌占据潭子山北部，我方则占领山南部，成对峙状态。我军作战目的，不在潭子山的一个阵地，而在迅速攻击衡阳外围之敌，以解衡阳之围。据此，即留黄忠汉团以佯攻潭子山的姿势，牵制该方面之敌（陈植团仍回洪桥，掩护后方），掩护军主力向东阳铺进出，并进占雨母山。19 日，军即策定以第一五七师师长李宏达，率领该师（缺黄忠汉团，该团于 20 日午，归回第一五七师建制）和第一五一师薛叔达团为军先遣师，以达攻占雨母山之目的，迅速击破当面之敌。李师奉命令后，依照军的计划，攻击前进。盘踞雨母山之敌为数不多，战力不强，经李师攻击后，旋即后撤。李师当即占领雨母山，军部跟李师之后，到达东阳铺并在该地设指挥所（离衡阳城约七公里），第一五一师（缺陈植团）亦到达东旧铺附近。

及至攻占雨母山后，军一面集结主力（计五个团），一面侦察当面敌情，探悉衡阳西站和头塘方面，均有敌兵防守。20日下午，军派第一五一师师长林伟俦率第一五一师团的陶湘甫、薛叔达两个团和第一五七师丁克坚团，向衡阳西站攻击前进。第一五七师（缺丁团）为军预备队。林师攻击部署如次：以陶、丁两团为右翼队，由东阳铺出发，向衡阳西站之敌攻击前进；以薛叔达团为左翼队，先攻头塘，得手后，即向衡阳外围之敌攻击前进。20日夜，林伟俦师开始行动，右翼队经过猛烈攻击后，很快到达西站附近。左翼队攻到头塘时，被敌密集火力反击，攻势受到挫折，伤亡颇大，勉强仍在原地继续作战，但毫无进展。右翼队虽然乘攻克西站的余威，继续向衡阳西郊攻击，激战两昼夜，伤亡甚大，团长丁克坚此役阵亡。战斗虽经反复冲击，卒无法冲入衡阳城，在衡阳城内的方先觉部也无法冲出，彼此没能达到会师的原定计划。23日拂晓前，有敌兵约一个旅团到达增援，抄袭第六十二军侧后，猛向雨母山附近我军阵地袭击，第一五七师（缺丁团）当即与敌展开激战，该阵地曾经得失两次，经一昼夜的反复争夺，李宏达师伤亡惨重，又因李上达团在情况紧急时，未能适时增援队伍竭力固守，是个错误，致使雨母山阵地最后被敌攻占，断绝后路。24日，军被迫向后转进至马鞍山附近，与敌支持一天，战况仍甚激烈，伤亡不轻，第一五一师副师长余子武阵亡。当在雨母山被敌攻占，旋以反攻夺回，止在得而复失的时候，军指挥所就在这时转移指挥位置，影响前线战斗，军未能及时指挥第一五七师立即恢复已失阵地，与敌再战，这是雨母山战役中的指挥上犯的一个极大错误。25日，军撤至铁官铺附近占领阵地，与敌继续作战。但军经过一星期的苦战，伤亡重大，鉴千敌人方面续有增加，如果继续在东阳铺附近地区作战，对军的作战态势，是极其不利的。为着下一步作战准备，即调陈植团星夜由洪桥赶至铁官铺，军即在铁官铺一带进行整顿，补充粮弹。日军于27日再向铁官铺来犯，军当即迎击，与敌展开阵地战。一直战至7月30日，均无大战，仅与敌作对峙状态。8月1日，再奉到林蔚持蒋介石电令："第六十二军对衡阳之敌作战，尽了力量，着再接再厉，向衡阳西站攻击，如能击破当面之敌，官升级，兵重赏。"第六十二军在这种情况下，已成强弩之末，但慑于蒋介石的权威，逼得再作第二次攻击部署。8月2日，军主力扫荡铁官铺附近之敌后，即向衡阳西站挺进，沿途与敌均有接触，军采取突击前进的姿态，把阻止我军进路之敌击败，突进至离西站三四公里之地，所有部队加入作战，竭力攻击，费尽气力，无法攻到西站，勉强在原阵地支持，伺机再攻。在此欲进不得、欲退不可的两天后，又再奉到蒋介石电令："继续攻击，解救方军。"第六十二军已经力尽，无法再攻，而且敌人已尽量利用方先觉部所建筑外围工事，来对付第六十二军攻势，军在这回再次攻势中，遭受更严重的伤亡。同时敌以集结重兵，力攻我军侧后，第六十二军陷于孤军作战，迫得由攻势转为守势，在马鞍山一带阵地与敌相持将近一个月的时间，在此守势中时有战斗。

当第六十二军与敌战至8月8日，衡阳保卫战坚持到48天的时候，方先觉投降日军。

方先觉投降后，敌以全力对付第六十二军，此时第六十二军尚未奉到行动命令，只得暂在原地待命，本来策应方先觉部作战任务已经没有了，实无再在此地久留的必要。第六十二军在此战至47天的时候，李玉堂才派第七十九军王甲本部接替第六十二军的防务。但仅一天的时间，第七十九军即被敌击破，向西退至冷水滩时，又被敌袭击，军长王甲本不幸阵亡，队伍溃散。又在第六十二军于衡阳外围发起第二次攻势遭受顿挫后，军事委员会派遣黎行恕（广西部队）率领第四十六军之新编第十九师、第一七五师到达衡阳三塘、四塘间地区，与敌接触，及至方先觉投降消息传出后，不久，黎行恕率广西部队第四十六军向广西撤走了。

第六十二军（缺第一五七师）约在9月4日由铁官铺撤退，经洪桥向黎家坪、文明铺、芦洪司转进，约9月13日到达湖南省武冈县集结待命。9月5日，第六十二军部通过洪桥后，即赋予第一五七师在洪桥附近占领阵地，掩护新编第十九师、第一七五师安全通过洪桥的任务。第一五七师照军指示执行任务。约9月6日上午9时前，新编第十九师、第一七五两个师，已经安全通过洪桥，第一五七师掩护任务已达完毕，应即在第一七五师之后跟进，迅速脱离洪桥，照第六十二军部所指示路线，向西撤退。但第一五七师师长李宏达未能捕捉时机，速离战场，由于优柔寡断，蒙受严重损失。9月6日上午10时，洪桥附近安静如常，李宏达认为略多逗留一下，谅无多大问题，李就在这样思想指导下，把第一五七师由上午9时起，一直拖到中午12时，仍未离开洪桥。在这段时间内，副师长侯梅曾向李宏达力言两次："我师在此既无其他目的，复无任务，速行为上，不宜在隘路中久留，免遭意外。"但没有得到李宏达采纳。约至9月6日下午1时，衔尾跟追第一七五师之敌，发现在洪桥之西和南两个高山，扼住湘桂铁路通道，形成一条隘路，该两山被敌预先占领，配有重兵，东面亦有敌兵发现。洪桥北端有峻峭的半石山，遍地荆棘，异常难行，第一五七师在这隘路中，被敌包围之下，唯一去路，只有向西冲击突围，但该方面敌人，早已布置了轻重武器，构成密集火网，封锁得好像铁桶。第一五七师第一次攻势，派出一个加强营，向占据洪桥之西两高山敌人猛力冲击，但在敌人密集火网扫射下，无法前进一步，攻击毫无进展，唯该营不避牺牲，极力向前冲击，经40多分钟战斗之后，该营伤亡人数竟达五分之一，无力再攻，被迫退回洪桥附近。师当即派出两个步兵营附山炮兵一连，再作第二次攻势，向该敌猛烈攻击，卒因敌方火力占绝对优势，攻势又受顿挫，战况不佳，转为守势状态。但东、南两方面之敌，已把包围圈尽量缩小，步步向洪桥紧逼，造成三面包围。下午3时许，第一五七师已陷入前无去路，侧后又被包围的绝境。师当即考虑，如果仍在原地与敌相持，不久便成瓮中之鳖，遂策定除各留一小部，监视各当面之敌，以掩护师主力撤退，俟师越过洪桥北端高山后，即自行撤退，在师行进路之后跟进。师立即开始向洪桥北端高山，分多数纵队爬登该山，约是日下午5时到达，将登山部队整理清查，计跟到队伍的有六成左右，即在该山择要设防，收容队伍。同时派出搜索队，侦窥附近敌情，探悉该山附近的南、西、北三方面均被敌人包围封锁，所幸该山山大林密，敌人不敢来攻，师就在该山固守，守至7日午后，再探悉该山附近，除东面和东北面均无敌踪外，其他方面均有敌人的监视部队。师当即决定7日晚10时由该山分三路行动，以战备姿态，迅速向东前进，约行10公里，再折向北行约15公里，然后转向西行。在这行动中并没有与敌接触，约行两昼夜后，与敌完全脱离。9日午后，与第六十二军部电台取得联系，当即依照军的指示，向武冈前进，约9月18日到达目的地。

第六十二军全部到达武冈后，稍事整理，再向广西转进，俟到达柳州后，归第四战区司令长官张发奎指挥，参加桂柳的抗战。第六十二军第一五七师的援湘历程至此结束。

李洁之

敌机又一批一批地来袭击，逃难的人狼狈不堪，令人触目惊心。

● 1900年生，字廉贞，广东兴宁人。

● 1937年，抗日战争爆发后，任第四战区兵站总监部中将总监，军事委员会高级参议。

● 1942年，任第七战区军粮计核委员会中将副主任，第七战区高参室中将高参。

● 1994年1月26日，病逝于广州。

从余汉谋投蒋说到广州弃守

李洁之

1936年7月间，从陈济棠集团中分化出来的第一军军长余汉谋，在赣南通电就任南京委派的第四路军总司令兼广州绥靖主任职务，回师广东，压迫陈济棠下野。此后两年多（在广州沦陷前），余一直驻守广州。但那时蒋介石已基本上控制了广东的党政军大权，余汉谋这个第四路军总司令，不仅不能像陈济棠当权时一样干预党政，甚至连对自己部队的指挥布置也不容易当家做主。余汉谋也知道自己过去与蒋介石毫无渊源，在国民党内又没有什么派系可作奥援（黄慕松奉派当粤主席时，因与余有师生关系，还多少可替余说话，黄死后，余就更感孤立了）。因此，他在和自己的亲近干部谈话中，经常流露出当小媳妇的悲哀心情。我记得他不止一次地对我说过这样的话："同蒋阿拉（指蒋介石）做伙计，没有自己的本钱（意即实力）是不行的；对于自己的职务过于负责也是不行的。"余汉谋在这两年多期间，正是拿这两句话作为指导思想，小心翼翼地和蒋介石打交道。一方面，他念念不忘尽可能保持部队实力；另一方面，为了应付环境，免触蒋介石的猜忌，他表面上唯唯诺诺，凡事请示遵办，但求无过，不求有功。

余汉谋回师广州一年后便发生七七抗战，以后又一年多，广州便沦陷了（1938年）。余汉谋部队放弃广州之役，一般称为惠（惠州）广（广州）战役，一共只打了九天（由10月12日日军在大亚湾登陆至21日我军撤出广州市区止），是国民党军队又一次弃城失地的败仗之一。蒋介石是最高统帅固然要负其责，而余汉谋身为防守军的总司令，具体负责主持这一战役，事实上也难辞其咎。笔者过去与余汉谋是多年的袍泽，余回师驱陈后就一直参加他的核心活动，先后担任广东省会警察局局长和第四战区兵站总监。现在根据个人回忆，把这一段两年多时间的蒋、余矛盾内幕和广州弃守的实况叙述如下：

蒋介石千方百计控制广东

陈济棠被迫下野，“西南”五年多来的半独立局面从此瓦解。余汉谋的倒戈，对蒋介石的统一广东起了很重要的作用。蒋介石为了酬庸余汉谋的劳绩和收拾第一集团军将士的军心，当然要对余汉谋有所敷衍和借重，但蒋对于非嫡系而又长期和自己对抗过的广东部队是绝不会加以信赖的。余汉谋于1936年7月23日由韶关抵广州，蒋当时即派侍从室主任钱大钧和防空学校校长黄镇球和余同来。过两天，陈诚也衔蒋命飞穗布置“委员长广州行营”。那时候，广西李、白的问题还没有解决，蒋借口准备对桂省用兵，首先就把嫡系部队如第二十五军万耀煌所部的第十三师、孙元良的第十八师等先后调到广东，以后又调来罗卓英的第十八军的三个师驻在粤汉路南段和广州石龙虎门这条大动脉上，并派罗卓英为粤汉路警备司令（七七抗战后才把罗部调走）。这些军事措施，对余汉谋的第四路军起监视作用是不言而喻的。

蒋介石本人于8月11日抵广州，直至9月底才返回南京。在这一个多月时间中，蒋亲自指挥布置，加强对广东党、政、军三方面的控制。在国民党党务工作方面，蒋把实权交给了以曾养甫为首的CC系（曾为广东党务特派员之一），CC 成员谌小岑和余俊贤部分别被安排为省、市党部书记长；在改组政府方面，蒋以黄慕松代替林云陔为广东省府主席，并以曾养甫为广州市市长，此外蒋还直接安排广东省九个行政区的人事。余汉谋那时除了推荐我担任广东省会警察局局长之外，对广东党、政各个方面的人事安排，表面上是服从蒋的意见的。余左右如李煦寰（第四路军总部政治部主任）等虽有染指党、政之心，但余汉谋力避干预党、政之嫌，不敢出面加以支持，力求避免与蒋方在人事上发生摩擦。

余汉谋回穗之初，为了迅速布置统治广州的军事力量，棋先一着地安排我为省会警察局局长，使蒋面对既成事实，不能不承认下来。但那时蒋介石的蓝衣社（即力行社，在西安事变后改名为复兴社）正力图在全国范围内控制警察的组织。在他们看来，省会警察局局长职务落在余汉谋手中，对他们的发展是有妨碍的。陈诚因与我过去在粤军第一师第三团有同事之谊，这时候（大约是 8 月中旬）曾装出亲切的口吻对我进行诱劝说：“洁之兄，你是很有能力的正式军人，应该去搞军事工作、当个师长才是，搞警察工作，简直是大材小用了。如果第四路军不能安置的话，你到南京去，中央马上可以给你一个师长职务，使你更有发展前途。”我当时答复陈诚：“我个人没有意见，请你去和余总司令商谈。”陈见我答复不着边际，便不再谈了。过了 10 多天，蒋介石在黄埔召见我，问及广州市当时的治安情况。我说：“一般还好，只是日本人、台湾浪人在广州很活动，经常造谣生事，大干走私漏税的勾当。”我当时还举出一些具体事实和警察局所采取的对策向蒋报告。我反问蒋：“万一日本人制造类似南京日本领事失踪的事，或公开向我军警寻衅，应该怎样应付？中央对此有何方针原则？”蒋对我答复说：“这样子是不行的，你一定要切实加以制止，不能让他们胡闹；如果万一发生什么事件，那就算是你倒霉，中央政府是绝对不能替你负责的。”蒋当时还怕我听不清楚，反复对我说了三次。很显然，这是一个有意恐吓我的难题，目的是迫使我知难而退。只要我被吓倒了提出辞职，他就可以用他的蓝衣社人马来掌握广州警察了。可是，经过这次谈话之后，我并没有知难而退。不久，蒋介石的蓝衣社组织在广州行营掩护下，就由张君嵩、李节文、李崇诗等骨干分子负责在广东各地进行发展。张君嵩是蒋新委派的广东省缉私处处长，他过去与我在粤军第一师和国民革命军第十一师时期有一段同事的关系，彼此比较熟悉。那时我和李煦寰、张建（第四路军军医处处长）在余汉谋系统中有"少壮派"之称，张君嵩就很露骨地以我们这三人为拉拢发展的对象。有一次，张装出很知己、很热情的样子对我说："你们几个人都很进步，很能干，只可惜没有参加一种组织，我以为今天单靠个人奋斗是不够的。"张这一番话的弦外之音，就是试探我们对参加蓝衣社的态度。当时我答复张："我们都是国民党党员，只知有这个组织不知还有其他。我们这次参加反陈（济棠）运动，是为爱国心所驱使，我相信其他第四路军的高级军官，大家的态度都是一样的。"张看见我这样的态度，也就不便再谈下去。过去张每星期总有一两次来找我谈天，经过这一次谈话以后，就再不来找我了。大约半年以后，蓝衣社在广东的组织逐步有了发展，并在广州实行恐怖政策，先后秘密绑走 27 人，不知所终。当时余汉谋和我对他们的乱作胡为都感到头疼。我在警察局某次纪念周讲话时曾以警告的口气说过："我们是负责保护广州市市民生命财产安全的，以后无论什么机关、什么人，如果不经过合法手续，事先不知会各分局，擅在市内捕人，必立即加以制止；如不听制止，应作土匪绑票看待，各员警有权开枪。"我还把这一段讲话记录送往广州和香港各报发表。

到了 1936 年冬，蒋又任命他的嫡系人物邹洪为广东省保安处处长，跟着就派人四处招兵买马，向外国购买大批军火，成立了四个保安旅，以古鼎华、王作华、吴乃宪、池中宽分任旅长，分驻于广州属、潮州属、肇庆属和海南岛各地。蒋把这样大的部队配置在省内各重要地方，其作用当然和第十八军一样是对余汉谋部队的监视和牵制。后来在惠广战役中，这些部队一个也没有参加作战。此外，张君嵩的缉私处不久也成立了和步兵团编制装备一样的税警团两个，分驻惠阳、宝安、东莞、中山、新会各地。

和蒋介石在粤发展武装实力的同一期间，余汉谋格于环境，为了取信于蒋，曾主动地对第四路军进行过两次整编。按理，蒋要建立新部队，大可以把第四路军一些被裁并的步兵团拨去改编，但蒋却自有打算。他对于那些非嫡系的部队弃同敝屣，宁可另起炉灶建立嫡系武装。至于一裁一编中虚耗多少国家支出，蒋是毫不加以考虑的。

蒋介石除了通过蓝衣社的组织，逐步加强控制广东的军、政以外，在蒋的纵容下，CC 系的势力也不断向党、政、军三方面逐步渗入，在粤 CC 系头子曾养甫身任广州市市长，并以广东党务特派员之一的身份，指挥谌小岑、余俊贤等控制了省、市的国民党组织。曾回粤之初，气焰迫人。记得当时我和李煦寰两人有一次去见他，商谈有关省、市党部改组的问题。我们开口问及改组的人事安排，曾即大声回答："这都是中央决定。"我们对于他这种拿中央来吓唬人的态度十分反感，也不客气回敬他几句硬话，弄得大家不欢而散。曾养甫不仅在党务上独揽大权，同时还在广州市范围内大力支持蓝衣社的活动。在抗战爆发后，南京政府曾命令各大城市的市政府成立所谓"社会训练处"，任务是把当地的工人店员分期分批地设班集训三个月，施以所谓"抗战教育"。按规定，该处应由当地的宪兵司令、警察局局长分任正副处长，但曾养甫接到命令后，却不照规定把训练任务交宪警两机关负责，而另行委派蓝衣社骨干张君嵩为处长。训练班一共搞了四期，每期都有 1000 多人，结业后，就按各警察分局区域，组织一个所谓"社训区队"，给予枪弹，美其名曰协助警察维持治安，实际上就是监视警察的行动。这也引起了余汉谋方面的不满。后来还由我出面要张把那些“社训区队”队部并入各区警察分局办公，使警察方面也能了解他们的活动。

余部一再整编和日趋腐化

原来陈济棠的第一集团军共有陆军六个军，15个师，连同一些直辖的特种部队共约78个团。余汉谋的第四路军把一集团军的摊子接收过来首先面临一个整编的问题。在蒋介石来说，趁陈济棠的垮台来压缩广东军队，当然是势在必行的。余汉谋回师以后，一方面为了向蒋表示无拥兵自重的野心，固愿意自动进行整编；但另一方面，由于蒋介石从9月份起核减第四路军每月军费为广东毫券300万元，比陈济棠时代的500万元几乎减少了40%，这样一来，不裁减部队也无法维持给养。因此，余汉谋的第四路军在1936年8月间就进行第一次整编，把原来第一集团军的机构裁去六个军司令部、五个师司令部，重新编成10个师、20个旅，共步兵60个团和一些特种部队。这一次整编是余汉谋自动进行的，表面上总算裁减了10多个团，但实际上只裁减去一些指挥机构，调动了一批军事干部，在兵力上仍然维持在15万人左右，被裁各团的兵员，正好分别补充到保留建制的各单位缺额中去。因此，可以说，第四路军经过第一次整编，不独无损于实力，而且使组织上更臻健全。这一点，蒋介石当然也看到的。为了要达到削弱第四路军的目的，在第一次整编完竣不久，蒋就要余在第四路军分割出两个师交给李扬敬作为成立第六路军的基本部队，调到福建去。这一措施，当时受到余汉谋左右的激烈反对，并由第四路军的练惕生、李崇纲、邓志才、利树宗四个旅长首先公开表示不愿受李扬敬的节制。蒋看到反响强烈，不便一意孤行，结果此事没有实现。

余汉谋那时一方面想保持自己的实力，另一方面又害怕引起蒋介石的猜忌，心情是很矛盾的。但由于蒋的压力一天天增加，余汉谋就不能不因应形势，对蒋有所让步。因此，在 1937 年 4 月间，余汉谋又请求进行第二次整编军队。结果将 10 个师 20 个旅的 60 个步兵团裁并为 40 个步兵团，另成立罗梓材的一个教导旅。这就比第一次整编后原有兵力减少了将近 30%。蒋对第四路军这一次整编是感到满意的。蒋各地的御用报纸也刊载第四路军整编的消息，还表扬余汉谋“公忠体国”，非拥兵自重的地方军事长官可比。在此之前，余汉谋还接受蒋的命令，把第四路军黄涛的第一五七师调离广东，驻防福建的漳州、厦门一带。

事实上，这是抗战前夕的一次整编部队。按照当时形势，中日关系已日趋紧张，全国御侮救亡的气氛高涨。记得那时（1937 年四五月间）宋子文曾来广州活动，逗留了一个时期，他每星期都有一两次约我到长堤中国银行二楼去谈国际问题和交换情报。其中有一次，宋子文曾对我说：“我现在从美国、英国方面获得很可靠的情报，日本人最近三个月内就要动手发动大规模的陆、海、空军向我国进行侵略。”这个情报宋子文知道，蒋介石当然不会不知道，如果蒋真的有心作抗战准备，是没有理由在抗战前夕批准余汉谋裁并军队的请求的。这就正反映他念念不忘的是千方百计削弱一切非嫡系的部队实力，以进一步加强个人的军事独裁。

说到余汉谋的第四路军，主要是由大革命时期的国民革命军第四军第十一师的部队发展起来的。官兵大部分是广东人，在军阀混战时期，曾在广东、广西、湖南打过不少内战，有一定的作战经验；在陈济棠时期，曾利用广东人民的血汗向德国、捷克购买不少新式武器，一般来说，它的装备在当时全国军队中是属于第一流的，有些甚至比蒋介石的嫡系部队还要好。经过两度整编后，实力虽比陈济棠的第一集团军时期大见减削，仍不失为一支 10 万以上的大军。但由于内部矛盾重重，各怀异志，整个第四路军便越来越成为一个腐烂的封建军事集团，在惠广战役中充分暴露了它的腐朽无能。[①]

余汉谋驻赣南时的第一军原辖三个师，这是回师广东驱逐陈济棠的主力部队，第四路军成立后，这三个师分别更改番号为第一五一师、第一五二师、第一五三师。由于历史关系，这三个师在第四路军中俨然自居于嫡系，他们以为江山是老子打来的，一天天地骄纵起来。余汉谋对这些过去第一军的基本部队，当然也不免有所偏爱。过去第一军在赣南时期曾公开组织一个“双田公司”经营钨砂生意，四年间获得巨额利润，这些利润中的一部分已分拨给军、师、团作公积金。余汉谋回师广东以后，为了酬庸第一军的人马，曾特准各单位将所存公积金的半数左右提出分发给各级军官佐，使大家占有一笔相当数目的钱。那些处长、团长级以上的人员，几乎都由此而买了洋房汽车，过着奢靡的生活。举一个例，当时不少将官、校官一般都备有三种服装，他们在部队里穿的是军装，回广州白天逛街穿的是洋服，晚上到陈塘、东堤喝酒嫖妓穿的是丝绸长衫。这样的腐化堕落现象，在前第一军司令部和那时第一五一师、第一五二师的官佐中表现得更为突出。同时在第四路军内部营商走私的风气也很盛，一些在军中一向被认为比较“正派”的官佐，也暗中和商人合股做买卖，至于那些一贯营私舞弊之徒，更利用职权大干其走私漏税的勾当。驻扎惠阳、宝安、中山、新会的部队多以此为利薮，运出的是钨砂，运入的是洋货，唯利是图，无法无天。那时第一五一师的一个营长朱学濂就经常明目张胆地用一部小汽车运载钨砂由紫金经惠阳至澳头附近出口；驻扎中山的某营长也在前山附近武装走私洋货入口，使海关人员为之侧目。记得有一次，我和张建曾将听来的情况告诉莫希德（第一五一师师长），莫竟一口咬定是造谣中伤，反劝我们不要轻信。这是高级将领公开出面维护走私的一例。

① 抗日战争爆发后，国民革命军驻粤军编为第四战区第十二集团军。余汉谋任第十二集团军总司令。

第四路军也和其他国民党军队一样，所谓军队政治教育，都是印发一些宣传小册子，或在纪念周做一些照本宣科的空洞宣传，对于如何认识形势，鼓舞士气，加强抗战必胜信念的教育，从来就不予重视。驻防各地的部队和当地群众关系都很坏。例如驻守国防第一线惠阳、淡水一带的第一五一师何联芳旅就经常包烟庇赌，而且还发生过士兵调戏采樵妇女的事件。当地人民向何提出控诉，何也不对部下切实约束，弄到以后群众忍无可忍，便先后发生过三宗打伤或打死何部士兵的事件。余汉谋把这样将骄兵惰、军纪败坏的部队摆在保卫大广州的国防前线，不打败仗，那才是奇迹呢！

蒋借口抗战调虎离山和余、宋之间的勾结

蒋介石一向对非嫡系的部队惯用“分而治之”的办法来逐步加以削弱，对余汉谋的第四路军当然也不会例外。但由于广东部队有多次的反蒋历史，封建割据的色彩又较浓厚，在归顺南京政府之初，军心本来不很安定。这一点蒋介石是体察到的，因此对问题处理也比较审慎，特别经过上述拟分割二师交李扬敬另组第六路军受到激烈反对以后，蒋更侧重怀柔政策，免生激变。那时候，整个第四路军除了第一五七师被调驻福建之外，其余都留驻广东省内，力量还相当完整。七七抗战爆发后，蒋介石在抗日大题目下发号施令，调兵遣将，在当时来说是顺理成章，难以违抗的。蒋正是这样地借抗战之名，行削弱异己之实。在“八一三”上海抗战发生后，蒋介石立即向第四路军抽调部队。余汉谋奉命曾先后派遣了副总司令香翰屏率领巫剑虹的第一五四师、叶肇的第一六〇师、谭邃的第一五九师、邓龙光的第一五六师和彭林生的教导旅，合计兵力五万余人参加了上海会战和南京保卫战。在战争中，这些部队损失严重，元气大伤。1938 年春，第四路军虽获得相当的补充，增编了两个师（其

中一八七师是由教导旅扩编的）和两个独立旅，但都是些新兵，没有实战的经验。那时候，余汉谋眼见抗战后自己的军队本钱逐渐短少，心里也暗暗焦急。特别是自从军费被核减为每月 300 万元毫券以后，军中经费支绌，只能勉强维持各机关部队官兵的薪饷、服装、医药和一些教育费用，至于要添置新武器和防空器材都根本办不到。余汉谋正在苦闷之中，忽然获得搭上宋子文的机会。这一段内幕插曲大约发生于 1938 年 5 月间，那时宋子文来到广州拉拢余汉谋、徐景唐支持他出任广东省政府主席（粤主席自黄慕松逝世后即由吴铁城继任）。谈到宋子文，记得在“西南”时期我下香港见胡汉民时曾听胡说过：宋因赴美搞棉麦大借款事与蒋发生过别扭，以后回国长期只保留一个中央银行总裁，没有担任其他政府要职。吴铁城回粤任主席只一年，各方面对吴的官僚政客作风都不很满意，特别是由于吴在上海将要来接粤主席时曾答应给李煦寰（当时李代表余汉谋到上海和吴联络）当民政厅厅长，回粤后却自兼民政厅厅长，不予兑现，以后又直接以省主席名义委派郑丰为工业管理处处长，不征求建设厅厅长徐景唐的同意，引起李和徐的严重不满。徐是余汉谋的拜把兄弟，原任第四路军参谋长。余汉谋把这个拜把兄弟作为沟通军政关系的桥梁人物而调任建设厅，吴铁城对李（也是余的拜把）和徐的不买账，就使得余、吴之间的关系发生裂痕。宋子文这时静极思动，看准了广东地盘的重要性，就对蒋提出回粤当主席的要求。宋有的是钱，他答应给余汉谋港币 300 万元向外国采购新式武器装备第四路军。余汉谋正苦于没有后台老板在政治上、经济上来作他的奥援，这次宋子文伸手过来，自然乐得接受。宋子文在地方上既获得余汉谋的支持，在蒋介石方面也初步取得同意，于是就全心全意准备走马上任。为了在广州做久居之计，还特地买受了东山农林路前粤空军司令黄光锐的建有防空室的华贵洋房。余汉谋拿到宋子文的 300 万港币，立刻便向捷克、德国订购了一批轻重机枪、迫击炮、小钢炮、防空通信设备、运输汽车，着手加强自己部队的装备。众所周知，宋子文本来就是蒋的人，但尽管如此，由于他这一次不通过蒋而径行拉拢收买地方军事势力，结果却引起了蒋的猜忌和不满。据说当最后决定宋子文出任粤主席问题的前一晚，蒋介石曾打电话给宋子文，提出宋任粤主席后应把他的中央银行总裁职务交出来。宋对这一条件不肯同意，这一来宋出任粤主席问题便被搁置起来。至于余汉谋拿了宋的 300 万元怎么办呢？无功不受禄，自然非还给宋不可。以后余汉谋便想出办法，借口购置防空设备和通信器材，加强广东国防力量，提出由广东省银行秘密增发毫券还款给宋子文了事。这样余、宋之间交易未成，广东人民却因此而付出了血汗。自此以后，蒋介石对余汉谋也增加了猜忌，曾一度打算调余汉谋全部第四路军出省外作战。这一事情大约发生在 1938 年 5 月间，那时宋子文想当粤主席事已告吹，武汉方面忽来了一个密电（谁拍这电报，现在记不清楚了）给余汉谋，通知余说蒋有意把第四路军全部调离广东到其他战区作战。余接电后，立刻用电话邀集徐景唐、李煦寰和我三人到他的梅花村公馆密商应付办法。当时我们三人听到这一消息，也感到蒋把抗战大题目压过来，不接受命令是不行的，但如果真的被调到省外，整个部队就将从此漂泊无根。大家谈了半天，想不出好的对策，结论还是看看事情演变如何再说。后来事过半个月，还未见下文。有一天，我向徐景唐询问此事究竟，徐告诉我，何应钦和钱大钧两人顾虑到影响广东部队的军心，都不赞成这一做法，以后蒋也打消了原意。但是，在整个抗战期间，蒋介石对待一切非嫡系的杂牌部队的基本策略，首先就是“调虎离山”。即使一时间不能全部调，也得调他一部分。是年七八月间，豫北战事紧张，蒋就立刻抽调李汉魂的第六十四军（下辖陈公侠的第一五五师和彭林生的第一八七师）到兰封罗王寨参加作战。同一期间，赣北战事紧张，蒋又调去叶肇的第六十六军（下辖陈骥的第一五九师和宋士台的第一六〇师）到南浔线参加作战。9 月间，鄂南战事紧张，王德全的第一五六师又被调到蒲圻作战。在这些战役中，第四路军的参战部队都遭受到严重的损失。

一误再误的惠广战役

远在1938年4月初，余汉谋接到军事委员会的第一次情报，说日军现在台湾集结陆军四个师团、海军舰艇八九十艘，合计兵力八万多人，即将大举向广东进犯。当时广东方面曾引起一度的紧张，第四路军总部和广东省政府已准备必要时迁到翁源，并在翁源构筑防空地下室备用。在军事部署方面，余汉谋遵照蒋介石的作战战略，组织参谋旅行，侦察地形，决定阵地，在广州近郊沿珠江口东岸自番禺至东莞、宝安，沿大亚湾海岸至淡水、惠阳、增城、从化各地布防，部署军队：以莫希德的第一五一师师司令部和直属队驻惠阳，温淑海旅分驻龙岗、深圳，何联芳旅分驻澳头、淡水、惠阳；以张瑞贵的第一五三师师司令部和直属队驻公平（宝安县属），陈耀枢旅分驻宝安、乌石岩、西乡，钟芳峻旅分驻沙井、新桥、楼村；以曾友仁的第一五八师分驻新塘、乌涌附近；以王德全的第一五六师驻增城；李振的第一八六师驻从化；以梁世骥的第一五四师（缺一团）驻花县；张简荪的独立第九旅驻中山；陈勉吾的独立第二十旅驻佛山；陈崇范的炮兵指挥部（不足两个团）、余伯泉的高炮营、曹绍恩的战车队和一些直属部队驻广州近郊。这一军事部署，除王德全的第一五六师于9月间奉调鄂南，增城由李振的第一八六师接防之外，在惠广战役的前夕，基本上没有改变。此外，第四路军还成立了国防工程委员会，向香港采购大量钢铁、水泥，在各阵地构筑防御工事。广东省府也发行了300万元国防公债，广东省动员委员会还发动中等学校以上学生各回本乡半月去宣传和组织群众，俨然是准备抗战的样子。但事隔不久，军委会又来一次情报，说日军已改变战略，将四个师团改调长江地区作战，准备先打下我们的心脏——武汉。这样一来，广东军、政当局就开始松懈下去。广东这一回以“准备抗战”为名而发行国防公债300万元（广州市按一个月房租派认数额为130万元）来说，也是天一半地一半，给人浑水摸了鱼，真正用于国防建设的为数实在有限。广州失陷后，我在韶关就亲耳听到总部秘书长陈同昶（余汉谋的高要同乡）说：“据说么哥（黄范一的诨名，黄是余汉谋高要同乡亲信人物之一，他当时以总部少将参议派往负责广东省动员委员会）在国防公债中捞了50万，钟天心（孙科派的立法委员，当时回粤协助李煦寰搞对民众宣传组织工作）也捞了20万元，弄得外边大家都妈妈声（即粤语‘丢那妈’之意）了。”

此外，曾养甫当时是以兼代财政厅厅长的资格实际掌握国防公债的款项，他也利用职权，擅从公债项下拨出数十万元修筑广州市政府的防空室和他的梅花村公馆的防空室。这件事引起余汉谋的严重不满，曾派广州警备司令部参谋长曾其清去见曾养甫，指出这些防空室的构筑，不属国防范围，但曾养甫却借口广州市负担了130万元，应该有所分沾，明目张胆地从中捞了一大把。

论理，广州是华南国防前线重镇，也是抗战初期的国际交通要点。敌人暂时不来侵犯广州，不等于说敌人已经忘记广州了。那时第四路军经蒋一再抽调部队到省外作战后，实际上控制在广、惠间的部队如上所述合计兵力仅得六万人左右，分配在长达300公里的战线上面，面对强大敌人海、陆、空军的联合进攻，是不容易应付的。

在广州沦陷前，蒋介石对敌人可能进攻的战略方针一直作出极其错误的判断，对当时的大英帝国力量也作了过高的估计，以为日军虽企图向华南进犯，但由于对英国有所顾忌，可能不敢过分威胁香港。他因此判断敌人如果向广东侵犯，其目的只不过在切断我广九线深圳至石龙一段的陆上交通和宝安至太平这一段的海上交通，敌人的主力必然使用在虎门要塞地带进攻，而在大亚湾附近只是一种佯攻，以牵制我兵力而已。在敌人兵力方面，蒋亦以为敌方只有海军、空军和陆战队，兵力不会很大。根据这样的判断，蒋介石早就以确保广九线为他的作战的主旨，一再指示余汉谋切实执行，不许擅自变动。

1938 年 10 月 4 日，余汉谋接到军委会的情报说：日军在台湾集结陆军两个师团，海军舰艇约 30 艘，空军各种飞机七八十架，即将向广东进犯。那时候的广东军、政人员思想上还是疑信参半，甚至有些人还存有“以夷制夷”的幻想，以为日本不敢过分刺激英国，暂时还不会侵略华南。余汉谋身负保卫华南国防的重责，不顾国家利害和群众生命财产，若无其事地不作任何军事上的防范部署，各级指挥官也毫无敌情观念，任由所属各级官佐离开防地往广州甚至到香港等地游耍。直至 10 月 10 日晚上，第一五一师师长莫希德发现了敌海军舰艇云集大亚湾海面，打电话到广州和香港，请各电影院放映字幕，通知所属军官赶快回防。

敌人这回真的来了。10 月 4 日军委会来的情报是正确的。向我南海出动的日军在第二十一军司令官古庄干郎中将指挥下的兵力为四万余人，其先头舰艇于 10 月 10 日黄昏时进抵我大亚湾附近海面。11 日晚上，敌方全部陆、海、空军都集中到这个海面，并完成强行登陆的各种准备。12 日拂晓开始以海、空军掩护陆军向澳头附近强行登陆成功，侵占了我淡水后，即沿惠淡公路、惠增公路继续向我腹地进犯。这时敌人的企图已经明了：第一，来犯的日军不只有海、空军和陆战队，而且有陆军两个师团，敌人是倾全部兵力在澳头附近登陆的；第二，敌军并非把主攻放在虎门要塞地带，它的目的亦不仅在切断我深圳至石龙的国际交通路线，而是登陆后沿惠淡、惠博两公路挺进，以主力绕出龙门、从化、花县对广州作大包围，同时以一部出增城沿广增公路向广州长驱直进。正由于蒋介石对敌情判断错误，相应而来的战略部署也就跟着错误了。那时蒋介石指导余汉谋所作的军事部署，从澳头、淡水、惠阳至博罗这样纵深的战线，实际上只控制着三个步兵团的兵力，而在增城也只控制着一个步兵师的兵力。在蒋、余的心目中，以为这样有利于节节抵抗，实际上适得其反，正给敌人以各个击破的大好机会。

蒋介石打仗的独断专行一贯作风是尽人皆知的。论理，最高统帅部对于作战指导，一般只能作战略上的决定，指挥兵力的使用，到师到旅就是极限了。但蒋介石却要直接决定各战场的战术问题和直接指挥到团到营，使各战场的总司令、军长、师长成为他的命令传达官，毫无机动权力。在惠广战役中，蒋的这一套作战作风一开始时就表现出来。当10月11日晚上，大亚湾海面发现敌海军舰艇数十艘集结时，莫希德就判断敌人必在澳头附近强行登陆，当即用电话请余汉谋准将何联芳旅全部调往澳头附近，以加强第一线兵力；将温淑海旅全部调往淡水，以加强第二线兵力；另请调得力部队防守惠阳。余汉谋即据此转报远在武汉的蒋介石核示，但蒋都未批准，着余仍照原来部署进行防御，只指示可将张瑞贵师钟芳峻旅相机调往广九线常平附近以为策应。至12日晚淡水失陷后，莫希德又请求调温淑海旅向淡水之敌反攻，亦无结果。蒋介石于战局危急时才同意将远处潮汕和琼崖的黄涛师和陈章师调回来。但由于战争形势急速逆转，这些部队事实上都不可能及时赶到增援。本来当敌军占领淡水继续向我腹地进犯之际，驻深圳的温淑海旅和驻宝安的陈耀枢旅还拥有七八千人的兵力，大可以转用到惠阳、博罗方面作战或调到增城去加强我军的后备力量，但由于余汉谋优柔寡断，在战争进入紧张阶段时，仍让这两旅待在敌人后方毫无动作。10月15日惠阳失陷，16日博罗失陷。在这一段时间内，余汉谋于手忙脚乱中任命了第六十五军军长李振球为前敌总指挥，但事实上总指挥部也来不及组织起来，战斗序列也没有确定，甚至连与各部队联系的通信设备也没有。李振球在乱糟糟的局面下，只带了几个参谋副官往增城朱村去设立指挥所。以后我军虽在增城博罗公路附近的福田和增城以北的正果一度击退来犯敌人，但敌军在增援后又以强大的炮兵和大量空军配合进攻增城。守增城的李振师和陈崇范的炮兵加上蒋介石新从湖南调来增援的一个重炮兵团，都被敌空军轰炸得一塌糊涂，我方的大炮战车都不能运动。20日，李振师向钟落潭方面溃退，敌军渡过增江，侵占了增城，并继续沿广州增城公路向广州进犯，至此惠广战役已经接近尾声，我军已无大的抵抗了。

不战后撤　广州弃守

当敌军15日仍继续北犯，第四路军政治部反渲染为大捷，伪造了一大堆战报，广州各报16日便据此大事宣传，把对人民的欺骗说成为安定人心，使人对严重敌情产生麻痹。就在这一天下午，前方情报说敌人已改变作战计划，以大部队从响水附近绕出龙门、正果、派潭、从化至花县，向广州作大包围。那时第四路军总部才着了慌，赶快下令叫警察局于17日早通知市民疏散，所谓大捷的无耻宣传，由他们自己来揭穿了。以后不到几天，广州就弃守了。这不仅使当时的广州老百姓莫名其妙，连我作为第四战区的兵站总监也摸不着头脑，自己在撤退时也狼狈万分。以下是个人当时亲历的一些回忆。

10月14日我把广东省会警察局局长的职务交卸给新任局长李郁堃，以后就专责搞第四战区兵站总监。那时总监部刚着手筹备组织，官员还没有配齐，实际上只有一个空招牌。20日下午我照例到市郊大福岭的第四路军总部指挥部打听战况，在那里遇见参谋处处长赵一肩。我问他前方情况如何，赵说："消息不妙，敌军攻势很猛，我们怕支持不住了。"那时在座的还有副官长黄延桢等。我对他们说："有什么情况，你们要及时通知我们才好。"我随即把我的住宅电话和军用电话告诉他们以后便走了。晚上我驱车到东山保安街余汉谋的公馆，打算直接向他了解一些前方情况，入门之后，看见前厅衣帽架上挂着很多军帽，我问余的保卫员是否总司令在楼上宴客，他说不是请客，是在开会。我走到三楼的弹子房，进门时余汉谋正在讲话，在座的有香翰屏、王俊、赵一肩、黄延桢、曾友仁、陈章、张建、马炳洪、李江等10多人。墙上挂着广东省十万分之一地图和当天的敌我态势图。余汉谋说完话，便由参谋处处长赵一肩报告几天来的作战经过和我军各部队现在的情形，以及对敌情的判断。跟着便是惯于纸上谈兵的参谋长王俊发言。他夸夸其谈地说了很多话，大意是前方虽然失利，但我军过去只使用了两个师一个独立旅和不到三个炮兵团的兵力，还有好些后备力量没有用上，因此认为一时失败，不足为虑。他还提出自己的作战计划，用手在地图上不断指画解释。据说这是一个在增城附近网开一面，诱敌深入至广增之间然后聚而歼之的作战计划。他建议采取如下具体部署：我军以陈勉吾旅死守正果，阻止敌人渡过增江；李振师固守腊铺；莫希德师位于钟落潭附近负责策应；梁世骥师仍在福和附近设防；张简荪旅出太和以东；曾友仁师向大埔推进；张瑞贵师向中新推进；黄涛师出响水截击敌人归路；陈章师为总预备队，位于沙河附近。王俊还说："这样就可以布成一个袋形，让敌人进入我们的袋里，就会成为一个皮球一样，我踢、你踢、他踢，四面八方都向它踢，结果一定会被我们踢破，达成我们预期的目的，即将敌人歼灭于广增之间。"王俊还跟着把他这一套计划称为"球状战术"，要求余汉谋马上下命令，各部队长官切实执行。

这一位何应钦派来的参谋长的计划，似乎也说得头头是道，但实际上又是纸上谈兵，王俊连自己部队目前的情况还没有弄清楚。在座大部分将领对他的计划都表示怀疑。有人反问王俊：陈旅、李师、莫师正向增城西北溃退，现在位置不明，怎能要他们固守正果、腊铺、钟落潭等地呢？有人又指出：陈章师先头部队才到广州，大部分尚在恩平、阳江间；黄涛师先头部队才到紫金，大部分还在揭阳附近，在时间上空间上都来不及参加广增间的会战。一时会上议论纷纷，有人认为敌人主力正向我派潭、从化、花县推进，在包围广州，我们根本不可能和它在广增间进行决战。有人主张暂时保存一些实力，向粤北转进，然后重新部署兵力，再向广州作反包围。这时又有一个提议，主张在广增公路两侧福和石桥和石滩以北之线布防，以阻击向广州进犯之敌，并掩护市民撤退。这一个提议经讨论后取得了余汉谋的同意。他当时就用口头命令分配各师、旅、团的任务，要他们马上行动，各向指定的位置出发，准备迎击来犯的敌军。

这是广州弃守前第四路军总部最后一次军事会议。当余汉谋已决定抗击敌军以掩护广州撤退，并进入讨论军事部署的细则问题的时候，我邀集了总部军需处长马炳洪、军医处处长张建等三四个人到另外一室商谈有关后方勤务工作问题。当时大家认为事机已迫，除非有奇迹出现，否则广州失陷只是时间问题。我们计算增城到广州距离有 100 多公里，如果按计划在广增间作战，起码可支持三天，那就最低限度还有五天时间给我们疏散。因此就决定抓紧时间，将各种军用物资和医院伤病人员撤往粤北韶关附近，并请第四路军兵站分监简作桢尽快尽量准备水陆运输工具。

会议开到 11 时才散，当晚夜半以后，兵站总监部军需处长黄觐光和丁国璆来到小北我的寓所告诉我：外边都传说省府、市府和所属各机关已于前几天分向连县、四会疏散，吴铁城主席、曾养甫市长也于昨天“松人”（即上路）。他们认为目前广州市空袭警报频频，交通拥挤，谣言四起，兵站总监部业务未开展，也没有什么物资在手，主张趁早向粤北疏散。我同意他们的意见，着他们立即先率总监部二三十个员兵向翁源疏散。

10 月 21 日天亮时候，兵站总监部参谋长刘绍武来对我说：“刚才接通讯队总机电话通知，敌人已越过增城向广州市挺进。余老总（即余汉谋）和各军事机关人员已于天亮前走空了，我们要赶快离开广州。”我觉得这消息十分荒唐，明明昨晚余公馆会议决定了调集各部队到中新、福和之线抗拒敌人，照我计算：现在我军还有梁世骥师、曾友仁师、张瑞贵的钟芳峻旅、张简荪旅、曹绍恩的战车队和新自琼崖调到的陈章师邓其昌旅；还有张君嵩的两个税警团，加上李江的宪兵九个中队，广州市武装警察 4000 多人，合计兵力不下 35000 人，在那里最低限度可以支持三五天，敌人绝不可能马上向广州长驱直进，而且总司令部那些人也不会不通知我们一声就先自溜走。当时我猜想余汉谋等可能往东北郊大福岭临时指挥所去了，便试打电话到总部和余公馆，但都无人接话，这才大吃一惊，随叫刘绍武去光孝寺广州警备司令部打听究竟。刘回来说：警备司令部人员已登车待发，该部曾其清参谋长说：余老总和总部参谋人员等确于今早 4 时离开广州，大约往花县去了。不久，军医处处长张建也来电话向我询问情况，据张说他早上曾到总部和余公馆，那里阒无一人，显然是走光了。张还告诉我：刚才军医处有一部车子由从化开到，据说沿途还平靖无事；他个人打算 9 时半就离开广州，沿广从公路向翁源疏散。

我那时和刘绍武商量，都认为非立刻撤退不可，但担心广从公路不安全，决定沿北江走。我们于 9 时半离开小北寓所，坐车子穿过市中心往泮塘时，看见沿途好几个警察分局的警士都在门前束装待发。在西关还遇到广东省会警察局局长李郁堃乘着一部小车满载行李出走。那时市面上一片慌乱，市民们多半向西北方面奔跑。我们到达荔枝湾，看到有 100 多部汽车等待着渡江。那里的渡船能力有限，每小时只能渡四部车子，计算一下，要第二天中午才轮到我们的车子。于是我们便立刻折往黄沙码头，找到一艘自备的电船，取道花地这条小河向佛山、西南，转入北江经芦苞再向清远前进。当我道经黄沙时，回头看到市面行人已经不多，珠江河面小艇已向西走避一空。远望河南士敏土厂附近，东山天河机场附近，三元里白云机场附近，都冒出了浓黑的火烟，还传来一阵阵的爆炸声，大概是在烧毁一些搬不走的军用物资了。在佛山、西南沿途看到无数扶老携幼、拖男带女的难民，他们沿着广三铁路线向西奔跑，不断受到敌人飞机分批袭击。死者暴尸，伤者喊救，生者抢路，惨状难言。我们沿途触目惊心，联想到国家养兵为的是卫国保民，现在敌人还没到来，我们这一批人便纷纷各自逃命，撇下老百姓不顾，把广州就这样放弃了，作为一个中国现役军人，大敌当前却怯懦至此，抚躬自问，宁不愧死！

10月22日清晨，我们五六人坐电船到达了清远。到县府打听消息，知道余汉谋、香翰屏、王俊、赵一肩、李煦寰等已于前一天到达那里。他们正在收集情报，计划作第二步的行动。于是我和他们见了面，那时广东省会警察局局长李郁堃也逃到那里，余汉谋问他的警察和武装在哪里，李一时支吾其词，无法回答，于是李煦寰当场大打官腔，骂他不该未奉命令擅离职守。李郁堃急得哭了起来，最后还是余汉谋作了转圜，叫他赶返三水把撤退的警察和武装收容下来。

我问参谋处处长赵一肩：为什么不执行20日晚余公馆会议所决定的作战计划，一下子就把广州放弃？为什么总部在撤退前不通知后勤机关？我还把广州老百姓撤退的混乱情况告诉他，埋怨他们在广州真空时期，对于维持治安也没有作出安排指示，太对不起广州市人民。赵一肩才把情况告诉我说："那天晚上老总（指余汉谋）虽然已在会议上决定抵抗，但他后来又感到责任太重，自己不敢担当，在凌晨2时便打长途电话到武汉向蒋介石请示。哪知蒋不同意余公馆会议的作战计划，并指示我们马上将广州附近部队转移至粤北重新部署，徐图阻击北犯之敌。余老总得了蒋的指示，便在21日清晨4时，下令将总司令部沿广花公路向清远撤退。由于当时乱成一团，许多事情都来不及处理，甚至连你们这些后勤机关也来不及联系通知。这实在是疏忽，应请原谅。"其实赵之所谓疏忽，简直是厚颜无耻的饰词。广州狼狈弃守的内情，赵一肩在这作了欲盖弥彰的招供。

10 月 21 日下午，敌军侵占了广州市区。粤主席吴铁城、广州市市长曾养甫早在三天前逃跑了（曾养甫逃到四会后，曾自封为“八属军总指挥”，以张君嵩的两个税警团为基础，大事扩编军队，并擅将第四路军第一八六师各单位向四会疏散的枪弹服装收为己有）。负保卫大广州军事责任的余汉谋总司令，也在凌晨跑掉。广州市人民从此开始度着沦陷的苦难岁月。“余汉无谋，吴铁失城，曾养冇甫（‘甫’字是‘谱’字的谐音，广东话‘冇谱’即荒唐之意）”的民谣也从此不胫而走。广东人民和海外广东籍华侨对广州的不战弃守，愤怒非常。

在本文结束前值得一提的是：第一五三师的钟芳峻旅长在参加福田战斗以后，曾几次请求率部到增、博线对敌人进行奇袭，但都没有取得上级的批准。后来在前方听说增城失陷消息，他一时义愤填膺，拔枪自杀。这虽属一种悲观失望的消极行为，但比较一般在抗战中对打败仗恬不知耻的国民党军将领（包括我自己在内）来说，钟芳峻旅长还是一个热血男儿。他的阵前自杀，正充分反映出抗战中大部分有爱国主义思想的国民党中下级军官请缨无路的苦闷，也是对蒋介石、余汉谋等消极抗战的一个悲壮的抗议。

抗战时期第四、第七战区交替始末

李洁之

一

自1937年七七全面抗日战争爆发后，经过四个月的沪宁大战，上海、南京相继失陷，国民政府乃迁往重庆，军事委员会则撤退到武汉。为适应长期抗战的要求，乃将全国陆海空军作了重新部署。

1938年1月，蒋介石在武汉召开高级军事会议，决定将广西、广东、赣南、闽西（是年冬归还福建省）地方划为第四战区，何应钦兼司令长官，第四路军（后改称为第十二集团军）总司令余汉谋兼副司令长官，辖夏威的第十六集团军（驻广西）、余汉谋的第十二集团军（驻广东），还有广东的江防舰队等，但未设立长官司令部。以后陆续设置直属机构：第四战区伤兵管理处，以潘应堃任处长；第四战区政治部，以李煦寰任主任；第四战区兵站总监部，以李洁之任总监。这些机构均设在广州，归副司令长官余汉谋管辖。

当年10月12日晨，日军由台湾出动海陆空军六万多人，为策应武汉会战，并截断我国对外国际交通线，在大亚湾强行登陆，构成惠广战役。由于蒋介石事前判断错误：一、认为日本对英国拥有香港属地的顾虑，不敢南侵；二、5月间，将第十二集团军李汉魂的第六十四军调往河南开封附近作战，将第十二集团军叶肇的第六十六军调往江西南浔线作战，8月还将第十二集团军邓龙光的第一五六师调往湖北防守蒲圻。因此，防卫广惠的部队只剩五个步兵师，其中有两个师又是新兵，所以仅有10天，没有经过什么剧烈的战斗，便将广州名城弃守了。余汉谋只好收拾败兵防守粤北，并增加由琼崖（即海南岛）调回的陈章部第一五二师，由潮汕调回的黄涛部第一五七师和两个独立旅。

二

广州、武汉失陷后，蒋介石在南岳召开高级军事会议决定，以张发奎为第四战区司令长官，以蒋光鼐、陈宝琛分任正副参谋长，李汉魂继吴铁城为广东省政府主席。

是年11月下旬，张率领一群幕僚到达韶关，选定帽子峰南石山脚韶州师范学校为司令长官部，旋于12月1日宣布就职。[①]

第二天张亲往翁源三华墟第十二集团军总司令部，召集各军师旅长以上军官佐，以及潘应堃、李煦寰、李洁之，由穗撤至新江的陆军军医学校校长张建等会议，实则张对他们训话。张讲了如下四段话，首先说，我张发奎是由粤军第一师出身的军官，你们第十二集团军的部队也是由粤军第一师发展起来的。有此历史渊源的关系，相信你们也一定会服从我的命令。其次说，我们粤军第一师从邓仲元师长建立以来日益发展，在两广和大江南北，经过无数次的战役，从没有打过败仗，不意这次你们第十二集团军在惠广战役中，只和敌人做过几次小小的接触，就溃败下来，放弃了华南重镇广州市，造成很大的损失。而且因为广州弃守了，

① 据张发奎《抗日战争回忆记》记载，张是在1939年元旦宣誓就职的。

影响到武汉会战的失败，如果广州不失陷，武汉会战肯定还可能支持下去的。再次说，我这次来当第四战区司令长官，首先要整顿部队恢复作战能力，收复广州和其他失地。其次是整理政治，增加行政效率，支持军事设施，消灭敌人。最后说，我回广东工作并不是来争官做、争地盘，而是来协助余总司令振军经武，恢复名誉。待广州收复后，决将广东军政大权交还余总司令负责，绝不恋栈。与会人员听了张这番话，既感羞愧，亦很愤慨。余汉谋当场眼泪双流，不作一声。由南浔线作战率部归来驻南雄的第六十六军军长叶肇，则大吹自己的功劳，自称他的部队是“钢军”，其实他并没有俘虏一些敌军和武器。随后第一五四师师长梁世骥起立批驳张发奎的说话不是根据事实，夸大第十二集团军的过失，这种不公正的态度，难免令人思虑怀疑。

余汉谋受了张的严词指责后，深感痛苦。乃于第二天早上约李煦寰、张建和我商谈今后怎样干。经分析，认为张在利用陈诚要分化瓦解第十二集团军的机会，从中树立他的宗派势力。必然先作人事更动，继则调整部队，我们应采忍让态度，不与计较。内部要积极进行补充训练，提倡卧薪尝胆、明耻教战的方针，如能打几次胜仗，情况就会好转。

12 月七八日蒋介石由湖南来到韶关，召见各军长等询问前方军事情况，并鼓励不要气馁。住了三天便往桂林转赴重庆。

稍后白崇禧、陈诚亦同来韶关，召集师长以上会议，命分别报告部队情况，然后与张、余商定人事变动、部队分防问题，约一星期才去桂林、重庆。

张发奎对余部处理，果然不出我们所料。先将莫希德撤职，送重庆军法执行总监部审办，升林伟俦接任第一五一师师长。继则解除李煦寰职务，命丘誉为第四战区政治部主任。朱晖日调任广东省建设厅厅长，命罗梓材继任粤汉铁路警备司令，潘应堃因病辞职，命彭林生继任第四战区伤兵管理处处长。第十二集团军兵站分监简作桢辞职，命洪涛继任分监职务驻大坑口，命邓龙光继任李汉魂的第六十四军军长，该部调驻西江。派周游任第四战区兵站副监，第二年即 1939 年 1 月下旬解除李洁之职务，命冯次淇继任第四战区兵站总监。接着免去曾友仁职务，命林廷华继任第一五八师师长，因日军放弃惠州，乃调香翰屏为东江指挥所主任，驻惠州城。升叶肇为第十二集团军副总司令，命谭邃继任第六十六军军长。半年后谭病逝，升陈骥任军长，随又解除李振球职务，命缪培南接任第六十五军军长。解除李振职务，命赵一肩继任第一八六师师长，旋又升叶肇任第二十七集团总司令，辖第六十六军。升王俊为第十二集团军副总司令。调张达任第十二集团军参谋长，升黄涛为第六十二军军长。

在此以前，由江西调第九集团军总司令吴奇伟进驻兴宁县，并由陈侃成立第一挺进纵队，驻兴宁、丰顺，归吴管辖。在韶关设立第四战区军法执行监部，以李章达任军法监。

李汉魂在连县就任广东省主席后，于 1939 年初将省政府和所属各机关由连县迁曲江桂头，以韶关为临时省会。很能配合张发奎推行清一色的“新政”，先排除了与余汉谋有关系的省府委员和厅长，继陆续清除行政区督察专员和县长。其后对第十二集团军的军粮补给，亦诸多推诿，不愿如数如时如地供应，弄到有一个时期军食十分困难。

1939 年一二月间日本发兵约一个旅团侵占琼崖即海南岛的北部，以后逐渐延伸至西南部。警备司令王毅率领一个省保安团，向中部溃退。与此同时，广州日军分兵侵占佛山、九江和四邑富庶地方。至 6 月间日军约一个旅团兵力侵占了潮汕地方。张发奎亲往兴宁、丰顺视察，一筹莫展。1939 年上半年，张在广东也做过一些好事。一、维护韶（关）兴（宁）公路的畅通，由此卡车往来如织，使粤北粤东紧密联系起来。二、开放惠州、淡水至沙鱼涌的门户与香港通商，使湘南、赣南、粤北、粤东的经济活跃起来。三、将先一年广东省民众抗日自卫团队统率委员会，主要在沿海附近各县组成的相当复杂的游击支队、纵队，整编为七个挺进纵队，确定其编制经费，分驻在接近沦陷区的地方，以协助正规军的防守、作战。四、将广东省府直辖的四个保安旅，改编为暂编第二军，辖两个师。以邹洪任军长，古鼎华任副军长，王作华、张君嵩分任师长，调驻连县与广宁、四会，增加抗战力量。

三

余汉谋并未经过保卫战就放弃了广州名城，因而上受张发奎的压制与藐视，下受人民的责难，遂决心依照“三华”所定的方针，一面积极补充兵员武器，一面加紧进行教育训练，并在翁源南浦设立军官补训团，抽调所部中下级军官，作短期轮流入团训练，以及在团内增编政工总队，招致一批爱国进步青年，集训于香泉水，然后分赴各部队作抗战宣传鼓动工作。

侵占潮汕的日军没有扩大侵略面，吴奇伟的第九集团军又没有掌握什么部队，亦无力反攻。是年 10 月吴奉命率领总司令部人员，调往湖北宜昌，接受新的任务。其后在兴宁设立闽粤边区总司令部，以香翰屏任总司令。由江西调来吴德泽的预备第六师分驻梅县、大埔、饶平、隆。张寿的独立二十旅驻防汤坑附近，广东战局将近半年，相对稳定。

1939 年 11 月中旬，日军突然对两广采取新的攻势，以扩大侵略地区。首先派遣一个军团，在海空军掩护下，在钦州湾登陆，进占了南宁。张发奎、白崇禧、陈诚在震惊失色中，急忙跑到柳州，分向各方抽调了四五个军前往反攻。当时在粤的邓龙光率领第六十四军，第二十七集团总司令叶肇率领陈骥的第六十六军也驰往参战。因而构成了昆仑关大战。结果四五个军都被击败，所幸敌人没有再向北进。会战结束后，蒋介石亲往柳州召集师长以上开检讨会。张、白、陈自认指挥不力，造成此一战役的失败，请求处分。叶肇为保全实力，避战不前，被撤职扣押，陈骥也被撤职。并取消第二十七集团军、第六十六军番号，以肃军纪。第六十六军所属各师，照旧调回广东，分别编入第十二集团军不足三个师的军。

与此同时，日军为策应昆仑关会战，由广州发兵五万向粤北进犯，企图侵占韶关。由此展开第一次粤北大战。

这个战役，日军于1939年12月中旬由广州分兵三路北进，左路以一个师团沿粤汉铁路的银盏坳向潖江口越过连江口进占了英德城（县长李某栖牲），中路以一个旅团沿从翁路的从化良口、吕田直取梅坑，经过牛背脊时，被我军猛烈截击，死伤惨重，未能及时到达目的地。右路以两个师团自增城沿增江北上，经永汉越地派至梅坑迂回，转向下河洞出青塘至翁源城直指韶关，其先头部队到达新江。我沿路抗击部队为减少损失，多向敌侧撤退，选择距离不远，较为荫蔽而扼要的地方从事整顿态势，以待后命。余汉谋在韶关抓住敌人在漫长的战线上，首腰尾不能相顾和运输补给不继的弱点，等到第九战区派来增援部队第五十四军到达韶关乌石坑口时，即急令前方各部队大举反攻。于是第六十五军的主力，于击破新江、翁源城、大镇之敌后，随即向河头南窜之敌跟踪追击，从而收复英德、连江口，并向潖江银盏坳扫荡，收复了花县。第六十三军的主力在击破青塘沙田之敌后，随即向地派、左潭、永汉南窜之敌跟踪追击直到收复增城。第六十二军在扫荡了吕田、良口、温泉之敌后又在牛背脊痛创残敌，乘胜收复从化。至翌年1月中旬，获得第一次粤北大捷。

1940年5月上旬，日军又卷土重来。由广州发兵两万多人，战车数十辆，飞机30多架，先北进太平场、神岗、从化，然后经从翁公路北犯。企图截断我粤北与粤东的联系。先则我第六十三军与敌反复争夺从化，继则第六十二军与敌反复争夺良口，最后余汉谋令两个军夹攻良口、耀洞地区，与敌展开大血战。同样日军遭受了沉重打击，不支而败回广州，因而获得第二次粤北大捷。经过粤北两次大捷，余汉谋与第十二集团军才恢复了名誉，官兵振奋。

四

由于钦州、南宁的失陷，桂南即昆仑关的会战又未能取得胜利，第四战区司令长官当要留驻柳州，那就无力东顾了。最高统帅部因于1940年5月决定两广划分为两个战区，张发奎第四战区辖广西以及广东钦廉、高雷、两阳，仍领夏威的第十六集团军。新设第七战区辖肇罗四邑以东地方和琼崖、赣南地方。升余汉谋为司令长官，蒋光鼐为副司令长官，先以王俊兼参谋长后由林薰南继任。司令长官部设在韶关原四战区长官部旧址。不久李汉魂通过张发奎关系，取得新设立的第三十五集团军总司令兼职，以邓龙光为副，负实际责任，调罗梓材任参谋长，以冯次淇继任粤汉铁路警备司令。夏秀锋任兵站分监驻都城，邓集团领驻肇罗高州的第六十四军，驻广宁四会清远的暂编第二军，这样第十二集团就减少一个军了。

余汉谋在组织直属机构时，先以简作桢不久改任陈崇范为第七战区兵站总监，以唐灏青为第七战区军法执行监，吴仲禧为韶关警备司令，伤兵管理处则将第四战区的改编过来。最伤脑筋的则是报请重庆总政治部，以李煦寰任第七战区政治部主任，陈诚竟延不答复。至是年冬，召李往重庆才说第十二集团军政治部引用“左倾”分子太多，今后要加强制止异党分子的活动，要接受三青团骨干李国俊为副主任才行。至1941年初“皖南事变”前后，余、李都不敢不依照陈诚的通知排斥爱国进步青年，密令他们赶快离队，自寻出路。

余根据两次粤北战役的情况和事实的需要，作了新的军事部署：将第十二集团军总部由翁源迁至曲江大塘，以徐景唐为副总司令。第二年冬，王俊调任重庆军训部副部长，升张达为副总司令。在乐昌设第七战区军官训练团，以梁世骥为教育长。由张浩东继任第一五四师师长，调赵一肩任第七战区长官司令部高参室主任，由李卓元继任第一八六师师长。以黄涛的第六十二军分驻英东、佛冈。以张瑞贵的第六十三军分驻从化、龙门南部和惠阳。缪培南辞职，以黄国梁继任第六十五军军长，李振为副，所部分驻翁源、新丰。陈师的独立第九旅分驻龙川、河源。其他直属机构和直属队随司令长官部驻韶关。邓龙光兼任的第六十四军军长由陈公侠继任，不久改为张弛。琼崖孤悬海外，又没有海军护航增援，只得听之任之。

五

约在 1941 年冬，蒋介石为了消灭非嫡系部队，以减少部队指挥层次为名，将第七战区所属各师四团制缩编三团制，裁去旅司令部，增设一个副师长。有些被裁团、营长，改称为附员调高级司令部服务，其他连、排长或者遣散、或调往军官训练团受训。此时部队给予仍照旧制，并发给军粮补贴。但广东是缺粮省份，加以鱼米之乡的珠江三角洲多已沦陷，对军粮采购补给就更为困难了。

大约 1941 年秋初，吴仲禧调任第四战区军法执行监，孔可权接任韶关警备司令，所遗第一八七师师长缺，以张光琼升充，林君绩亦派往粤东接任陈侃的第一挺进司令职，以雷秀民继任李桂高为第十二集团军兵站分监驻大坑口，以李仲如任兴宁兵站支部长负责潮梅地区的补给。

是年 12 月，日本帝国主义发动太平洋战争。同日，日军由惠阳、宝安向九龙香港进攻，蒋介石、余汉谋和美英等国一样，事前毫无察觉，不能乘机发兵进击它的外围，致香港很快就失陷了，使港九同胞受到极大的损害。以后一二年，余曾两次被动发兵反攻惠阳、博罗，各击溃一个师团。又一次发兵反攻清远东南部，击溃敌人一个旅团。

大概从1941年起，通货发行日增，物价上涨不止，多少人为生活所迫，而去干走私漏税、投机倒把、囤积居奇的勾当。由是意志消沉，影响了抗战的积极性。第七战区领导人员，对此现象深为忧虑。因而商决挽救之道：由政治部主办一张以鼓励抗战、鼓吹团结、倡导民主、批评恶政为宗旨的日报，改造剧宣队，要积极排演歌唱借古讽今戏剧、歌曲，以转移江河日下的歪风邪气，政治部主任李煦寰在这方面作出了很大的努力。于第二年春便在韶关开办了《建国日报》，改组了政工剧社。从而在第七战区军民两方都起到了不小的良好作用。

1941年初，重庆政府的军政部、后勤部、粮食部，已经考虑到因失地日广，各省各战区对军粮食盐的供应、接运、分发等事项复杂，可能会不断发生问题，因令各战区设立军粮计核委员会，由战区司令长官部参谋长兼主任，司令长官部参谋处处长、战区军粮局局长、战区兵站总监、省田粮处处长、省盐务局局长等为委员，作不定期的会议讨论解决粮盐事项的新问题。

余汉谋感于一年多来，接运人员业务不熟，有些还从中作弊，致军粮补给发生困难，乃请重庆三机关在湘、桂、赣、粤四省每年共拨大米32万大包（一包200司马斤）作为第七战区和过往部队的粮食。同时呈准临时协议的军粮计核委员会，以广东改为常设机关。增加李洁之为副主任，综理本战区的军粮、民粮、食盐等计核事务。并将军粮局分设在湘、桂、赣的收运机构，办事不力的人员大部分撤换了。又与各省拨粮机关协定拨粮的时间、地点、数量。本省船、车、人力的运费均发大米。由此军粮便源源而来，大家待遇合理，都很高兴。

1943年春季，广东的潮属、惠属和四邑等地方，发生特大的旱灾，造成严重的粮荒。致潮汕特别是潮安、普宁、惠来、陆丰和台山等县饿死逃亡的农民达200万人以上。可是广东省政府对此竟充耳不闻，置之不理，激起各方的愤怒抨击。因此，有好些县在韶关组织旅韶同乡会和联合会，一面大事呼吁救灾，一面筹集资金派出代表分往同情粤灾的湖南、广西各地采购粮食运济。第七战区军粮计核会，为此一面替司令长官部填发购粮证，调配车辆船只给各同乡会，以便利他们的救灾善举，一面照余长官的指示，发出公函分给兵站总监部、分监部、支部以及各军师旅积有余粮的，尽可能无条件借给附近灾民食用。待夏收或秋收后归还。我以为这次救济粮荒，特别要感谢湖南省政府和第九战区兵站总监部大力支持的盛德。

从广州失陷，尤其在香港失陷以后，逃回内地的难民不下二三十万人，来韶关的更多。原只有三万人竟陆续增至12万人。广东省政府乃将韶关设市。司令长官部对于征用土地，维持治安秩序，大力支持协助，使之日趋繁荣。

六

1940年冬侵占南宁的日军，忽然向钦州湾撤走，并拆除钦州湾至南宁所筑的铁路。第四战区司令长官张发奎如释重负，乃调第三十五集团军总司令邓龙光率领第六十四军脱离第七战区的系列，进驻高州、北流、博白、玉林，余乃命暂二军军长邹洪率兵一师往肇庆接防。

上面已经说过1941年12月上旬，日本帝国主义发动太平洋战争。因此，第二次世界大战发生急剧的变化。一方面日军疯狂地向东南亚及太平洋各岛屿侵犯，席卷了这一地区；另一方面英、美各国正式对德、意、日法西斯宣战[①]，大大地加强了同盟国的力量，从而展开了大规模

① 英法两国于1939年9月3日正式对德宣战，1940年6月10日意大利对法国宣战，也与英国处于战争状态。

的反攻。1944 年夏，日军为谋打通湘桂交通线，以撤退它在东南亚的侵略军，遂发兵大举进攻长沙、衡阳、桂林、柳州。余汉谋在此紧急关头，奉蒋介石之命，派黄涛率领第六十二军往衡阳阻击南下之敌，然后脱离第七战区，归张发奎指挥，撤往广西参加桂林、柳州会战后，转进至桂西，候命进取越南。余的嫡系部队只剩下张瑞贵的第六十三军和日军投降时由李振继黄国梁任军长的第六十五军，以及等待归并的两个独立旅。以这样的薄弱的实力，保卫粤北粤东既属困难，当然谈不上收复广州、珠江三角洲和琼崖了。

1945 年初，日军从湘南、广州进犯粤北，余汉谋只作了两天的抵抗，便放弃了乐昌、韶关。率领司令长官部人员向赣南寻邬撤退，停留了一个时期，才到兴宁，将第六十五军分向始兴、南雄、全南等山区，第六十三军分向翁源、连平、新丰、龙门等山区撤退，以保存实力。余既不组织力量截击日军，任日军一个师团由广州经增城、河源、和平向江西北撤，也不制订日军投降后的复员计划，李汉魂的广东省政府则转移到粤东死角的平远县。

张发奎经过桂柳会战失败后，跑到贵阳，稍后转到安顺，收拾败残余众，至第二年春末才去桂西，那时蒋介石就打算派云南的卢汉和他去收拾越南。因命卢汉任第一方面军总司令，张发奎任第二方面军总司令，从而结束了第四战区司令长官部。

1945 年 9 月 2 日，日本帝国主义正式投降，第二次世界大战与我国八年对日抗战同时胜利结束。全世界人民无不额手称庆。蒋介石派张发奎为军事委员会委员长广州行营主任。由广西飞来广州，接受日军华南派遣军司令田中久一的投降及接收各兵种战俘合计官兵 101271 人、马 4322 匹，并收缴他们的全部武器和财产。广东省主席换了罗卓英。罗派罗卓英为雄为秘书长，往平远接管省府所属各机关，归还广州办事。广州市市长则是陈策。余汉谋仅受命接收潮汕地方，所获战俘财物有限。

余往潮汕视察一次，便回韶关。于11月奉命办理第七战区司令长官部、第十二集团军总司令部结束事宜。将所剩的第六十三军、第六十五军等交由张发奎接管指挥。余至此虽强颜欢笑说，打倒日本帝国主义，收复失地包括台湾、湛江（原名广州湾），洗雪我国甲午以来50多年的奇耻大辱。此后大家如能团结一致，遵循孙总理遗教，从事国家的建设，以求富强康乐。我们解甲还乡做个老百姓，也是很光荣的。但不少部下官兵则因而失业，深有兔死狗烹、鸟尽弓藏的感叹！

卜汉池

敌初尚欲蛮强抵抗，经我第一五七师猛攻，敌人伤亡不少，力有不支，纷向吕田和良口两方而逃。

- 1893年生，广东合浦（今属广西）人。
- 1937年抗战爆发后，任第六十三军一五二师四六〇旅旅长。
- 1938年10月，率部参加广州战役，增城失守后，率四六〇旅在朱村英勇阻击日军。
- 1939年12月，率部参加第一次粤北战役。
- 1944年7月，升任第一五二师副师长。
- 1945年4月，被授予陆军少将。
- 1971年逝世。

增城防御战的回忆

卜汉池

第七号作战计划

1938年春，第四路军余汉谋总部预计日军必然要进犯华南，因而制定了一个第七号防御作战计划。这个计划的兵力部署如下：

一、以一五二师在海南岛，独九旅在中山县沿海，一五七师在潮汕沿海固守阵地，并以保安团队从钦州湾、北海、电白、阳江、台山、新会沿海和海丰、陆丰沿海择要据点警戒，防止敌人登陆。

二、以主力占领广增线（广汕公路增城段）为主阵地，以一五八师（该师是甲种编制，辖六个团和一个补充团）占领石牌至新塘线。一八六师占领增城增江河西岸。另以两个师为前进部队，即以一五三师置于虎门至宝安之间，一五一师在深圳、龙岗至淡水间沿海一带占领前沿阵地。前沿阵地部队的任务是防止敌军登陆。倘若敌人强行登陆，阻击不成就退回增城西北地区为总预备队。因此计划规定在博罗和苏村附近各搭一道浮桥，以便部队必要时使用。

三、以一五四师（缺九一九团）驻在增城西面三四十华里的坑贝、莲塘地区为总预备队，并以独立第二十旅在佛山训练作为机动部队使用。

这个第七号作战计划，在广州失陷半年前发至各军军部。各路兵马，大体已按照计划执行，分别占领了阵地，构筑了工事，准备作战。

按照这个计划，增城地区是防守广州外围的主阵地，是一个很重要的战略据点，也是一道最后的防线。如增城失守，则敌军可长驱直入广州。

在敌军入侵广东之前数月，蒋介石任命王俊来广东任第四路军总司令部参谋长，实际是指定王俊负责指挥作战和监视余汉谋。因为那时军委会已有命令规定师以上的作战命令，都要参谋长签署，不得由主官一人擅断。

仓促应战

1938 年 10 月 12 日拂晓，日军海军陆战队强行登陆。敌人并没按照我七号作战计划所设防的阵地进犯，而是集中主力突破一点。当时一五一师何联芳旅还在睡梦中，敌登陆成功后，何旅措手不及，其中一个营自营长严植以下大部分阵亡，其余溃不成军，向后败退。敌军当天就占领淡水，有向惠州城和樟木头纵深地带进军的迹象。

这突如其来的进犯，弄得第四路军总部手忙脚乱。10 月 13 日，总司令部电令六十三军军长张瑞贵除留一五三师陈耀枢旅在宝安县防守外，率领一五三师其他旅到东莞常平附近布防；电令独立二十旅由佛山开赴樟木头一带与在深圳、龙岗间的一五一师温淑海旅统归张瑞贵指挥，防止敌军沿铁路线进犯；命令莫希德部死守惠州城，但因何联芳旅已被敌快速部队穷迫，不能沿公路退回惠州城，只好中途经小路向河源撤退。莫部成了孤军作战，被迫弃守惠州。莫后被撤职解重庆查办，几乎丧命。

日军自占领淡水后，不向樟木头铁路方面进军，而以全力向惠州、博罗方面进犯。第四路军总部根据这种情况，即令独立二十旅长陈勉吾率领所部由樟木头附近转移到龙门、增城正果一带，掩护增城主阵地的侧翼，防止敌军迂回包围。

10月15日，敌军占据惠州城后即集结兵力准备渡河向博罗方面进犯，而樟木头方面仍无敌情。10月16日，敌陷博罗，驻在博罗城的一五一师补充团林君绩部和退至博罗的何联芳旅都去向不明。

自惠州、博罗失守后，敌军纠集其主力猛扑增城，最终目的是攻占广州。第四路军总司令部除命令一五三师陈耀枢旅和一五一师温淑海旅留在宝安、惠阳对敌打游击外，并命令一五三师钟芳峻旅由常平附近开赴博罗马斯（苏村对岸）下游渡河挺进九仔潭、福田（广汕公路线，约距增城40华里）附近，又命令一八六师派出在罗浮山的前进部队叶植楠团夹击由博罗向增城进犯之敌。钟旅星夜兼程出发。

在敌军迫近增博地区防线时，六十三军军长张瑞贵却率领军部直属队转移到石龙的东江河北岸一带村庄。

10月17日，钟芳峻旅已从东莞渡过东江进入增博公路（广汕线）九仔潭附近，而叶植楠团却未依时赶到（以后叶植楠被撤职惩办）。钟旅先头部队于是日拂晓前先于敌人到达九仔潭，就着手构筑野战防御工事。不久，敌人就来攻击。钟旅单独作战，初时尚占优势，但抵挡不住敌人的强大攻势。数小时后钟旅不支，第一线部队九一四团和九一六团在敌人的压力下，且战且退，向罗浮山撤去。当时旅长钟芳峻因被敌隔断，不能突过公路与部队一致行动，不得已向南退却到新塘附近。在部队星散，损兵折将的困境下，他悲愤异常，自杀以谢国人，情景十分悲壮！

当钟旅在九仔潭与敌激战时，张瑞贵军长也于17日拂晓前到达增城东南面的一个大村庄（忘记了村名），于午前登上该村炮楼顶上观察，闻得枪炮声甚密，数小时后沉寂下来，但又无法与钟芳峻取得联系，知战事不妙，乃乘夜率领军直属队渡过增江河，在三江圩暂住，以观动静。

由于敌主力攻我博罗、增城的防线，因此，深圳、龙岗和樟木头一带无敌情。第四路军总部命令独立二十旅于10月17日星夜开到增龙边界的正果方面抢占阵地。敌军自与钟芳峻旅交锋后，因鉴于罗浮山上仍有我部队驻守，情况未明，未敢冒进。19日黄昏前，敌军才接近增江河东岸，准备向我增城主阵地发动攻击。

10月19日，增城主阵地不论正面、侧翼战场均告吃紧，守备正果的独立二十旅已在当日下午与敌军接上火。第四路军总司令余汉谋、参谋长王俊于是夜由广州乘汽车来前线，到达坑贝村四六二旅部时，已是20日凌晨二三点钟了。他们立即召集一五四师师长梁世骥和各旅团长到坑贝村开紧急军事会议。

先行到会的有梁世骥师长、四六二旅旅长蒋武、九二二团团长吴履逊、九二三团团长曾肇基，而我（四六〇旅长）带同九二〇团中校团附陈文瑞（团长因病请假）因距离较远到迟了。当我到达时，王俊参谋长已宣布结束会议，一面折叠地图，一面说这是一场大包围歼灭战，买定香槟酒、爆竹，准备庆祝胜利。他满面笑容，昂首偕余汉谋总司令而去。

原来王俊盲目乐观的主要根据是：他打电话问驻增城的一八六师师长李振，询及当前战况，该师长说能顶得住。同时他命令张瑞贵军长率所部由三江圩向增城前方的福田进发作为右翼包围攻击敌人，又命令驻正果的独立二十旅南下福田作为左翼包围攻击敌人，并以总预备队之一部四六二旅九二二团（吴履逊团）作为声援。

全线溃退

敌我的攻防战况发展，并不以王俊的意志为转移，而且越来越不利于增城主阵地的防守。10月20日拂晓开始，敌机多则数十架，少则十架八架，差不多整日向我方阵地轰炸扫射，威胁甚大。防守增城河西岸南北线的一八六师，是新成立的师，兵额不足，又没受过严格训练，而且该师叶植楠团仍在罗浮山，只剩下步兵三个团，防线却达数十里之长，怎能抵挡得住强敌的攻击？终于20日上午10时左右被敌军击破防线。下午1时，敌坦克在敌机掩护下已通过增城沿广汕公路直下，在坑贝村车站之西10华里左右的公路两旁，被我一五四师平射炮连发现。但炮连只发射炮弹20发，就被敌机发现阵地，遭轰炸扫射，阵地被破坏。这时一八六师的陈绍武旅长率潘标团沿广汕公路之南溃退，其余残部向从化、翁源方面撤退。增城附近主阵地完全失守。

在增城附近配合一八六师作战的中央重炮兵旅（缺一个团，另一个营刚运到广州市）以及第四路军陈崇范指挥的炮兵一部，因我第一线部队已被摧垮，且受敌机轰炸扫射威胁，炮兵威力不能发挥，早已溃散逃跑。所有炮兵武器全部丢掉，损失甚大，中央重炮兵旅旅长脱掉军装，改着便服，只身逃到四六〇旅部请求收容，后经资助返回重庆。

一五四师（欠九一九团）本是总预备队，位于坑贝、莲塘一带，因受一八六师溃退的影响，师部和四六二旅（缺九二二团）也向从化方面退去。四六〇旅位于广汕公路之南莲塘附近的九二〇团（缺步兵五个连）于10月20日下午4时在莲塘附近截击沿公路前进之敌骑兵。随后，敌步兵陆续到来，向我方反扑，敌我相持于莲塘之北至公路之间的禾田里。黄昏时，敌后续部队越来越多，为免被敌歼灭，我军利用黑夜脱离敌人，向南撤退。我旅总算打了一个小仗。是夜12时许，四六〇旅到达一个村庄（忘记村名，在新塘西北约30华里）休息。当时一八六师陈绍武旅长与所部潘标团由增城退到该村，接着陈旅又马不停蹄地向西北方撤去。

四六〇旅部于10月21日，收容了九二二团第一营（营长谭旭初）和其他零星部队二三个连以及防守新塘的九二〇团步兵五个连。当我们正在该村整顿的时候，六十三军军长张瑞贵率军部直属部队来到。四六〇旅与军部会合后，归回军的战斗序列，随军行动。我询问张军长有无接到总部关于着你由三江圩向增城前方福田方面作右翼包围攻击敌人的命令，张说，并无接到此项命令。还说军部用尽办法均未与钟芳峻联络上，该旅情况不明。军部无兵可用，迫得于19日从三江圩沿铁路线向新塘方面移动。

10月20日正果方面战事吃紧，是日上午独立二十旅在正果附近与敌激战。战至下午，该旅向从化方而退去。王俊参谋长命令该旅于20日由正果南下，向福田之敌作左翼包围歼敌，显然是落空的。况且该命令尚须由坑贝村返回广州总部才能发出，该旅需要多少时间才能接到命令，完全没有顾及，实际等于一纸空文。

原计划以吴履逊九二二团作预备队声援，但在前线总崩溃情况下，根本不发生作用。实际该团由坑贝村附近向增城运动时，就遭敌机轰炸扫射，到增城阵地防守部队溃退时，该团亦向后撤退，一部分沿广汕公路（增城段）之南后退，大部分向从化方面撤退。

原驻守石牌东圃以东至新塘铁路线阵地的一五八师师长曾友仁所部（缺叶维浩旅，该旅在新塘附近受张瑞贵军长指挥）知道驻增城我军战败后，在敌军尚未进入广州之前，随同广州宪兵警察向清远芦苞方面撤退，队伍散失不少。该师长得知余汉谋向清远退走，他丢掉军服换上便衣，初乘汽车后步行，到达清远后，仍穿便服去见余汉谋。余满面怒容问他敌情如何？部队仍有多少人？他都说不知道。

独九旅张简荪旅长所部原在中山沿海一带防守，在增城情况紧急时，调赴增城增援。10月20日，沿广汕公路向增城前进的时候，初被敌机轰炸扫射，继被敌军坦克冲散，部队向从化、翁源大后方溃退，损失不少。

10月22日，张瑞贵六十三军军部直属队自会合卜汉池旅、一五八师叶维浩旅后决定是夜开始移动。由新塘西北越过罗冈洞大山，准备乘广州市郊防守指挥官李江固守阵地的机会，攻击敌人的背后。原设想如果不能取胜，决定向从化方面转移。哪知部队通过大山到山脚时，已是24日上午8时，而李江已放弃阵地先行逃走。所有防守郊区部队和宪警部队已向四会、清远方面逃散，广州已被敌军占领了。

忆第一次粤北战役

卜汉池

银盏坳之战

1939年12月中旬开始，第六十二军第一五二师、第一五七师先后在银盏坳方面与敌作战多日，至20日这两个师奉命调回上四九圩和佛冈两地休整。

此时，第六十五军军长缪培南奉上级命令率领该军和第六十三军第一五四师第九二〇团向银盏坳之敌攻击前进。其部署如下：

（一）以第一八七师由滘江口沿铁路向银盏坳方面之敌攻击前进。

（二）以第一五八师由清远渡过北江东岸向敌之侧翼攻击银盏坳车站，截断敌之后路。

（三）以第一五四师第九二〇团由清远城附近渡过北江东岸，协助第一五八师攻击迎嘴车站之敌。

其作战经过如下：

（一）第一八七师（师长孔可权）在银盏坳之北伯公坳一带山地与敌作战，颇为剧烈，但依然未能将敌击退。

（二）第一五八师（师长林廷华）由清远渡过北江东岸即向银盏坳

之敌攻击，打了一次胜仗。曾经一度攻占银盏坳车站和以南三兜松地方。但因第一八七师未能击退正面之敌，致使第一五八师陷于孤军作战危险之境，坚持两三天不得已退回北江西岸。

（三）第九二〇团（团长何宝松）由清远城渡过北江东岸即向迎嘴车站之敌攻击前进。仅有一部到达迎嘴，稍与敌接触，即被逼退回北江西岸去了。

在银盏坳、伯公坳方面未能击退敌人之时，而敌军主力向我牛背脊至地派主阵地方面接近进攻的时刻了。第六十五军部和第一八七师不得已逐渐退回滘江北岸固守阵地。第一五八师和第九二〇团也退过北江西岸，以后再渡过东岸归制。该方面之敌也未有向我滘江阵地进逼迹象。

第六十三军牛背脊、吕田之战

第六十三军部（军长张瑞贵）在12月上旬，已奉命由北江西岸鸡春坝移驻翁从路蒲昌附近一个村庄（忘记地名）指挥第一八六师第一五一师了。

第六十三军第一五三师（师长彭智芳）在12月中旬，由清远附近调到水头圩、上四九圩（均属佛冈县）附近，为第十二集团军的预备队。

第六十三军第一五四师俟第一五八师由四会返回清远时，即将清远城附近阵地防守任务交予第一五八师接防，随即渡过北江东岸接守滘江口及滘江以北迤东之线之阵地。此时已是分割使用了。师部驻鸡颈坑，第四六二旅（旅长蒋武）驻上、下岳一带。第四六〇旅（旅长卜汉池）驻滘江口附近。

12月19日晚8时师部接到第十二集团总部电令说敌军主力集结在太平场、神岗、从化街口、温泉一带，有沿翁从公路向我良口、牛背脊、吕田阵地大举进攻的模样，要该师星夜开往梅坑占领第二线阵地准备作战。所有滃江附近阵地就近交由第一八七师接守，于20日交接完毕。

12月22日下午3时第一五四师开始行动。除第四六二旅在上、下岳等候全师集中行动外，第四六〇旅经滃江北岸东进，于是夜6时到达上、下岳附近。师部和直属连队（包括炮兵连）则由鸡颈坑经罗家营山坳东进。至23日下午2时才通过这个山坳崎岖之路（该路破坏彻底）。

23日上午9时第四六〇旅接到第四六二旅转来前敌总指挥电话命令："第一五四师师长梁世骥迅速率领全师星夜开往梅坑占领第二线阵地，万勿再延。"第四六〇旅接到这个命令，转派传令兵送往罗家营出口处附近交给师部。而师部接到命令就马不停蹄赶上前来，于下午6时左右才到上、下岳附近接近本师作战部队。但师部官兵由22日至23日下午6时未经睡眠，已是疲劳至极了。

24日固守良口、牛背脊阵地的第一八六师受到优势之敌攻击，不经剧烈战斗，就失掉了阵地。除该师张泽深旅逐次抵抗退至沙田圩，于26日下午由第六十二军军长黄涛电话指挥外，师部（师长赵一肩）和曾潜英旅一直向大后方坝子圩（接近江西虔南县边界）溃退。该师原是第六十三军战斗序列，退出阵地之后，应该接个电话向军部报告请示。当时粤北阵地之后纵深地带架设有电话线网，并有许多中继所设立，有通信兵看守。如果没有通信工具，亦可到中继所接线讲话。唯其不是这样做，一直溃退到坝子圩才停止，胆小如鼠，有失军人的体统。

同日，第一五四师由上、下岳附近向东行进，于下午5时到一个村落（忘记地名，约距上、下岳60华里）宿营。当时相隔一个大山之东南方面的钟洞地方有我军张泽深旅与敌对战，炮声隆隆，清晰可闻。

25日，第一五四师继续向东行进，在中途看见第一八六师零星部队向北溃退。同日第一五一师受到优势之敌攻击，力战不支，失了地派、铁扇关门、小杉、吕田地区之阵地。

26日，第一五三师奉第十二集团军总部命令开往梅坑占领第二线阵地，在牛背脊、吕田未被敌军攻破前，已行动在途中。

同日在黄昏前，第一五四师到达遥田圩、沙田圩一带宿营。知道敌之一部1000多人于本日早晨经沙田圩，在该圩吃完早餐后向上、下河洞去了。

同日下午第一五四师在行军中即将到达遥田圩附近，尚未进入宿营地时，该师接第六十三军张瑞贵军长电话命令该师归还军的战斗序列使用。说敌军已经越过沙田、画眉堂、梅坑之线向上、下河洞、蒲昌北进中。令该师27日晨以一部向上、下河洞，主力向蒲昌附近靠近军部截击沿公路北进之敌。当晚师部亦下达了命令与各旅团（第九二〇团作为一部向上、下河洞单独行动）准备明天拂晓后实行。

27日拂晓后，第一五四师实施昨夜下达的命令，准备行动。唯在准备当中，师部忽与三华总部有线电话联络起，奉到总部参谋长张达的电话命令："着该师星夜赶回官渡沿翁江河北岸布防。"梁世骥师长以奉上级命令为重，不加考虑是否应赶到官渡布防，也未报告张瑞贵军长知道，即率全师由沙田圩、遥田圩附近向黄牛头圩、青塘方面去了。但在准备出发的时候，适值第一五三师亦以奉命由上四九圩、水头圩开往梅坑占领第二线阵地，中途知道敌军已越过梅坑、画眉堂以上，无法完成任务，乃决心斜出上、下河洞方面拦腰截击北进之敌，竟在石马附近（接近上、下河洞）与敌军连战三天三夜。当第一五三师与敌军接触时，第一五四师与第一五三师相距甚近，激战枪声清晰可闻。若果实行军部命令于上、下河洞、蒲昌附近方面协同第一五三师对敌作战，必可获得很大的战果（战事结束后，以第一五三师全师官兵作战有功，获得上级奖赏国币1万元）。可惜一五四师因执行第十二集团军总部参谋长张达电话命令，失去机会。

27日黄昏前后，第一五四师到达黄牛头圩（约距青塘不到20华里）时，全师已在黄牛头圩附近宿营。第一五一师梁彩林团长在吕田方面战败率领残余部队后退，于是日（27 日）下午经黄牛头圩进入青塘时，时近黄昏，见有敌马数百匹，即时缩回黄牛头圩，对第一五四师梁世骥师长说："我到青塘附近亲眼看见敌军数百匹马，料必敌之主力军已到。"梁世骥师长听到梁彩林团长这一敌情报告后不加分析，竟忘记了赶回官渡布防之任务，即于当日黄昏后命令全师星夜开动，经鱼子湾向西南方向而去。但在向鱼子湾行动前，第四六二旅第九二三团团长曾肇基曾经面向梁世骥报告三次说："本师任务不是向鱼子湾而去，请师长再三考虑。"而梁世骥以决心已经下定，无须考虑，径直开动去了。战事结束后，上级把梁调职。当其离职之前一天曾召集全师连长以上的军官会餐，在会餐开始前梁对部下说："我悔不该不听曾肇基之言，以至铸成大错。"言时声泪俱下。

第一五三师石马之战

在左地区即龙门、新丰方面，第十二集团军的一部，也打了一次胜仗。12 月 23 日，日军进抵左潭后，守军一团（忘记了番号）与敌激战竟日，迟滞了敌军前进，使第六十三军第一五三师能抓紧时机，进出梅坑。

第六十三军第一五三师原是 12 月中旬初由清远附近调到佛冈水头圩、上四九圩附近为第十二集团军预备队的。后该师（师长彭智芳）奉命向梅坑前进，于 27 日至上、下河洞附近之石马时，与日军发生遭遇战，战况至为激烈，杀伤敌人千余。打了三天，伤亡不少，力渐不支，乃于第三日（29 日）奉第六十三军军长命令，乘夜脱离敌人，转移于上、下河洞、蒲昌之间，靠近军部，目的掩护军部，归军指挥。于 30 日晨到岗尾头（接近蒲昌公路边）附近，又与敌军遭遇，激战一天一夜，因第四五九旅旅长黄志鸿、营长孟德佳受伤，官兵伤亡不少，以致战斗力减弱，只得在岗尾头一带山地与敌对峙。这是阵地被突破以后的遭遇战，虽获得迟滞敌人前进的效果，却仍无法阻止敌人的前进。

俟至 1940 年 1 月 1 日拂晓，始知敌军昨夜向南退却即向梅坑、牛背脊退去。后上级以该师全师官兵作战有功，奖赏该师官兵国币一万元。

第六十二军腰击牛背脊、良口

26 日上午，第六十二军接到三华第十二集团军总部一个电报命令，要第六十二军就佛冈阵地北撤，回上太、下太东西线一带山地之阵地（因无地图忘记详细地名），即是由鸡颈坑（在北江河边）沿罗家营以北之线一带山地占领阵地，再行抵抗敌人。黄涛军长认为退守阵地不能解决问题，因此即用有线电话接到三华第十二集团军总部找到余汉谋讲话。在讲话当中，将前方情况和退守上、下太第二个阵地不能解决问题的理由报告，同时建议两个主张：第一个主张，既是敌军倾巢来攻，广州必定空虚，我率第六十二军直攻广州，这是上策；第二个主张，我率本军由佛冈水头圩附近向牛背脊、良口敌之据点攻击，截断敌之后路，俟攻击奏效后再向吕田方面席卷而上，对沿翁源从化公路突入梅坑以上敌军后尾部队而攻击之，使敌之后方联络线完全断绝，这是中策。当时余汉谋听了这些主张，一时无法答复，只嘱黄涛暂时保持电话五分钟（此时电话不易通话），俟其与王俊副总司令、张达参谋长商量之后，再作决定。五分钟后余汉谋已作出决定，对黄涛说："进攻广州是攻据点，不容易的事。纵然攻入，亦不易守。不如就近攻击牛背脊、良口敌之后方联络据点较为稳当。就照你（指黄涛）第二个主张行动可也。"余汉谋答复这个决定之后，即偕王俊离开三华去曲江了。黄涛得到余汉谋决定之后，立刻下定决心，策定以下部署开始行动。

（一）立即用电话调张泽深旅由沙田圩转回，经潭下向牛背脊前进，与第一五七师保持联络，掩护军之左侧。

（二）以第一五二师立即开始行动，向良口附近之敌攻击前进。

（三）以第一五七师立即开始行动，经耀洞于27日拂晓向牛背脊之敌攻击而占领之。

（四）军部由佛冈石脚下立即行动，26日晚到佛冈，27日下午到财福岭（约距牛背脊15华里）。

27日六十二军作战经过概述如下：

（一）第一五二师于是日拂晓前就在良口流溪河西岸附近一带山地占领制高点瞰制良口，测定距离，用步兵炮、机关枪猛烈射击，已使良口敌人龟缩掩蔽部内不敢活动。

（二）第一五七师于是日拂晓前经箭竹附近遇着敌之警戒部队，立即把它扫清，于29日攻入了牛背脊敌之据点。敌初尚欲蛮强抵抗，经我第一五七师猛攻，敌人伤亡不少，力有不支，纷向吕田和良口两方而逃。第一五七师很快就占领了牛背脊，俘虏了敌兵二名、山炮二门、汽车数十辆和粮弹不计其数。

（三）张泽深旅于是日下午进出牛背脊东北财福岭之东地方（忘记地名），对吕田方面之敌警戒，与敌人接触，胶着该处相对峙，达成掩护军之左侧任务。

29日第一五七师依然占领牛背脊据点和附近一带山地。第一五二师由良口附近撤回财福岭集中准备再向吕田方面之敌攻击前进。至与我张泽深旅对峙之敌，已于是日拂晓前向吕田方面退去，我张旅仍然在该处对吕田方面警戒中。

反攻扑空　追击落空

1939年12月28日，前敌总指挥兼第六十五军军长缪培南率领第一五八师和第一八七师由滘江附近移到牛屎粪村（在牛背脊西北约距50

华里）附近一带。此时接到第六十二军军长报告：该军已经攻占牛背脊良口，并谓接受总指挥的指挥了。缪培南以第六十二军已攻占牛背脊，情势大有改变，因而决定集中兵力向青塘北窜之敌采取攻势，决一胜负。这个决定，是由缪培南征求各师长和师长以上的意见，决定改变第六十二军原来的计划。因此第六十二军乃于是夜（28 日）把第一五二师、第一五七师和张旅撤回接近牛屎粪村附近，准备向青塘前进。

同日，第一五四师在鱼子湾西偏南地方（忘记地名，约距鱼子湾数十华里）适逢前敌总指挥派出与各军师联络的高参张光前（是第十二集团军总部的高参，派在前敌总指挥部服务）于中途，始知前敌总指挥缪培南已由湛江移驻牛屎粪村集中各军、师部队向敌攻击。第一五四师得到张光前联络之后，就向牛屎粪村方面移动，于 29 日到达牛屎粪附近。那时第一五四师始知第六十二军攻占牛背脊的胜利消息。

29 日，前敌总指挥在牛屎粪掌握有第六十五军（两个师）、第六十二军（两个师又一个旅）和第一五一师、第一五四师合共有六个师又一个旅之众，决定于 30 日拂晓分三个纵队向青塘攻击前进，其部署如下：

（一）以第六十二军（包括张旅）为右纵队在东面的小路北进（现因无地图无法指明路线，只是靠近翁从公路方面）。

（二）以第六十五军一八七师和第六十三军第一五一师、第一五三师李克煌团为中央纵队，在中央路线前进。

（三）以第一五四师及一八六师张泽深旅为左纵队在左的路线北进。

在 29 日黄昏前各军、师已接到总指挥的命令准备好了。

30 日前敌总指挥所指挥之部队并不知道敌军的退却，各部队当然依照命令向青塘前进。迄至 1 月 1 日各个纵队到达距青塘约 20 华里地方，准备对青塘之敌攻击时，始知敌军早已向梅坑、牛背脊退去。斯时前敌总指挥即命各纵队沿原路向后转，向吕田、牛背脊方面截击南退之敌。

1 月 2 日和 3 日的情况大概如下：

（一）由银盏坳、源潭进侵清远城、冬瓜铺之敌和由增城进侵龙门、新丰之敌，先后向广州和增城方面退却。

（二）2 日下午沿翁从公路之敌，已经退过从化街口以南地区固守神岗、福和墟之线据点。沿铁路南退之敌固守军田附近之线据点。由新丰南退之敌固守增城、中新墟原有据点了。

2 日和 3 日我军各部队先后追至吕田、牛背脊、良口、温泉附近一带，已知敌军固守原有阵线据点，而前敌总指挥即命各部队停止追击，恢复固守我军原有阵地，其部署概述如下：

（一）第六十五军固守源潭至佛冈之线原有阵地。

（二）第六十三军（第一五三师第一五四师）固守牛背脊、铁扇关门至地派之线原有阵地。

（三）第六十二军在青塘、黄牛头地区为总预备队。

（四）第一五一师在周陂集中整训。

（五）第一八六师张泽深旅调驻鱼子湾休整外，该师师长赵一肩率领残余部队溃退坝子墟附近，在战事结束后被撤职，另由第十二集团军总部委李卓元接充，重新整理。

（六）第五十四军军长陈烈率领该军到达青塘翁源大坑口一带，休息数天后奉命北返湖南省。

黎天荣

此战敌人弃尸1000余具，其中包括第五师团第二十一旅团少将旅团长中村正雄。

- 1904年生，别号华胄，广东电白人。
- 1938年8月，分配至武昌军令部第一厅第三处任职，后调军事委员会委员长侍从室。
- 1939年8月，任第六十六军参谋处处长，后任第六十三军第一八六师少将参谋长，第一五二师副师长、代师长，参加昆仑关战役、粤北会战等战役。
- 1945年，任第六十三军一五二师少将参谋长、副师长等职。

第六十六军在桂南会战中

黎天荣

1930年，我于黄埔军校第七期毕业后，便在粤军第一军(军长余汉谋)第二师(师长叶肇)服务。1935年，叶肇保送我入南京中央陆军大学学习。1938年7月毕业后，被分配到蒋介石侍从室从事参谋工作。1939年9月，叶肇电求蒋介石，调我回粤北任第六十六军参谋处处长。11月下旬，第六十六军奉调参加桂南会战，我随军参加。现就记忆所及，将这次战役的有关实况，追述如下：

奉命驰援桂南

第六十六军原系粤军余汉谋的部队，于抗战开始时成立，军长叶肇，下辖第一五九师、第一六〇师。第一五九师师长谭邃，该师由陈济棠的教导师改编而成；第一六〇师师长叶肇（兼），该师由陈济棠的警卫师改编而成。第六十六军成立后，由军长叶肇率领先后参加了1937年的八一三淞沪抗战和南京保卫战。随后于1938年又参加了武汉会战中的南浔线作战，获万家岭大捷。

广州失陷后，余汉谋被迫退守粤北阵地。蒋介石将第六十六军归还余汉谋部建制。叶肇升任第十二集团军副总司令，由谭邃接任第六十六军军长，军参谋处处长郭永镳升任军参谋长，请调我（时任蒋介石的侍从室参谋）回粤任军上校参谋处处长。此时，第六十六军除统领第一五九师、第一六〇师外，上级还将第一五一师拨归第六十六军统率。自此，第六十六军便在粤北守备阵地。约一个月后，军长谭邃病故，由第一五九师师长陈骥升任军长，所遗师长之缺，则由副师长官祎升充。

1939 年 11 月 15 日，日军在广西钦州湾登陆。由于桂系海防部队兵力分散，加上援军未到，使日军得以在 11 月 24 日攻占南宁，12 月 4 日又攻占昆仑关和高峰隘两要点。为收复南宁，蒋介石向桂南急调增援部队，桂林行营主任、副参谋总长白崇禧提出反攻计划，并经蒋介石批准。计划以夏威的第十六集团军策应徐庭瑶之第三十八集团军攻占昆仑关，并阻击由钦州向北增援之日军；以包括杜聿明第五军在内的第三十八集团军主力歼灭昆仑关附近之敌，然后进攻南宁；以蔡廷锴的第二十六集团军破坏日军由钦州湾至南宁的交通，阻敌向南宁增援。与此同时，蒋介石又调第十二集团军副总司令叶肇升任第三十七集团军总司令，参加收复南宁作战。叶肇接任后，急率第六十六军增援桂南作战。鉴于总司令部及直属部队均未成立，故不得不借助于第六十六军军部机关，依靠所带之四名少将高参，行使其指挥职能。

第六十六军接增援命令后，驻新丰梅坑的第一五九师是军预备队，遂先行出发；第一六〇师因有守备粤北阵地任务，故将防务移交第一八六师后才动身。当时军部命我率领军司令部及直属部队，从英德县青塘出发，徒步抵曲江后，同总部和第一六〇师部队一起，乘火车抵柳州，然后徒步行军，于 12 月 23 日到达宾阳。按原来的战役部署，部队抵达宾阳后，再开往邕江北岸集中，然后南渡邕江，分别由永淳、灵山、陆屋西进，破坏邕钦公路，截断敌后方交通线。由于当时情况变化，白崇禧对战役部署作了调整，即以叶肇第三十七集团军第六十六军协助北路第三十八集团军第五军攻打昆仑关、八塘，并指定军先头部队第一五九师配属第五军作战，另调邓龙光第六十四军协助东路蔡廷锴第二十六集团军在陆屋、灵山一带阻击敌后交通线。

白崇禧为什么对第六十六军的使用朝令夕改、重作部署呢？情况是这样的：白崇禧于12月中旬曾令杜聿明第五军为主攻部队，担负攻克昆仑关及收复南宁之任务。杜聿明即部署以该军第二〇〇师（师长戴安澜）及荣誉第一师（师长郑洞国）对占据昆仑关之敌作正面攻击；以新编第二十二师（师长邱清泉）为迂回部队，绕到昆仑关、八塘以南占领据点，负责截断敌人昆仑关至南宁间的增援及交通线。12月18日开始，正面部队向占据昆仑关之敌发起攻击。杜聿明亲自到南天门前方指挥所指挥，白崇禧也常到南天门督战。白崇禧曾有恩于杜聿明，因此白到南天门督战，杜聿明言听计从，督促所部戴、郑两师对昆仑关之敌展开激烈战斗。无奈占据昆仑关之敌系参加过日俄战争，号称“钢军”的日军第五师团中村正雄之第二十一旅团，且又占据着“一夫当关，万夫莫开”的天险昆仑关，并在其四周构筑有强固工事。故担任正面攻击之戴、郑两师，虽经一周苦战，昆仑关正面两侧据点仍得而复失，兵员损失惨重，战斗力日益降低，以致不得不转攻为守，急待友军增援。此时，适逢第六十六军先遣师第一五九师到达宾阳。白崇禧便急忙下令，将第一五九师拨归第五军杜聿明指挥，又令第一六〇师在第五军左侧插向佛子岭、渌龙岭及八塘东南高地，发起攻击。

激战昆仑关之东

第一五九师师长官祎接受命令后，派副师长洪世扬向已到达武陵之第四七七团团长韦德传达命令，令该团配属第五军作战，并接替戴安澜第二〇〇师守备昆仑关东653高地、600高地和枯桃岭阵地。官又派第四七五团（团长倪鼎垣）攻击立别岭，命第四七六团（团长钟世谦）为预备队。师指挥部设在立别岭东北高地。有关第四七七团攻入昆仑关的战斗经过，韦德在《反攻昆仑关》（载中国文史出版社出版的《文史资料选辑》第100辑）一文中已有详细叙述，这里只略加介绍。

1939年12月23日晚，第四七七团于武陵接受配属第五军作战的命令后，团长韦德立即赶到马岭第五军军部向军长杜聿明和师长戴安澜请示任务。戴命令第四七七团接替第二〇〇师一个团守备昆仑关东西高地。24日18时，该团开始接防。其部署是：第一营接防653高地；第二营接防600高地及枯桃岭一带，与第一营衔接；第三营为预备队，迫击炮置于第一、二营火线之间；团指挥所设在653高地。接防完毕即加修工事，准备战斗。

12月25日，中国军队开始协同作战，向昆仑关附近之敌展开攻击。第四七七团积极配合第五军作战。从26日至29日，该团连续以连、排为单位向当面之敌两个据点发起4次攻击，均未成功，全团士兵死伤过半。到30日，韦德感到心寒气馁，打算要求师长另调一个团来接防，但官兵们却坚决要求把当面敌人的两个据点打下来，迫使其退出昆仑关。韦深受感动，决定孤注一掷。于是同营长、连长商量编队，推进团指挥所位置，并架设通往炮兵指挥所的专用电话线，再向师部索要一门士乃德小炮，同时，要求在他发起攻击时，派战车及一个步兵营在附近准备及时占领昆仑关。攻击时间定在12月31日拂晓。韦用电话分别向杜聿明军长、官祎师长报告了该团的决心、计划和要求，并经过力争，终于得到了杜、官二人的批准。

第四七七团的攻击部署比较周密，即第三营营长余铁夫，指挥突击队及占领队；第二营营长林诗学，指挥迫击炮；第一营营长陈庆斌，指挥全团重机枪，集中火力掩护突击队。团指挥所由653高地推进至600高地东南侧背700至900米处，小炮也设置在附近，对敌反斜面阵地进行直接射击。突击队长为连长花日春，排长林义、李绍芝等都事先写下了遗嘱与家信。

31 日凌晨 4 时许，各部进入准备位置。5 时许发出攻击信号。突击队在猛烈的火力掩护下冲入敌人阵地。此时，天色渐明，我突击队官兵与敌人展开搏斗。激战半小时后，敌不支而退去，占领队立即占领敌据点工事，突击队继续前进，冲进昆仑关，发出了占领信号。[①] 经过一小时的搜索，便回面包山集结。8 时，第五军战车和部队扫荡昆仑关战场。突击队拾回了部分战利品，其余大批重武器，均由第五军收集后运。

面包山战场的清扫工作，主要由第五军派人担负。此战敌人弃尸 1000 余具，其中包括第五师团第二十一旅团少将旅团长中村正雄。我第五军阵亡亦以千计，第四七七团阵亡官兵 200 余人，伤 500 余人。

31 日，叶肇、陈骥接到第一五九师师长官祎报告我第四七七团攻占昆仑关的捷报后，即刻电告桂林行营。当晚，陈骥偕我又到第一五九师指挥所向该师官兵表示慰问。

策应主力作战

1939 年 12 月 24 日，第一五九师接受配合第五军作战的命令后，除派第四七七团接替戴安澜师一部守备昆仑关以东 653 高地、600 高地和枯桃岭阵地及发动向昆仑关攻击外，又派第四七五团攻击立别岭，经过激烈的争夺战，攻占了立别岭，敌人退据西南方高地固守，两军形成对峙状态。1940 年 1 月 2 日，敌炮兵观察员潜入我立别岭阵地前沿侦察，

① 据郑洞国（第五军副军长兼荣誉第一师师长）、郑庭笈（荣誉第一师第三团团长）、崔贤文（第五军新编第二十二师辎重营副营长）回忆，1939 年 12 月 30 日，第五军新编第二十二师六十五团首先冲入昆仑关，将其收复。此次战斗，共歼敌 4000 余人，我军亦伤亡 14000 余人。

官祎当即指示倪鼎垣团长不要开枪，特选两名精于武术的军士潜赴阵前活捉之。由于该敌不甘就擒，乃将其击成重伤后俘虏。在用担架将其抬送第六十六军军部途中，不支毙命。

与此同时，师部派出第四七六团攻击鲁梗岭，经激烈战斗，敌退据415高地。该团连日来持续向415高地攻击，于1月2日晨将其占领。1月4日拂晓，第四七六团再协同第五军新编第二十二师攻击九塘。8时许，第四七六团首先攻进九塘东北部；11时许，新编第二十二师又攻占九塘西部。

12月27日，叶肇率第六十六军军部及一六〇师抵达高田。白崇禧命令第六十六军占领高田南北之线，协同第五军作战，攻击敌之侧背。此时，第一五九师正在昆仑关东侧诸高地攻击当面之敌。叶肇即命令第一六〇师（师长宋士台）衔接第一五九师左翼攻击佛子岭、渌龙岭之线敌阵地，尔后，继续攻击敌侧背，并阻击敌增援部队。宋士台接受命令后立即作了部署：以第四七八团（团长谢伟豪）为右翼队攻击佛子岭之敌阵地而占领之，并与我第一五九师攻占立别岭之第四七五团严密联系；以补充团（团长张国梁）为左翼队，攻击渌龙岭之敌阵地而占领之；以第四七九、第四八〇团为第二线机动部队，位于三堆岭、富兴村地区，随时准备策应第一线战斗。师指挥所的位置在渌龙岭东北侧高地。第一线两个团于12月27日下午进入攻击准备位置，28日拂晓开始攻击。经一天激战，谢伟豪团和张国梁团分别攻占了佛子岭和渌龙岭，敌人退据八塘、九塘东南高地，依托据点顽抗。

为了截断敌人后方联络线，张国梁团于29日派第七连进至七塘、八塘之间公路东侧某高地构筑工事，伏击敌人。次日，远远发现有敌兵1000余人、战车10余辆沿公路由南向北驰来，第七连官兵毫不畏惧，当敌进入我机、步枪火力有效射程时，即猛烈发射，予敌重创。最后，敌步兵在战车掩护下，冲入我阵地内，全连士兵一跃而起，与敌展开肉搏战，终因众寡悬殊，我第七连官兵生还者仅士兵三人，余皆壮烈牺牲。

自南宁来犯之日军增援部队，击破我补充团第七连的伏击阵地后，于30日拂晓，在炮兵掩护下，向我补充团渌龙岭阵地猛烈攻击，妄图迂回我军侧背，为被我困于昆仑关之敌解围。我补充团沉着应战，利用有利地形，发挥轻、重武器的优势火力，打退了敌人一次又一次的冲锋。战至中午，敌人仍退据半山腰与我对峙。为了解除我军侧背之威胁，宋士台师长命令第四七九团中校副团长郭健（广西人，黄埔军校六期毕业生）率该团第一营为突击队，潜至渌龙岭南端，袭击敌之侧背。敌不支退回八塘东南高地，构筑工事。在战斗中，郭健以身殉国。这次战斗，由于宋士台师长指挥有方，击退了敌援军，有效地策应了我第一五九师韦德团攻克昆仑关。

1940年1月1日至4日，我第一六〇师为配合第五军及我第一五九师对九塘之敌攻击，乃令佛子岭之谢团、渌龙岭之张团，向八塘、九塘东南高地侧击，连日攻击未有进展，只能收到牵制敌人不能增援九塘之效。自我军攻克九塘后，敌我双方形成对峙状态。

我军自1939年12月31日收复昆仑关，1940年1月9日占领九塘后，一连几天都没有对日军发动攻击。而敌人则在八塘两侧加强工事构筑，固守待援。对此我曾询问郭永镳参谋长："上级为何不继续发动对敌进攻，收复南宁？这样旷日相持，恐对我军不利。"郭说："白（崇禧）主任有克复南宁之决心。吸取这次攻坚的经验，必须集中绝对优势炮火，才能克敌制胜，听说白主任已向委座（指蒋介石）请准，调集野、山炮200余门，山西阎锡山的炮兵也要调来，广东邓龙光的第六十四军也要调来。一俟集中好，就发动全线攻击。"过了一两天，苏联顾问到参谋处，叫我拿出五万分之一的地图进行研究，并问我："就当前敌我对峙态势，你对敌情有何判断？"我不假思索地就指着地图答道："依当前敌我态势判断，敌人为了解除我大军围攻南宁的威胁，可能海运援军从钦州湾登陆，直奔永淳渡河，向宾阳方向进犯，迂回攻击我大军侧背。”苏联顾问表示同意我的判断。谈话结束后，我没有向上级反映谈话内容。约一周时间内，前线仍呈对峙状态。

截击迂回之敌

1940年1月12日前后，情况发生了变化，日军增援部队第十八师团及近卫旅团步、骑兵一万余人，于钦州湾龙门港登陆后，直奔陆屋方向。随后，桂林行营转来第二十六集团军总司令蔡廷锴发自灵山的情报称，敌步、骑兵一万余人向那楼而来，大有进犯那楼、永淳之势。18日永淳即告失守。敌人用橡皮艇渡过邕江北犯。白崇禧给叶肇打电话，命第六十六军第一六〇师派出一个团截击永淳北岸之敌军迂回部队。军长陈骥在旁听着，立即表示不满，说：“我们的阵地不要了吗？”叶肇也不满地在电话中对白说：“我们的阵地不要了吗？”这样的回答当然触怒了白崇禧。两人通话就中断了。我当时亦在旁听着。无怪白以后曾对人说叶肇“骄横跋扈，不听指挥”。

1月18日下午，桂林行营来电令叶肇率第六十六军直属部队及第一六〇师于19日晨由高田出发，进击永淳北岸敌军迂回部队。依照上级命令，我于19日晨集合军司令部人员及直属部队，在大草坪整装待命。正待出发之际，郭永镳参谋长跑来对我说：“行营来电话，陈诚已到指挥所，原部署有大变动，第六十六军暂停出发，静候命令。”这样我只好宣布部队各回原驻地候命。19日下午，桂林行营拍来电令，要旨如下：第三十七集团军总司令叶肇，统率李延年第二军（缺第九师，守备九塘阵地）、傅仲芳第九十九军（缺第一一八师）及第×军（似是甘丽初第六军）于20日开始行动，向黎塘、古辣、武陵之线开进，攻击迂回于我军侧背之敌；陈骥之第六十六军（缺第一五九师，仍守备九塘附近阵地），配属第九十九军之第一一八师，于20日出发，向甘棠、那河前进，侧击迂回之敌。

叶肇接受命令后，精神非常兴奋。因总司令部指挥机构尚未成立，故立即召集四位高参面谕：罗彦祥代理参谋长，杨卓修代理参谋处处长，陈定平代理副官处长，马克珊代理军务处长。随又下令调第一六〇师补充团第二营为总部临时警卫营，调第六十六军军部无线电排之无线电一班随总部出发。

陈骥受命后，即以第六十六军之第一六〇师为第一梯队，以配属之第一一八师为第二梯队，于1月20日按战斗序列向甘棠、那河方向前进。第一天行程约30公里，在某地（地名忘记，似在九塘、甘棠之间）宿营。在进入宿营地前，陈骥见第一一八师有一士兵以步枪挑着一小猪前进，十分生气，一进宿营地，就想找第一一八师师长王严来当面申斥一番，但该师长不买账，只是叫其参谋长在电话中敷衍了几句。可见不同系统的部队，互不信任的情况颇为严重。这在一定程度上削弱了军队的战斗力。

翌日，陈骥率部继续向甘棠前进。行至约15公里处，第一六〇师的前卫谢伟豪团即发现远处有敌人的驮马辎重队伍。此时，我们队伍的左侧方向（即北方）也闻枪炮声大作。陈当即下令队伍停止前进，隐蔽休息。

军长陈骥、师长宋士台及我、作战参谋何恺寿等四人，随即登上高地，用望远镜观察，对照地图，始悟迂回之敌人，正以密集火力向我守山口之独立团（属广西绥署）猛攻。我立即向陈骥建议：第一六〇师应迅速向左侧方向之敌展开攻击。陈骥问我理由，我答："'闻枪炮声赴之'。这是战术上的一句名言，即在情况不明时，哪方有枪炮声，就向哪方攻击。"陈骥竟出乎我意料地说："你的战术行不通！"我听了十分气恼，但仍强压住心头的气愤，继续冷静地向他分析当前对我有利的敌我态势，提出抓住战机，将我第一六〇师向左转，即转向北方，截断迂回之敌的后路，打到敌之指挥所及炮兵阵地，与守山口之独立团相呼应，前后夹攻敌人。陈又提出质问："如果敌人还有后继部队怎么办？"我答："我们亦有第二梯队第一一八师可以应付。"此时，有敌机在上空盘旋一圈后，向山口方向飞去。陈对我的申述仍然犹豫不决。师长宋士台也默不表态。事后，我才知道，第一六〇师步兵指挥官刘栋材在另一个山顶观察后，也提出了与我同样的主张，可惜他当时与我不在一起，我的意见没有人支持。

过了片刻，陈骥即下令部队就地宿营。部队进入宿营地后，陈骥又召集郭永镳参谋长、宋士台师长和我四人，研讨部队行动。我先发言，仍坚持原来意见，并再次详述了理由；郭永镳则主张向后（西）转，与九塘第一五九师靠拢；宋士台仍默不表态。陈则说："按上级命令，我们的任务是向东攻击甘棠、那河之敌。我认为向后转没有理由。"针对军长的意见，我又陈述说："本部任务虽是攻击甘棠、那河之敌，但是目前情况是敌军已通过甘棠、那河，向北迂回于我军主力侧背，正向我守山口之独立团攻击。我军应抓住战机，迅速向北展开攻击。"这样，三人各持己见，议而不决。最后，陈决定：向桂林行营报告请示。不料在此关键时刻，无线电台突然发生故障，致与上级失去联系。

等到晚饭后，军长陈骥还下不了决心。约至 18 时，陈骥即去就寝，叫我守电话机。我当时心里很不安，就又到陈骥床前，恳求他下攻击决心，不可失去歼敌良机。陈说：你去和毅甫（宋士台别号）商量商量。我想：你当军长的都下不了决心，我与师长商量又有什么用。就这样我们过了一夜。

22 日，陈骥仍率所部继续东进，到达甘棠宿营，沿途未发现敌人。但传来不好消息，说叶肇临时指挥的三个军已与敌人接触，情况非常混乱，叶肇行踪不明。此时陈骥所担心的是叶肇的安危，命我们到处打听叶的下落。他决心把队伍带到陶圩候命。就这样继续行军两天，24 日到达陶圩。我们在陶圩休息了两三天，叶肇才带着临时警卫营到来。这时，叶肇的行李已经散失，郭永镳急将自己的被服让给叶用。据叶说当他指挥的李延年等三个军在古辣遇敌发生战斗后，部队不听其指挥，各自向后撤退，状况非常混乱。他感叹不是自己的队伍，在战斗的紧急关头，很难掌握。

战后，在柳州开会，第三十五集团军总司令邓龙光对我说：当李延年军在古辣与敌激战时，桂林行营曾电令第六十四军和第六十六军向古辣急进，围攻迂回之敌。但行营无线电台呼不到第六十六军的电台，后通电邓龙光要求他转告第六十六军，亦无法接通。邓并说："此役我（邓）军王德全师（第一五六师）在黎塘遇敌激战，如第六十六军能接到命令协同行动，那多好呀！"本军师长官祎也对我说：当敌人窜抵宾阳后，我昆仑关大军后路被切断，各友军便纷纷自动撤退。后第二军第九师在撤退途中，遭敌机轰炸，师长郑作民被炸身亡。

检讨桂南会战

宾阳战役惨败后，蒋介石在柳州召集有关各集团军总司令、军长、师长等 100 多名将领参加的军事会议，检讨桂南作战。陈诚、白崇禧、李济深等出席。会上，先由桂林行营参谋长林蔚报告昆仑关战役作战概况，各部队长官报告作战经过。当陈骥谈到第六十六军在向甘棠、那河前进途中，听到山口方向枪炮声甚密时，当场即被陈诚责问："为何不向枪炮声密集的方向攻击？"陈骥无言可答，只得含糊其词。各部队长官汇报后，蒋介石指出：此次战斗，行营指挥失当，部队作战不力，应负战败责任。陈诚自称指导无方，白崇禧自称督率不力，均自请降级处分。林蔚宣布：第三十七集团军总司令叶肇违命避战，交军法审判；第六十六军取消番号，军长陈骥撤职；第一六〇师师长宋士台撤职。同时受惩处的还有其他部队的将领。

柳州会议后，叶肇被解至重庆接受军法审判，白崇禧要求军事法庭判叶 15 年以上徒刑。后来，由余汉谋出面，何应钦讲情，由军法执行总监何成浚判他七年徒刑。当时军法规定：7 年以下徒刑准予保释服役。以后，叶由薛岳保释，戴罪服役，派任第九战区干训团代教育长。第六十六军取消番号后，第一五九师纳入邓龙光的第三十五集团军第六十四军建制；第一六〇师纳入第六十五军建制，副师长莫福如升任师长。在柳州，先是邓龙光找我，要调升我任第六十四军第一五六师少将参谋长。后我奉命回韶关为第六十六军办理结束手续时，余汉谋即晋升我为第六十三军第一八六师少将参谋长。陈骥对自己任内第六十六军番号竟致取消，实感愧疚，发誓如不恢复第六十六军番号，就不再出来做事。他哪里知道，第六十六军的番号，已被陈诚的第十八军派系拿去壮大自己了。这是蒋介石嫡系排除异己的结果。

我参加抗战时期第二次粤北战役的回忆

黎天荣

1938年10月下旬日寇占据广州之后，于1939年12月及1940年4月先后两次大举进犯粤北，企图夺取广东战时省会、华南战略要地粤北曲江，均未得逞。第一次粤北战役之前，我任六十六军参谋处处长，随六十六军参加昆仑关战役（桂南战役）对日寇作战。当听到敌人大举进犯粤北时，军长陈骥曾对叶肇（三十七集团军总司令）说："敌人知道六十六军调离了粤北，才敢于进犯粤北，而且与我们打过交道的近卫师团也调来了。"谁料昆仑关战役结束后，六十六军以"违命避战"被取消番号，军长陈骥被免职。陈骥要我回曲江办理军部结束事务。后余汉谋即派我任一八六师少将参谋长。我于1940年3月间随新任一八六师师长李卓元到新丰梅坑接事（原一八六师师长赵一肩在第一次粤北战役因守良口阵地遇优势之敌攻击，未经激烈战斗，便率曾潜英旅溃退到后方坝子圩，而被撤职。该师张泽深旅则在沙田继续抵抗敌人，战后升副师长）。当时一八六师作为六十三军的预备队在梅坑整训。4月间日寇又第二次进犯粤北，我随一八六师参加了这次战役。现凭个人记忆所及，将自己在第二次粤北战役的亲历、亲见、亲闻，如实写出，以供治史者参考。

黎天荣

战斗前敌我态势

自 1939 年 12 月中旬至 1940 年 1 月上旬第一次粤北战役结束后，进犯粤北之日敌败退广州之后，其主力仍盘踞广州市及郊区一带，并以一部据守增城中新、福和，从化神岗、太平场，花县两龙、军田，三水芦苞等外围据点（敌军兵力番号记不起）。我们第七战区所辖第十二集团军仍固守粤北增城、从化、佛冈、清远之线既设阵地，以阻止敌人进犯，确保粤北安全。当时判断敌人主力可能沿广从公路来犯，故将兵力重点放在左地区，以备应战。其兵力部署如下：

六十五军（军长缪培南）为右地区队，守备清远、滘江、佛冈、水头之线；

六十三军（军长张瑞贵）为左地区队，守备增城东洞、派潭，从化良口、牛背脊之线；

六十二军（军长黄涛）为总预备队，位于翁源、青塘一带整训；

十二集团军总部（总司令余汉谋、副总司令王俊、参谋长张达）位于三华；

一五一师（师长林伟俦）及十二集团军教导团（团长谢义）构筑韶关守备工事并准备对付敌伞兵部队空降。

以上第一线各军与总预备队军规定每年互换任务，以便一面守备，一面整训。

守备左地区之六十三军兵力部署如下：

一五三师（师长欧鸿）守备增城东洞、派潭为左地区，师部位于小杉；

一五二师（师长陈章）守备从化良口、牛背脊为右地区，师部位于塘肚；

一八六师（师长李卓元）为军预备队，位于新丰梅坑整训；

军部位于蒲昌，并在增城东洞设军指挥所，以一五三师步兵指挥官李荣梧为指挥官，军部情报科科长李功宝为情报主任。指挥官除指挥守备增城前线部队外，还组织随军杀敌队，以潜入敌后搜集情报及袭击敌人。

作战经过

战役序幕——良口鏖战

1940年4月间，六十三军东洞指挥所得到情报，敌军一〇四师团集结于从化太平场及增城一带，扬言分五路进犯粤北，十二集团军总部及七战区长官部获悉后，未作出判断和处理。4月下旬敌军主力沿广从公路北进，与我一五二师守良口前线部队四五六团发生激战。敌军来势凶猛，在飞机大炮掩护下向我一五二师良口以南一带阵地猛烈攻击，我方利用既设阵地，英勇奋战，给来犯之敌迎头痛击，敌人伤亡惨重，我一五二师官兵亦牺牲很大。经过两昼夜的激烈战斗，我一五二师第一线阵地被突破，敌人进占了良口。我方退据亚夷山、石榴花顶第二线阵地，继续顽强抵抗。石榴花顶是良口阵地制高点，形势险要，为粤北屏障。陈章督师下令死守阵地，保卫亚夷山，以待援军到达反攻。凶残的敌人在飞机大炮掩护下，继续向石榴花顶发起一次又一次进攻，我四五六团第三营营长廖益金率领全营并指挥第五、第六两连弟兄们英勇顽强抗击敌人，战况十分激烈，容瑞廷、李第长两连长负重伤不下火线，仍坚持战斗。嗣后由师部及时将枪榴弹送到阵地，增强近战火力，击退敌人一次又一次的冲锋。敌人又转向第一营阵地猛烈攻击，我第三营即以轻重机枪火力侧击敌人，又把敌人击退。石榴花顶始终在我一五二师手中，屹然不动。在奉命增援之一八六师进出溪头、鸭洞口侧击良口之敌右翼（详见下文）。六十五军一五八师由上下岳进出民乐圩侧击良口麻村之敌左侧的同时，陈章即命令四五六团派廖益金营夜袭矿山之敌，是夜23

时我军抵达山顶敌阵地前沿，受敌猛烈火力射击，伤亡很大，被迫退回半山腰。次早四五六团集中迫击炮向敌炮兵阵地轰击，此时敌人军心动摇，惊惶击炮，趁此时机，四五六团吹起冲锋号，我部队迅速冲锋，至下午1时占领矿山一带阵地。敌人从矿山向良口撤走后，三架敌机向矿山一带轰炸20分钟之久。经过约旬日战斗，占据良口之敌人在我军三面痛击下，最后不得不撤退。

拊敌侧背——挺进鸭洞口

当一五二师在良口对敌激战的第三天晚上，一八六师接到十二集团军总部命令，着该师迅速由梅坑出发，经吕田进出良口附近支援一五二师作战。一八六师接到命令后即于次晨由梅坑出发按指定路线前进。当时因春雨连绵，公路已破坏，道路泥泞，行军非常困难。“救兵如救火”，全师官兵为了火速支援兄弟师抗击敌人，不怕困难，仍以急行军的速度于当晚抵达画眉堂宿营。随即接到十二集团军总部命令，着一八六师师长李卓元率领全师进出广从公路，由太平场以南直至广州，沿广从公路，以步兵连为单位，布置伏兵，以阻击敌人援兵及截断敌军后方联络线。我当时即向师长李卓元说，这样分散使用兵力，不但不能截断敌人后方联络线，而且有被敌人各个击破的危险。我援引了六十六军在昆仑关对敌作战的事例：一六〇师在渌龙岭对敌作战时，曾派出步兵连沿昆仑关通南宁公路埋伏，企图阻击敌人，结果受南宁敌人派出部队猛烈攻击，全连官兵壮烈牺牲，生还者仅士兵数人。李卓元同意我的意见。他说：“这是王俊（副总司令）的纸上谈兵。”我们研究了应如何部署一八六师，才能有力地痛击敌人，以支援一五二师作战，并准备向总部建议。但当时师与总部未能通电话，正在犹豫不决的时候，忽接军长张瑞贵电令，着一八六师派副师长张泽深率两团为先遣队，经溪头进出鸭洞口向占据良口之敌侧背攻击，师主力跟进。师长李卓元和我完全同意执行军长的命令，认为这样部署，才能有力地打击敌人。但军部与总部的命令前后下达有矛盾，应如何处理呢？按执行上级命令，如在时间上前后有矛盾，应执行后者（即军部命令）；但如上下级有矛盾，应执行上一级命令（即总部命令）。于是由师长李卓元向军长张瑞贵接通电话请示并陈述意见，军长答复，由军长负责，执行他的命令。

师长李卓元即按军长命令派副师长张泽深率五五七、五五八两团依照军长所指示方向进出。张泽深当即派五五八团（团长凌宵旺）打前锋，该团进出溪头以后，发现敌人侧翼掩护部队，即展开攻击，经过一昼夜激烈战斗，突破了敌人掩护阵地，而进出鸭洞口。当五五八团与敌一接触，即有一排长（姓名已忘，系军校毕业）临阵退缩向后方逃跑，为亲自督战的张泽深所发觉，张立即拔出左轮手枪将其处决。

当一八六师前锋部队进出鸭洞口以后，发现占据良口之敌在其东南方高地（高地名记不起）占领掩护阵地，张泽深即派五五七团（团长李克煌）向该敌进行夜袭。李克煌接受命令后，即命该团第二营为右翼队经某地向某高地敌阵夜袭；李克煌亲率团主力为左翼队经某地向某高地夜袭（所经小道、高地地名全记不起）。团主力部队一抵达山麓就在朦胧夜色中向敌阵展开攻击，我第一、第三两营部队在营长严珠甫、李裕章指挥下，猛冲至敌阵前沿，受到敌人猛烈火力射击，进攻被阻。我部队退至半山腰，团长李克煌整顿队伍后再进行第二波猛烈攻击，终因敌人占领制高点，居高临下，仰攻非常困难，攻击再次受阻，部队被迫退回山麓，重新整顿，候机再发动进攻。此时团长李克煌向师部发来电报，大意是第二营营长（姓名忘了）率领该营以夜间迷失方向为借口，实则畏敌避战，相隔数里没有及时参加战斗，致使团主力孤军奋战，未能克敌制胜，部队伤亡过半，全团官兵仅存600余人。而第二营营长畏敌避战，拟予撤职查办，遗缺以少校团附叶镜台代理。师长李卓元接电报后说，五五七团与敌战斗一夜，就损失了三分之二，是团长指挥失当所致。我解释说，没有做充分侦察准备，进行夜袭，对敌仰攻，难免相当数量的伤亡，但绝不致损失三分之二，依我判断，多数是在敌人猛烈火力射击下纷乱退下散失的，加上部队在夜间作战容易脱离指挥官的掌握，而在本国土内作战，散失的人员很快就可以收容回来的。果然不出所料，李克煌发来的第二个电报说，全团经过收容整顿已有1200余人，正在准备迎接新的战斗任务。

李克煌团夜袭敌阵，虽因准备不充分，遭受较大损失，而又未能攻破敌阵而占领之，但给占领良口之敌右侧背威胁很大。与此同时，我六十五军一五八师一个团由上下岳进出民乐圩向良口麻村之敌左侧背攻击，这样我一八六、一五八两师分别向敌军主力的两翼，形成钳形攻击，使占据良口之敌三面受击，经过旬日昼夜的激烈战斗，敌人被迫撤退。

追击残敌——血战鸡笼岗

约经10天战斗，我一八六师前线部队发现敌人向后撤退。师长李卓元即抓住战机，命令以五五七团为追击队从现地出发，追击败退之敌。该团以第二营为前卫。代营长叶镜台率该营追击至鸡笼岗附近，发现敌人后卫部队正在向南逃窜。为了截断敌人退路，叶镜台勇敢机智地率领全营绕道跑步抢先占领前面鸡笼岗高地，以火力封锁敌人退路。此时敌后卫大队长见退路已绝，便狗急跳墙，亲押敌兵向我军占领的鸡笼岗高地疯狂猛扑，我第二营官兵在代营长叶镜台的英勇沉着指挥下，利用有利地形，居高临下，轻重机枪、步枪齐发，用猛烈的火力痛击敌人，予敌重创。一群残敌在敌大队长的督战下冲至我火线前沿、乱喊乱叫，做垂死的挣扎，我军则越战越勇，用刺刀、手榴弹杀伤敌人，喊杀之声惊天动地，一场短兵相接的肉搏战开展了。战斗结局，毙敌大队长以下百余人，缴获步机枪百数十支、新式通信器材双耳机一部（这是当时敌军大队部用的新式通信器材）及其他战利品甚多。我伤亡官兵数十人，战后清理战场埋葬敌人尸体百余具。

与此同时，我六十三军一五三师派出补充团经石坑袭击，在从化温泉的敌人前进指挥所，缴获军用品和罐头食品甚多。当时敌人在锅中煮的熟米饭热气腾腾，来不及吃就慌忙逃窜了。

一五二师在良口敌人败退时，即出击包围残敌10余人在良口附近村庄，并喊话："缴枪投降不杀！"敌人不听，仍顽固抵抗，陈章即下令集中炮火把它全部歼灭。

此次战役结束后，一五二师与一八六师交替任务，一五二师调梅坑整训为军预备队，一八六师接替守备从化良口、牛背脊主阵地任务。嗣后第七战区政治部剧宣队到我从化塘肚师部及良口前线来慰问。当时剧宣队有位共产党员荷子同志谱写了粤北抗战歌曲，其中有《良口烽烟》《石榴花顶石榴花》《血战鸡笼岗》。这些歌曲给广大群众以极大的爱国主义教育，所以流传很广，舞鼓了人心士气。现据我的老伴陈慧华回忆，粤北战役时，她在曲江仲元中学念书，曾唱过这几首当日流行的抗战歌曲，只因时日过久，记忆得不完整，遗忘之处不少。兹凭她记忆所及写出如下：

《石榴花顶石榴花》的歌词是这样的："石榴花呀石榴花！石榴花顶上开着石榴花，它红过珊瑚，红过琥珀，红过血也红过朱砂。……你要曲江，我要广州，任你凶残的敌人，飞机、大炮、毒气都不怕，左来左打，右来右打，我们英勇的弟兄们都在石榴花顶上消灭它。石榴花呀石榴花！石榴花顶上开着石榴花。它红过珊瑚，红过琥珀，红过血也红过朱砂，它吸收了敌人血的精华！"

战后，苏联顾问（姓名记不起）也到良口前线慰问。他站在石榴花顶山麓六十三军烈士坟前，满怀崇敬与感动，对英勇牺牲的烈士默默凭吊！他对满山遍野的红花，感怀壮烈赋诗。犹忆当时由翻译念出，其大意如下：

石榴花顶石榴花，遍山鲜花映红霞。
民族英雄烈士血，卫国忠魂万古存。

黄植虞

手榴弹爆炸瞬间，步兵拿着上了刺刀的步枪和敌人肉搏，激战两小时，打退了敌人多次的冲锋。

- 1905年生，号仰恺，广东惠阳人。
- 1938年，任国民革命军第十二集团军独立二十旅三团二营营长。参加广州战役之正果战斗，顽强抵抗日军。
- 1939年冬，任国民革命军第六十三军一八六师一〇九六团上校团长、参谋主任，参加第一次粤北战役。
- 1940年5月，任国民革命军第六十二军一五八师四七二团上校团长。
- 1945年春，任第一五八师副师长。
- 1983年，逝世于广州。

忆正果之战

黄植虞

1938 年我在国民党广东部队独立第二十旅第三团第二营任中校营长。是年 10 月在澳头、淡水登陆之日军，自占领惠阳县城后，立即向增城进犯。17 日凌晨，我旅奉令从驻地广州出发，急行军经龙眼洞赶往增城。当日 21 时许经过增城县城。那时敌已派汉奸及先头别动队潜入县城纵火，市区一片火海。我们团负责强行通过火场直奔正果圩，18 日上午 8 时到达该圩东面集结。我营为团的左翼营，负责圩东白面石村及其右翼 302 高地（土名黄沙凼坳、老虎石山）之线布防，筑工事。当时，我以我营的步兵第五连、重机枪连（缺一排）占领白面石村前黄沙凼坳，第四连附重机枪两挺占领老虎石山。第六连作为预备队在白面石村右后方森林，占领森林各要点，能够以纵深火力射击敌人，并随时准备以步兵向第一线出击。营部指挥所在 302 高地（黄沙凼坳）。第四连、第五连第一线阵地前面约 1000 米处设有前进阵地，并不断派少数兵力向前方搜索敌情。

该旅第一团布置在右翼马鼻岭，第二团为左翼在麻榨圩附近。旅本部和第二团一部直属队为预备队，放在第二团的后面。中午，各部分别进入阵地，完成战斗准备。17 时，我营前哨侦察部队向前搜索时，在阵地前约 1000 米的山僻小路上发现敌人前卫尖兵，步骑炮联合部队随后，以密集部队涌进。我阵地我部和敌人即展开步炮和机枪的战斗，敌人突然受阻，未能前进。黄昏后，敌我都派小部队进行威力侦察，严密警戒。

20日凌晨5时许，敌主力向我团正面阵地大举进攻，敌机及敌炮兵向我营阵地狂轰滥炸。敌主力轮番向我白面石村及302高地阵地攻击。由于我营阵地关系到团主阵地安危，必须坚守，多次以轻重机枪向敌猛烈射击。激战一小时后，我重机枪连连长卓斌阵亡。第四连连长劳中逸、第五连连长张任君受伤，排长、班长、轻重机枪手也遭敌炮轰炸，伤亡了很多。我营副营长韦贯虹利用营指挥所居高临下的有利地形，拿着受了伤的轻机枪手的轻机枪向敌猛烈射击，予敌极大伤亡，全营官兵士气得以大振。敌出动担架队钩拖敌尸，也遭我们猛烈打击。我们凭有利地形和工事拼命射击，敌机枪和小钢炮也阻止不了我们火力。激战至上午9时，敌人大量伤亡，又大量增援，他们利用山谷起伏，死角隐蔽，继续轮番向我营正面冲锋，我第五连伤亡较重，敌多次冲入我黄沙凼坳阵地，在我轻重机枪猛烈火力的压迫下，和第六连预备队出击下，敌无法得逞。11时许，我预备队已使用殆尽，敌火力更加猛烈，电话线被击断了，传达兵来往传达也极困难。我营和团部完全失了联络，我派人到团部找团长张琛请援，但张琛不知什么时候逃跑了。我再派人到旅部找旅长，旅长陈勉吾也不知去向，我用望远镜瞭望后方，见不到旅、团的队伍，只有零星几个士兵，形成我营孤军困守阵地的情况。我们坚守白面石村和302高地，阻滞了敌人，是为了掩护全旅，但旅、团长逃跑，却不通知我营。对此，我感到无比愤慨。

然而，我决心死守阵地，如果阵地不守，被敌占领了302高地，我营便无法退却，全营就有被歼灭的危险。

营部传达兵黄标、张得胜两人这时对我说：“敌人已迫近了，要使用密集的机枪火力，集中投掷手榴弹，才能遏制敌人前进。”请求将全营的手榴弹集中，由他两人投掷，我即集中了手榴弹百余个给他两人。

14时，敌人分五路向我高地猛攻，黄标、张得胜两人毫无惧怯地在敌人冲到我阵地前31米左右时，即连续投放集束手榴弹。手榴弹爆炸瞬间，步兵拿着上了刺刀的步枪和敌人肉搏，激战两小时，打退了敌人多次的冲锋。在我们阵地防界线，除了山顶没有树林是光秃秃的外，山下四面都是松杂树林，战至16时，敌人仍不得逞，竟使用烧夷弹，焚烧森林，趁着四面大火，拼命向我阵地冲上来。我布置在山顶第二线阵地及在连亘后面高山的通路棱线上要点的机枪和手榴弹，发挥作用，重创敌人。在这百多平方米的山顶阵地上，枪刀的格斗喊杀声、手榴弹爆炸声，机枪、步枪、手枪声混成一片，硝烟弥漫，血肉横飞，终于连续杀退了敌人多次猖狂猛扑，毙伤敌百多人，把敌人赶到山脚下。在黄昏前，我仍确保白面石村和302高地的原阵地。这时，我们已到了弹尽粮绝、饥肠辘辘的境地了，不得不向从化方向撤退。撤退时，第四连留一个班在黄沙凼坳，第五连留一个班在老虎石山，第六连留一个班在营指挥所，由第四连一个排长统一指挥，把全营剩余的弹药集中给留守队伍使用。布置就绪后，便集中火力，佯攻敌人，俟营主力撤退约1000米后，迅速脱离敌人，撤向从化。黄标、张得胜两人请求在营指挥所将留下的手榴弹投掷完毕，掩护营主力安全撤退后才撤退。这三个班和两个传达兵，在掩护撤退的战斗中，已壮烈牺牲，只剩下三个士兵生还。

战斗结束后，独立第二十旅在新丰梅坑村收容整理。在这次战斗中，独立第二十旅阻滞了敌人急速的前进，是有功绩的。我们事后了解，旅长陈勉吾和旅参谋长陈克强在队伍和日军接触不久，他们逃跑，指挥机构就瘫痪了，第三团团长张琛更是一闻枪声就最先丢下队伍逃跑，其他第一团团长张守愚、第二团团长陈杰夫和敌人接触了几个小时，也惊惶退却了。打了一昼夜，究竟谁在和日本打呢？陈勉吾、陈克强、张琛、张守愚、陈杰夫等都不知道的。及至陈勉吾和几个团长见面汇报战况时，略知取得战果，但他们并没有去调查整个战斗的经过情况，更不敢讲出自己逃跑的可耻行为，却争冒战功，把自己打扮成是抗日英雄，作为争官做的本钱。

这次作战，我营官兵死伤200余人，连、排长伤亡过半，日军在多次攻击中，死伤也达百余人。敌人虽极力拉钩尸体，仍留下死尸数十具，由当地群众掩埋了。

当地群众对我们英勇杀敌的行为，大加赞许。爱国人士王雁门先生特筹资在白面石村附近建一座纪念亭，纪念这批战斗英雄和烈士，把这次壮烈牺牲的官兵葬在这老虎石顶，王雁门还亲自题撰“黄种图存，群英抗日；沙场战死，烈十留芳”一副对联刻于亭内的石碑上。这一纪念亭至今还保存着，对联还清晰可辨。

从化丹竹坑之战

黄植虞

1939 年冬，我任第六十三军第一八六师第一一七旅第一〇九六团团长。12 月中旬的一天晚上，第一〇九六团全团军官在从化下和洞叙飧。团部有第十二集团军政工总队派来的政工队一个中队共 10 余人，分派在各连任政治指导员，其中不少是共产党人和抗日先锋队队员的进步青年。他们平时为士兵上政治课、教唱救亡歌曲、做群众工作，战时动员群众运输伤兵。这天晚上，我突然接到师部命令："日军北犯，立即出发，准备迎战。"我立召开紧急会议，作了部署。当时团部有不少粮食、弹药，既缺乏运输工具，也缺乏人力挑运。如果不及时解决，将影响队伍行动。幸得年轻的女共产党员（约 20 岁）张韶，主动提出愿到附近乡村动员群众挑运粮食弹药，我欣然让她独自去干。想不到她拂晓便带着百余名青壮年男女，自备扁担来到团部，担负起挑运粮食、弹药的任务。出发前，我对全团官兵训话，表示我们坚决抗战到底的决心。讲话后，大家高唱抗战歌曲："大刀向鬼子们的头上砍去……"全团战斗情绪高涨，士气激昂。

第一八六师负责守备良口、牛背脊之线，我团占领石榴花顶、锅脑盖及北斗之线。拂晓，敌人猛烈向我阵地攻击，我团伤亡几十人，第四连韦连长腹部负重伤后撤。战斗初期，师长赵一肩曾到良口后塘肚村视察指挥。激战两小时后，我军伤亡很多，师长赵一肩、旅长曾潜英已不知去向。第一〇九四团、第一〇九五团在敌人猛烈攻击下，即放弃了阵地向后撤退。敌人乘机北犯。第一八六师在阵地坚持战斗的，除了我第一〇九六团外，还有第一〇九三团的两个营及第一一七旅张泽深旅旅部。为了便于指挥和战斗，我团归张泽深旅长指挥。张泽深指挥第一〇九六团和第一〇九三团两个营，统归第六十二军军长黄涛指挥。

12 月下旬，第六十二军军长黄涛奉第十二集团军总司令余汉谋的命令，主力向良口、牛背脊之敌攻击，张泽深旅向沙田、画眉堂方向搜索前进，掩护第六十二军左翼的安全。我团是张泽深旅的前卫团，张泽深旅部和第一〇九三团在我团后面两三公里跟进。我团在向沙田、画眉堂严密搜索前进中，在丹竹坑附近和敌人侧卫部队不期遭遇，我团和敌人即在丹竹坑展开激烈的战斗。敌人装备优势，三架敌机低空侦察、扫射和轰炸，敌炮也猛烈向我轰击。不到 10 分钟，我团即伤亡了连长三人，排长、班长、士兵数十人。电话线有的还未挂好，已挂好的也多被轰断了，副团长凌育旺也受伤了，团部的传令兵也伤亡了几个，情况很不好。正在战斗危急的时候，共产党人梁轩梧、进步青年易婉莹（女，约 20 岁）、潘庆棠同志背着驳壳枪，在猛烈炮火下，走到我身边说："团长！我们决心和全团官兵共生死、同存亡，站在前线战斗。请给我们任务吧！"我说："好，就在我的身边，负责传达命令和鼓舞士气。"随即令他们传达我的命令给右翼连："无论官兵，只准前进，不许后退一步。"

激战数小时，双方伤亡很多。在这关键时刻，我们接到上级通知：从湖南来的增援部队已到达翁源新江阻击敌人；我第六十二军乃攻占了牛背脊，把牛背脊、良口之敌截成两段。我立刻将友军情况转达各营连，士气大振。有几个重机枪手抬着一挺重机枪从前线向后撤，共产党人梁轩梧大声喝道："团长命令：后退者一律军法从事。"那个机枪手说："报告团长，那面敌人正在蠢动，有准备撤退模样，我不是撤退，而是变换阵地，到那边去打击敌人。”我发现敌人果然有些动摇和混乱，便立即下令全团迫击炮、轻重机关枪以猛烈火力，打击敌人。全团步兵上起刺刀。敌人在我猛烈打击下，阵线动摇了，我马上下令全团号兵吹起冲锋号，全线发起冲锋，和敌人进行肉搏战。全体官兵同仇敌忾，喊杀声响彻云霄。预备队也大部上起刺刀参加激烈的肉搏战。激战两小时，敌伤亡惨重。所谓战无不胜的皇军，极度震惊，仓皇撤退，死尸遍野，也来不及运走；炮兵也来不及撤退，遗下大炮四门，被我们彻底摧毁了。我团缴获弹药辎重甚多，乘胜追击，向沙田、画眉堂方向退却的敌人尾追。

战斗结束后，第一八六师师长赵一肩、第一一八旅旅长曾潜英，因战斗开始就不知去向，脱离了指挥，受到了处分。第一一七旅旅长张泽深在丹竹坑和敌人血战，击败了敌人，受到了奖励。